2008 평화백서
—시민 '안보'를 말하다

2008 평화백서
—시민 '안보'를 말하다

참여연대 평화군축센터 엮음

아르케

책을 펴내며
평화를 만드는 시민들의 기록

박순성 (참여연대 운영위원장)

　한국의 시민사회는 정치적 민주화 이후 다양한 방면에서 민주주의를 심화하는 시민운동을 펼쳤으며, 그러한 시민운동은 시민사회 자체가 성숙하는 계기가 되었다. 한국사회의 평화운동 역시 민주주의와 시민사회가 상호 발전하는 과정을 보여준다. 평화운동을 전개하면서, 한국의 시민사회는 한편으로는 그동안 국가의 고유 영역으로 인식되었던 안보 영역에 권력 감시와 정책대안 제시라는 성과를 올렸으며, 다른 한편으로는 시민사회 내부에 깊이 뿌리내린 반공주의와 군사주의를 상당 정도 극복하기에 이르렀다. 『2008 평화백서』는 이처럼 평화를 만들어가는 시민들의 기록이다.

　집행력을 가진 국가기구나 권력집단이 실태를 파악하고 정책을 제시하기 위해 주로 발간하는 보고서를 '백서'라고 할 때, 시민운동단체가 현 단계 평화운동의 현황과 과제를 '평화백서'라는 형태로 시민들에게 전달하는 방식이 적절한지에 대해서는 상당한 고민이 있었다. 사실 바로 그 때문에 참여연대 평화군축센터는

2003년과 2005년 두 차례에 걸쳐 한국 사회의 통일·외교·안보 분야 주요 현안에 대한 쟁점을 정리하고 정책대안을 제시하면서도 『한반도 평화 보고서』라는 이름을 사용하였다.

그러나 진정한 평화는 국가가 시민들에게 제공하지 않는다. 시민들은 단순히 평화를 기원하는 것을 넘어서 스스로 평화를 만들어 나가야 한다. 시민들이 자신들의 삶 구석구석에 침투해 있는 폭력과 전쟁의 요소들을 찾아내고 거부하는 직접행동을 하고 또한 그러한 행동을 통해 평화에 대한 새로운 관점과 문화를 형성할 때, 진정한 평화가 찾아온다. 따라서 시민들이 주체가 되는 평화백서의 발간은 필요하다. 참여연대 평화군축센터는 기획과 편집의 실무를 담당하면서 평화운동 활동가들과 전문가들을 폭넓게 참여시킴으로써, 『2008 평화백서』가 시민이 직접 만드는 백서가 되도록 노력하였다.

『2008 평화백서』는 크게 네 부분으로 구성되어 있다. 첫 부분에 해당하는 1장과 2장에서는 평화적 방법에 의한 평화를 추구하는 평화국가의 구상과 원리를 이론적 차원과 헌법적 차원에서 살펴보고, 시민들이 평화를 만들어 나가기 위한 행동의 인식론적 기초가 될 위협과 안보에 대한 새로운 관점을 모색하였다. 다음으로 3장과 4장에서는 현 단계 한국의 통일·외교·안보·국방 분야 현안 및 정책을 비판적으로 검토하고, 평화지향의 정책대안을 제시하였다. 세 번째 부분인 5장에서는 한국 사회에서 평화국가를 형성하기 위해 노력하고 있는 다양한 분야의 시민행동들을 소개하였다. 마지막으로 부록에서는 한반도 평화와 관련한 주요 문건들 및 일지를 정리하여 놓았다.

시민사회가 처음 내어놓는 평화백서는 우리 사회 평화운동의 성과와 한계를 동시에 보여준다. 국가가 주도하는 전통적인 안보관을 극복하고 안보 영역의 민주화를 실현하려는 '평화국가 만들기' 구상은 평화운동이 시민행동의 차원에서뿐만 아니라 이론과 담론의 차원에서도 이루어지고 있음을 잘 보여준다. 하지만 5장에서 소개된 다양한 평화운동의 실천들은 평화운동이 시민사회 내에서 아직

광범위한 지지 기반을 구축하지 못하였으며 또한 평화운동 내부에 평화와 관련한 인식의 혼란과 관점의 차이가 존재함을 확인시켜 준다. 평화백서가 평화운동의 성과와 한계에 대한 성찰을 통해 평화를 향한 시민들의 노력이 한 걸음 더 나아갈 수 있는 기회가 되기를 기대한다.

부족한 모습으로나마 『2008 평화백서』가 시민들 앞에 선을 보일 수 있기까지에는 많은 도움이 있었다. 무엇보다도 독일 프리드리히 에버트 재단은 2003년과 2005년에 이어 2007년에도 재정적인 지원을 해 주었다. 또한 바쁜 가운데에서도 여러 평화운동 활동가들과 전문가들이 훌륭한 글을 써 주었다. 어려운 사정에도 불구하고 도서출판 아르케는 기꺼이 출판에 나서 주었다. 이 모든 분께 깊이 감사드린다. 아울러 항상 온몸을 바쳐 일하는 참여연대 평화군축센터 상근 활동가들 그리고 이론과 실천의 결합을 위해 노고를 아끼지 않는 실행위원들에게도 감사를 드린다.

평화백서의 지속적 발간을 약속드리며
2008년 4월 5일

박순성, 참여연대 운영위원장

차례

책을 펴내며 | 평화를 만드는 시민들의 기록 ······················· | 박순성 | 5

제1장 평화국가와 평화운동

평화국가, 평화적 방법에 의한 평화를 추구하는 새로운 정치체 | 구갑우 | 13
현행 헌법의 평화주의 원리와 '평화국가' 만들기 ··················· | 이경주 | 29

제2장 '위협'과 '안보'의 재인식

'국방개혁 2020'에 나타난 위협해석의 한계와 문제점 ············ | 이태호 | 43
국가는 어떤 몸인가? – '비(非)국민'의 입장에서 본 안보 위협 ··· | 정희진 | 55
'테러와의 전쟁'과 국가폭력 ·· | 김재명 | 69

제3장 평화지향의 대외정책과 한반도 평화

한반도 평화경제 공동체 구상과 대북정책 ······················· | 김연철 | 85
한반도 – 동북아 평화체제 형성의 경로:
    북핵 6자회담과 동북아 다자안보협력 구상 ················· | 서보혁 | 95
동아시아 공동의 역사인식과 평화공동체 형성 ················· | 양미강 | 107
지역분쟁에 대한 국제사회 개입의 원칙과 한국군 해외파병 ··· | 엄한진 | 119
이슬람에 대한 재인식과 새로운 중동정책 ······················· | 이희수 | 129

제4장 한미동맹 재편과 국방개혁

한반도 군사화와 안보딜레마: 노무현 정부 임기를 중심으로 ··· | 정욱식 | 141
미래지향적 한미동맹의 과제 ················· | 조성렬 | 161
주한미군 재배치와 전략적 유연성 합의의 문제점
················· | 평택범대위 정책자료집 편집팀 | 179
개혁으로 포장된 군사화, '국방개혁 2020'과 국방개혁법 ········ | 이태호 | 197

제5장 '평화국가'를 향한 시민행동

대북지원과 교류협력
대북 인도적 지원 운동 ················· | 이종무 | 221
남북 민간교류운동 ― 민족공동행사를 중심으로 ······· | 정현곤 | 229
북한인권 운동, 정치적 논쟁을 넘어
   북 주민 삶의 질 개선운동으로 ················· | 이승용 | 241

평화적 생존권과 군인권
양심에 따른 병역거부 인정과 대체복무제 개선운동 ········ | 최정민 | 249
주한미군 기지 재배치와 평택, 파주, 군산 ··········· | 고유경 | 257
"오염된 땅을 돌려받을 수 없다",
   반환미군기지 환경정화 재협상 운동 ················· | 고이지선 | 271
평화의 섬 제주를 위한 군사기지 반대운동 ··········· | 고유기 | 281

테러와의 전쟁과 평화운동
이라크와 아프가니스탄 그리고 한국의 반전평화운동 ········ | 박정은 | 293
희망은 길과 같은 것 ― 팔레스타인, 레바논 연대운동 ········ | 미니 | 307

핵무장과 군사훈련에 반대하는 시민행동

동북아시아 비핵지대 구상과 반핵운동 ················· |이준규| 319
한미동맹 재편과 한미군사훈련 반대운동 ················· |오혜란| 329
작전통제권 환수계획의 기만성과 전면 환수운동 ········· |유영재| 337

갈등해결과 평화교육

'갈등해결과 평화' 교육의 평가와 과제 ················· |박수선| 347
동아시아 역사 갈등과 화해를 위한 시민행동 ·········· |양미강| 357
동북아시아 갈등예방을 위한 시민협력 ················· |박정은| 367
평화 감수성과 일상에서의 평화 ······················ |주진우| 379

부록 1 주요 선언문, 합의문 ······························· 389
부록 2 성명, 논평 ·· 431
부록 3 주요일지 ··· 499

제1장
평화국가와 평화운동

평화국가, 평화적 방법에 의한 평화를 추구하는 새로운 정치체[1]

구갑우 (북한대학원대학교, kwkoo@kyungnam.ac.kr)

우리가 거주하고 있는 한반도를 둘러싸고 권력정치와 윤리정치의 대립이 나타나고 있다. 군사적 방법에 의한 안보를 추구하는 정치·사회세력과 평화적 방법에 의한 평화를 추구하는 정치·사회세력의 대립이다. 미국과 북한은 서로 힘으로 맞서 왔다. 남북한 관계에서는 6.15시대라는 표현이 사용되고 '한반도식 통일'이 진행되고 있다는 주장까지 제기되고 있지만,[2] 권력정치의 토대가 되는 군사력의 측면에서 보면 남북한 관계는 오히려 후퇴하고 있다. 북한은 핵무기 보유를 통해 전쟁 억지력을 확보하려 하고 있고, 남한은 군비증강을 통해 자주적 방위역량을 갖추려 하고 있다. 그러나 군사안보를 평화와 등치하려는 정치·사회세력에 맞서서 평화적 방법에 의한 평화를 추구하려는 정치·사회세력의 평화담론과 평화운동도 성장하고 있다.

---

[1] 이 글은 필자의 『비판적 평화연구와 한반도』(서울: 후마니타스, 2007)의 일부를 요약한 것이다.
[2] 백낙청, 『한반도식 통일 현재진행형』(서울: 창비, 2006).

한반도 평화과정을 고민하는 국내적, 국제적 정치·사회세력들은 지금 갈림길 앞에 서 있다. 하나는 냉전시대의 경험을 토대로 안보를 얻기 위해 공포의 균형에 의존하거나 힘의 압도적 우위를 확보하는 길이다. 군사동맹의 유지, 확대 및 군비증강이 그 방법일 수 있다. 다른 하나는 미래의 불확실성을 감수하면서 평화적 방법에 의한 평화를 추구하는 길이다. 국제관계와 남북한 관계에는 민주화와 같은 진보란 있을 수 없고 세력균형과 같이 시간을 초월한 법칙만이 존재한다고 생각하는 현실주의 국제관계이론가들은 전자를 유일한 길로 제시하려 할 것이다. 반면 국제관계에도 역사와 진보와 형태가 있다고 생각하는 다양한 계통의 이론가들은 한반도 평화를 위한 새로운 그림들을 그리려 할 것이다.

과거의 경험에 입각한 보수적 평화과정이 상상하기 쉬운 대안이지만, 문제는 과거로 돌아갈 수도 없고 설령 그것이 가능하다 하더라도 소망스럽지 않다는 데 있다. 만약 21세기에도 한반도의 운명에 결정적 영향을 미치는 국제체제로 다시금 세력균형의 한 형태인 양극체제를 상상한다면, 그 체제는 초강대국 미국과, 미국이 잠재적 적국 또는 경쟁국으로 상정하는 중국이 대립하고, 남한과 일본이 미국의 하위에, 북한이 중국과 러시아의 하위에 배치되는 양극체제이다. 그러나 이 새로운 양극체제가 만들어진다고 하더라도 냉전체제의 '군사화된 경계선'은 한반도에만 존재하는 형태일 것이다. 미국이 중국에 대해 '봉쇄적 포용정책'(congagement)을 전개하고 있지만, 미국과 일본, 한국이 중국과의 경제적 그물망을 제거하는 것이 현실적으로 가능하지 않고 만약 그 정책을 실행한다면 세계경제가 위기에 직면하게 될 것이기 때문이다. 따라서 우리의 자유의지가 있다면, 이 길은 갈 수 없는 길이다.

그럼에도 지정학적 숙명과 문화에 익숙한 대중의 동의를 거론하면서 냉전체제와 비슷한 양극체제의 형성이 불가피하다는 반론이 제기될 수 있다. 균형 또는 평형이 국제정치의 불변의 법칙이고 대중은 불확실한 미래를 수용하지 않으려는 경향이 있다는 것이 반론의 주요 내용일 것이다. 한반도가 강대국에 둘러싸여 있다는 사실을 부정할 수는 없다. 그러나 지정학과 동의어로 사용되곤 하는 정치적 현실주의의 현실(reality)이라는 표현이 현실이기보다는 현실을 구성하고자 하는 신념의 집합인 담론(discourse)이라면, 한반도 평화과정을 둘러싼 다양한 지정학적 상상력의 경쟁은 한반도의 미래를 둘러싼 담론투쟁의 성격을 갖게 된다. 이 담론투쟁은 우리의 삶을 재구성하는 효과를 발휘하게 될 것이다.

이 다툼에서 지정학과 정치적 현실주의를 대체하려는 시각은 근본적으로 불리하다. 새로운 한반도 평화의 길은 경로의존성을 벗어난 미지의 여정이기 때문이다. 또한 세력균형을 넘어선 한반도 평화의 '형태'와 그 평화에 이르는 '방법'을 둘러싸고 진보 내부에서 다양한 세력이 경쟁할 가능성이 크고 그 경쟁은 갈등으로 비화될 수도 있다. 그럼에도 평화연구의 필요성에 동의하는 연구자들이 합의할 수 있는 최대공약수가 있다면 그것은 '평화적 방법에 의한 평화'다. 정의의 전쟁이 있을 수 있다는 비판이 있겠지만, 전쟁에 의한 평화는 아주 극단적으로 억압적인 조건하에서만 정당화될 수 있을 것이다. 즉 군사적 또는 폭력적 방법에 의거한 평화과정에 대한 반대는 쉽게 도출될 수 있다.

그러나 평화란 무엇인가에 대한 공통분모를 찾아내기란 쉽지 않다. 평화연구의 시각을 가지고 지정학적 안보담론에 대항할 수 있는 담론을 개발하는 것은 어려운 과제다. 냉전적 관성으로 움직이는 정치세력에 대한 비판뿐만 아니라 세력균형으로 귀결되지 않는 한반도 평화에 대한 전체적 상을 그려야 하기 때문이다. 또한 '경로형성적' 길에서 발생할 수밖에 없는 불확실성을 통제할 수 있는 방법도 제시해야 한다. 그러나 평화연구가 지향하는 '있어야 할 것'이 필연적인 것은 아니다. 있어야 할 것이 미리 결정되어 있다면 그것은 철학적 의미에서 진보가 아니다. 지정학적 안보담론과의 싸움 속에서 미래는 만들어지는 것이다. 즉 새로운 한반도 평화는 의식적 실천을 배제한 자생적 질서도 아니고 완벽한 설계도에 따라 가는 길도 아니다. 그 길은 현재에 대한 비판에 의거하여 끊임없이 물으면서 가는 우연한 발견의 길이다. 새로운 한반도 평화의 길은 현재의 부정과 그 부정을 가능하게 하는 긍정을 통해 미래를 구상하고, 그 미래의 구상을 기초로 과거를 (재)발견할 때, 비로소 열리게 된다.

지정학적 안보담론 또는 현실주의적 안보담론의 지양은, 그 담론 내부에서의 변화를 통해 또는 그 담론의 근본적 전환을 통해 이루어질 수 있다. 첫째, 지정학적 안보담론을 해체하고 평화지향적 안보담론으로 재구성할 수 있다. 둘째, 지정학적 안보담론을 평화담론으로 대체할 수 있다. 전자가 안보담론 내부에서의 개혁이라면 후자는 안보담론의 궁극적 지양을 목표로 하는 담론의 재구성이다. 두 방향이 화학적 결합을 하기 힘들 정도로 근본적 차이를 보일 수도 있지만, 평화지향적 안보담론이 지정학적 안보담론에서 평화담론으로의 이행을 매개할 수도 있다. 역으로 평화담론은 평화지향적 안보담론의 구성을 위한 토대가 될 수도 있다.

현실주의적 안보담론의 근저에서 우리는 정치와 윤리를 분리하려는 서구적 근대의 국제정치에 대한 인식을 볼 수 있다. 국내적 수준에서는 권력정치와 윤리적 고려가 공존할 수 있다. 그러나 무정부상태로 가정되는 국제적 수준에서는, 생존을 위한 투쟁이나 권력을 위한 투쟁만이 존재한다는 논리가 전개된다. 즉 국제적 윤리는 배제된다. 17세기 철학자 홉스(T. Hobbes)의 저작에 명확히 표현되듯, 리바이어던(Leviathan)인 주권국가는 상당한 대가를 치르고 국내적 평화를 제공한다. 그 대가는 만인에 대한 만인의 투쟁의 국제적 차원으로의 이동이다.[3] 국가 안에서 정치권력의 강제 및 자원배분의 왜곡이 정당화되는 이유 가운데 하나가 끊임없이 적을 생산하는 '기계'처럼 국가 밖으로부터의 위협을 강조하는 것이다. 이 위협에 대한 대응이 바로 국가라는 정치공동체를 지키기 위한 안보이다.

---

3) J. Der Derian, "The Value of Security: Hobbes, Marx, Nietzsche, and Baudrillard," in D. Campbell and M. Dillon, eds., *The Political Subject of Violence*(Manchester: Manchester University Press, 1993), p. 99.

'국가안보'(national security)가 마치 기계의 생산물인 것처럼 보여 국제체제가 무정부상태인 한 국가안보는 정언명령인 것처럼 서술되곤 하지만, 실제로 근대 국가들이 안보문제를 고민하지 않은 것은 아니다. 그러나 국제연맹규약 전문에 처음으로 등장한 안보는 국가안보가 아닌 국제안보나 집단안보를 지칭하는 것이었다. 1940년대까지 일반적인 정치담론에 등장하지 않았던 '국가'안보가 제2차 세계대전 이후 국제정치의 지배적 개념으로 등장한 이유는 패권국가로 부상한 미국이 군사·외교정책의 관계를 매개하는 개념이 필요했기 때문이다. 미국은 국가안보라는 포괄적 개념을 통해 해외에서의 국가이익과 국내에서의 국가이익의 연계 그리고 일상의 문화와 국가이익의 방어를 위한 문화를 결합하고자 했다.4) 군사적 방법에 의한 국가의 이익실현을 최우선의 가치로 설정하면서 원래는 복지(welfare)를 의미했던 국가이익의 개념을 결합한 새로운 국가형태가 바로 '안보국가'다. "냉전이 전쟁과 평화의 경계를 허물고 이념과 폭력의 융합을 심화시키면서, 폭력의 제도적, 물적, 이념적 기반이 관료기구와 사회 전반으로 확장된" 것이 바로 안보국가라고 할 수 있다.5)

안보국가의 기초인 국가중심적, 군사중심적 안보담론에 대한 안보연구 내부에서의 비판은 1970년대 데탕트 시기부터 시도되었고 냉전의 해체 이후 본격적으로 이루어지기 시작했다. 냉전의 해체로 적이 '갑자기' 사라진 세계에서 외부로부터의 위협을 가정할 때만 존재할 수 있는 안보개념의 재정의가 불가피했기 때문이었다. 냉전의 해체를 예측할 수 없었던 현실주의적 안보연구의 한계 또한 비판의 대상이었다. 결국, 냉전의 해체는 안보연구의 안보를 위협했고, 안보가 "본질적으로 논쟁적인 개념"이라는 주장까지 제기되기에 이르렀다.6) 즉 안보개념은 그

---

4) A. Wolfers, "'National Security' as an Ambiguous Symbol," in *Discord and Collaboration: Essays on International Politics*(Baltimore: Johns Hopkins University Press, 1962).
5) 이혜정, 「한·미군사동맹 부르는 '자주화' 논란」, 『르 몽드 디플로마티크』, 2006년 창간호.
6) S. Smith, "The Contested Concept of Security," in K. Booth, ed., *Critical Security Studies*

지시대상이 명확한 실증주의적 개념이 아닐 수 있을 뿐만 아니라 경험적으로 입증되기 어려운 이데올로기적 요소를 담고 있다는 것이다. 안보개념에 대한 근본적 성찰이 이루어지면서, 누구로부터의/무엇으로부터의 안보인가, 누구에 의한/무엇에 의한 안보인가, 누구를 위한/무엇을 위한 안보인가, 라는 질문이 제기되고 있다.

적을 산출하는 무정부상태라는 기계의 고장, 즉 안보담론의 존재론적 위기에 대한 안보담론 '내부'에서의 수정은, 국가중심적이고 군사중심적인 안보담론의 절대성과 경직성을 완화하는 방식으로 이루어지고 있다. 첫째, 안보를 생존과 동일시하고 안보에 대해 최우선의 가치 내지는 핵심가치를 부여하는 현실주의적 안보담론의 절대성은, 한계가치(marginal value) 접근을 통해 완화되고 있다.[7] 한계가치 접근은 국가안보에 대한 투자를 높이면 높일수록 국가안보의 위기가 고조되는 이른바 안보딜레마를 극복하기 위한 하나의 대안이다. 한계가치 접근은 안보와 같은 재화에도 한계효용체감의 법칙이 작동할 수 있고, 심지어 한계효용이 마이너스로 나타날 수 있다는 가정을 가능하게 한다. 즉 한계가치 접근은, 안보의 이름으로 다른 가치의 희생을 요구하는 '도덕적 판단'을 내재하고 있는 절대안보의 개념을 한계효용을 고려한 최적안보의 개념으로 전환하고자 한다.

둘째, 안보개념 및 영역의 확대를 통해 국가 중심적, 군사 중심적 안보담론의 경직성을 완화하려는 시도도 진행되고 있다. 안보의 국가 중심성을 고수하면서 군사안보뿐만 아니라 정치안보, 경제안보, 사회안보, 환경안보 등을 고려하는 방식이다. 안보개념의 확장은 국가안보의 개념을 고수하려는 안보연구자의 대응이기도 하지만, 다른 한편으로 지구화시대에 나타나고 있는 비군사적 위협에 대한 고려 때문에 발생하고 있는 것처럼 보인다. 그러나 안보담론의 근본적

---

and World Politics(Boulder: Lynne Rienner Publishers, 2005).
7) D. Baldwin, "The Concept of Security," *Review of International Studies*, 23: 1 (1997).

전환이 없는 안보개념의 확장은 자칫 국제관계의 모든 문제를 안보쟁점화할 수 있다. 안보개념의 무한한 확장은 안보개념의 계보학적 기원에서 볼 수 있듯이 국가안보를 국가정책의 모든 것으로 만드는 안보국가의 내용과 형태를 더욱 강화할 수도 있다.

셋째, 군사 중심적 국가안보의 개념은 '국가안보의 문화'라는 사회학적, 구성주의적 개념의 도입을 통해서도 그 경직성이 완화되고 있다.8) 냉전의 종언과 9.11은 국제관계이론에서 국가안보와 이익에 영향을 주는 '정체성'(identity)을 새롭게 부각시킨 사건이었다. 새로운 적 또는 위협을 만들어내기 위해서는 '우리'와 '그들'의 관계를 재설정할 수밖에 없었기 때문이다. 예를 들어 9.11 직후 미국의 부시대통령은 "자유(freedom)가 공격받았다"고 선언했다. 미국이 자유와 등치되고, 그것을 공격한 비가시적 적과의 전쟁—테러와의 전쟁—의 시작을 알리는 발언이었다. 정체성의 담론이 차이에 관한 것이고, 우리와 그들의 경계를 설정하는 것이며, 위기가 발생할 때 쟁점이 될 수밖에 없음을 보여주는 것이었다. 자유를 공격한 적과의 전쟁은 지금까지의 전쟁과 달리 전장(戰場)이 없는 전쟁으로 규정되었다.9)

이 이행의 시기에는 물질적 구조보다는 그 구조를 변화시키는 행위자에 주목하는 것이 불가피하다. 행위자의 행동에 영향을 미치는 문화적 요인과 행위자의 소통을 통해 구성되는 상호주관성(inter-subjectivity)이 만들어내는 지식의 구조가 물질적 요소의 중요성의 정도를 공유하게끔 한다는 것이 미국적 구성주의적 안보담론의 주장이다. 이 상호주관성의 재구성이 전 세계적으로 미국의 동맹관계를 재편하는 형태로 나타나고 있다. 그러나 이 미국적 구성주의적 안보담론도 군사중심적 국가안보담론에 현실주의적 안보담론이 무시했던 정체성과 같은

---

8) P. Katzenstein, ed., *The Culture of National Security: Norms and Identity in World Politics*(New York: Columbia University Press, 1996).
9) K. Woodward, *Understanding Identity*(London: Arnold, 2002).

변수를 추가하는 수준에 머물고 있다.

사실 위협의 사회적 구성의 측면을 강조하는 구성주의적 안보담론은 국가중심적 절대 안보를 벗어나서 국제공동체가 상호주관성을 매개로 국가의 안보정책을 국가안보가 아닌 국제안보로 변화시킬 수 있는 토대가 될 수 있다. 즉 안보의 대상을 국가가 아니라 국제공동체로 설정할 수 있다. 국가 중심적 현실주의에 구성주의적 요소를 첨가해서 국제안보/지역안보의 필요성을 강조하는 이론적 흐름이 출현하고 있다.10) 이 흐름은, 냉전의 종언으로 초강대국의 지역(region)에 대한 침투의 내용과 형태가 변하면서 국가적 수준 및 지구적 수준과 구별될 수 있는 자율적 안보동학의 공간—영토성 내지는 지리적 인접의 공간—으로 지역적 수준이 형성되고 있다고 주장한다. 이 학파는 지역안보복합체의 본질적 구조를 결정하는 네 변수로, 지역의 경계, 지역 내부의 무정부적 구조와 그것의 결과인 힘의 분포와 세력균형과 같은 현실주의적 요소 및 행위자들 사이의 친선과 적대의 유형과 같은 구성주의적 요소를 동시에 고려하고 있다.

국제안보담론이 현실주의적 안보담론의 토대 위에서 국가안보 개념의 절대성과 경직성을 수정하고 있다면, 비판적 안보연구와 평화연구는, 핵심가정은 유지한 채 자기수정을 계속하고 있는 현실주의적 안보담론에 대한 근본적 도전이다. 비판적 안보연구는 스스로를 국제정치학이라는 분과학문 내부에서 발전된 이슈영역 연구로 자리매김하고 있다. 그러나 비판적 안보연구는 비판적이라는 수식어가 의미하듯, 지배적인 구조, 과정, 이데올로기 및 정통과 주류의 외부에 서 있으려는 시각이며 동시에 안보에 대한 모든 개념화가 특수한 정치적, 이론적 입장에서 도출된다고 주장한다는 점에서 분과학문의 경계를 이탈하고 있다.11) 비판적 안보연구의 시각에서 볼 때, 탈냉전시대에도 여전히 그 힘을 잃지 않고

---

10) B. Buzan and O. Waever, *Regions and Powers: The Structure of International Security*(Cambridge: Cambridge University Press, 2003).

11) K. Booth, "Critical Exploration," in K. Booth(2005). pp. 15-6.

있는 국가안보담론이 전형적인 미국적 안보담론의 사례라면, 국제안보담론은 유럽적 집단안보의 경험을 반영하고 있다고 평가할 수 있을 것이다.

비판적 안보연구는 세 측면에서 안보연구의 혁신을 시도하고 있다. 첫째, 존재론의 측면에서 안보의 대상을 국가로 제한하지 않고 개인에서부터 전 인류로 확장하고 있다. 국가가 안보의 이름으로 개인의 안보를 위협할 수 있음에 주목하고 있다. 둘째, 인식론의 측면에서 가치와 사실을 분리하는 실증주의적 인식론을 거부하고 연구대상에 대한 깊은 이해를 추구하는 해석학적 인식론을 수용하고 있다. 주류 안보담론의 실증주의적 인식론이 현존하는 가치에 대한 긍정을 담고 있다고 비판하면서 현실을 변화시킬 수 있는 이론을 모색하는 비판적 안보연구는 규범적 요소를 담고 있다. 셋째, 비판적 안보연구에서는 주류 안보담론처럼 안보를 위협의 부재로 정의하지 않고 보다 적극적으로 안보를 개인과 집단의 해방과 연계한다. 전쟁, 전쟁의 위협, 빈곤, 정치적 억압 등은 인간의 자유로운 선택을 제약하는 것이고, 이를 제거하는 것이 진정한 안보이자 해방이라는 것이다.[12]

반(反)/비(非) 국가적 안보연구를 통해 궁극적으로 안보연구를 지양하고자 하는 비판적 안보연구에 이르면, 안보개념 자체가 해체되고 있음을 볼 수 있다.

---

[12] 인간안보(human security)의 개념도 비판적 안보연구와 비슷한 문제의식을 공유하고 있다. 인간안보의 개념은 1994년 UNDP(United Nations Development Programme)의 『인간발전보고서』(Human Development Report)에 처음 등장했다. 이 보고서에서는 공포로부터의 자유와, 결핍으로부터의 자유에 초점을 맞춘 인간안보에 대한 정의를 바탕으로 보편적, 예방적, 인간중심적 접근을 구체화했다. 이 보고서에서 인간안보는 굶주림, 질병, 억압과 같은 만성적 위협으로부터의 안전과 일상생활에서의 급작스럽고 유해한 혼란으로부터의 보호와 관련된다. 그리고 인간안보는 개인안보, 환경안보, 경제안보, 정치안보, 공동체안보, 건강안보, 식량안보 등의 7개의 차원으로 규정되었다. 이후 인간안보의 개념은 국제기구의 보고서와 인간안보의 개념을 수용한 캐나다, 일본, 노르웨이 등의 외교정책과 연구자의 담론을 통해 다양하게 확산되고 있다. 그러나 인간안보가 인간에 관한 모든 것과 등치될 때, 개념으로서 모호할 수밖에 없다는 비판이 제기되고 있다. 인간안보의 개념에서 서구중심성을 발견하는 연구 성과도 나오고 있다.

비판적 안보연구가 '본능적 도덕주의' 또는 이상주의로 비판받을 수 있지만, 사실 비판적 안보연구는 국가안보담론의 '비현실적' 성격을 비판하고 있다는 점에 주목할 필요가 있다. 안보에 대한 위협이 군사적이면서 동시에 비군사적 측면을 지니고 있고, 개인과 집단과 사회가 배제된 안보는 현실에서 위협을 느끼는 구체적 사람을 고려하지 않기 때문이다. 비판적 안보연구는 주류의 안보연구가 하나의 담론적, 도덕적 실천으로서 국가안보를 위한 무한한 자원의 분배를 정당화하면서 동시에 친구와 적, 우리와 그들을 만들어내는 정치적 기능을 통해 우리의 세계를 위협하고 있다는 점을 지적한다. 또한 모든 안보연구가 특정 정치·사회세력의 정체성과 이익의 산물이고 그 정체성과 이익을 정당화하는 도덕적 판단을 통해 나름의 정치적 질서를 구성하려는 담론의 성격을 가지고 있다고 본다.

비판적 평화연구는 비판적 안보연구와 존재론, 인식론 그리고 연구의 목적으로서 평화의 조건이 무엇인가라는 문제의식을 공유하지만 의식적으로 안보라는 개념을 사용하지 않는다. 비판적 평화연구는 비판적 안보연구와 달리 안보연구의 '밖'에서 성장해 왔다. 평화연구와 평화담론은 안보담론처럼 갈등과 폭력의 실재를 인정하지만 평화적 방법에 의한 평화를 추구한다는 점에서 안보담론과 근본적인 차이를 보인다.13) 갈등의 전환(transformation)을 통해 갈등이 폭력으로 비화하는 것을 예방하는 것이 평화연구와 평화담론의 목표라고 할 수 있다. 평화연구의 시각에서 폭력은, 직접적 폭력과 정치경제체제의 억압과 착취로 나타나는 구조적 폭력과 문화적 폭력으로 구분된다. 각각의 폭력으로부터의 자유를 평화라고 할 때, 평화연구에서 전쟁의 부재로 정의되는 소극적 평화와 구조적, 문화적 폭력이 제거된 상태로서의 적극적 평화를 동시에 고려하는 평화의 개념은 위협이

---

13) 평화연구와 평화담론에 대해서는, J. Galtung, C. Jacobsen and Kai Brand-Jacobsen, *Searching for Peace: The Road to Transcend*(London: Pluto, 2000); D. Barash and C. Webel, *Peace and Conflict Studies*(London: Sage, 2002).

부재한 상태로 정의되는 안보의 개념보다 포괄하는 범위가 훨씬 더 넓고 깊다. 따라서 평화연구가 모든 것을 평화에 포함시킨다는 비판이 제기되기도 하지만, 평화담론은 군사력 중심의 안보연구와 평화를 안보의 부산물로 생각하는 주류 안보담론에 대한 근본적 성찰을 담고 있다고 할 수 있다.

평화연구와 안보연구의 차이는 평화의 개념은 물론 평화에 이르는 방법에서도 두드러지게 나타난다. 안보와 등치될 수 있는 소극적 평화의 건설의 방법과 관련하여 평화연구는 국제법이나 국제기구와 같은 국제제도와 더불어 군축과 군비통제에 주목한다. 특히 안보연구와 근본적으로 다른 정책대안이 안보딜레마의 회피를 위해 제시하고 있는 '비도발적 방어'(nonprovocative defense) 또는 '방어적(defensive) 방어'의 개념이다.[14] 비도발적 방어는 다른 국가들을 위협하지 않기 위해 국가의 군사력을 방어적 무기로 재편하는 것이다. 방어용과 공격용 무기를 구분하는 것이 실제로 가능하지 않다는 반론도 제기되지만, 군축과 군비통제와 달리 양자적, 다자적 협상이 없이도 어떤 국가든 인식의 전환을 이룰 수 있다면 일방적으로 자신의 군사력을 비도발적 방어의 형태로 전환할 수 있다는 점에서 실현가능성이 큰 대안이기도 하다. 그러나 근본적 시각에서 본다면, 비도발적 방어가 위협에 기초한 억지는 아니지만, 비도발적 방어도 여전히 힘을 통해 평화를 추구하는 방법임을 부정할 수는 없다. 평화연구자들은 인권의 신장, 생태적 전환, 빈곤의 해소와 같은 정책과 더불어 궁극적으로는 갈등을 창조적으로 다룰 수 있는 '개인적 전환'(personal transformation)이 발생할 수 있을 때, 적극적 평화에 도달할 수 있다고 생각한다.

평화담론과 안보담론은 각기 다른 세계관에 기초하고 있지만, 비판적 안보연구에서 볼 수 있는 것처럼 접점을 형성하기도 했고, 그 대표적 사례 가운데 하나가 1982년 팔메위원회가 제안한 '공동안보'(common security)의 개념이다.[15] 팔메위

---

14) Barash and Webel, *Peace and Conflict Studies*, pp. 311-313.

원회와 평화연구자들은 안보불안이 인식의 문제이고 차이를 수용하지 못하는 무능력 때문이라고 진단하면서, 비도발적 방어라는 개념과 더불어 안보관계의 상호의존성을 고려하는 공동안보라는 새로운 개념을 제출한 것이다. 공동안보의 개념도 비도발적 방어의 개념처럼 안보딜레마를 극복할 수 있는 하나의 대안일 수 있다. 그러나 좀 더 급진적인 평화연구자들은 공동안보의 개념이 적과 위협을 설정하는 전통적 안보담론과의 타협이라고 평가하고 있다. 안보담론 자체가 협력과 평화적 방법에 의한 평화를 논의하는 담론으로 대체되어야 한다는 것이 급진적 평화연구자들의 주장이다.16) 즉 비판적 평화연구에서는 서로의 차이를 인정하면서도 그 차이 때문에 발생하는 갈등을 창조적 상상력에 기초하여 전환할 수 있는 방법을 모색하고자 한다. 갈등의 전환은 협력을 필요로 한다. 협력이 차이가 존재할 때 그 차이를 조정하는 과정이지 서로의 차이를 없애거나 절대화하는 방법 내지는 과정이 아니라는 점에 유의해야 한다.

지금까지 검토한 안보담론과 평화담론, 평화지향적 안보담론은, 미국 단극패권질서 속에서 지각변동을 겪고 있는 동북아의 냉전체제와 한반도의 분단체제의 새로운 현실을 구성하기 위해 서로 경쟁하고 있다. 동북아에서는 국가안보담론에 기초한 군비증강이 세계 어느 지역보다 치열하게 전개되고 있다.17) 그러나 2005년 9월 19일 6자회담 공동성명 4항에 명시된 것처럼, 평화지향적 안보담론에 기초한 동북아 다자간 안보협력도 의제로 설정되고 있다. 한반도에서도 1991년 「기본합의서」와 2007년 10월의 남북정상회담을 통해 공동안보로의 길이 구체적

---

15) Report of the Independent Commission on Disarmament and Security Issues, *Common Security: A Programme for Disarmament*(London: Pan Books, 1982).
16) Galtung et al., *Searching for Peace*, pp. 142-150.
17) 미국은 세계 1위(5,181억 달러)의 군사비를 지출하고 있고, 중국이 2위(814억 달러), 일본 4위(443억 달러), 한국이 8위를 기록하고 있다. 이는 미국 중앙정보국(CIA)이 집계한 2005년도 수치다. 북한의 군사비 지출은 약 50억 달러로 추정해 세계 22위를 기록하고 있다(《문화일보》, 2006년 9월 12일).

으로 모색되고 있다. 시민사회 차원에서는 평화담론 및 평화지향적 안보담론에 기초하여 동북아 시민사회의 연대―예를 들어 "무장갈등예방을 위한 글로벌 파트너십(GPPAC)"―를 통해 동북아 평화의 공간을 창출하려는 초국경적 사회운동도 적극적으로 시도되고 있다.

동북아의 냉전체제와 한반도의 분단체제를 지탱하던 지각구조가 흔들리면서 평화지향적 담론과 평화담론이 확산되고 있음에도 한반도와 동북아가 지속가능한 평화를 위한 근본적인 인식의 전환의 단계에 다다르는 것처럼 보이지는 않는다. 이 인식의 전환을 위해 우리가 제시하려는 대안은 '평화국가론'이다. 평화국가론은 평화적 방법으로 평화를 추구하려는 시민사회의 담론과 결합한 새로운 국가 만들기로, 선(先) 군축과 같은 비도발적 방위를 추구하는 것을 통해 남한사회의 구조변화를 추동한다. 이 변화를 토대로 한반도에서는 북한을, 국제적 차원에서는 동북아국가들을 평화국가로 바꾸려는 정치적 기획이다. 평화국가적 정책은 동북아 차원에서 안보딜레마를, 한반도 차원에서는 기능주의적 남북한 관계가 진전되면 진전될수록 남한은 비용을, 북한은 흡수가 우려함으로써 남북한 관계의 정체가 발생하게 되는 '남북한 관계의 딜레마'를 그리고 2000년 6.15 이후에도 지속되고 있는 남북한의 안보딜레마를, 극복하게 할 수 있는 이론적, 실천적 대안이 될 수 있다. 평화국가는 근대국가가 가지고 있는 군사력의 적정규모화 내지는 최소화를 추구한다는 점에서 '탈근대국가'이면서, 동시에 한반도 및 동북아 시민사회와의 협력을 통해 평화와 방위와 안전을 추구한다는 점에서 '시민국가'(civic state)의 성격을 가지고 있다.

평화국가가 국가폭력의 정당성을 인정하는 한, 평화국가는 모순적 조어다. 근대 초기 "전쟁이 국가를 만들고 국가가 전쟁을 만들었다"는 주장을 상기할 때, 평화국가라는 표현은 하나의 모순일 수 있다는 것이다. 전쟁국가나 안보국가라는 표현은 사용되지만 평화국가라는 표현이 사용되지 않는 이유는 평화국가가 국가로서 가질 수밖에 없는 존재론적 제약 때문일 것이다. 따라서 평화국가를

'평화국가' 만들기와 동아시아 평화벨트 상상하기 토론회
(2007. 6. 20. 참여연대 평화군축센터, 코리아연구원 주최)

이론적 개념으로 선택하기 위해서는 평화와 국가에 대한 재정의를 필요로 한다. 평화국가는 국가의 폭력성과 폭력적·억압적 국가장치에 기초한 평화가 아니라 평화적 방법에 의한 평화를 추구하는 새로운 정치체를 지칭하는 개념이다.

따라서 평화국가는 국가의 안과 밖에 대한 근대적 사유의 전복을 통해 근대국가의 근본적 전환을 시도하려는 의지가 담겨 있는 논쟁적, 운동적 개념이다. 평화국가를 지시적 개념으로 한정할 때, 정치적 상상력의 경계가 설정될 수 있다. 개념의 정의가 개념의 감옥이 되는 것을 피하려는 이유는, 미래의 불확정성 때문이다. 이 때문에 개념의 탄력성이 필요하다. 이 탄력성은 과거에 대한 상상을 기초로 미래에 대한 집합적 기억을 만들어가고자 하는 진보적 사회운동의 창조성의 원천이기도 하다.

평화국가의 정의로 평화국가를 구성하는 기본원칙을 제시한다.

첫째, 평화국가도 '국가'이기 때문에 근대국가의 본질적 속성인, 영토성, 물리적 폭력수단의 독점, 정당성을 가진다. 그러나 평화국가는 정당한 방법을 통해 물리적 폭력수단의 적정규모화 및 최소화를 추구한다는 점에서 근대국가와 구별된다. 그럼에도 폭력적, 억압적 국가장치가 존재하는 한 평화국가는 최종점에 도달했다고 할 수 없다. 따라서 현실의 평화국가는 '과정'으로서의 평화국가의 성격을 가질 수밖에 없다. 평화국가론을 남한에 적용할 경우, 남한의 일방적인 군축이 남한의 안보를 위태롭게 할 수 있다는 반박이 있을 수 있다. 이에 대해 남북한 관계 차원에서는 두 가지 반론이 가능하다. 하나는 평화국가가 국가인 한 완전한 무장해제를 이룬 국가가 아니라 최소한의 방어능력을 갖춘 국가라는 점이다. 다른 하나는 1950년대 중후반 북한의 병력감축에 대해 남한은 지상군감축으로 화답한 것처럼, 남북한 관계에서도 일방적 군축이 상호 군축으로 이어진 경험이 있다는 점이다.

둘째, 평화국가는 평화외교와 윤리외교를 지향한다. 윤리국가로서의 평화국가가 국가이익을 무시하는 국가로 비판될 수 있다. 그러나 어떤 국가도 자신만의 힘으로 절대안보를 추구할 수 없는 세계에서 국가이익과 국제사회의 규범을 조화시키려는 노력을 할 때, 비로소 평화와 안보를 획득할 수 있다. 이를 위해서는 안보의 궁극적 대상이 사람이라는 인식의 전환이 필요하다. 안보의 대상을 국가로 생각할 때, 국가보안법과 같은 억압적 국가장치가 정당성을 가질 수 있다. 따라서 우리는 평화외교와 윤리외교의 우리는 국가뿐만 아니라 시민사회도 고려할 수 있어야 한다. 평화국가에서 전쟁억지력은 그 무엇보다도 시민사회의 평화지향적 역량이다. 동북아 시민사회와 그들의 평화연대는 동북아는 물론 한반도 평화에 대한 가장 중요한 지지세력이 될 수 있다.

셋째, 평화국가는 정치경제적인 측면에서 구조적 폭력이 제거된 적극적 평화를 지향하는 축적체제에 기초한다. 신자유주의적 축적체제는 경제적 불평등을 양산하고, 사회적 양극화의 심화는 한국민주주의를 위협할 뿐만 아니라 한반도 평화과정을 위태롭게 할 수도 있다. 신자유주의적 경제체제가 한반도 전역으로 확산될 때, 적극적 평화는 요원해질 수 있다. 따라서 평화과정과 함께 가는 지속가능한 발전이 평화국가의 물적 기초가 되어야 한다. 북한에 대한 발전지원이 평화과정과 함께 가는 지속가능한 발전을 추구할 때, 이는 남한사회의 변혁에도 기여할 수 있는 분단체제 극복의 실천형태가 될 수 있을 것이다.

평화국가의 이상을 현실화하기 위해서는 무엇보다도 주체의 형성이 중요한데, 이는 사회적 합의의 과정이기도 하다. 평화국가의 정치경제적 토대를 고려할 때, 평화-진보세력의 역사적 블록을 형성하기 위해서는 평화와 복지를 통합적으로 사고할 수 있어야 한다. 즉 남북한 경제력 격차의 해소와 남한사회의 사회적 양극화의 극복이 긴밀히 연계된 과제로 설정될 수 있어야 한다. 평화과정과 함께 가는 북한의 발전에 대한 지원이 평화국가 만들기의 주요 과제 가운데 하나로 제시될 수 있는 이유도 바로 여기에 있다.

현행 헌법의 평화주의 원리와 '평화국가' 만들기

이경주 (인하대학교 법과대학 교수, kempo@inha.ac.kr)

1. 평화운동이 일깨운 헌법의 평화주의 원리

2007년은 이라크파병연장반대운동, 평택미군기지반대운동, RSOI(연합전시증원훈련)반대운동 등을 계기로 평화주의와 관련된 헌법 실천적 요구들이 드높았던 한해였다. 그것은 평화주의가 하나의 선언에 그치는 것이 아니라 규범적 의미를 갖는 것이며 평화주의 원리에 충실하게 이라크파병군을 철수할 것, 전략적 유연성에 따른 평택미군기지 재배치를 중단할 것, 침략적 전쟁연습도 중단할 것 등을 요구한다는 취지였다.

헌법의 기본원리는 헌법의 이념적 기초가 되면서 헌법을 총체적으로 지배하는 지도원리를 의미한다. 이것은 헌법의 전문과 본문 중에 명시되어 있거나 헌법전 가운데에 추상적으로 반영되어 있다. 헌법의 기본원리가 갖는 규범적 의미는 (ㄱ) 헌법의 각 조항을 비롯한 모든 법령해석기준이 된다는 것, (ㄴ) 입법권의 범위와 한계 그리고 국가 정책결정의 방향을 제시한다는 것, (ㄷ) 국가기관과 국민이 함께 존중하고 준수해야 할 최고의 가치규범이 된다는 것, (ㄹ) 헌법개정에서 개정 금지대상이 된다는 것 등을 의미한다.

헌법원리의 규범적 의미를 이렇게 풀이한다면 이라크파병연장반대, 평택미군기지반대, 한미연합전시훈련반대를 둘러싸고 일어난 일련의 사회적 실천운동은 현행 헌법의 평화주의원리의 실천적 의미를 다시 한 번 일깨운 한해였다고 할 수 있다.

2. 국가권력의 견제원리로서의 평화주의

침략전쟁 위법화를 필두로 하는 평화주의 원리가 법학의 영역에 등장한 것은 1928년의 켈로그 브리앙조약이다. 제1차 세계대전 후에 나타난 켈로그 브리앙조약은 국가와 국가 간의 약속차원에서 전쟁위법화에 합의한 것으로서 평화주의 원리의 역사에서도 괄목할만한 것이었다. 그러나 국민이 견제하지 않는 국가와 국가 간의 전쟁위법화 약속은 군사조약과 동맹 그리고 안보라는 이름 앞에 헌신짝처럼 버려졌다.

평화주의 원리가 국가와 국민 간의 법원리, 즉 국민이 국가권력을 견제하는 원리로서 확립된 것은 제2차 세계대전 후이다. 프랑스의 경우 패전국이 아니었음에도 침략전쟁 위법화를 헌법에 규정하였다. 서구의 전범국 독일과 이탈리아는 침략전쟁의 포기와 주권제약을 헌법에서 약속하였으며, 아시아의 전범국 일본은 침략전쟁포기에서 더 나아가 비무장 평화주의를 약속하였다. 식민지로부터 독립한 많은 나라는 전수방위형 군대를 두더라도 침략전쟁을 위법화하였다. 이는 평화주의가 국민의 인권보장을 위한 국가권력 제약의 원리로 기능하기 시작하였다는 것을 의미한다.

3. 1987년 헌법의 평화주의

1987년에 전면 개정된 현행 헌법은 이른바 침략전쟁 위법화 + 전수방위형 평화주의 원리를 근간으로 하고 있다.

1) 침략전쟁의 포기

우선, 현행 헌법은 침략전쟁을 포기한 헌법이다. 앞에서도 살펴본 바와 같이, 제1차 세계대전 후, 국제사회는 전쟁의 위법화를 선언하고 이를 국제법화하였다.
　1948년 헌법은 전문에서 국제평화주의를 규정하였고 이를 구체화하여 제6조 1문에서 대한민국은 모든 침략전쟁을 부인함을 규정한 바 있다. 그리고 1962년 헌법에서는 평화주의가 전문에서 조문으로 편입되어 그 규범적 성격을 더욱 강화하고 있다. 현행 헌법에서도 국제평화주의의 규범력을 제고하기 위하여 평화주의를 제5조 1항에 규정하면서 동시에 침략전쟁의 부인을 명확히 하고 있다.
　그런데도 이라크 전쟁에 파병하여 헌법위반의 지적이 끊이질 않았다. 사실 이라크파병은 유엔안보리 결의안 1441호가 무기사찰 재개를 요지로 한 결의문에 불과한 것이었으며 이라크 대량살상무기 해체불이행에 따른 무력침공을 명시하지 않고 있었다. 나아가 미국은 오늘날까지도 이라크가 대량살상무기를 개발하고 있다는 결정적 증거조차 제시하고 있지 못하고 있으며, 오히려 핵개발을 입증할 자료로 내세운 문서가 위조된 것이라는 모하메드 엘바라데이 국제원자력기구(IAEA) 사무총장의 발언은 충격적이기까지 하다.

2) 개별적 자위권과 국토방위 의무

현행 헌법은 침략전쟁을 부인하되 자위의 권리를 포기하지는 않았다. 나아가 국군의 사명을 국토방위에 한정하고 있으므로 이를 종합하면 개별적 자위권을 인정하고 있는 헌법이라고 할 것이다.

무릇, 헌법 해석은 다양하게 이루어질 수 있다. 그중 기본이 되는 것은 역시 문리 해석이다. 이것으로도 부족하면 제정자의 입법의도 등을 고려하는 목적론적 해석을 하게 된다. 문리 해석에 따른다면 헌법 제5조는 국군의 사명을 '국토'에 한정하고 있다. 그렇다면 우리 헌법 제5조의 뜻은 외부로부터의 침략에 대한 방위 즉 자위권만을 인정하고 있음을 쉽게 알 수 있다.

우리나라 헌법 제정과정에서의 속기록을 보더라도 1948년 헌법에 평화주의가 수사적 차원의 산물이 아니라 자각적으로 헌법 규범화되었음을 알 수 있다. 또한 세계적으로 보편화되고 있는 평화주의를 받아들일 것을 이야기하고 있고 또 규범적 의미에 대한 논의가 있었다. 다만 우리의 경우는 비무장 평화주의까지는 가지 않고 군대를 규정하되 그 임무는 국토방위에 한정한다고 되어 있다. 오랫동안 전쟁의 참화를 겪었지만, 그것이 식민화된 상태에서의 전쟁경험이었기 때문에 자위권까지 부정하기는 힘들었고 다만 자위의 범위를 국토방위로 한정 축소함으로써 자위권의 변질과 남용을 경계하였다. 그것이 국군의 사명을 국토방위로 한정한 1948년 헌법 제6조 2문의 규범적 의미내용이며, 현행 헌법 제5조 2항 전문의 의미내용이다.

3) 국군 법정주의와 의회중심주의

현행 헌법은 국군을 두고, 자위권이 인정되는 경우에도 국군통수권이 통수권자인 대통령에 의해서 자의적으로 행사되지 못하도록 두 가지 견제장치를 두고 있다.

첫째, 국군의 조직과 편성을 법률로 정하고 있다. 이것은 국군을 두더라도 국군의 조직과 편성의 여하에 따라서 자위를 위한 국군이 아니라 침략군이 될 수 있으며, 우리 헌정사에서 보는 것처럼 국민을 위한 군대가 아니라 국민에 대한 군대가 될 수 있으므로, 국민의 대표기관인 국회가 제정하는 법률의 형식을 취할 것을 규정한 것이다.

둘째, 국군이 자위권을 행사하기 위해서는 선전포고의 절차를 거쳐야 하는데 이 경우에도 국회의 동의를 받도록 하고 있다. 그러나 의회중심주의와 법정주의의 원칙을 취하고 있다고 하더라도 반드시 평화주의 원리에 철두철미한 것은 아니다. 국회의 다수가 헌법의 평화주의 원리를 이해하지 못하고 헌법의 명문규정을 그래서 무시하고 파병에 찬성표를 던진다면 의회중심주의도 무기력할 수밖에 없다. 의회중심주의가 반입헌주의적일 때 견제장치로 만들어 둔 것이 바로 헌법재판소와 같은 헌법전문가에 의한 위헌법률심사제이다. 그러나 이러한 위헌법률심사제도 또한 헌법재판소의 재판관이 헌법의 규범내용을 잘 이해하지 못하거나 그 구성이 국민의 사회학적 의사분포와 유리되면 마찬가지로 평화주의 원리를 훼손할 수 있다. 이라크파병을 둘러싼 국회의 다수에 의한 파병결의와 관련법의 헌법재판소의 각하결정은 이를 단적으로 말해주고 있다.

4) 집단적 자위권의 인정 여부

최근 들어 이라크파병과 관련하여 국군이 '국토'를 벗어나 이라크에서 전쟁업무를 수행하는 것이 과연 자위권에 해당하는지가 논란이 되었다. 이러한 이라크파병의 실체법적 근거와 관련하여 거론되고 있는 것은 한미상호방위조약이다. 자위권에는 외부의 침략에 대하여 침략을 당한 국가가 개별적으로 맞서는 방법과 다른 나라와 군사동맹을 맺어 맞서는 방법이 있는데, 문제는 우리 헌법의 자위권이 개별적 자위권만 인정하고 있는 것인가 아니면 한미동맹과 같은 집단적 자위권까지 보장하고 있는가에 대해서 좀 더 면밀한 헌법해석론적 고찰이 필요하다.

1948년 헌법에 따르면 한미상호방위조약과 같은 군사조약에 관한 명문 규정이 없었다. 제42조에 상호원조에 관한 조약을 명시하고 있기는 하지만 안전보장조약에 관한 일체의 규정이 없었다. 박정희 군사정권이 쿠데타 이후 만든 1962년 헌법 제56조 1항에서처럼 국회의 동의를 받는 경우에는 안전보장에 관한 조약을 체결할 수 있다는 규정을 두고 있는 것에 비하면 1948년 헌법제정 당시에는 한미안보조약과 같은 군사조약을 염두에 두고 있지 않았거나 부정하고 있었다고 보아야 할 것이다. 그러나 1962년 헌법의 경우에도 실체적이기보다는 절차적이었다. 다만, 1962년 헌법은 침략전쟁을 부인하고 있을 뿐 국군의 사명을 국토방위에 한정한다는 규정을 삭제함으로써 개별적 자위권에 한정할 수 있는 규정이 사라지게 되었다.

1980년 헌법에는 국군의 임무를 국토방위로 규정함과 동시에 국가의 안전보장이라는 개념이 헌법에 등장하였다. 헌법제정권자들이 의도했든 의도하지 않았든 간에 국군을 해외에 파병하거나 군사조약을 맺어 집단적 자위권을 행사할 수 있는 헌법적 근거 조항이 등장한 셈이다. 그러나 이러한 경우에도 침략전쟁을 부인한 제5조 1항과의 정합성을 위해서는 안전보장의 개념을 대단히 한정적으로 해석하여야 할 것이다. 즉 몇몇 교과서에서도 이미 지적하고 있듯이 국토방위와 같은 개념으로 이해하여야 한다.

최근에 한미상호방위조약을 인정하되, 미국의 새로운 군사전략이 그 틀로부터 벗어나고 있는 흐름을 막아야 한다는 지적도 확산되고 있다. 그러나 지금처럼 주한미군의 전략적 유연성이 강조되어 대한민국의 방위 또는 공동방위를 위해서만 주한미군이 움직이는 것이 아니라 신속기동군으로 그 위상이 강조되고 임무와 활동범위가 재조정된다면 집단적 자위권에 대한 의구심과 한미상호방위조약의 헌법과의 정합성 문제는 점점 더 심각해질 가능성이 있다.

4. 평화주의인가, 평화적 생존권인가

앞에서 잠시 언급한 것처럼, 신속기동군화 및 이를 위한 군사변환 등 이른바 미국의 군사전략의 변화로 말미암아 전쟁위험에 처할 가능성이 커지고 있다는 지적이 끊이지 않고 있다. 더불어 이에 대한 대항담론으로 2007년에는 평화권 또는 평화적 생존권에 대한 논의가 그 어느 때보다도 활발하였다.

1) 평화주의의 인권적 기초는 평화적 생존권

평화주의란 앞에서 언급하였듯이 헌법의 기본원리 중의 하나이며, 헌법의 이념적 기초, 지도 원리를 의미한다. 현행 헌법의 경우 전문과 본문의 제5조 등에 표현되고 있다. 이러한 헌법원리로서의 평화주의는 다른 헌법조항을 비롯한 모든 법령의 해석기준이 되며, 입법권의 범위와 한계 그리고 국가정책결정의 방향을 제시하는 것이어서 국가기관과 국민이 존중해야 할 최고의 가치규범이다.

평화적 생존권은 이러한 평화주의를 인권적 관점에서 재구성한 것이다. 평화주의에 기초하여 침략전쟁을 부인하지 않으면 두 번에 걸친 세계대전에서 보는 것처럼 침략전쟁이 난무하여 인간의 평화적 생존이 위협받을 것이고 평화적 생존이 보장되지 않은 상황에서, 즉 사람이 죽거나 죽을 위기에 처한 상황에서는 사생활의 자유, 거주이전의 자유, 표현의 자유와 같은 자유와 권리는 제대로 보장받을 수 없기 때문이다.

그래서 국가가 전쟁을 하지 않도록 국가권력을 견제할 필요가 있는데 이것이 바로 평화적 생존권이다. 평화적 생존권이라는 인권의 이름으로 국가가 전쟁을 대외정책수단으로 삼지 않도록 견제할 수 있어야 한다.

평택 대추리 주민(평택범대위홈페이지 www.antigizi.or.kr)

2) 평화적 생존권의 의미와 헌법적 근거

평화적 생존권은 우리 헌법에 명시되지 않았으나 헌법 제37조 1항에서 가리키는 '헌법에 열거되지 않은 인권'의 하나이다. 평화란 구조적 폭력이 없는 상태라고 넓게 해석할 수 있지만, 전쟁이 없는 상태, 무력분쟁이 없는 상태라고 보아야 한다. 그리고 평화적 생존이란 일단 모든 전쟁과 공포로부터 벗어나서 생존하는 것으로 하되, 매우 좁게 해석하면 전쟁과 군대 없이 평화적으로 생존하는 것을 의미한다.

이러한 평화적 생존의 개념에 기초하게 되면 평화적 생존권은 징병거부권을 핵심으로 조금 넓게 해석하면 전쟁과 군대 없이 평화적으로 사는 것뿐만 아니라 군사적 목적으로 인한 기본권 침해 없이 사는 것까지 포함한다.

3) 평화적 생존권의 내용

평화와 평화적 생존의 개념을 어떻게 파악하는가에 따라서도 평화적 생존권의 내용이 많이 달라지겠지만, 개별 국가의 역사적, 국제관계적 특수성, 국가별 국가와 국민의 관계 등에 따라서도 평화적 생존권의 의미내용은 큰 편차를 보인다. 비교헌법사적으로 보더라도 그렇다. 이를 종합하여 보면 평화적 생존권에 포함될 수 있는 내용으로는 다음과 같은 사항들을 들 수 있다. 즉 국가에 의한 침략전쟁의 부인, 집단적 자위권의 부인, 군비보유의 배제, 국가에 의한 평화저해 행위(무기수출)의 배제, 국가에 의한 평화적 생존 저해 행위(징병제)의 배제, 군사적 목적의 기본권 제한(재산수용, 표현자유 제한) 금지, 전쟁위험에 처하지 않을 권리 등이다.

이 중 현행 우리 헌법의 규정과 체계를 고려한다면, 현행 헌법 제5조는 37조 1항과 더불어 평화적 생존권의 헌법적 근거가 될 수 있다. 이에 기초한 평화적 생존권은 침략전쟁의 부인, 개별적 자위권의 인정과 문민통제권 등을 포함한다. 이를 대내외적인 측면으로 표현하면, 대내적으로는 침략을 위한 군사적 목적의 기본권 제한과 본질내용 침해금지를 요구할 권리, 자기나라 정부에 대하여 타국에 대한 무력공격에 가담하지 않도록 요구할 권리를 의미하며, 대외적으로는 자국이 타국으로부터 전쟁위험에 처하지 않도록 요구할 권리 등을 포함한다.

4) 법적 성격

평화주의를 원리로서만 파악하는 것이 아니라 권리로서 파악하게 되면 여러 가지 실익이 있을 수 있다. 평화주의를 원리로만 파악하면 정부의 정책결정이나 국회의 입법과정에서 기준이 될 수 있을지언정 이를 위반한 경우에 대한 구제장치가 미흡하다.

하지만 평화주의를 인권론적으로 표현하여 권리로 인정하게 되면 재판규범으로도 사용할 수 있게 된다. 즉 국가가 군사적 목적으로 기본권을 제한하려고 할 때 평화적 생존권을 이유로 위와 같은 간섭을 배제하는 소송을 진행할 수 있다. 이렇게 본다면 평화적 생존권은 국가권력의 간섭을 배제하는 권리로서의 성격, 즉 자유권적 성격을 가지는 권리이다.

그러나 평화적 생존권은 그저 소극적으로 국가권력의 간섭만을 배제하는 권리에 그치지 않고 국가에 대하여 무력공격에 가담하지 않을 것을 요구하고 청구할 수 있는 권리, 즉 청구권적 권리로서의 성격도 동시에 갖는다.

5) 주체

무릇 자유와 권리는 개인의 권리이다. 즉 인권이란 국가권력의 간섭에 의하여 개인의 권리가 침해당했을 때 국가의 간섭을 배제하는 권리이다. 그래서 이를 강학상으로는 주관적 권리라고 한다. 따라서 인권의 주체는 기본적으로 개인이다. 하지만, 1919년 바이마르 헌법을 기점으로 인권의 주체를 집단에게도 인정하는 권리가 나타나기 시작했는데 노동 3권과 같은 권리는 개인이 아닌 노동조합이라는 집단의 권리이다.

마찬가지로 평화적 생존권 역시 집단의 권리이기도 하다. 왜냐하면 전쟁위험에 처하지 않도록 외국에 요구하는 것은 국민 또는 민족과 같은 집단이기 때문이다. 전쟁위험에 처하지 않도록 또는 침략전쟁을 받지 않고 한 민족이 자기 민족의 문제를 스스로 결정하겠다는 권리가 바로 민족자결권이다. 미국의 침략에 대하여 베트남 민족이 주장한 것이 바로 민족자결권이다.

그러나 이러한 민족자결권과 평화적 생존권은 반드시 동일한 개념은 아니다. 민족자결권은 베트남의 예에서 보듯이 민족의 평화적 생존을 위하여 전쟁도 불사하겠다는 의미로 이해되고 있기 때문이다. 반면에 평화적 생존은 집단의 권리이면서도 평화를 위한 전쟁에 동의하지 않는다는 점에서 반드시 같지만은 않다.

6) 효력

평화적 생존권은 국가권력을 견제하고 국가권력의 간섭으로부터 개인을 방어하는 권리로 그 효력이 국가에 영향을 미친다. 이는 국가안보를 이유로 언론의 자유를 제한하거나 재산을 수용할 경우 이러한 간섭의 배제를 국가에 요구하는 권리이다.

또한 평화적 생존권은 타국에 의하여 전쟁위험에 처할 경우에는 이를 거부할 대국제적인 방어권이기도 하다. 평택에 미군기지가 확장 이전되면서 평택주민들은 평택미군기지가 중국을 염두에 둔 신속기동군 기지로 사용될 것을 우려하고

평택 대추리 주민 촛불집회 장면

그렇게 되면 우리 의사와 관계없이 미국과 중국의 전쟁에 휩쓸리게 될 위험성이 있으며 이것이야말로 평화적 생존권의 침해라고 주장하면서 헌법소원을 제기한 바 있다.

5. 평화국가 만들기와 현행헌법

현행 헌법의 평화주의는 제2차 세계대전 이후 전쟁위법화라는 평화주의 흐름의 보편성을 반영하고 있되 분단이라는 특수성에 의해 침략전쟁 포기, 전수방어형 평화주의로 성문화된 유형에 해당한다. 그런데도 이제까지는 규범력을 갖지 않는 정치적 선언 정도로 이해되어 온 것이 현실이었다.

 그러나 평화주의, 평화적 생존권에 근거하여 이라크파병연장에 반대하고, 평택미군기지 이전 반대, 한미연합전시증원훈련반대 운동과 이에 연관된 각종 재판운동이 활발해지고 있는 것은 평화주의 원리가 정치적 선언의 수준이 아니라 규범적이고 실천적 의미를 갖기 시작했다는 것을 상징한다. 그러한 의미에서 한국사회는 평화주의 원리의 복권화 또는 현재화 과정의 출발선상에 있다고 해도 과언이 아니다. 하지만 분단된 한반도에서 평화주의가 현실화되는 과정은 평화주의 조항을 둘러싼 국가의사와 지배적 담론 그리고 그에 대항하는 지배담론의 이데올로기적 사회관계의 각축장이 될 것이다.

 따라서 이러한 평화주의 원리의 가능성에 대한 전망에도 불구하고 평화주의 문제의 법적 규범력을 더 확대하기 위해서는 규범의 재발견뿐만이 아니라 평화주의를 둘러싼 헌법제도와 헌법의식 문제에 대한 이해, 평화주의를 둘러싼 사회관계에 대한 총체적 이해와 분석 그리고 헌법실천이 2008년에도 병행되어야 할 것이다.

제2장
'위협'과 '안보'의 재인식

'국방개혁 2020'에 나타난 위협해석의 한계와 문제점

이태호 (참여연대 협동사무처장, gaemy@pspd.org)

1. 들어가며: 군사적 접근의 한계

국방개혁의 방향을 설정하는 데 핵심적인 것은 '적정 군비'의 기준을 도출해내는 것이다. 군사력 형성의 바람직한 수준을 정하는 것은 쉽지 않다. 절대적 기준도 있을 수 없다. 따라서 통상 해당 사회 혹은 국가가 직면한 '위협'을 정의하고 그에 대한 효과적인 대처방안들 중 군대가 담당해야 할 역할을 정하는 토론과정을 통해 적정군비에 대한 사회적 합의가 형성된다.[1]

---

[1] '위협'을 정의하는 것은 결코 간단치 않다. 과거 냉전시대에는 방위의 대상으로 '국가'와 '체제'와 같은 배타적 공동체를 상정하고 '국가안보', '체제안보'가 구성원들의 안전과 동일시되거나 우위에 있는 것으로 간주했다. 그런데 오늘에 와서는 방위의 주체이자 대상으로서 국가를 상정하는 것이 여전히 현실적인 것으로 인식되는 한편, 방위의 궁극적 목적이 공동체 구성원 개개인의 구체적인 안전에 있다는 점이 강조되고 있다. 또한 마을, 지역사회, 한반도, 동아시아, 세계에 이르기까지 다양한 범주의 공동운명체를 상정하는 것도 가능해지고 있다. 따라서 위협과 적을 특정하고 이에 대처하기 위한 사회적 자원을 동원하려 할 경우, 그것이 사회구성원이 관계 맺고 있는 다양한 범주의 공동체에서 평화적 삶을 유지하기 위한 최적의 선택인지 설명되어져야 한다.

국방부 '국방개혁 2020' 홍보자료

노무현 정부는 국방개혁 2020이라는 이름으로 중장기 국방개혁 계획을 추진하고 있다. 국방부는 "북한의 군사위협은 상존하되 강도는 점진적으로 약화될 것으로 전망하고, 초국가적, 비군사적 위협은 지속적으로 증대하며, 역내 잠재적 위협이 현실화 가능성이 상존한다"고 분석하고 있다. 이를 바탕으로 국방부는 북한의 군사위협 약화에 대해 만일에 대비한 '절대억지전략'을 확보하고, 역내 잠재적 위협에 대해서도 '방위충분전력을 확보'하며, '초국가적 비군사적 위협'에 대해서도 군대의 역할을 높여서 해결하자고 제안하였다.

국방개혁 2020의 이러한 위협인식과 대처방안은 군사적 위협을 지나치게 과장하고, 군사적 보복수단 확보에만 치우친 것으로서 위협의 수준이나 필요충분의 군사적 대응 수준을 설득력 있게 제시하는 데 실패하고 있다.

국방력 형성을 강조하는 입장에서는, 국경 밖의 세계가 약육강식의 홉스적 현실이 지배하는 공간이며, '국가안보'를 위해 모든 상황에도 완벽히 대비할 수 있는 군비를 확충하는 것이 공동체의 안전을 지키기 위한 최선의 길로 여겨지게 마련이다. 반면, 국가의 구성원인 시민들은 미국과 중국에 자식들을 유학 보내고, 총기 탈취 사건과 노후 생활 그리고 지구온난화를 염려하며, 중국펀드 투자와 개성공단 입주를 고민한다. 사실, 국가의 구성원들이 직면할 수 있는 폭력과 위협은 비단 외적의 침략위협만이 아니기 때문에 그들에게 군비를 위한 투자가 다른 안전을 위한 투자에 선행해야 한다고 주장하기 힘들다. 모든 것은 일종의 기회비용을 수반하므로 국가가 처할 (군사적) 위협이 과장되어서도, 개인의 일상이 직면한 폭력이 간과되어서도 곤란하다. 정부의 국방력 형성의 수준을 정하기 위해서는 이 모든 것이 고려되어야 하고 또 구성원들의 충분한 개입이 보장되어야 한다.

2. 밑 빠진 독 – 북한 위협론과 절대억지론의 함정

국방부는 북의 위협에 대해 매우 모순되고 혼란스러운 입장을 보이고 있다. 국방부의 공식적인 입장은 늘 남한의 군사력이 북에 비해 열세라는 것이다. 그러나 국방부 내부 문서에 따르면 "실제 북한은 ▲ 북의 최근 전투준비태세의 수준이 열악해지고 ▲ 경제난 에너지난 등으로 전쟁지속능력이 저하되었으며, ▲ 중국 러시아 등으로부터 군사지원을 받을 가능성이 작으며, ▲ 한·미 연합군의 보복 우려 등으로 전면전을 도발할 가능성이 감소하고 있다"고 평가되었다. 이 문서는 국방부가 국방개혁안을 구상하는 과정에서 작성한 기초문서이다. 이 문서에서 국방부는 스스로 "한국은 북한보다 국력에서 25배 이상 앞서며, 재래식 군사력도 이미 질적으로 우수하다"는 내적 평가를 내리고 있다. 또한 "북의 국지적 군사행위에 대해서도 재래식 전력에서의 질적 우위를 바탕으로 한국군이 유리하게 대응할 수 있을 것으로 판단"하고 있다. 사실 재래식 군사력의 대북우위는 이미 오래전부터 분명해져 온 것이다.

지난 1991년에 발표된 군의 1991-95년 국방중기계획은, 한국군이 1991년 당시 이미 대북방위전력을 확보하고 "보복공세전력 확보"를 시도하고 있는 중이라고 표현하였다. 이런 조건에서 국방개혁 2020이 대규모 재래식 군비증강을 통해 "2006-2015년까지 '대북억제능력을 확충'하여 2020년에 '방위 충분성' 전력을 확보하겠다"고 주장하는 것은 설득력이 없다.

국방부가 말하는 대북억제능력이란 북에 대한 종심 타격 능력 및 투사능력의 강화를 포함하는 것으로서, 사실상 북군사력의 어떤 비대칭적 우위도 허용치 않고, 북에 대한 완벽한 제압을 전제로 하는 '절대억지 전략'이다. 군사적으로 완벽한 방어는 완벽한 공격과 동의어로서 매우 위협적인 개념이다. '절대억지'란 야구식으로 표현하면 '완봉승'을 거두겠다는 것이다. 상대방의 입장에서 보자면 안타를 하나도 치지 못하고 완패를 당하는 꼴이다. 야구의 경우 완봉패를 당하더라

〈표 1〉 1991-95국방중기계획 – 장기 군사력 건설 목표 및 중점

단계	87-91	92-96	97-01	02-06
목표	대북방위전력 확보	대북억제전력 기반조성	대북억제전력 확보	대북공세전력 확보
	자주적 방위전력 확보		자주적 억제전력 확보	
중점	• 지상군: 방위전력위주(기동군단, 육군항공) • 해·공군: 긴요전력(구축함, F-16) • 전술조기경보체제 기반조성	• 공세주축 확보 • 보복가능전력 확보(F-X,잠수함, 지대지유도탄) • 전술조기경보체제 확보	• 보복가능전력 확충(잠수함, F-X, 지대지유도탄) • 조기경보체제 확충	• 전략보복전력 확보(전략함, 장거리지대지 유도탄) • 독자적 전략조기경보체제 구축

※ 자료: 『91-95 국방중기계획』

도 1:0 정도로 아슬아슬하게 지는 일도 가능하지만, 전방과 후방이 따로 없는 현대전에서 완봉패를 당하는 것은 변변한 공격도 못한 채 전후방이 초토화된다는 것을 의미한다. 이 점에서 절대억지 개념은 더 이상 방어적인 억제개념이 아니라 말할 수 없이 공격적인 개념이라 할 수 있다.

절대억지를 위한 남한의 첨단 재래식 전투력의 확충과 보복 전략(roll-back)의 추구는 북한에게 비대칭적 우위를 위한 또 다른 군사력 형성 전략에 골몰하게 하는 등 안보딜레마를 가져오고 있다. 특히 한·미 연합군이 보유하고 있는 첨단 재래식 전력과 핵전력에서의 압도적 대북 우위 그리고 이를 활용한 공격적이고 자극적인 작전계획과 군사훈련은 북을 좌절시키기보다는 오히려 북의 군사적 불안감을 고취시켜 북의 군부로 하여금 '싸고 파괴력 있는 무기', 즉 대량살상무기 보유에 집착하게 만드는 역효과를 야기해 왔던 것이다.

국방부는 군비증강과 절대억지론 고수의 논리로 북한의 핵, 미사일(총 800여 기), 화학무기(2.5-5천여 톤), 특수전부대(12만 명), 휴전선 인근에 배치된 장사정포(170mm, 240mm) 등, 이른바 비대칭 위협 혹은 전력이 존재한다고 주장하고 있다. 그러나 공군 전력이나 해군전력, 기갑 전력이 열세인 조건에서 특수전

부대가 유용하게 활용될 가능성은 적다. 장사정포나 미사일 등의 위력 역시 그 자체로 지나치게 과장되어 있거나, 이미 확보된 남한의 사전 사후 조기경보능력 및 조기보복능력(주로 대포병 레이다와 다연장 로켓포, 기타 유도무기와 공군의 종심타격 능력) 등에 대한 언급 없이 거론되고 있다.

북한의 핵이나 화학무기 등 이른바 대량살상무기는 그 존재나 규모가 구체적으로 확인된 바 없고, 설사 일정한 양을 확보하고 있다 하더라도 북으로서는 사용하기 매우 힘든 무기이다. 게다가 이를 군사적으로 완전히 제압할 유효한 방법도 없으므로 군사적 방법보다는 신뢰구축과 다자간 협의를 통해 통제하는 것이 바람직하다. 사실, 군사적으로 적국이 아무런 비대칭적 우위를 가질 수 없는 상황은 기대하기 어렵다. 절대억지론은 이 점에서 무한 군비확장의 정당화 수단일 뿐, 현실적인 방위구상이라 할 수 없다.

이런 모든 조건을 고려할 때, 불필요한 군비경쟁의 악순환을 끊을 수 있도록 남측이 먼저 '합리적 방어 충분' 개념, '방어적 방위' 개념에 입각한 군사력 형성전략을 짜는 것이 바람직하다. 합리적 방어 충분 개념에 따른 군비축소 지향의 국방 정책은 남북한 정상회담과 북미 관계개선 전후 공론화될 한반도 평화군축 프로세스를 구상하는 데에도 매우 효과적 수단을 제공할 것이다.

북의 비핵화와 더불어 재래식 군비의 상호군축 논의가 본격화될 경우, 경제력과 군비지출 능력에서 심각한 열세를 지닌 북한이 상호군축에 소극적일 가능성이 크다. 이 경우 남한이 북한에 대해 선 군축을 포함하는 비공격적 방어(Non-Offensive Defence)의 방위전략을 가지고 있음을 확신시킬 수 있다면 논의가 훨씬 효과적으로 진행될 수 있을 것이다. 그러나 국방개혁 2020은 이러한 새로운 방위개념 검토를 완전히 차단하고 있다.

3. 주변국 위협론과 패권 편승의 딜레마

최근 들어 국방부와 정부는 북의 군사적 위협보다 주변국의 위협을 더 강조하는 경향을 보이고 있다. 주변국인 일본과 중국의 군비확장이 심상치 않다는 것이다. 일견 그럴듯해 보이는 이 같은 논리 속에 국방부 식 위협분석 속에는 또 다른 문제점과 딜레마가 존재하고 있다.

국방개혁 2020에 따르면 주변국의 군사적 위협이 과연 무엇인지 그리고 북의 군사적 위협을 주된 위협으로 보는지 아니면 주변국의 (군사적) 위협을 주된 위협으로 보는 지가 불투명하다. 확실하든 모호하든 모든 있을 수 있는 위협에 대비하면 좋지 않냐고 어물쩍 넘어갈 일이 아니다. 군비투자는 다른 사회적 투자를 포기한 대가로 이루어지기에 방위력 형성의 절실한 이유를 분명히 해야 한다. 특히 현 시기 북과의 군축에 집중할지, 아니면 주변국과 경쟁하는 군비확장에 나설 것인지 입장을 분명히 할 필요가 있다.

사실 국방부의 입장은 일관되게 군비확장이 필요하다는 것인데, 여기서 국방부는 혼란에 빠진다. 지난 50여 년간 '주적'으로 지목해온 북의 군사적 위협만으로는 군비확장의 근거를 마련할 수 없을뿐더러 최근의 2차 정상회담 이후 남북 간 군축논의가 현실화되는 상황이고, 주변국의 (군사적) 위협을 새로운 위협으로 제시하여 군비확충의 근거로 삼고자 하나 과연 누구로부터 어떤 구체적인 군사적 위협이 존재하는지를 입증할 수 없다는 문제에 봉착하는 것이다. 이에 국방부는 국방개혁 2020에서 역내 잠재적 위협이 현실화될 가능성이 상존한다면서, "도서영유권, 해양관할권, 역사인식 문제 등이 분쟁요인이 되고 있으며, 주변국 대한반도 영향력 확대경쟁 가능성이 증대하고 있다"고 주장하고 있다.

이러한 인식에 따른다면, 도서영유권 등으로 분쟁가능성이 있는 국가는 일본과 중국 양국이며, 대한반도 영향력 확대경쟁에 나설 주된 국가는 미, 중(일, 러) 등의 국가가 지목될 수 있을 것이다. 그러나 한-일 관계로 말하면 과거의 불행한 역사가 있지만 기본적으로는 민주국가 간 관계이며, 한-일 모두 도서영유권 문제를 국지적 혹은 본토방위까지를 위협하는 국가 간의 군사행동으로 확대시킬 이해관계가 없으므로 이를 군비 확충의 이유로 삼는 것은 타당치 않다. 게다가 미국이 동아시아에서 '미-영동맹 수준의 관계를 유지하고자 하는 일본을 군사적 갈등의 상대로 간주한다는 것도 부적절하다. 단순히 일제감정을 기억하는 민족감정만으로 일본을 군사적 위협의 대상으로 간주할 수 없다는 것은 국방부 자신이 더 잘 알고 있을 터이다.

일본이 아니라면 중국인가? 중국과의 영유권 분쟁 가능성은 일본만큼은 아니더라도 없다고는 할 수 없고, 미국과 더불어 대한반도 영향력 확대경쟁의 당사자임은 주지의 사실이다.

그러나 현재로서는 남한이 중국을 군사적 위협을 가하는 주체로 지목할 근거도 없다. 중국과는 동맹관계는 아니지만 엄연히 북핵문제 해결과 지역 평화체제 논의의 파트너로서, 정기적인 군사교류협력을 진행하고 있는 선린우호 관계이다. 게다가 '양안갈등'에 대한 개입의지를 적시하고 있는 미국과는 달리 남한의 경우 이 갈등에 우리가 개입되는 것을 도리어 우려하는 상황에서 남한이 중국의 '군사적' 위협을 적시하는 것은 논리적 근거나 설득력을 갖기 힘들다. 마치 미국이 한반도에 영향력을 확대할 가능성이 있으므로 잠재적인 군사적 위협의 대상이 된다고 말하는 것과 마찬가지로 현재로선 비현실적이다.

그런데 국방개혁 2020의 진정한 문제는 이 방안이 군사적 위협의 실체로 사실상 중국을 암묵적으로 전제하고 있다는 것이다. 그리고 중국과 지역패권을 다툴 것을 가정하고 중국을 포위하고자 하는 미국, 일본에 편승할 것을 기정사실화 하고 있다는 점이다. 국방부는 '주변국 대 한반도 영향력 확대 경쟁 가능성'을 우려하면서 동시에 한반도를 둘러싼 특정 패권(미-일 패권)의 영향력에 편승하려는 정책기조를 전제하는 우를 범하고 있는 것이다.

국방부의 인식대로 중국의 역내 영향력—이는 단지 군사적 영향력만이 아닌 사회경제적 연관성 증대까지를 포함한다. 따라서 한국 해외투자의 제1순위 국가가 중국이라는 사실까지도 고려하면서 영향력이라는 용어를 사용해야 한다 —이 확대될 경우 대미편승일변도의 군사정책은 오히려 한반도가 처한 지정학적 장점을 도리어 지정학적 위험으로 만들고, 비군사적 위협을 군사적 위협으로 전화시킬 심각한 패착이 될 수 있다. 특히 국방부와 정부가 취하는 주한미군의 전략적 유연성 합의와 대 중국 견제용 군사기지의 제공 등 대미편중 군사전략은 역내 군비경쟁을 가속화하고 한반도를 군사적 갈등 속에 노출시키는 위험한 전략이다.

이런 자가당착적 논리 전개는 모든 관계를 군사적으로 해석하여 군비증강을 정당화하려는 국방부의 군사주의 일변도의 접근에서 비롯된 것이다. 주변강국의 존재가 바로 군비증강을 정당화하는 것은 아니다. 한반도 통일 전후의 자위력이 필요하다는 반론도 가능하지만 그 역시 단견이다. 서독이 주변국에 군사력을 과시했다면 결코 통일을 이루지 못했을 것이다. 오히려 다자협력과 평화외교를 근간으로 하는 호혜적 근린정책이 군사력 형성 전략보다 선행되어야 한다. 냉전시대의 대미편승정책과는 구분되며, 전통적인 공포(힘)의 균형이나 억지개념과도 구별되는 '관계지향적인 상위 외교안보(협력안보)정책'의 정립이 맹목적인 군비증강보다 더 시급한 것이다.

국방부는 모호하기 그지없는 주변국 위협론을 내세워 한반도 평화를 가능케 할 현실적이고도 비용이 적게 드는 합리적인 대안은 외면하고 있다. 한반도 전면전 가능성이 축소되고 있고, 북에 대한 남한의 명백한 군사적 우위가 현실인 조건에서 남북 간 평화군축 프로세스를 먼저 진행한 후, 평화적 통일 과정 및 그 이후 발생할 다른 문제들을 단계적이고 순차적으로 대비하는 것이 필요함에도 무리하게 주변국 위협론을 내세워 평화군축과는 상반되는 군비증강을 정당화하고 있는 것이다.

과연 북한은 주변국 위협을 이유로 한 남한의 군비증강의 필요성을 납득하고 북한만의 군비축소를 받아들일 것인가? 답은 명확하다. 주변국 위협에 대응한다는 이유로 남한이 장거리 투사 전력을 계속 확충하는 등의 군비증강을 지속하는 것은 마치 북한이 "통일이 되면 핵무기가 우리 모두의 것이 될 것"이라고 주장하는 것이나 마찬가지의 억지논리로 인식될 것이다. 또한 북한이 주변국 위협을 근거로 장거리 미사일 개발을 지속하겠다고 강변하더라도 할 말이 없을 것이다. 이렇듯 주변국 위협을 가정한 맹목적 군비확장은 북한은 북한대로 반발하고 주변국과의 관계도 악화되는 이중의 갈등을 야기하면서 한반도를 새로운 냉전적 대결지대로 전락시킬 위험한 군사주의적 구상이다.

4. 포괄적 갈등을 야기하는 포괄적 안보론

국방개혁 2020은 '초국가적, 비군사적 위협'에 대해서도 '포괄적 안보' 태세를 확립해야 한다며 이를 위한 군의 역할 변화를 주장하고 있다. 국방부가 말하는 '포괄적 안보'는 주로 테러 등에 대한 통합방위태세를 강조하고 파병과 같은 국경 밖 군사행동을 확대하는 것을 의미한다. 국방개혁 2020은 테러 등 이른바 '새로운 위협'을 안보의 대상 더 나아가 전쟁의 대상으로 인식하는 '대테러 전쟁'의 논리를 그대로 답습하고 있다.

국방부는 '국제 평화유지에 기여'하고 '저강도 분쟁 대응 능력을 향상'한다는 명목으로 각종 해외파병과 민사작전 참여의 필요성을 역설하고 있다. 아프간, 이라크파병 등은 대표적인 사례인데, 이 지역들에서 한국군은 PRT(지역재건팀)활동 등을 명목으로 미군 혹은 나토군과 함께 가급적 상기주둔 할 것을 꾀하고 있다. 국방부의 각종 발언들을 고려할 때 군은 이러한 점령지 민사작전 경험이 북한 지역에 대한 민사작전 능력으로 연결될 것으로 보는 듯하다. 이러한 군의 파병활동이 이라크와 아프간의 재건에는 전혀 도움이 되지 않았을 뿐더러, 무장갈등의 악순환에 기여했다는 사실은 너무도 자명하여 더 상세히 설명할 가치조차 없다.

한편, 정부는 레바논 PKO파병을 계기로 해외 PKO파견 전담부대의 신설과 해외파병 국회동의 절차의 완화를 골자로 하는 PKO법 제정을 시도하고 있다. 심지어 국방부는 유엔결의 없는 다국적군 파병 요건도 완화해야 한다고 주장한다. 국방부와 정부는 PKO파병 혹은 다국적군의 파견이 국제평화유지를 위한 가장 주된 의무이자 우선적인 수단인 것처럼 주장하고 있다. 정작 PKO의 성공과 실패의 조건에 대한 엄격한 분석 없이 그리고 해당 분쟁에 대한 평화정책도 없이 군대파견만 맹목적으로 강조하고 있는 것이다. 레바논 PKO파병의 경우가 그 대표적인 예이다. 한국 정부는 레바논 문제와 긴밀히 연결된 팔레스타인 분쟁에서 줄곧 이스라엘과 미국의 입장을 관성적으로 지지해왔고, 레바논 분쟁의 원인이 된 이스라엘의 레바논 남부 점령에 대해서도 특별한 입장 없이 미국의 입장을 추종해 왔다. 레바논 파병과정에서 정부는 이에 대해 아무런 평가도 하지 않았고, 레바논 평화정착을 위한 아무런 실질적 논의도 진행하지 않았다. 레바논 문제의 해법 없이 군대만 파견한 셈이다.

국방부는 또한 테러예방과 해양수송로의 안전을 명목으로 장거리 호위작전 수행을 위한 해군능력 향상, 미 태평양사령부가 주도하는 지역해양안보구상 참여 등을 꾀하고 있다. 제주 해군기지 건설 추진도 이러한 맥락에서 설명되고 있는데 이는 중국 등과의 또 다른 군사적 긴장요인이 되고 있다. 정작 해군력 투사와는 상관없는 소말리아에서의 선원 피랍사태 등에 대해 정부가 수개월간 아무런 지원 없이 방치해 여론의 빈축을 샀다.

이렇듯 국방부의 관심은 제사보다는 잿밥에 가 있다. 실제 평화정착보다는 군사적 영향력의 확대에 있는 것이다. 한국 정부가 국제관계에서 호혜적 관계를 중시하기보다 패권 편승을 당연시하고, 빈곤과 차별 등 무장 갈등의 원인을 제거하기 위한 근본적 처방을 마련하기보다 군대와 무력 사용을 우선한다는 비판에서 자유로울 수 없는 이유가 여기에 있다.

국방부의 이 같은 군사주의적, 패권 편승적 대응기조는 새로운 문제점, 즉 안보를 말하면서도 국민의 안전을 위협하게 되는 아이러니를 연출하고 있다. 이라크, 아프간 파병 이후 각종 피랍살해사건이 이어졌고 시민들의 아랍권 여행도 더욱 위험해졌다. 국내의 아랍권 이주노동자들은 심각한 차별과 감시에 노출되게 되었다. 정부는 테러방지법과 테러자금조달금지법 제정을 추진하는 한편, 통신비밀보호법을 개정하여 통신감청 및 인터넷 추적을 더욱 용이하게 하고, 여권법을 개정하여 아예 분쟁지역에 대한 여행을 금지하고 민간단체들의 인도적 지원 행위마저도 통제하기에 이르렀다. 정부의 그릇된 대외정책 때문에 국제사회 평화유지를 위해 시민이 기여할 기회는 도리어 박탈당하거나 통제되고, 국내의 민주주의 역시 크게 후퇴하는 역설이 발생하고 있는 것이다. '포괄적 안보론'은 나라 안팎에서 포괄적 갈등을 유발하고 시민들을 도리어 포괄적 위험에 노출시키고 있다. 군사주의적 대응의 딜레마는 이른바 '새로운 위협'에 대응하는 과정에서도 고스란히 드러나고 있는 것이다.

5. 나오며: 위협해석의 문민통제가 필요하다.

국방개혁 2020 발표 전후 대통령과 국방부는 '군에 대한 문민기반 확대'를 강조하였고 국방개혁법에도 국방개혁 주요 목표의 하나로 이를 적시하였다. 그러나 국방개혁 과정은 분단과 냉전이라는 악몽을 털고 한반도가 나가야 할 새로운 비전과 정책적 선택 수단들을 폭넓게 검토하여 이에 국방 분야의 개혁 작업을 종속시키려는 민주적 노력과 무관하게 이루어졌다. 도리어 냉전시대에 무한 군비경쟁을 야기했던 '공포'와 '억제'의 인식론을 구체적 근거와 정보 없이 강요함으로써 국방관료들이 자신의 군비확장 욕구를 개혁의 이름으로 정당화하는 기회로 악용되었다.

　국방개혁 논의과정에서 기대했던 평화정착을 위한 군비 이외의 대체 수단, 이를 감안한 적정 방위력의 수준과 형태, 이를 위해 시민이 지불할 수 있는 지속가능한 비용 등에 대한 발본적 재검토는 이루어지지 않았다. 위협인식과 대응수단 선택에서 문민통제는 존재하지 않았던 것이다. 그 결과 노무현 정부의 '국방개혁'은 불요불급한 사회적 비용을 유발하고, 냉전시대의 군사적 대결을 재연하며, 시민들을 원치 않은 위험과 무장 갈등 속으로 깊이 연루시키고 있다.

국가는 어떤 몸인가? - '비(非)국민'의 입장에서 본 안보 위협

정희진 (성공회대 NGO대학원 강사, out67@chol.com)

> 군주가 백성으로부터 사랑을 받는 것과 두려움을 받는 것 중 어느 것이 더 나을까. 하나를 택해야 한다면, 두려움을 받는 편이 더 안전하다. 사랑받는 것은 백성의 의지이고, 두려워하게 하는 능력은 군주의 의지이기 때문이다 ─ 마키아벨리

1. 들어가며: 전쟁과 평화는 반대말인가?

이 글은 지난 60여 년 동안 한국사회를 옥죄어왔던 국가안보 이데올로기의 비민주, 비합리, 반평화성을 비판하기보다는, 사회문화적 구성물로서 국가안보 언설이 전제하는 사고 체계의 타자(他者) 배재적 성격을 드러내고자 한다. 이를 통해 절대적 가치로 간주되어온 '국가의 안보'가 실제로는 특정한 계층의 경험과 이해(利害)에 기반을 둔 임의적인 이데올로기이며 다른 사회적 가치와 논쟁 가능한, 상대화할 수 있는 세계관임을 상상해 보고자 한다. 이를 위해, 이 글은 여성 혹은 대다수 '비(非)국민'의 입장에서 안보 언설에 관한 다음의 두 가지

문제를 간단히 살핀다. 첫째, 그간 한국사회에서 보수, 진보 양진영 모두 안보 문제를 다루어온 국가주의적 방식을 비판한다. 둘째, 국가안보 언설이 작동하기 위한 전제인 실체주의적, 개체주의적 국가 개념을 문제화한다.

'군 위안부' 역사처럼, 여성은 언제나 전쟁 혹은 "나라 없는 설움"의 가장 큰 희생자일까? 인류 역사상 여성이 노동시장에 가장 적극적으로 진출했던 시기는 여성운동이 활발했던 때가 아니라 전쟁 때였다.[1] 전쟁으로 동원된 남성 노동력을 대신해야 했기 때문이다. 제2차 세계대전이 끝난 후, 어떤 여성은 이렇게 말했다. "(국가 간)전쟁이 끝나 남편이 집으로 돌아오자, 집에서 전쟁이 시작됐다"[2] 1990년대 초 소말리아 내전에서 여성들이 전쟁에 자원한 이유는, 남편에게 구타당하는 집보다 밥을 주는 군대가 낫기 때문이었다. 유랑 중인 쿠르드족의 여성운동가는 이렇게 외쳤다. "우리에게 정말 필요한 것은 독립국가가 아니라 민주주의입니다"[3] 논란거리였지만 대수롭지 않게 넘어간 '사소한' 이슈, 한국의 평화운동 집회에서 합창되는 "fucking USA"는 평화의 구호인가, 아니면 '여성'(여성화된 미국)에 대한 폭력을 선동하는 노래인가?[4] 이상의 사례들은 여성에게는 전쟁 상태가 낫다는 의미가 아니다. 국가의 존재나 전쟁이 모든 사람에게 동일한 이해관계를 갖지 않는다는 것이다.

국외는 폭력이 만연한 약육강식의 무정부 상태이고, 국내는 그러한 국제

---

[1] 루스 밀크먼, 『젠더와 노동: 제2차 세계대전기 성별 직무 분리의 역학』, 전방지·정영애 공역, 이화여대 출판부, 2001.
[2] 헬마 산더스 브람스 감독, 〈독일, 창백한 어머니〉(Deutschland Bleiche Mutter), 1980.
[3] "우리는 터키 정부의 차별정책에 의해서, 여성 억압적인 이슬람 종교의 가르침에 의해서, 가난에 의해서, 또 쿠르드족 남성의 가정폭력에 의해서 다중적으로 억압받고 있습니다. 우리에게 정말 필요한 건 독립국가가 아니라 모든 생활 속에 스며들어 있는 진정한 민주주의입니다", 쿠르드 노동자당의 여성운동가, 《한겨레신문》, 2007년 2월 16일자, "현경 교수의 이슬람 순례".
[4] 자세한 내용은 "인권과 평화의 관점에서 본 여성에 대한 폭력", 정희진 엮음, 『성폭력을 다시 쓴다—객관성, 여성운동, 인권』, 한울, 2003을 참조.

질서로부터 국민을 보호하는 안정과 질서의 공간이라는 안보 논리의 근본 가정은 여성에게는 해당되지 않는다. 인신매매나 아내에 대한 폭력에서 보듯이, 여성에게는 국내나 가정이 더 위험한 공간일 수 있다. 많은 경우 여성들은 국가 내부에서 가장 큰 폭력 상황에 노출된다. 국내정치와 국제관계가 분할되었다는 이데올로기, 즉 국가라는 경계 자체가 국가 내부의 비국민에게는 의미 있는 정치적 전선이 아닌 것이다. 동성애자에게는 외국군보다 이성애 제도가, 장애인에게는 '북한 사람'보다 비장애인 중심의 사회 체제가 더 위협적이다. 이들은 공/사 영역에 걸쳐 문화와 정상성이라는 이름의 일상적, 구조적 폭력에 시달린다. 이들에게 정치는 선거 때나 혁명, 전시만이 아니라 일상의 모든 시간이 정치적이다.

군사주의(militarism)는 실제 전쟁에 임하는 군사적 목적(military way)과, 이와 상관없이 전쟁을 신봉하는 문화를 구분하기 위한 용어로[5] 군사적 목적이 분명하게 드러나는 전시보다 그렇지 않은 평화 시에 더 극명하게 나타난다. '국민'의 범주를 전유(專有)한 비장애인 이성애자 남성에게 "전쟁은 다른 수단에 의한 정치의 지속"이다. 그러나 그 외 대다수 비국민에게 "정치란 다른 수단에 의해 지속되는 전쟁"이다. 어쩌면, 전쟁의 진정한 목적은 '진짜' 정치를 탈정치화, 사소화 하기 위한 것인지도 모른다. 많은 사람이 일상생활에서 자주 하는 말 중의 하나가 무엇인가? "사는 게 전쟁이다!"

이렇듯, '너'와 '나'의 위협 요소가 다르다고 '내'가 '너'를 '우리'의 범주에서 제외한다면, "평화를 원하거든 전쟁에 대비하라"는 언설은 불가능해진다. 인식자의 사회적 위치에 따라 각자가 생각하는 전쟁, 평화, 안보의 의미가 다르거나 심지어 정반대라면, 평화의 반대 개념은 전쟁이나 폭력이 아니라 '평화'가 될 것이다.

---

5) A. Vagts, *A History of Militarism,* Meridan Books, 1959, ch.1

2. '좋은 국가 만들기'는 안보 담론의 결과인가, 원인인가?

식민 지배와 분단을 경험한 한국은 국가안보 언설의 생산, 비판 모두 서구 제국과는 다른 경로를 거쳐 구축되어 왔다. 특히 진보 진영의 안보 이데올로기 비판은 '제대로 된 근대성', '온전한 국민 국가(nation state)'를 건설하지 못했다는 근대성에 대한 강박에서, 오히려 안보 담론의 원인인 국가주의(국가 건설)의 일환으로 전개되어 왔다. 이는 제2차 세계대전 이후 서구 열강으로부터 독립한 아시아 국가들에서 공통적으로 드러나는데,[6] 국가안보에 대한 국민의 이해는 단일하다는 전제 아래, 대개 좌파 성향의 지도자들은 '주권' 차원에서 우파 지도자들은 '정권' 차원에서 국가안보를 강조해왔다. 한국사회에서 국가안보의 필요성과 정당성은 '이성적'으로 질문할 수 있는 의제가 아니라, 언제나 "어떻게 제대로 실현할 것인가"라는 당위적, 선험적 문제였다. 현실정치든 학문분야든 정치(학)는 '진정한 국가안보 실현 방안'을 둘러싼 남성들 간의 이데올로기적 경합을 의미했고, 이들은 정치와 현실의 의미를 독점적으로 정의해왔다. 건국 이래 지난 60여 년간 진행되어온 국가안보에 관한 주된 논쟁 구도인 "한미동맹 대 자주국방", "정권안보 대 주권안보"의 대립은, 실은 분단 현실에서 민족(nation)과 국가(state)의 이해가 분리되어온 한반도 상황의 반영일 뿐이다(한국사회에서 'nation state'에 대한 번역을 둘러싼 논쟁도 같은 배경을 갖는다)[7] 다시 말해, 안보

---

[6] The Asian Regional Exchange for New Alternatives, *Asian Exchange* Vol.20 No.2, 2004/Vol.21 No.1,2005, *Militarising State, Society and Culture in Asia: Critical Perspectives*, Hong Kong: ARENA.

[7] "한국사회의 민족 담론은 지나치게 원초적(primordial)인 한민족의 특수성만을 강조해왔다. 다른 민족 집단에서는 명확히 다른 범주로 구별되는 민족과 국민 개념이 한국에서는 네이션이 민족, 내셔널리즘은 민족주의로 번역되어왔고, 에스닉은 종족으로 번역되었다. 하지만 원래 네이션은 국민, 에스닉은 민족 개념에 가까우며 내셔널리즘은 국민국가주의로 번역해야 한다. 한민족은 네이션과 에스닉이 구별되지 않는 특수한 상황이었던 것이다…", 한건수, "민족은 국가를 넘을 수 있는가" 『황해문화』, 2006년 여름호, 통권 제51호, pp.73-74.

이데올로기 비판이 탈군사화나 평화주의와는 무관하게 진행된 것이다.

해방 후 1980년대 중반까지 남한의 안보 정책은, 미국에 의존하여 주적인 북한을 견제하자는 한미동맹 세력이 주도했다. 냉전 이데올로기 아래의 정전이라는 극단의 군사적 대립 상황에서, 민족의 화해를 강조해온 진영은 '상대적으로' 군축 평화주의적인 형태를 취하였고, 이들은 소위 '1987년 체제' 이전까지는 정치적으로 피억압 세력이었다. 그러나 1990년대 이후 탈냉전과 한국사회의 '민주화'와 경제성장은 '자주화·민주화' 세력의 집권을 가져왔고, 이들은 한국사회에서 '진보'와 '보수'라는 정치 전선을 뚜렷이 부각시켰다. 이에 따라 안보 논리를 생산하는 한국사회의 지배적(hegemony) 남성성의 내용도 변화했으며, 한국사회가 미국과의 관계에서 자신을 호명, 주체화하는 성별성도 여성에서 남성으로 바뀌었다.8) 이를 기존의 보수 세력은 "국가안보 의식 해이, 국론 분열"이라고 개탄한다. 아래의 언설들은 이러한 갈등을 잘 보여준다.

> … 주권국가가 전시 작통권이 있으니, 없느니 하는 문제, 독립국으로서 전시 작통권 보유 문제, 민족자존과 작통권을 연계시키는 문제 등은 기본적으로 문제의 본질이 되지 못한다. 문제의 핵심은 위협은 고조되고 있는데, 그동안 위협을 효과적으로 관리해 온 (한·미)연합지휘 기구를 해체하는 결과가 초래된다는 것이다(한국국방안보포럼).9)

> … 우리는 한 번도 국가권력의 핵인 병권(兵權)을 우리가 갖지 못한 채 지내왔다.

---

8) 이에 대한 자세한 내용은, Jager, S. M. *Narratives of Nation Building in Korea: a Genealogy of Patriotism*, N.Y.: M.E. Sharpe, 2003. 김은실, "한국 남성 지식인 사회의 도착(倒錯)", *Journal 《볼 BOL》* 001호, 2005년 겨울호, 인사아트스페이스, 김소영·권은선 외, 『(한국형 블록버스터)아틀란티스 혹은 아메리카』, 현실문화연구, 2001 등을 참조할 것.
9) 한국국방안보포럼(KODEF), 『전시작전통제권 오해와 진실: 전시작전통제권 논란에 대한 이해』, 코데프 엮음, 서울: 플래닛미디어, 2006, p.9.

이것을 일러서 알맹이 없는 민주주의, 구실(口實)민주주의 그리고 예속 민주주의라며 개탄하는 주장도 많다… 자주에 기초한 민주주의가 무르익어 왔다면 작통권 환수 문제 따위는 아예 논란의 대상이 되지 않는다(자주평화통일민족회의).10)

… 지금 남한은 하반신 마비 상태다. 대한민국의 하반신이 민족 공조의 함정에 빠져 국가를 위태롭게 하고 있다. 민족 공조의 전제는 남북이 국가로서 대표성이 있어야 하는데, 북한이 대표성이 있나? 정상적인 국가인가?11) (그게 아니므로)협상은 가능하겠지만, 공조는 불가능하다. 이혼 법정에서 이미 사이가 어그러진 남편과 아내가 공조가 가능한가? 거기에는 협상만이 남아 있을 뿐이다(국방이론가).12)

… 우리 개인 및 민족의 생존권을 진정으로 보장받고, 평화통일을 이루기 위해서는 기존의 북한 겨냥 미국 의존 안보 패러다임에서 민족평화보장 체제를 모색해야… 그렇지 않으면, 신라가 당나라라는 외세를 끌어들여 삼국통일을 이루었듯이 반평화, 반통일, 반민족의 결과를 가져올 수 있음을 직시해야 한다(강정구).13)

이처럼 소위 보수 세력과 진보 진영이 안보 문제를 다루어온 질문 방식은 서로 정반대의 방향을 바라보는 듯하지만, 공히 특정 계층(중산층 남성)의 경험과 이해(利害)를 일반화한 국가주의, 국가 공동체 개념에 근거해 왔다. 이러한

---

10) "자주 없이 민주 없다", 자주평화통일민족회의 성명서, 2006년 10월 18일자.
11) 《국방백서》(1999:19)에서는 'rogue state'를 일반적 번역인 '불량국가'가 아니라 '부랑국가'로 표현하고 있다. 떠돌이 국가, 아예 국가가 아니라는 의미를 담고 있다.
12) 필자가 인터뷰한 내용.
13) 강정구, "참여정부 자주국방의 전망과 과제―'예속적 흡수형' 자주국방의 반평화성과 반통일성", 『경제와 사회』, 2004년 여름호, 통권 제62호, pp.139-140. 이러한 입장은 스펙트럼은 넓지만, 한국사회 대부분 진보세력의 관점을 대변한다. '온전한 민족국가 건설'이라는 강정구의 의견과 연속선상에 있지만, 이보다 상대적으로 '평화주의'적인 입장은 『창작과비평』, 2002년 겨울호, 통권 118호, "특집, 대한민국의 오늘, 내일의 코리아"와 동호의 백낙청, "한반도에 '일류사회'를 만들기 위해"를 참조할 것.

갈등은, 특히 노무현 정부의 '협력적 자주국방' 정책에서 자주의 범위를 둘러싸고 더욱 본격화, 첨예화되었다.

　이와 같은 '국론 분열'과 갈등은 안보 이슈의 일보 진전을 의미하지만, 문제는 이러한 균열이 여전히 동일한 남성 주체의 시각에서 반복되고 있다는 점이다. '자주국방'은 서구 강대국과 달리 자주의 중요성과 국방의 중요성이 충돌할 수밖에 없는 '약자의 현실주의' 노선 중의 하나일 뿐이다. '자주국방', '주권', '(단일)국가'의 전제가 되는 자율성(autonomy) 개념은 분리 독립적인 남성 자아의 투사인데,14) 이는 불가능한 현실, 관념에서만 존재할 수 있는 허구의 논리다. 자주의 반대 상황은 타율이나 의존, 종속이 아니라 '우리'와 '그들'이라는 정체성 형성의 전제를 재사유하는 실천이다. 차이는 곧 충돌이라는 생각은 이원적 사고라는 사회적 산물이지, 필연적인 것이 아니다. 다름은 갈등의 원인이 아니라, 대립과 종속을 원하는 권력의 산물이기 때문이다.

3. 안보 논리의 전제는 단일한 몸으로서의 국가(政體)

안보 논리가 작동하기 위한 국제 관계 원리는 자율성, 주권, 무정부 가정이다.

---

14) 물론, 주권 개념-자율적 자아의 형성 과정인 분리 개별화(separation-individuation)에서 '미국'과 '한국'의 분리 대상은 다르다. '미국'이라는 남성 자아의 분리 대상이 '어머니'인 반면, '한국'의 분리 대상은 '미국'이다. 근대국가의 남성적 자아에 대해서는 길고 자세한 이론적 논의가 필요하나, 여기서는 지면 관계상 생략한다. 수많은 여성주의 정신분석학, 대상관계이론, 비판적 국제정치학 문헌들이 이 문제를 분석하고 있다. 미셸 푸코 〈사물의 질서〉, 앤 티커너 〈여성과 국제정치〉, 사라 러딕 〈모성적 사유〉, 캐롤 길리건 〈다른 목소리로〉, V. Spike Peterson(edi). *Gendered States: Feminist (re)visions of International Relations Theory*, Jean Bethke Elshtain, *Women and War*, Charlotte Hooper, *Manly States: Masculinities, International Relations, and Gender Politics*, Christine Sylvester, *Feminist International Relations: An Unfinished Journey*의 "9. Feminists and Realists View Autonomy and Obligation in International Relations" 등을 참조할 것.

이러한 가정 아래, 사람들은 국가 간 힘의 크기는 측정될 수 있고 위협의 실체도 판단할 수 있다고 본다. 즉 안보 논리는 "위협이라는 객체가 있고, 이를 '찾아내는' 주체인 국가가 있다"는 데에서 출발한다. 이때 국가는 사회관계나 행위의 과정이 아니라 영토, 정부, 정권, 공권력, 국회의사당, 사람(국민)의 개념과 같은 구체적이고 가시적인 어떤 물체(a thing)로 간주된다.15) 국가를 사회관계와 행위(performance)로서가 아니라 국민-주권-영토로 구성되었다고 보는 실체주의적 국가관이 그것이다. 그리고 이러한 실체는 대개 한 사람의 개인으로 재현된다. "미국이 이라크를 침공했다", "영국이 유엔의 결정에 불복했다"는 등의 언설이 그것이다.

그러나 실제로 우리가 경험하는 국가의 모습은 매우 다면적이다. 국가는 자본의 횡포로부터 대다수 소비자를 보호하기도 하고 시민의 자치운동을 공권력으로 억압하기도 하며, 공공 서비스를 조직하기도 하고 징병처럼 시민을 강제 동원하기도 한다. 또한 국가는 여성폭력방지법 제정을 통해 여성을 보호한다고 말하기도 하고, 그 보다 훨씬 더 다양하고 복잡한 방식으로 남성의 이익을 대변하기도 한다. 즉 국가는 내부의 복잡한 과정을 거쳐서, 국내의 다양한 집단들과 이익 단체들 간의 이합집산의 결과로서 다종다양한 행동을 취한다.

하지만, 국가를 개인으로 비유하면, 오로지 한 사람이 의식적인 결정을 내리는 것처럼 여겨진다. 문제는 성별, 계급(노동 조건), 나이, 장애, 인종, 성 정체성 등에 따라 인간의 몸은 모두 다른데, 누구의 몸이 표준적, 정상적인 몸(따라서 국가)이고, 누구의 몸이 '비정상적'인 몸이냐는 것이다. 명시적으로든 은유적으로든 국가는 모든 이의 몸을 대표하지 않는다. 대한민국 헌법 제34조 ③항(국가는 여자의 복지와 권익의 향상을 위하여 노력하여야 한다), 동조 ④항(국가는 노인과 청소년의

---

15) 국력(power)의 개념 역시 마찬가지인데, 힘을 과정이 아니라 계량 가능한 물질이라고 생각하면, "힘 있는 국가", "국가가 힘을 가졌다(have)"라는 표현이 가능해진다. 죠슈아 골드스타인, 『국제관계의 이해』, 김연각·김진국·백창재 옮김, 인간사랑, 2002, p.29.

복지향상을 위한 정책을 실시할 의무를 진다)의 내용은, 보호자와 시혜자인 국가는 최소한 여성, 노인, 청소년은 아니라는 것을 의미한다. 국제정치학 용어가 매우 이성애적인 이유도, 정상인으로 여겨지는 이성애자 비장애인 남성이 개인-국가를 대표한 상태에서16) 국제 관계에서 국가의 행위를 개인의 자율적 활동으로 설명하기 때문이다.17)

근대국가에 대한 사고 체제의 정초를 제공한 토마스 홉스의 『리바이어던』 첫 페이지는 이렇게 시작한다.

… 자연 중에서도 가장 이성적이고 합리적인 창작품이 '인간'인데 인체를 모방함으로써 창작품은 한결 더 고급품이 될 수 있다. 정치공동체, 즉 '국가'는 바로 이런 솜씨에 의해 만들어졌는데… 국가의 주권은 몸 전체에 생명과 동작을 주는 인공적 '혼'이며, 각부 장관이나 행정부·사법부의 관리는 인공적 '관절'이다. 보상이나 처벌은 '신경'…

---

16) 병역 이행에 아무런 걸림돌이 되지 않으며 본인조차 인지하기 어려운 무정자증(無精子症)이 면제 사유라는 사실이나 입대 신체검사에서 동성애가 여전히 정신 질환으로 간주되어 면제 사유가 되는 것은 정상적인 남성성 구성에서 생식력의 의미를 보여준다. 강승구, "군대 안 가기 피하는 '체중과의 전쟁'", 《주간동아》 1997년 8월 14일자. 임진형, 『넌 군대 오지마!-군의관 출신 의사가 쓴 병역 신체검사 규칙 가이드 북』, 북인, 2004을 참조할 것.

17) "해방 후 미국과 소련 모두 '동침'해야 했던 비참한 시절을 벗어나", "미국과 황혼 이혼을 고민할 정도로 성장", "약혼과 미혼의 차이"(입대 예정자와 군 미필자의 차이), "맏형 정책"(햇볕정책), "한미동맹의 아랫도리"(기지촌 성매매), "소년"(폭발에 성공한 폭탄 이름), "소녀"(불발탄이나 오발탄), "겁쟁이 게임(chicken game)" 등… 게임 이론 역시 합리적 단일한 행위자로서 남성 주체를 반영한다. 이에 대한 연구는 다나 J. 해러웨이, 사이어자 N. 구디브, 『한 장의 잎사귀처럼 사이어자 N. 구디브와의 대담』, 민경숙 옮김, 갈무리, 2005. 다나 J. 해러웨이, 『유인원, 사이보그 그리고 여자: 자연의 재발명』, 민경숙 옮김, 동문선, 2002. Carol E. Cohn,
Nuclear Discourse in a Community of Defense Intellectuals: the Effects of Techno-Strategic Language and Rationality, and Their Role in American Political Culture, Cincinnati, OH: Union for Experimenting Colleges and Universities, 1988. Carol E. Cohn, "Clean Bombs and Clean Language", in *Women, Militarism, and War: Essays in History, Politics, and Social Theory*, edited by Jean Bethke Elshtain and Sheila Tobias, Savage, Md.: Rowman & Littlefield, c1990 등을 참조할 것.

고문관(顧問官)들은 '기억'에 해당하며, 형법과 법은 '인공 이성'이며 '의지'이다. 조화는 건강이요, 반란은 병환이며 내란은 죽음이다. 끝으로 이 정치 공동체를 만드는 합의나 동의는 우주를 창조할 때 신이 말씀하신 "이제 사람을 창조하자"라는 명령과 같다고 하겠다…

『리바이어던』은 전편에 걸쳐 반론을 제기하는 사람은 "회충처럼 신체를 괴롭히는 자", "피정복민은 종기", "안일함은 기면증[18]", "폭동은 폐병", "국가를 개혁하려고 불복종하는 사람들은 국가를 파괴하는 것, 이것은 마치 노쇠한 아버지의 회춘을 갈망하여 아버지의 몸을 절단하여 이상한 약초와 함께 끓였으나, 아버지를 젊은 사람으로 만들어내지 못한 펠레우스(Peleus)의 어리석은 딸들과 같은 것이다"(제13장)[19] 이처럼 국가를 유기체인 인체에 비유하면, 국가 권력에 대한 비판과 저항은 인체를 절단하는 행위와 다름없게 된다. 모든 국가의 외부는 무정부 상태라는 전쟁 중에 있으므로 언제 침입할지 모르는 외부의 적을 생각할 때, 국론을 분열시키는 것처럼 힘의 공백을 노출하는 행위는 있을 수 없으며 국가는 어떤 일이 있어도 보존되어야 한다는 논리다.

《국방백서》나 안보전문가들의 언어에서 그리고 일상생활에서 안보 위기를 장애인이나 여성, 아동, 노인, 병자로 비유하는 예는 매우 일반적이다. 이들은 보호당하는 사람들로서 보호자가 제공하는 '안전'을 대가로 근대적 인격의 특징인 독립, 자유, 자립을 통제당하는 불완전한 존재로 간주된다. 필자와 인터뷰한 안보 관련 기관에 근무하는 한 연구원은 "감기 예방을 위해 손을 자주 씻는 것처럼, 국가안보도 마찬가지다. (안보 태세가 손 씻는 것처럼) 습관이 되면 좋다… 위협이나 침략은 병에 걸린 상태다. 우리 몸에 가장 몹쓸 병은 에…자로 시작하는

---

[18] 嗜眠症. 신체가 외부 자극(여기서는 외국의 위협이나 침입)에 대응할 힘이 없는 상태를 말하는 것으로, 국가는 늘 각성 상태에 있어야 함을 강조하는 의미(필자 주).
[19] 마키아벨리·홉스, 『군주론/리바이어던』, 임명방·한승조 역, 삼성출판사, 1995.

병(에이즈를 말함)인데, 이건 국가가 끝난 거다(성적인 병이니 더욱 치명적이라는 의미-필자 주)", 어느 공군 장교는 자주국방의 중요성을 강조하면서 한미동맹의 본질을, "우리 군대는 눈 없는 몸뚱이나 마찬가지죠. 까막눈이란 말입니다. 미국이 우리 눈이에요, 우리는 병신이란 말입니다"라고 말했다. "북핵, 감기인가, 암인가"[20] 식의 언설도 매우 흔하다.

의사가 질병과의 전쟁을 수행하듯, 국가는 정체(政体)라는 신체의 불건전한 부위와 해가 되는 부위를 외과술로 제거하거나 화학 약품으로 통제해야 하는 임무를 띠게 된다. 정치 철학에

국방부가 발간한 〈2006년 국방백서〉

서 질병은 사회적 무질서를 의미하며, 외과술은 전쟁을 포함한 국가의 통치 기술을 의미해왔다. 즉 질병에 대한 면역력을 키우는 것이 국민 생활의 일상적인 군사화를 정상화하는 논리가 될 것이다.[21] 이러한 논리 체계에서 강건한 국가는 건강한 개인을 의미하므로 건강하지 못한 개인, 비정상적인 개인은 국가를 대표하는 위상 혹은 국민의 범주에서 제외된다. 국가의 안보는 여성, 가난한 사람, 장애인, 동성애자, '대추리' 농민 등 '사소한' 개인들의 안보에 비해 우월성, 긴급성을 갖는 것이 당연시된다.

---

20) 김태우, 『북핵, 감기인가, 암인가』, 서울: 시대정신, 2006.
21) 이는 특히 근대 의학의 발달과 관련이 깊다. "암과의 전쟁"처럼 현대 의학에서 군사적 은유가 등장한 것은 몸의 침략자는 질병 그 자체가 아니라 질병을 일으키는 미생물이라는 사실을 발견하면서 부터이다. 근대 해부학, 현미경의 발달로 신체가 확실한 구성물로서 가시적이고 인식 가능한 구조라는 것, 적이 신체 내부가 아니라 외부에 있다고 인식하게 된 것이다. 이는 질병이 외부 조직의 침입이며 신체는 면역적 방어, 몸 내부의 군사작전을 통해 이에 반응한다는 인식을 가능하게 했다.

〈북핵, 감기인가, 암인가〉, 김태우 지음, 시대정신, 2006

즉 국가가 없으면 개인도 없다는 일상적 이데올로기와는 달리, 실제로 우리가 인식하는 국가는 국가의 개체성 그 자체를 위해(in behalf of individuality of the state) 존재한다. 그리고 그 개체는 국가와 동일시된(state-identified) 한 사람, (이성애 비장애인) 남성 시민이다.22) 물론, 모든 개인의 몸은 사회적 장소성을 가지며, 실제로 사회적 상태로부터 초월적인 몸, 단일한(monolithic) 몸은 존재하지 않지만, 남성의 몸은 그렇게 간주된다.

이상의 내용은 안보의 중요성 강조나 그 비판 차원의 이야기가 아니라, 안보 언설이 이미 시민권의 위계를 전제한 상태에서 특수한 계층의 이해를 전 국민의 공동 이해로 만드는 정치적 과정의 결과라는 점을 드러내고자 한 것이다.

어떤 사람의 안전이 어떤 사람에게는 위협이 되며, 어떤 사람의 평화가 어떤 사람에게는 폭력이 된다. 안전이나 평화의 상태는 개인들의 계급, 지역, 성별, 장애 등 사회적 위치에 따라 그 이해관계와 작동 구조가 매우 상이하다. 여성의 안전 위협 요소와 남성의 그것은 다르며, 성별이나 나이에 따라 보호자는 위협자, 지배자의 역할을 하기도 한다. 주한미군이 국가안보를 위해 주둔한다지만, 미군 기지로 인해 치러야 할 대가는 서울의 강남과 매향리 경우처럼 지역에 따라 크게 불평등하며, 기지촌 성매매로 인한 한국 남성, 한국 여성, 미군 남성, 필리핀 '성 노동자'의 이해는 모두 다르다.

---

22) Elshtain, "Sovereignty, Identity, Sacrifice" in V. Spike Peterson(edi). *Gendered States: Feminist (re)visions of International Relations Theory*, Boulder, Colo.: Lynne Rienner, 1992. p. 143.

이는 국가안보라는 대의를 위해 개인의 희생이 불가피하다거나 그 반대로 국가안보보다 인간안보가 더 소중하다는 의미로 이해되어서는 안 된다. 국민들 간의 차이가 국가 간 차이보다 더욱 크게 드러날 때 국민으로 이루어진 국가의 범위가 어디까지인지는 매번 새롭게 질문해야 할 문제이다. 지극히 당파적인 안보 논리의 해체도 이때 가능해질 것이다.

'테러와의 전쟁'과 국가폭력

김재명 (국제분쟁전문기자, 성공회대 겸임교수(정치학박사), kimsphoto@hanmail.net)

흔히 '미국 심장부를 강타했다'고 말해지는 2001년의 9.11테러 사건은 지구촌 사람들에게 한 편의 영화를 보듯 매우 극적인 형태로 다가왔다. 9.11은 결과적으로 국제정치의 지평에 커다란 지각 변화를 일으켰다. 이슬람권의 두 나라(아프간과 이라크) 정권이 무너지고 미국의 패권 범위는 더욱 넓어졌다. 이는 9.11 전까지는 쉽게 생각하지 못했던 국제질서의 큰 변화다.

9.11이 낳은 새로운 시사용어들 가운데 하나가 '테러와의 전쟁'이다. 9.11 이후 6년 넘게 미국이 벌여온 '테러와의 전쟁'은 '전쟁-종전협정-평화'라는 고전적인 등식과는 다르다. 21세기에 벌어지는 이 미국의 전쟁은 전 세계 반미 저항세력들을 상대로 벌이는 21세기의 새로운 무한전쟁이다. 왜 무한전쟁인가? 조지 부시 미 대통령은 테러조직의 뿌리를 뽑을 때까지 '테러와의 전쟁'을 벌이겠다고 거듭 말해왔다. 미 국무부는 테러 관련 웹 사이트(www.state.gov/coalition/terr/)에서 "전 세계적으로 연결망을 지닌 테러조직을 모두 찾아내 없앨 때까지 테러와의 전쟁은 끝나지 않을 것"이라 밝혔다.

자신의 쌀가게 앞에 빈 라덴 사진을 붙여놓은
카슈미르의 주민(사진출처: 김재명)

오사마 빈 라덴은 9.11 테러공격 이전에도 "이교도인 미국인을 죽이는 것은 이슬람교도의 의무"라는 파트와(fatwa, 율법)를 발표했었다. 9.11 이후 알 카에다 동조 또는 연계세력들의 투쟁은 빈 라덴의 그러한 투쟁 메시지에 대한 호응이라 여겨진다. 빈 라덴이 잡히거나 사살된다 하더라도, 반미저항의 동기가 사라지지 않는 한 그의 투쟁이념에 공감하는 이들의 저항은 끝없이 이어질 것이다. 그래서 미국의 '테러와의 전쟁'은 무한전쟁이 될 수밖에 없다.

9.11 이후 빈 라덴은 알 자지라를 비롯한 아랍권 언론매체들을 빌어 이슬람교도들의 대미 지하드(jihad, 우리말로는 성스런 전쟁) 참여를 거듭 강조해왔다. 미국이 '테러와의 전쟁'을 선포했음에도 테러사건들은 9.11 전보다 더욱 늘어났다. 테러전문가들은 그와 같은 수적인 증가는 알 카에다가 '조직'에서 '운동'으로 바뀌었기 때문으로 풀이한다. 반미 글로벌 지하드의 이념적 중심축으로서의 '알 카에다주의'(Al Qaedaism)는 여전히 큰 힘을 갖고 있고, 빈 라덴은 지금도 '지하드 닷컴'(jihad.com) 회장이다.

알 카에다를 비롯한 전투적 이슬람조직들의 장기적 목표는 중동에서 미국과 이스라엘 세력을 몰아내고 통일된 이슬람 신성국가를 세우는 것이다. 그러려면 이집트의 무바라크 같은 세속적인(이슬람종교의 정치적 입김을 배제하는) 친미 독재자들, 사우디아라비아처럼 부패한 친미왕조를 권좌에서 쫓아내야 한다. 사우디아라비아는 특히 빈 라덴의 전략적 공격목표다. 친미노선을 걷는 사우디 왕조가 석유자원으로 생겨나는 부를 미국 기업들과 함께 독식하면서 아랍 민중의 삶을 피폐로 몰아넣고 있다고 믿기 때문이다.

전쟁범죄인가, 정치폭력인가

1980년대 민주화투쟁에 큰 동력을 마련해주었던 '부천서 성고문사건'은 당사자인 문귀동 경장과 전두환 정권에겐 받아들이기 어려운 이름이었다. 그저 '부천서 사건' 또는 '부천서 권양사건'이 적당하다고 여겼을 것이다. 이렇듯 같은 현상을 어떻게 이름 짓느냐에 따라 성격이 확 달라진다. 테러를 둘러싼 명칭 논쟁도 마찬가지다. 공격을 받는 자의 눈에는 분명히 '테러'이지만, 죽음을 마다 않고 자살폭탄 공격을 무릅쓰는 무장 세력들의 시각에선, 그들의 투쟁은 정치적 존립을 위한 '성전'이고, 그런 투쟁 속에 사람은 '순교자'가 된다.

테러의 개념정의는 간단하지 않다. 미 중앙정보국(CIA)과 국무부를 비롯한 미 정부기관들은 일반적으로 미국헌법 22조의 2526f(d) 조항에 규정돼 있는 '테러리즘' 정의를 하나의 지침으로 받아들인다. 미 헌법 22조가 내리는 테러의 정의는 "비전투원을 포함한 공격 목표물에 대해 국가기관이 아닌 조직 또는 비밀결사 조직이 계획적으로 행하는 정치적 동기의 폭력이며, 흔히 대중에게 영향을 끼칠 의도로 행해진다"고 되어 있다. 여기에서 '비전투원'이란 일반 시민은 물론이고, 테러가 일어났을 시점에서 무장을 하고 있지 않거나 비번(非番) 중인 군사요원도 포함된다.

'테러'를 어떻게 규정할 것인가는 오래전부터 하나의 과제였다. 지난 1999년 유엔총회는 결의안 51/210을 통해 국제테러리즘이 지구상에서 사라져야 한다며 다음과 같은 결의안을 냈다. "유엔총회는 모든 테러행위를 정당화될 수 없는 범죄적 행위로 간주하고 이를 맹렬히 비난한다. 어떠한 테러 행위도 그 정치적·이데올로기적·종교적·민족적·인종적 배경으로 정당화될 수 없다" 이는 어디까지나 큰 틀에서의 원칙적인 선언일 뿐이다. 각론으로 들어가면, '테러'를 어떻게 개념 규정할 것인가를 둘러싼 심각한 견해 차이가 깔려 있다. 미국, 이스라엘과 이슬람권을 비롯한 제3세계 국가들의 시각이 다른 탓이다.

그런 사정으로 A국가에게 테러리스트는 B국가의 자유전사(freedom fighter)다. 인도령 카슈미르에서 활동하는 무장 게릴라는 인도 쪽으로 보면 '테러리스트', 파키스탄 쪽에서 보면 '자유전사'다. '테러'라는 극한수단을 써서라도 억압으로부터 자유를 쟁취하겠다는 결연한 뜻을 지닌 무장 자유전사들이란 주장이다. 체첸 분리주의자들도 마찬가지다. 크레믈린 당국의 눈으론 테러리스트고, 체첸인들의 눈으론 자유전사다.

이 같은 논쟁은 비전투원을 공격하는 것만 '테러'로 볼 것인가, 다시 말해 비정규 무장 세력이 한 국가의 군사시설과 정규군을 공격하는 것은 '테러'로 여기지 않을 것인가와 맞물린다. 이를테면, 팔레스타인 하마스 게릴라가 서안지구나 가자지구를 점령한 이스라엘군을 공격하는 것을 테러로 볼 것인가는 논란거리다. 따라서 테러리즘이란 용어는 1 더하기 1은 2라는 자연과학의 공리(公理)처럼 단순 명쾌하지 못하다. 그 자체가 이데올로기적인 용어인 탓이다. 미 월터 라쿠어 교수(조지타운대·역사학)는 "비록 테러리즘에 관한 객관적인 정의를 내린다 한들, 이데올로기적인 이유로 또 다른 사람들에게 거부당할 것"이라 분석했다.

'테러'의 정의를 규명하려는 문건들을 들여다보면, 테러를 한마디로 정의 내리기 어렵다는 점을 깨닫게 된다. 네덜란드 정치학자인 알렉스 슈미트는 700쪽에 이르는 두꺼운 그의 책에서 무려 1백 가지가 넘는 각기 다른 정의를 내렸다. 슈미트는 지난 1992년 유엔 범죄분과위 패널에 낸 한 보고서에서 "1949년에 만들어진 제네바협정의 전쟁범죄에 적용되는 규정을 빌려 테러에 대한 개념을 규정하자"고 제안하면서, 테러리즘을 '평화 시의 전쟁범죄'로 규정했다.

따지고 보면 위의 규정도 애매하다. '테러리스트' 당사자는 전시상황에 놓여 있다고 여기며 따라서 스스로를 '전투원'으로 여긴다. 지난 2002년 1월부터

쿠바 관타나모 미 해군기지 안에 억류 중인 '테러 용의자'들의 인권문제는 커다란 논란거리다. 미 부시행정부는 "아프간에서 붙잡힌 그들이 테러리스트들 또는 '적성 전투원'이라서 전쟁포로 대우를 받을 수 없다"는 주장을 펴왔다. 그러나 많은 국제법학자들과 인권운동가들은 "그들도 1949년 국제사회가 맺었던 제네바 협약에 따른 전쟁포로 대우를 받아야 마땅하다"면서 부시행정부의 인권침해에 비판적이다.

국가테러 – 국가폭력의 문제점

'테러'의 역사적 뿌리를 캐보면 그것이 처음부터 부정적인 뜻을 지닌 폭력을 뜻하는 것은 아니었다. 오히려 긍정적인 뜻이 더 강했다. 18세기 말 프랑스의 '테러의 체제'(1793-94년)는 프랑스혁명(1789년) 이후 과도기의 무정부주의적 사회혼란을 수습하고 질서를 잡기 위한 것이었다. 프랑스혁명 당시의 '테러'는 흔히 우리말로 '공포'라 번역이 되지만, 그것은 왕정이 무너진 뒤 혁명정부가 '인민의 적'인 반혁명세력과 불평분자들을 위협함으로써 권력을 다져나가려는 일종의 체계적인 통치수단이었다. 혁명정부의 지도자 막시밀리앙 로베스피에르는 절대 왕정의 잔재를 쓸어내 버리고 민주주의를 뿌리내리려면 '테러'라는 수단을 써야 한다는 믿음을 가졌다. 그는 단언했다. "테러는 정의이자 덕(virtue)이다"

흔히 테러는 '약자의 무기'라 일컬어진다. 테러리스트들은 그들이 지닌 저항수단은 '테러'말고는 마땅한 것이 없다고 주장한다. "무장력에서 압도적인 국가조직(정규군과 경찰)에 맞서려면 테러는 불가피한 폭력"이라는 논리다. 결국 테러리즘이란 정치적 이념이 담긴 상대적인 용어다. 대부분의 대러 분석가들은 테러가 '정치적 폭력'이란 특성을 지녔다는 점을 인정하면서도 각자 서 있는 자리에 따라 다른 평가를 내린다. '테러와의 전쟁'이란 용어 자체도 미국(대 이슬람 과격파), 영국(대 IRA), 이스라엘(대 팔레스타인), 러시아(대 체첸분리주의) 쪽의

팔레스타인 청년
(사진출처: 팔레스타인
평화연대 홈페이지
www.pal.or.kr)

용어다. 그 반대편에 선 세력의 시각에선 '민족독립투쟁'이자 '자유를 위한 투쟁'이다.

19세기 초 프러시아의 전쟁이론가 칼 폰 클라우제비츠는 그의 유명한 『전쟁론』에서 전쟁을 가리켜 '다른 (물리적) 수단들을 동원한 정치적 관계의 연장'으로 정의 내렸다. 테러리즘도 마찬가지다. 테러라는 폭력적인 현상은 그 행위자들의 열정과 분노라는 정치적 동기에 비롯되었다. 미국의 테러리즘 연구가들도 그런 점을 부인하지 않는다. 브루스 호프만(미 RAND 연구소장)은 "테러리즘은 근본적으로 그리고 원래부터 정치적"이란 정의를 내렸다. CIA 부설 대(對)테러센터 소장을 지낸 폴 필라도 "범죄행위가 테러리스트들에 의해 저질러지는 것은 사실이지만, 정치적 요구 실현이 테러리즘의 기본요건"이라고 말했다. 미국의 보수적인 테러 연구자들, 특히 네오콘(neocon)이라 일컬어지는 신보수주의 이론가들은 정치적 동기보다는 테러로 인한 피해에 초점을 맞추는 경향이다. 이같은 접근방식은 테러행위 자체가 곧 범죄라는 틀 속에서만 테러를 평가하려는 의도가 담겨 있다.

일반적으로 국가가 현상유지(안정)에 초점을 맞추고 있다면, 테러리스트들은 테러를 통해 공포를 확산시켜 정치사회적 변화와 개혁을 추구한다. 정치적 동기를 지닌 테러의 궁극적인 목적은 "공포를 확산시켜 국가로부터 정치적 양보를 받아내려는 것"이기에 테러는 잔인하게 벌어진다. "테러가 온건하게 벌어졌다"는 말은 어법상 모순이다. 많은 사람에게 충격을 던져 파급효과를 넓히려면, 시각효과와 아울러 심리적 효과를 극대화하려면, 테러는 결국 잔인하게 벌어질 수밖에 없다. 9.11 동시다발 테러공격이 좋은 예이다.

테러연구자 브라이언 젠킨스는 일찍이 "테러리즘은 극장"이란 짧고도 명확한 정의를 내렸다. 테러리스트들은 언론이란 공간을 통해 자신들의 정치적 목적과 테러의 동기를 알리려고 한다. 테러리스트가 노리는 것은 테러에 직접 희생당하는 사람들이 아니라, 그런 끔찍한 장면을 뉴스를 통해 듣거나 인터넷으로 보는 사람들이다. 좀 더 정확히 말한다면, 공포의 확산이다. 공포에 질린 많은 사람이 "왜 테러가 일어났는가? 결과적으로 테러리스트는 무엇을 얻으려 했나?"를 생각하게 만들었다면, 테러는 절반의 성공을 거둔 셈이다.

여기서 짚고 넘어갈 사항은 국가도 테러의 주체가 될 수 있다는 점이다. 제2차 세계대전 당시 나치 히틀러와 일본 군국주의자들이 휘둘렀던 국가폭력은 국가테러나 마찬가지다. 영미를 주축으로 한 연합군이 드레스덴을 비롯한 독일 도시들을 마구 공습해 시민들을 죽인 것도 국가테러다. 제2차 세계대전이 끝나고도 한참 뒤인 1960년대까지 아프리카 지역을 식민지로 거느리던 서구 열강들은 그 지역에서 일어나는 민족해방운동을 '테러'로 몰아붙여 탄압했다. 민족해방운동가들의 눈으로 보면, 그런 압제는 다름 아닌 기독교 문명국가들의 국가테러였다.

국가테러의 예를 꼽자면 끝이 없을 정도로 많다. 이스라엘이 팔레스타인 저항운동 지도자들을 미사일로 표적사살하거나, 팔레스타인 민초들을 무력으로 탄압하는 행위도 '국가테러'라 비난받아 마땅하다. 미군 병사들이 아프가니스탄과 이라크에서 마구잡이로 민간인 주거지역을 공습하거나, 포로를 고문하는 것도 국가테러다. 멀리 갈 것 없이 1980년 광주민주화운동을 총칼로 탄압한 전두환 신군부의 폭거는 국가공권력의 이름을 빌린 국가테러였다.

미국의 테러 연구자들이 일반적으로 보이는 한계는 테러의 개념을 국가가 아닌 정치적 무장집단들이 저지르는 폭력으로 좁혀 본다는 점이다. 그들은 테러의 결과보다는 무엇 때문에 테러가 일어나는가, 테러의 근본 원인에 초점을 맞추지 않는다. 서구 민주주의 국가들은 정치적 변혁을 추구하는 데 폭력적 방법이 아닌, 이를테면 선거혁명 같은 합법적인 장치들이 마련돼 있다. 따라서 국가를 상대로 한 정치폭력은 당연히 '테러'다. 그런 접근방식은 민주주의가 어느 정도 뿌리를 내리고 정치적으로도 안정된 미국과 서유럽 중심의 분석이다.

정치적 욕구불만을 폭력으로밖에 풀기 어려운 제3세계에 서구의 테러 개념을 기계적으로 적용할 수는 없다. 바로 여기에서 국가테러에 맞서는 테러균형론의 설 자리가 마련된다. 하마스의 정신적 지도자 셰이크 아흐메드 야신은 2002년 5월 팔레스타인 가자지구 자택에서의 인터뷰에서 "하마스의 저항이 '테러'라 일컫는다면, 그것은 이스라엘의 '국가테러'에 맞선 '테러의 균형'이다"라고 주장했었다.

테러와의 전쟁? 정의로운 전쟁?

2003년 4월 9일 이라크 바그다드가 함락되고 사담 후세인 정권이 무너진 지도 어느덧 4년이 지났다. 그 4년 전 조지 부시 미국 대통령이 "주요전투가 끝났다. 우리가 이겼다"고 선언했지만, 이라크 혼란상황은 좀처럼 가라앉을 기미가 없다. 이라크 현지취재에서 만난 이라크인들은 "후세인 시절이 더 나았다"라는 말들을 입버릇처럼 주고받았다. 그런 자조 섞인 말들을 듣기가 안타까웠다. 지금 이라크의 상황은 "더 이상 나빠질 것이 없다"는 표현이 딱 맞다. 미군 대 반미 도시게릴라와의 싸움, 수니파와 시아파 사이의 종파싸움, 여기에다 이라크의 혼란이 이어지길 바라는 이웃나라들의 은밀한 개입으로 이라크는 불바다나 다름없다.

이런저런 유혈사태로 평균 하루에 100명, 한 달에 3천 명쯤의 이라크 사람들이 생목숨을 잃는 상황이다. 미국 언론들과 의회에서는 한 달에 100억 달러 가까이

지출되는 전쟁비용과 6천 명에 이르는 미군 전사자 규모를 떠올리며 "미국이 이라크 수렁에 빠졌다"고 걱정한다. 더욱 심각한 문제는 이라크라는 끓는 가마솥 안에 갇힌 현지 이라크 민초들의 고통이다. 후세인 정권이 무너진 지 4년이 지나도록 이라크 국민들이 혼란과 죽음의 공포 속에 지내야 한다는 것은 뭔가 잘못돼도 한참 잘못됐다.

미국은 이라크 침공에 따른 혼란의 책임을 이라크 반미 저항세력과 수니-시아 갈등에 돌린다. 미국이 선의를 갖고 이라크의 독재자 사담 후세인을 제거하고 이라크에 민주주의를 심으려 해도 '테러분자들의 극렬한 준동' 탓에 혼란이 이어지고 있다는 주장

아부그라이브 감옥 앞에서 면회를 기다리는 이들
(사진출처: 김재명)

이다. 그래서 미군 최고 통수권자인 조지 부시 미 대통령과 딕 체니 부통령은 "우리 미군은 테러와의 전쟁을 이라크에서 벌인다"는 주장을 되풀이해왔다.

미국이 전선을 아프간에서 이라크로 넓힌 것은 (석유자원 확보 때문이 아니라) 후세인 독재를 뒤엎고 이라크 사람들을 해방시키기 위한 것이었다고 우긴다. 그래서 이라크 침공은 '정의로운 전쟁'이라는 주장을 편다. 4년 전 4월 미국은 후세인 정권을 무너뜨린 뒤 그에 충성하는 '이라크 테러리스트들'과 전쟁을 벌이게 됐다. 따라서 그동안 미국이 이라크에서 벌여온 전쟁은 '테러와의 전쟁'이자 '정의로운 전쟁'(just war)이라는 묘한 어법을 쓰고 있다. 과연 그럴까. 21세기를

살아가는 현대인들에게 미국의 이라크 침공은 '정의의 전쟁'이란 과연 어떠한 것인가를 곰곰 생각하도록 만들었다. 적어도 이라크의 경우, 정의의 전쟁론이 21세기 세계질서 재편과 패권확장 야욕에 얽힌 음모와 위선을 파헤치는 일종의 화두나 다름없다.

정의의 전쟁을 말할 때는 일반적으로 세 측면에서 바라볼 수 있다. 첫째, 전쟁을 벌일만한 충분한 근거와 명분이 있는가(전쟁선포의 정당성). 둘째, 일단 전쟁이 벌어졌다면 그 전쟁에서 지나친 폭력을 삼가는 등 나쁜 짓을 저지르지 않고 올바로 전쟁을 벌이고 있는가(전쟁행위의 정당성). 셋째, 전쟁 마무리 단계에서 전쟁에 지친 사람들의 마음을 어루만짐으로써 다음 전쟁의 불씨를 만들지 않도록 노력하는가(전쟁종식의 정당성)이다.

21세기 유일패권국가 미국에서 정의의 전쟁론을 말하는 사람들은 정치인이나 전쟁연구자 가릴 것 없이 전쟁선포의 정당성에 매달리는 경향을 보인다. 전쟁의 명분만 갖춰졌다면(이를테면, 9.11테러와 같은 일을 당했다면) 정의의 전쟁이라 강변한다. 대량살상무기를 사용하거나 마구잡이 공습으로 민간인들이 희생되는 전쟁범죄에 대한 공정한 처벌이라든가 전쟁 뒤 패전국의 재건 따위는 부차적인 관심사일 뿐이다.

2001년 9.11테러 이후 벌어진 아프간전쟁의 경우는 그나마 명분이라도 있었지, 그 2년 뒤 벌어진 이라크 침공의 경우는 유엔안보리의 결의안조차 없기에 국제법을 어긴 침략행위다. 정의의 전쟁의 기본적인 준칙들인 정당한 이유, 올바른 의도(세계 3위의 석유매장량을 지닌 이라크를 침공함으로써 안정적인 석유자원을 확보하려는 것이 올바른 의도라 말할 수 있을까?), 적절한 권위(유엔안보리 결의), 마지막 수단(전쟁은 외교를 비롯한 모든 다른 수단을 동원한 뒤에 벌여야 한다) 등 어느 것 하나 정의의 전쟁론이 요구하는 기준을 제대로 충족하지 못했다.

국가안보냐 인간안보냐

정의의 전쟁이 요구하는 제1기준과 제2기준을 지키지 못한 까닭에 미국이 이라크에서 정의의 전쟁론 제3기준인 전쟁종식의 정당성을 엄격히 지켜나갈 당위성이 요구된다. 미국의 정치학자 진 베스키 엘스테인(시카고대학)은 "점령국은 (패전국의) 상황이 더 나빠지는 것을 막기 위한 모든 조치를 취해야 한다"고 했다. 미국이 져야 할 책임은 전쟁윤리적인 성격을 지니고, 이라크 국민들의 안전에 미국은 도덕적 책임을 져야 한다.

2007년 2월 시리아 취재를 갔을 때, 이라크 혼란을 피해 국경을 넘어온 난민들을 여럿 만났다. 그들은 "지금의 혼란에 미국이 책임을 져야한다"고 목청을 높였다. 사담 후세인 정권의 붕괴 뒤에 벌어진 혼란상은 그 원인이 어디에 있던, 후세인 정권을 대신하는 이라크의 현실적인 힘의 주체이자 점령자인 미국에 상당부분 책임이 돌아간다.

전쟁을 정당하고 합리적으로 잘 마무리하느냐 아니냐는, 그 전쟁으로 고통을 겪었던 군인들과 민간인들의 삶에 영향을 끼치게 마련이다. 여기서 인간안보의 개념이 중요해진다. 무엇보다 승전국(점령국)은 패전국의 안보를 책임져야 한다. 안보는 흔히 국가안보를 떠올리지만, 안정된 삶을 위협하는 어떤 세력으로부터 정신적·육체적 건강을 지켜주는 기본조건인 인간안보 개념도 매우 중요하다. 전쟁 마무리 단계에서 생겨나는 정치사회적 혼란을 막음으로써 패전국의 국민들이 안심하고 시민생활을 꾸려나가는 환경을 만들어야 한다.

미국은 '대량살상무기를 지닌 후세인이 미국에 가하는 국가안보 위협'과 '후세인 독재에 신음하는 이라크 국민들을 위한 인권 차원의 개입'을 이라크 침공 명분으로 꼽았다. 그렇다면 전쟁 뒤 이라크 국민들이 지난날 후세인 정권 때보다 더 큰 행복을 누릴 수 있어야 한다. 미국은 이라크 국민들에게 안정과 평화를 가져다주었는가. 대답은 부정적이다. 미국인들에겐 미국의 국가안보와

성조기를 불태우는 하마스 대원들
(사진출처: 김재명)

국가이익(석유와 패권)도 중요하겠지만, 그것들을 위해 이라크 민초들의 인간안보가 짓밟혀선 안 된다. 5년이 다 되도록 이라크가 혼란상황을 거듭하는 현실은 전쟁종식의 정당성과 더불어 인간안보가 중요하다는 사실을 잘 말해준다.

일찍이 독일의 철학자 임마누엘 칸트는 "영구평화는 무덤 속에서나 가능하다"고 말했다. 결론적으로, 미국이 벌이는 '테러와의 전쟁'은 지구촌 평화를 가져올 수가 없다. 미국이 일방주의적 강공책을 펴며 패권확장에 열을 올리는 한 반미저항의 동기가 사라지지 않기 때문이다. 언어학자 노암 촘스키(미 MIT대 교수)를 비롯하여 부시 행정부의 대외 강공책을 못마땅하게 여기는 비판자들은 '테러와의 전쟁'이 21세기 미국의 패권을 확장하는 이데올로기적인 명분 또는 겉치레에 지나지 않는다고 본다. 지구촌을 휩쓰는 테러의 뿌리를 보면 미국의 잘못된 대외정책이 깔려 있다. 테러는 그에 대한 저항운동의 성격이 짙다.

미국의 석유자원 챙기기, 일방적인 친이스라엘 정책, 더 나아가 유일 초강대국으로서 세계를 힘으로 지배하겠다는 패권전략을 비판하는 물리적 저항이 곧 테러로 나타난다. 노암 촘스키는 "미국의 일방주의적 패권추구가 끝 모를 테러전쟁의 시대를 열고 말았다"고 한탄한다. 테러라는 이름의 정치적 폭력은 왜 일어나는가, 무엇이 '테러리스트들'로 하여금 분노와 좌절을 안겨주었고, 끝내는 죽음을 마다하는 자살폭탄을 터트리는가를 헤아리지 않으면 테러는 끝이 없다.

여기서 끝내는 우울한 결론을 내릴 수밖에 없다. '테러와의 전쟁'은 무한전쟁이 될 것이며, 그 과정에서 저질러지는 강대국의 국가폭력은 숱한 민초들의 희생을 부를 것이 틀림없다.

제3장
평화지향의 대외정책과 한반도 평화

한반도 평화경제 공동체 구상과 대북정책

김연철 (고려대 아세아문제연구소 연구교수, dootakim@hanmail.net)

1. 한반도 평화경제 구상

한반도에서 '적극적 평화'를 실현해 나가는 과정에서 경제협력은 중요한 수단이자 목표로서의 의미가 있다. '적극적 평화'란 무엇인가? 요한 갈퉁 교수는 단순히 전쟁이 없는 상태를 의미하는 소극적 평화 상태를 넘어, 전쟁의 발생을 가능케 하는 긴장요소를 근본적으로 제거해 나가는 '적극적인 평화' 개념의 필요성을 주장하고 있다.[1]

정치적 신뢰, 경제적 상호의존 그리고 사회·심리적 소통 등을 통해 갈등의 근원을 제거해야 그야말로 실질적인 '평화상태'에 이를 수 있다는 뜻이다. 한반도에서 평화는 '평화적 수단에 의해 이루어져야한다'는 넝제는 전쟁의 기억을 갖고 있고, 군사적 충돌의 직접적 피해를 볼 수 있다는 점에서 한국 내의 사회적

---

[1] Johan Galtung, Peace by Peaceful Means, 『평화적 수단에 의한 평화』, 강종일·정대화·임성호·김승채·이재봉 옮김(들녘, 2000) 참조.

합의라고 평가할 수 있다.

한반도 평화체제의 형성과정2)에서 평화와 경제의 적극적 선순환을 만들어 내는 것이 중요하다. 이미 개성공단과 금강산 관광을 계기로 작은 평화지대가 만들어졌지만, 이제는 점에서 선으로 나아가, 면으로 전면적인 평화와 경제협력의 복합공간이 만들어져야 할 것이다.

남북관계에서도 마찬가지로 평화정착과 공동번영의 선순환이 되어야 한다. 평화정착 없는 남북경협의 지속가능한 발전은 한계가 있다. 북핵문제의 사례에서 충분히 확인되었지만, 국제환경의 변화 없이 노동집약 중심의 남북경협에서 기술집약적 남북경협으로 전환하기는 어렵다.

특히 남북경제협력은 국제적 환경에 민감한 영향을 받고 있다. 미국의 대북경제제재로 대표되는 한반도의 부분적 냉전질서3)에서 남북경협은 장비반출의 측면에서나, 생산된 제품의 판로에서 한계가 있을 수밖에 없다.

경제협력의 장기적 효과를 기능주의적 확산 효과로 설명하는 시각이나, 경제협력의 단기적 효과에 의문을 제기하는 시각은 '평화'와 '경제'의 상호 관계적 성격을 포괄적으로 보지 못하고 있다는 점에서 한계가 있다.

그런 점에서 개성공단은 한반도에서 평화와 경제협력의 선순환을 보여줄 수 있는 상징이다. 개성은 고려의 수도로서 '역사도시'이며, 1951년 최초의 휴전협상이 시작되었고, 남북한의 군사력이 대치해 있는 중부전선의 접경도시라는 점에서 '평화도시'로의 의미가 있다. 나아가 개성공단은 '위탁가공지역'이 아니라, '직접투자 지역'으로 남과 북의 문화와 정치가 소통하는 탈분단의 장이라고 볼 수 있다.4)

---

2) 한반도 평화체제의 전망은 중요하다. 2005년 9.19 공동성명 4항에서 "관련 당사국들은 적절한 별도 포럼에서 한반도의 항구적인 평화체제를 수립하기 위하여 협상을 가질 것"을 합의했다.
3) 한반도에서 탈냉전의 완성은 북미, 북일 관계 개선으로 완성될 것이다. '관계 정상화'라는 개념에는 경제제재 해제를 비롯한 평화문제의 진전을 포함한다.

개성공단은 한반도에서 평화경제의 1막을 열었다. DMZ의 문이 열리고, 지뢰가 폭파되고, 길이 났으며, 공단 조성으로 결과적으로 북한군의 후방배치가 자연스럽게 이루어졌다. 경제적 필요가 평화를 가져왔고, 이제 평화정착을 기반으로 더 수준 높은 경제협력이 가능할 수 있게 되었다.

개성공단 북측 근로자 작업 장면
(2007. 9. 19, 국정브리핑)

2007년 남북 정상회담으로 평화경제의 2막이 열렸다. 바로 서해평화특별지대 구상이다. 우선 해주는 북한의 해군기지가 있는 곳이다. 군사적으로 민감한 해주를 받아들인 것은 서해평화정착에 대한 북한의 의지로 해석할 수 있다. 한반도에서 평화와 경제의 선순환에 대한 공감대가 형성되고 있고, 개성공단을 비롯한 평화경제 사업이 구체화될 것으로 기대된다.

2. 비핵화와 한반도 평화경제의 국제환경

비핵화 논의가 진행됨에 따라 영변의 핵시설은 폐쇄되었고, 불능화 단계가 곧 시작된다. 향후 비핵화의 과정은 북미 관계 정상화 속도에 달려 있다. 다시 말해서 워싱턴의 북한 대사관에 인공기가, 평양의 미국대사관에 성조기가 나부낄 때, 북핵문제는 완전히 해결된다.

북한과 미국이 친구가 된다는 것은 현재의 시점에서 상상하기 어렵지만 불가능한 것은 아니다. 북핵문제는 사실 북미 관계가 핵심이다. 북미 관계는

---

4) 개성공단의 북한 측 고용규모는 2007년 9월 2만여 명에 이르고, 1단계가 완전 가동되면, 10여만 명, 2단계가 완료되면 20여만에 이를 전망이다.

비대칭적인데 미국의 입장에서 북한은 아무것도 아니지만 북한의 입장에서, 미국은 적대의 중심이고, 국제사회로 나아가는 길목이며, 체제유지의 근거로 거의 전부라 할 수 있다.

북미 양국은 우선적으로 테러지원국 해제문제와 적성국 교역법 변경 문제를 논의하기로 했다. 적성국 교역법은 한국전쟁 직후인 1950년 12월 17일 취해졌고, 핵심내용은 미국 내 북한 자산을 동결하는 것이었다. 관계 정상화의 초기 단계에서 이 법률을 우선적으로 논의하는 이유는 외교관계 수립을 위해서는 양국 간 채권과 채무를 청산해야 하기 때문이다. 사실 1997년 12월, 미국 재무부 해외자산통제국은 미국인이 보유하고 있는 북한 채권의 신청을 공고한 바 있다. 북한과의 채권, 채무 청산협상에 대비하기 위한 준비조치였다. 그동안 중단되었던 관계 정상화의 과정이 이제 다시 시작될 것이다.

테러지원국 해제도 중요하다. 북한은 1987년 11월 대한항공 여객기 폭파사건 직후 테러지원국이 되었다. 테러지원국에 대한 미국의 제재는 대외원조 금지, 무역제재 등 다양하다. 무역제재의 주요내용으로는 일반특혜 관세 적용금지, 수출입은행의 보증금지, 국제금융기구에서의 차관 및 사업지원 표결 시 자동반대 등이다. 테러지원국 해제는 북한이 정상교역국으로 대우받는 기회가 될 것이며 동시에 북한이 아시아개발은행(ADB)이나 세계은행(IBRD) 회원국이 되는 것이 가능해진다. 북한이 국제금융기구에 가입하면 어떻게 될까? 물론 북한이 세계은행의 회원국이 되기 위해서는 국제통화기금(IMF)에 가입해야 하는데, 이때 북한은 화폐발행액, 주요 품목의 생산량, 국방비 지출 등 경제통계를 공개해야 한다. 이런 과정을 모두 거치면, 북한은 국제금융기구의 차관을 얻을 수 있다. 도로와 철도 등과 같은 사회간접자본 건설 과정에서 낮은 금리의 차관을 활용할 수 있게 되는 것이다. 그렇게 되면, 통일과정에서 소요되는 막대한 통일비용을 남한이 모두 부담해야 한다는 걱정에서 벗어나도 된다. 북한이 정상 국가가 되면, 북한 스스로 개발 자금을 얻을 수 있기 때문이다.

3. 서해에서의 평화경제 만들기

2007년 남북정상회담에서 가장 중요한 합의 사항은 서해평화협력지대의 창설이다. 서해평화협력지대의 성공 여부는 결국 많은 정상회담 합의사항의 이행과 직결되어 있다. 그러면 서해평화협력지대가 어떻게 구성되어 있는지 살펴보자. 이 제안은 해상경계선이라는 민감한 문제를 건드리지 않고, 경제협력을 통해 서해에 평화를 정착시키겠다는 남쪽의 구상이다. 노무현 대통령이 평화정착과 경제협력의 선순환을 제시하였고, 북한이 이 제안을 수용했다. 해주특구를 개발하고 인천-해주 항로를 활성화하며, 공동어로를 통해 바다에서 호혜적 경제구조를 만들고, 한강하구를 공동으로 개발하자는 것이다. 이러한 사업들을 통해 신뢰가 쌓이고, 서로가 이익을 나누어 가질 수 있다면, 긴장은 완화될 것이다. 결국 경계선도 대립의 선이 아니라, 협력을 위한 평화의 회랑이 될 수 있을 것이다.

서해평화협력지대는 남북관계의 성격을 변화시킬 것이다. 1차 정상회담 이후의 남북관계가 교류협력의 시대였다면, 이제는 평화경제 시대가 열린다. 서해는 바로 평화경제 시대의 입구이기에 반드시 이곳을 통과해야 한다.

이를 위해서는 우선 해주를 열어야 한다. 해주는 북한의 해군기지가 있는 곳으로 정상회담에서 노무현 대통령이 해주특구를 제안하자, 김정일 위원장은 국방위원회 관계자를 불러 해주를 열어도 되느냐고 물었다고 한다. 군사적으로 민감한 해주를 받아들인 것은 서해 평화정착에 대한 북한의 의지로 해석할 수 있다.

그동안 해주는 북한의 입장에서 무역항으로서의 의미가 없었다. 해주항으로

제2차 남북정상회담
(국정브리핑, 2007. 11. 11., 청와대 사진기자단)

가기 위해서는 백령도를 돌아가야 하기 때문에, 비용과 시간이 많이 들기 때문이다. 백령도가 남쪽 입장에서 안보의 섬이었다면, 해주는 북쪽에서 안보의 항구였다. 정주영 회장이 김정일 위원장을 만났을 때, 공단 후보지로 처음 거론한 곳도 해주였지만, 이런 이유로 받아들여지지 않았다.

서해에 평화가 증진되면, 해주의 재발견은 가능하다. 해주는 인천에서 직선거리로 20km 떨어져 있고, 개성과는 75km 떨어져 있으며, 중국의 청도나 위해에서 닭 울음소리를 들었다던 한반도의 서쪽 끝에 자리 잡기에 개성공단의 무역항이 될 수 있다. 개성공단이 2단계, 3단계로 확장되면, 수출항구가 필요한데—이미 전문가들은 개성 - 인천을 연결하는 육상물류의 필요성을 지적하고 있다—해주항이 무역항으로 발전할 수 있다면, 인천을 보완하는 역할을 할 수 있을 것이다.

해주는 동시에 인천과 더불어 광역 해상 경제특구가 될 수 있다. 해주가 경제특구로 개발되면, 인천(영종도)경제특구의 생산기지가 될 수 있다. 20km 정도 떨어진 두 개의 해상공단이 서로 분업체계를 형성한다면, 경쟁력이 생겨 개성-해주-인천을 잇는 새로운 삼각경제지대의 가능성을 엿볼 수 있다.

서해평화협력지대에서 중요한 지역은 또 있다. 개성에 인접해 있는 예성강과 서울을 바다로 이어주는 한강하구다. 따라서 한강하구는 환경친화적으로 개발되어야 한다. 그동안 접경지역으로 근접하기 어려웠던 이 지역에 평화경제 사업이 본격화된다면, 도시가 달라질 것이다. 한강하구에서 백령도까지 서해가 갖고 있는 잠재력은 냉전시대로 얼어붙어 있었지만 이제 서해안 시대가 열릴 것이다. 서해가 인접해 있는 중국의 경제특구들은 대부분 동부 연안 지역에 몰려 있다. 한국기업이 집중적으로 진출해 있는 지역도 바로 청도, 위해, 대련 등 서해 인접지역이 아니겠는가? 서해 평화경제는 결국 새로운 환황해 경제권의 시대를 여는 단초를 제공할 것이다.

1999년과 2002년 서해에서 군사적 충돌의 원인은 꽃게였다. 남과 북의 어부가 꽃게를 쫓다보니 경계선을 넘었다. 이로 인해 군함이 쫓아오고, 서로 근접하다가 충돌이 발생했다. 이후 남북은 해상에서의 충돌 가능성이 있으니, 조심하자는 약속으로 군사적 충돌방지 조치에 합의했다. 결국 남쪽 어부들은 북방한계선 아래에 그어 놓은 새로운 어로한계선을 넘을 수 없게 되어 눈앞의 꽃게는 중국의 어선들이 잡아갔다. 남과 북의 해군이나 해경은 충돌을 두려워 지켜만 보아야 했다. 그것이 서해 바다의 현실이었다.

그러면 이번 정상회담 합의로 어떻게 달라질까? 그동안 공동어로 방안에 대해 남북한은 입장 차이를 보였다. 남쪽은 공동어로 수역을 NLL를 기준으로 각각 남과 북의 동일수역을 제시했고, 북쪽은 NLL 이남 지역을 주장했다. 앞으로 국방장관 회담이 열리면, 다시금 공동어로 수역을 실무적으로 협의해야 한다.

평화의 바다를 만들기 위해서는 해법이 필요하다. 인천과 백령도 사이의 서해 전체에 공동어로 수역을 만들기 위해서는 기준선을 정해야 한다. 해상경계선 문제가 개입하지 않을 수 없다. 따라서 우선적으로 작은 수역이나마 시범적으로 운영해 볼 필요가 있다. 서해에서 신뢰가 정착되면, 공동어로 수역은 점차적으로 넓어질 것이다.

나아가 중동평화에서 핵심적 역할을 했던 홍해 해양평화공원의 사례를 서해에서도 실천할 필요가 있다. 이미 백령도 인근 해역 등은 해양생태의 보고로 주목받고 있다. 공동어로 수역과 해양평화공원을 묶어서 평화수역을 만들어 가야 할 것이다. 그렇다면 평화수역이란 무엇인가? 평화수역은 바다의 비무장지대로 군함은 들어갈 수 없다. 해상재난이 발생하면 구조선이 들어가고, 해양생태계를 보호하고 관리하기 위한 탐사선이 들어가는 곳이다. 평화수역은 말 그대로 군함에는 해당사항이 없다. 남북 해군은 백령도와 장산곶의 입구에서 중국의 불법어선들이 들어오지 못하게 공동협력을 해야 할 것이다.

4. 한반도 경제권 형성의 과제

한반도 경제권의 형성 과제는 구체적으로 남북경제협력의 질적 심화, 남북경제통합의 기반구축 그리고 협력과 통합의 제도화로 구분할 수 있다. 첫 번째 과제는 현재 추진하고 있는 남북경제협력의 방향성을 재정립하는 것이다. 현재 남북경제협력의 중심은 '거점 협력 방식'이다. 개성공단과 금강산 등 거점을 중심으로 투자와 관광 사업을 추진하고 있다.

앞으로 거점 협력 방식을 전략적으로 재정립할 필요가 있다. 북한은 앞으로도 경제특구를 중심으로 경제정책 변화에 집중할 수밖에 없다. 동시에 경제특구의 주요 투자자 입장에서도 선택과 집중을 위한 거점 개발 방식을 선호하고 있다.

거점 개발 전략은 제한된 공간 내에서 남북한의 경제체제의 차이와 문화, 제도의 이질성을 완화하고 협력의 가능성을 만들어 가기 위한 것이다. 북한의 산업 구조를 개방 지향적이고 비교우위를 살릴 수 있도록 변화를 유도하는 것 역시 거점 협력의 중요 목표라고 할 수 있다.

현재 개성공단과 금강산 관광이라는 제한된 거점을 좀 더 확대할 필요가 있다. 남포 경공업 협력 단지, 해주공단과 한강하구 공동개발을 연계한 서해평화협력단지, 단천 지하자원 개발단지 등 지역별 특성에 맞는 거점들을 더욱 확대해야 할 것이다. 가능하다면 DMZ의 평화지대화 구상을 구체화하여 역사유적 단지, 생태환경 단지, 농업개발 단지 등 평화협력의 점들을 선과 면으로 확대하는 전략도 필요하다. 물론 협력거점 이외 지역에 대한 관심과 투자도 중요하다. 평양을 비롯한 협력거점을 벗어난 경제협력은 대부분 위탁가공 분야인데 위탁가공 협력의 기반을 넓히기 위해서는 북한의 부품 산업 육성이 중요하다. 전자조립과 같은 경쟁력 있는 위탁가공 분야의 육성을 통해 부품 현지조달 비율을 지속적으로 증가하고, 섬유산업, 신발사업 등 연관 분야의 동반진출을 통해 거래비용을 최소화하는 제도적 지원이 필요하다.

둘째, 경제 지리의 연계성 확보다. 경의선과 동해선 철도의 상시운행, 북한측 철도의 현대화 그리고 대륙철도와의 연결을 단계적으로 추진해야 한다. 우선적으로 시험운행을 마친 남북연결구간을 정상화하여, 경의선에서는 개성공단 근로자들의 출퇴근 기차로 활용하고, 동해선의 경우 금강산 관광열차로 활용해야 한다. 나아가 개성-평양구간을 우선적으로 개량하여 서울과 평양 간 철도운행을 할 수 있다면, 남북관계는 육상접촉의 시대로 전환할 수 있다. 접근성의 확대는 북한 지역의 개방화로 이어질 것이며, 관계의 성격을 변화시킬 수밖에 없다. 도로와 철도의 연결은 전쟁과 분단으로 중단되고 단절된 한반도의 산업지리와 효율적 경제공간의 재형성을 가능케 할 것이다.

셋째, 남북 경제협력의 제도화도 중요하다. 최근 남북 FTA나 경제협력강화약정(CEPA)을 맺어야 한다는 주장[5]도 있으나, 이에 대해서는 신중한 판단이 필요하다. 중국과 홍콩 간의 경제관계를 제도화하기 위한 장치를 남북한에 그대로 적용하기는 어려울 것이다. 한반도는 세계에서 이제 유일한 분단국이고, 남북교역은 이미 민족 간 내부거래로 무관세로 이루어지고 있다. WTO 체제에서 민족 내부 거래를 국제통상법적으로 제도화하는 것은 중요하지만, 그것이 반드시 FTA나 CEPA일 필요는 없다. 북한이라는 상대가 있고, 과거 서독이 GATT체제에서 분단국 예외를 인정받았다는 점에서 남북관계의 특수성을 국제통상질서에서 어떻게 법적으로 인정받을 수 있는지는 좀 더 구체적인 고민이 필요하다.

남북경제관계에서 제도화의 더욱 중요한 과제는 통신, 통관, 통행의 3통을 좀 더 구체화하고, 남북이 이미 합의한 4대 합의서[6]를 실천하는 것이다. 특히

---

[5] 중국과 홍콩 간에 맺어진 포괄적 경제동반자 협정(Close Economic Partnership Agreement, CEPA)의 남북한 적용필요성에 대해서는 이일영, "북한경제 개혁과 한반도 경제통합", 한반도 사회경제연구회, 《한반도 경제론》(창비, 2007) 171-172쪽 참조. 삼성경제연구소는 남북관계의 특수성을 고려하여, 협정이 아닌 약정형식의 CEPA(Close Economic Partnership Arrangement)의 필요성을 제기하고 있다. 삼성경제연구소, "남북한 경제협력강화약정(CEPA)의 의의와 가능성" 《이슈페이퍼》 2007년 8월 참조.

남북경제협력위원회 제1차 전체회의(2007. 12. 4. 출처-국정브리핑)

청산결제와 관련해서는 IMF 8조(쌍무 결제 협약금지)의 의무사항에 위배될 가능성이 있기 때문에 남북 거래의 특수성을 국제적으로 인정받는 조치가 필요하며, 국내적으로 청산계정을 운영하기 위한 자금을 확보해야 한다. 대북 무역에 참가하는 국내기업들에 대한 자금공여 및 청산잔고의 불균형에 따른 대월 제도 등을 운영하기 위해서는 공적 자금이 필요하기 때문이다.

넷째, 한반도 경제권은 지역적으로 열려 있어야 한다. 이를 위해서는 남북경제협력과 동북아경제협력의 연계를 확대해야 한다. 신의주를 중심으로 남-북-중 삼각협력의 추진이나, 나진 선봉을 중심으로 남-북-러 삼각협력의 추진이 필요하다. 나아가 북한을 중계거점으로 도로와 철도, 에너지 망을 대륙 지향적으로 확장할 필요가 있다. 결국 한반도 경제권의 형성은 동북아 역내 국가와의 경제적 협력관계를 확장하는 중요한 동력으로 작용할 것이다.

---

6) 4개의 합의서는 '남북 사이의 투자보장에 관한 합의서', '남북 사이의 소득에 대한 이중과세방지 합의서', '남북 사이의 청산결제에 관한 합의서', '남북 사이의 상사분쟁 해결절차에 관한 합의서' 등이다. 자세한 내용은 통일부, "투자보장 등 4대 합의서의 타결의의 및 주요내용"(2000. 11. 13) 참조

한반도-동북아 평화체제 형성의 경로:
북핵 6자회담과 동북아 다자안보협력 구상

서보혁(이화여대 이화학술원 평화학연구센터 연구위원, suhbh21@naver.com)

1. 한반도와 동북아 평화의 상호의존

20세기 말 세계적 차원의 냉전 해체에도 불구하고 21세기 한반도와 동북아에는 여전히 냉전적인 구조가 존속하고 있다. 이는 한반도에서 북한의 핵개발 문제, 동북아에서는 군비경쟁에서 그 원인을 찾아볼 수 있다. 특히 북한의 핵개발 문제를 둘러싼 북한과 미국의 갈등과 대립은 오늘날까지 한반도 상황을 규정하고 있다. 1990년대와 2000년대 사이에 차이가 있다면 북핵문제는 남·북·미 간에 다뤄지다가 6자회담을 통해 관련국들이 확대되어 동북아 문제로 다뤄지고 있다는 점과, 북미 간 대립 속에서도 남북관계는 개선되어 왔다는 점이다. 이 두 변화는 한반도 평화는 동북아 평화와 분리하여 생각할 수 없다는 점, 따라서 한국은 한반도 평화와 동북아 평화정착을 선후가 아니라 병행 접근할 필요가 있다는 점을 말해준다.

2001년 등장한 조지 W. 부시 행정부가 1994년 북미 간 제네바 기본 합의(Agreed Framework)를 부정하고 북한에 강경정책을 취하면서 한반도 정세는 경색되었고 북핵문제는 다시 원점에서 접근해야 했다. 이에 따라 대북 포용정책을 지속하고 있던 한국 정부의 운신의 폭은 좁아졌고, 그런 상황에서 북핵문제는 새로운 국면을 맞이하게 되었다. 미국의 반테러전과 한반도의 지정학적 조건, 한국과 중국의 중재 역할 등으로 북핵문제는 일방적 접근에서 다자적 접근으로 변화를 모색하기 시작하였다. 한국의 입장에서는 한반도 평화정착에 관여하는 국가들이 늘어나 부담스러울 수 있지만 북핵문제를 외교적 방법에 의해 평화롭게 해결할 길을 갖게 된 것이다. 그러나 처음 6자회담이 개최될 당시 참여국, 특히 미국과 북한의 현격한 입장 차이로 타협의 기미가 보이지 않았다. 양국 간 깊은 불신과 상이한 이해관계를 동시행동 원칙으로 접점을 찾고 비핵화의 틀을 찾기까지는 수년이 걸렸다. 9.19 공동성명은 그렇게 만들어졌기 때문에 귀중한 결과였다. 물론 그것이 걸음마를 하기까지는 북한의 방코델타아시아은행 계좌의 거래문제(소위 BDA사태)와 북한의 미사일 발사, 핵실험과 그에 대한 대북제재 등과 같은 악재를 넘어서야 했다.

여기서는 한반도 비핵화가 한반도 평화정착은 물론 동북아 안보협력에도 영향을 미칠 수 있는 중요 사안이라는 판단하에, 그것이 6자회담에서 어떻게 다뤄지고 전개되어 왔는지를 평가하고 동북아 안보협력의 방안을 검토해보고자 한다. 그리고 이 중대한 문제들에 관해 한국이 어떻게 접근할 수 있는지를 결론을 대신해 생각해보고자 한다.

2. 6자회담: 한반도 비핵화를 향한 새로운 접근

2001년 들어서 부시 행정부는 제네바 합의 이행을 부정하고 북핵문제를 원점에서

2005년 9월 19일 6자회담 참가국 대표들은 9·19 공동성명을 채택했다(국정브리핑, 2007. 11. 22)

다시 접근하였다. 소위 "완전하고 검증할 수 있고 되돌릴 수 없는 수준의 해체(CVID)"를 목표로 삼고 북한에 선(先)핵포기를 압박하였다. 그러나 일방주의적 압박이 실효를 거두지 못하는 가운데 부시 정부는 다자외교의 틀을 이용한 방법을 모색하게 되었고, 그것이 미국의 직접적 압박을 회피하고 대화의 기회를 잡고자 하는 북한의 의도와 맞물려 6자회담이 추진되었다. 2003년 8월 27일 시작한 6자회담은 제2차 회담(2004. 3. 2-8)에서 북핵문제의 평화적 해결, 제3차 회담(2004. 6. 23-26)에서 "말 대 말", "행동 대 행동" 원칙에 합의하였으나 각국의 입장 차이로 구체적인 비핵화 이행의 틀에 합의하지 못한 채 시간을 보냈다. 결국 합의한 원칙에 기초하여 비핵화 이행의 틀은 제4차 6자회담 2단계회의(2005. 9. 13-19)에서 만들어졌다. 9.19 공동성명은 제네바 합의와 달리 북핵 관련 국가들이 참가한 다자적 틀을 활용하여 북한의 "모든 핵무기와 현존 핵 프로그램 포기"를 목표로 한 비핵화 실현의 기본 틀을 제시하였다. 이때 미국과 나머지 5개 국가(북한, 한국, 중국, 일본, 러시아)는 안전보장, 관계정상화, 인도적 지원, 경제협력 등과 같은 대북 상응조치를 취하기로 하였다. 이와 같이 9.19 공동성명은 새로운 틀과 내용으로 한반도 비핵화를 실천해나가는 방향성을 제시하였다는 점에서 이후 비핵화 논의의 전거라고 할 수 있다.

그러나 베이징에서 9.19 공동성명이 도출되고 있던 때 워싱턴에서는 북한의 불법적인 국제금융거래 의혹이 제기되고 있었다. 북한은 이 문제해결을 위한 미국과의 대화가 성사되지 않고 미국의 압력이 계속되자 2006년 7월 미사일 발사시험, 같은 해 10월 핵실험 등 무력시위로 대응하였다. 북한의 핵확산 위험이 커지는 가운데 부시정부는 2006년 말에 들어 대화의 필요성을 검토하기 시작하였다. 2006년 말 제5차 6자회담 2단계회의(12. 18-22)와 2007년 1월 북미 6자회담 수석대표의 베를린 회담을 거쳐 방코델타아시아(BDA) 은행의 북한 자금의 동결 해제를 전제로 6자회담을 재개하여 9.19 공동성명 이행방안을 논의한다는 합의가 이루어졌다.

2007년 2월 13일, 제5차 6자회담 3단계회의의 결과 도출된 2.13 합의는 비핵화 이행 초기단계 조치를 담고 있다. 9.19 공동성명 채택 이후 초보적인 비핵화 방안 마련에 17개월이 걸린 것이다. 2.13 합의는 30일 이내 5개 실무그룹을 구성하고,[1] 60일 이내에 ①북한은 핵시설의 폐쇄·봉인 및 IAEA 요원 복귀, 모든 핵 프로그램의 목록 작성 협의, ②다른 5개국은 중유 5만 톤 상당의 대북 에너지 지원, ③북미, 북일 간 관계정상화 대화 개시 등에 합의하였다. 또 그다음 단계에는 모든 핵 계획의 완전 신고 및 현존하는 모든 핵시설의 불능화 기간 중 중유 100만 톤(초기 5만 톤 포함) 상당의 대북 지원을 하기로 하였다. 이후 북한과 미국은 자국이 취할 조치를 성실히 이행해나갔고 6자회담 모든 참여국들은 실무그룹 회의를 가졌다.

---

1) 5개 실무그룹은 ▲한반도 비핵화, ▲미·북 관계정상화, ▲일·북 관계정상화, ▲경제·에너지 협력, ▲동북아 평화·안보체제 등을 주제로 하고 있다.

2.13 합의 이후 BDA 북한자금의 송금 완료와 대북 중유 제공으로 비핵화 이행이 촉진되는 가운데 북한은 영변의 5MW 원자로와 핵 재처리시설, 핵연료공장 등 3개 핵시설의 불능화 작업을 순조롭게 진행하고 있다.[2] 그런 과정에서 2007 남북정상회담(10. 2-4)이 열렸고 정상회담 일정 중인 10월 3일 제6차 6자회담 2단계회의 결과(소위 10.3 합의)가 도출되었다. 10.3 합의는 2.13 합의 이행의 연장선상에서 취해진 것으로서 2단계 비핵화 조치를 담고 있다. 10.3 합의 중 북한이 취할 비핵화 관련 조치는 ① 2007년 내 모든 현존 핵시설 불능화, ② 모든 핵 프로그램의 완전하고 정확한 신고 완료, ③ 핵 물질, 기술 및 노하우를 이전하지 않는다는 공약 재확인 등 세 가지였다. 북한 측의 비핵화 관련 조치에 상응하여 미국 등 나머지 6자회담 참가국들이 취할 조치로 ① 미국은 북미관계정상화 실무그룹의 합의를 기초로 북한 측 조치와 병행하여 자국의 공약을 이행하고, ② 일본은 북일 평양선언에 따라 신속한 관계정상화 노력을 경주하고, ③ 6자회담 참가국들은 중유 100만 톤 상당의 대북 경제·에너지·인도적 지원을 제공하는 것 등이다. 특히 미국은 대북 테러지원국 지정 해제 과정 개시 및 적성국 교역법 적용 종료 과정을 진전시켜 나간다는 공약을 상기한다고 밝혔다. 10.3 합의 이후 북한은 비핵화 2단계 조치 중 핵 불능화 작업을 미국 등 관련국과 국제원자력기구(IAEA)와의 협조하에 진행하고 있고, 비확산 공약을 준수하고 있다. 그러나 핵 프로그램의 신고와 관련해서는 아직 최종 신고목록을 제출하지 않고 있어 미국을 비롯한 관련국들의 우려를 낳고 있다.

    10.3 합의 이행 완료의 변수는 북한이 모든 핵 프로그램 목록을 제시하는 것과 미국이 대북 테러지징국 해제와 적성국 교역법 적용 종료를 실시하느냐 여부이다. 미국은 12월 2-5일 힐(C. Hill) 6자회담 수식대표의 북한 방문과

---

[2] 북핵 시설의 불능화 작업은 기술적 문제로 2007년 내에 완료되기는 어려웠다. 불능화 작업은 총 10단계 11개 조치로 이뤄지는데 이 중 폐연료봉 인출과 관련한 2개 조치는 안전상의 문제 때문에 2007년 내에 완료되기 어렵다는 데에 관련국 간에 양해가 이뤄진 것으로 알려졌다.

<표 1> 한반도 비핵화 관련 6자회담 주요 합의사항

구분	비핵화 관련 주요 내용
9.19 공동성명	• 6자회담 목표가 한반도의 검증가능한 비핵화임을 재확인(1항) – 북한은 모든 핵무기와 현존 핵 프로그램 포기, 조속한 NPT 및 IAEA 안전조치 복귀 공약 – 미국은 한반도 내 핵무기 부재 및 북한에 대한 공격 또는 침공 의사 부재 확인 – 한반도 비핵화 공동선언 준수 및 이행 필요성 – 여타국은 북한의 평화적 핵 이용권 존중 및 적절한 시기 경수로 제공문제 논의에 동의
2.13 합의	• 북한의 ① 핵시설의 폐쇄·봉인 및 IAEA 요원 복귀, ② 모든 핵 프로그램의 목록 작성 협의(60일 이내, 2항) • 60일 이내 중유 5만 톤 상당 긴급에너지 대북 지원 • 핵 프로그램 신고 및 핵시설 불능화 단계 중 중유 100만 톤 상당 지원(4항)
10.3 합의	• 북한은 2007년 말까지 모든 현존 핵시설 불능화 및 모든 핵 프로그램의 완전하고 정확한 신고 완료(1항 1, 2) • 북한은 핵 물질, 기술, 노하우를 이전하지 않는다는 공약 재확인(1항 3)

부시대통령의 친서 전달을 통해 북한에 핵 프로그램 목록의 "완전하고 정확한 신고"를 촉구하며 그에 따른 관계개선 가능성을 제시하였다. 미국 측은 북한의 핵 프로그램 신고 목록에 무기급 핵물질 생산량, 핵보유기 보유 수, 핵물질 및 기술의 해외 이전에 관한 내용이 포함되어야 한다는 입장이다. 지금 북한의 핵 프로그램 목록의 신고 문제는 한반도 비핵화가 최종단계에 들어설 수 있는지를 가늠해볼 수 있는 변수로 부각되어 있다. 나아가 북핵 폐기 과정은 남북, 북미, 북일 관계에도 영향을 미칠 수 있는 복합적인 문제이다.

한반도 비핵화 과정은 남북관계에 적지 않은 영향을 미쳐왔고 남북관계는 거기에 반작용해왔다. 2006년 북한이 미사일 발사시험과 핵실험을 단행했을 때 남북관계는 큰 도전에 직면하였다. 남북 당국 간 대화가 중단되고 남한정부는 대북 지원을 중단하고 국제사회의 대북제재에 부분적으로 동참하지 않을 수 없었다. 그러면서도 남한정부는 개성공단 및 금강산관광 사업을 유지하고 6자회담 재재 노력을 벌이면서 북핵사태의 평화적 해결 방침을 고수하였다. 남한은 남북관계를 유지·발전시키고 6자회담 재개를 위해 노력한 결과 2007년 10월 10.3 합의와 남북정상선언이 거의 동시에 발표되었다. 이는 한반도 비핵화 실현, 평화체제 수립, "남북관계 발전과 평화번영"이 상호 순방향으로 맞물리면서 병행 추진되고 있음을 보여준 것이다. 2007 남북정상선언은 한반도 비핵화 실현 및 평화체제 수립과정에서 남북한의 적극적인 역할과 국제 협력 간의 상호보완성을 확인해준 것이다. 남북은 지난 10년간 화해협력을 통해 신뢰를 조성해온 데 비해, 북미관계는 깊은 불신 속에서 대립과 갈등을 계속 해왔다. 그런 가운데 비핵화 초기단계 조치와 불능화 작업이 진행되고 있는 데에는 북한과 미국의 전략적 타산 외에도 남한의 역할이 적지 않았다고 할 수 있다. 특히 10.3 합의와 남북정상선언의 내용과 발표 시점은 한반도 비핵화 진전과 남북관계 발전, 한반도 평화체제 수립이 긴밀히 연관되어 있음을 확인해주고 있다. 물론 그 실천은 앞으로의 과제이고 관련국간 긴밀한 협력이 필수적이다.

3. 동북아 다자안보협력의 전망

동북아시아는 경제적 공동번영을 안정적으로 지속하고 다양한 잠재적 불안요소를 억제하여 공동안보를 추진할 다자 간 안보협력(security and cooperation)의 필요성이 그 어느 때보다 높아지고 있다. 냉전 해체와 세계화에 따라 동북아 지역에서도 초국가적인 공통 관심사와 역내 경제적 상호의존이 늘어나고 있고, 특히 북핵사태를 계기로 지역안보협력의 필요성이 높아지고 있다. 하지만 동북아 지역은 국가 간 정치적 경제적 발전의 격차, 지역공동체 의식의 미흡, 지역안보협력 주도국의 부재, 민족 분단, 미일과 중국 사이의 경쟁 구도, 영토문제와 같은 분쟁요소의 상존 등 지역안보협력을 제약하는 요인들이 적지 않다.
　그동안 러시아를 제외한 미국, 중국, 일본 등 역내 대부분의 국가는 다자안보협력보다는 동맹을 비롯한 양자관계에 관심의 초점을 두어 온 것이 사실이다. 그런 가운데 최근 들어 역내 국가들은 북한의 핵 포기에 따른 다자안전보장, 환경보호 및 재해예방, 패권국 등장의 견제 등 각기 다양한 배경을 갖고 역내 다자안보협력에 긍정적인 태도를 보이기 시작하였다. 실제로 한국, 중국, 일본 사이에는 황사 피해에 공동대처 하는 협력을 전개하고 있고 조류독감 피해에 대처하는 협력도 추진하고 있다. 이보다 앞서 반관반민(半官半民: 소위 1.5트랙)의 동북아협력대화(NEACD)가 1993년부터 매년 회의를 갖고 동북아 정세, 초국적 사안에 대한 협력 방안, 역내 신뢰구축 방안 등을 논의해왔다. 이 회의 참가국은 6자회담 참가국과 똑같다. 이와 같이 동북아 안보협력의 필요성과 관련 논의 경과를 생각한다면 앞으로 역내 다자안보협력 논의는 더 발전할 가능성이 크다.

6자회담은 동북아 안보협력에도 매우 큰 의미가 있다. 6자회담 참여국들은 동북아 안보협력과 한반도 평화는 상호 긴밀히 연관되어 있다는데 공감대를 갖고 있다. 또한 9.19 공동성명 전문에 "한반도와 동북아시아 전반의 평화와 안정이라는 대의를 위해" 모였다고 밝히고, 4항에 "동북아시아의 항구적인 평화와 안정을 위해 공동 노력할 것을 공약"하고 직접 관련 당사국 간의 한반도 평화포럼 개최와 동북아 안보협력 증진 방안 모색을 위해 노력하기로 하였다(《표 2》 참조). 이는 한반도 비핵화가 6자회담의 개최 이유이자 당면 목표이지만 앞으로 동북아 안보협력을 위한 관련국간 협력이 전개될 것임을 말해주고 있다.

한반도 비핵화 초기단계 조치를 제시한 2.13 합의에서는 5개 실무그룹을 개최하기로 하였는데, 그중에 '동북아 평화안보체제' 실무그룹(의장국: 러시아)이 포함되어 있다. 그리고 5항에 "초기조치가 이행되는 대로 6자는 9.19 공동성명의 이행을 확인하고 동북아 안보협력 증진방안 모색을 위한 장관급 회담을 신속하게 개최한다"고 밝히고 있다. 2.13 합의 이후 비핵화 초기단계 조치가 순조롭게 진행되는 가운데 '동북아 평화안보체제' 실무그룹 회의가 두 차례 열렸다(3. 16 베이징, 8. 20-21 모스크바). 이 회의에서는 양자협정, 국제기구에 공약한 각국의

<표 2> 동북아 안보협력 관련 6자회담 주요 합의사항

구분	동북아 안보협력 관련 주요 내용
9.19 공동성명	• 6자는 동북아의 항구적 평화와 안정을 위해 공동 노력할 것을 공약(4항) – 직접 관련 당사국들이 적절한 별도 포럼에서 한반도의 항구적 평화체제 협상 – 동북아에서의 안보협력 증진을 위한 방안과 수단 모색
2.13 합의	• 동북아 평화·안보체제 실무그룹 구성(30일 내 회의 개최, 3항) • 초기단계 조치 이행 완료 이후 6자 장관급 회담 개최(5항) • 직접 관련 당사국 간 한반도평화 포럼 개최(6항)
10.3 합의	• 적절한 시기에 6자 외교장관회담 북경에서 개최 재확인(4항) – 동회담의 의제 협의차 수석대표 회의 개최

안보관련 입장을 비교 검토해 공동의 안보 인식, 동북아 평화안보 메커니즘을 도출하는 원칙, 역내 신뢰구축 방안 등을 논의한 것으로 알려졌다.

이상 6자회담에서 보이는 역내 안보협력 관련 논의와 조치는 한반도 비핵화 추진 상황과 결부되어 있음을 알 수 있다. 여기에는 한반도 평화정착 문제도 포함되어 있다. 현실적으로 한반도 평화정착과 동북아 안보협력 문제는 한반도 비핵화 이행 상황에 의존하면서 논의될 것으로 보인다. 그럼에도 불구하고 6자회담은 동북아 주요 국가들이 모두 참여하고 있고, 비핵화 과정이 순조롭게 전개될 경우 동북아 다자안보협력을 추구하는 효과적인 기구로 발전할 가능성이 있다. 따라서 6자회담에서 다자안보협력을 본격 추진하기 위해서도 한반도 비핵화는 선결 과제이고 그 과정에서 다자안보협력 추진 방안이 모색되어야 할 것이다.

6자회담이 동북아 안보협력기구로 발전하여 제 역할을 하려면 6자회담은 한반도 비핵화 달성 이후에도 계속 발전해나가야 한다. 지역 다자안보협력을 위해서는 관련 기구의 창설 자체가 중요한 것이 아니라 안보협력의 수준을 높이고 범위를 확대해나가는 것이 중요하다. 따라서 초기 단계에는 안보협력에 대한 공동인식, 역내 신뢰구축 방안, 공통 관심사를 통한 협력 증진과 그를 위한 계기별 회의 개최와 같이 초보적인 수준을 보일 것이다. 물론 초기 단계에서도 한반도 비핵화 달성의 성과를 동북아 비핵화 구상으로 발전시킬 수 있을 것이다. 6자회담은 이런 과정을 거치면서 안보협력분야를 확대하고 효과적 실천을 위해 상설 사무국과 각급 회의를 설치할 수 있을 것이다.

물론 동북아 안보협력을 위한 역할을 6자회담에서만 혹은 관련국 정부에게만 맡겨둘 필요도 없고 그럴 수도 없을 것이다. 역내 공통 관심사별로 전문가집단이나 시민단체가 관련 기구를 만들고, 그것이 6자회담 혹은 역내 정부 간 기구와 협력관계를 가질 수도 있을 것이다. 동북아의 안보협력은 군사적 긴장완화 및 신뢰구축에 국한되지 않고 재해 예방 및 대처, 난민 보호, 에너지 협력, 초국가적 범죄에 대한 공동대처 등 다양한 분야에 걸쳐 있다. 이와 같이 안보 영역이 확대될 뿐만 아니라 안보의 주체와 수혜자가 결국 시민 개개인이기 때문에 역내 다자안보협력은 인간안보(human security)의 시각에서 각국 정부는 물론 비정부기구와 국제기구 사이의 협력이 이루어져야 할 것이다.

장래 동북아 안보협력의 제도화를 위해서는 6자회담을 통한 한반도 비핵화의 성공과 역내 정부/비정부기구 양차원에서 상호 신뢰의 확대가 선행되어야 한다. 또 동북아 안보협력기구 수립을 위한 다자주의적 접근의 필요성과 그 현실 사이의 격차를 극복하는 방안을 찾는 것도 필요하다. 특히 국가 간 불신과 갈등이 존재하고 협력의 습관이 낮은 역내 환경을 고려할 때, 당면한 공동 관심사를 통해 협력의 기회를 포착하고 그 성과에 기반을 두어 협력의 범위를 넓히는 사안별 다자적 접근을 적극 추진해볼 필요가 있다. 6자회담을 통해 전개되고 있는 동북아의 비확산 협력이나 황사 방지 등을 위한 역내 국가 간 환경 협력 등이 그 실례이다. 이와 같이 사안별 다자협력은 동북아 역내 정치적 불신과 초국적 문제에 대한 일국 차원의 대응의 어려움을 줄이고 다자협력의 필요성을 학습하는 효과를 가져다줄 것이다.

4. 한국의 과제: 한반도 평화와 동북아 안보협력의 병행추진

2007 남북정상선언에서 한반도 평화체제 및 비핵화 문제를 다룬 4항은 양 정상이 한국전쟁 종식 선언을 통한 정전체제 해체와 평화체제 구축에 공감대를 형성하고, 처음으로 남북한이 한반도 평화체제 구축의 당사자임을 공동 인정한 점에 의의가 있다. 또 4항은 한반도 평화체제 구축과정에서 남북한 및 국제적 역할의 상호보완적 관계를 적시함으로써, 그간 남북관계와 주변국의 역할 사이의 선후 혹은 상대적 비중을 둘러싼 논란에 종지부를 찍었다고 평가할 수 있다.

2007 남북정상선언에서 보인 평화 관련 논의는 지난 10년간 남한정부의 대북 포용정책의 성과와 한계를 보여주고 있다. 남한의 대북 포용정책은 주변 정세의 부침, 북한의 소극적 태도, 대내적 지지 기반의 제약에도 한반도의 군사적 긴장완화 및 남북관계 개선을 이끌어냈다. 그럼에도 불구하고 위 세 가지 제약 요인을 충분히 극복하지 않으면 남북관계 발전은 한계에 봉착할지도 모른다. 특히 동북아에서 미-중-일, 한반도에서 남-북-미 삼각구도가 대내정치와 연계되어 있고 남북 간, 한국과 주변국들 사이에 상호 전략적 이익을 추구할 공동 기반이 불안정한 것은 남북관계에 영향을 미칠 수 있다.

한반도에서 핵전쟁의 공포를 근절하고 상생의 평화공동체를 수립하기 위해서는 당면한 북핵문제 해결을 통해 한반도 비핵화를 실현하여야 한다. 평화협정은 북핵 폐기의 완결단계 혹은 그 이후 일정 시점에서 남북한과 관련 국가들의 참여로 체결될 것으로 예상된다. 이때 중요한 것은 평화체제 수립 '과정'에 주목하는 것이다. 평화협정 체결도 중요하지만, 그런 논의 과정에서 관련국 간 정치군사적 대립과 긴장을 해소하고 공동 이익을 추구할 기반을 갖추는 것이 더 중요하다. 특히 남북 간에는 평화공존과 공동번영의 선순환관계를 정착시켜 정치적, 군사적 신뢰를 높여야 한다. 관련국 간 종전선언도 그런 맥락에서 필요하다. 그럴 때 평화체제 수립 과정에서 남북한이 적극적인 역할을 할 수 있고 그 결과가 다시 한반도의 평화체제 수립에 기여할 수 있다.

한반도 비핵화가 갖는 또 다른 의미는 그것이 동북아 안보협력을 촉진할 수 있다는 점이다. 한국과 다른 동북아 국가들은 이미 비확산 및 환경 분야 등에서 역내 다자협력의 중요성을 인식하고 있다. 한국은 동북아 다자안보협력이 한반도와 동북아의 평화정착 및 공동번영에 이바지하는 효율적인 방안이라고 판단하고 이를 적극 추진하여야 한다. 그 과정에서 관련국들은 협력을 통해 기회비용을 분담하고 공동이익을 제고하고 연대감을 증진할 수 있다. 고무적인 사실은 6자회담이 한반도 비핵화만이 아니라 동북아 안보협력을 의제로 삼고 그 방향을 모색하고 있다는 점이다. 안보분야에서 다자안보협력은 신뢰조성, 투명성 증대, 공동안보 추진 등을 통해 역내 국가 간 불신과 잠재적 갈등요인을 억제하고, 궁극적으로 군비 경쟁 대신 인간안보에 기초한 공동이익 증진을 추구할 수 있다. 먼저 분야별 다자안보협력으로 시작하여 그 과정에서 나타날 협력의 경험을 확대하고 상호 존중과 호혜주의에 입각하여 다자안보협력의 제도화를 전망할 수 있을 것이다.

한국은 동북아 다자안보협력과 한반도 평화체제가 불가분의 관계에 있다는 점을 깊이 인식하고 양자의 병행 발전을 위해 앞으로도 6자회담 참가국들과 긴밀한 협력관계를 가져야 한다. 무엇보다 북한, 미국에 균형적인 접근을 통해 한반도 비핵화와 평화정착을 함께 추진해야 한다. 또 동북아 안보협력을 촉진하는 차원에서 한반도 비핵화를 동북아 비핵화로 발전시키고, 역내 공동관심사에 대한 협력을 증진하고 그 과정에서 정치적, 군사적, 역사적 불신을 해소하는데 적극 나서야 한다. 이처럼 한국은 동북아와 공존 공영할 때 세계와 소통할 수 있고 한반도 평화와 통일의 길을 열어갈 수 있을 것이다.

동아시아 공동의 역사인식과 평화공동체 형성

양미강 (전 아시아평화와역사교육연대 상임운영위원장, yangmk00@empal.com)

1. 21세기 동아시아 역사 갈등과 평화공동체 형성

최근 동아시아가 변하고 있다. 유럽공동체와 마찬가지로 동아시아에서도 그 필요성에 의해 지역공동체 논의가 이루어지고 있다. 한·중·일을 비교분석한 연구에 따르면, 한·중·일 모두 공동체 구상이나 지역공동체를 형성하는 지역적 범위에서 약간의 차이를 보이고 있다. 한국이 포괄적 차원의 문화, 경제, 안보 공동체를 상정하고 있다면, 중국과 일본은 경제공동체를 구상하고 있다. 그 지역의 범위도 한국과 중국은 한·중·일 세 나라 이외에 러시아와 몽골, 아세안을 골간으로 하고 있는데 반해, 일본은 이에 덧붙여 호주와 뉴질랜드, 러시아까지 포괄하고 있다. 이 같은 지역공동체 구상에 있어 한·중·일 3국은 공통적으로 역사인식 차이와 영토분쟁을 가장 큰 장애요인으로 파악하고 있다. 3국은 모두 각자의 문화적 개성을 존중하는 가운데 공동의 문화적 정체성을 찾는데 의견이 수렴되고 있으나, 문화공동체 형성이 순조롭게 진행되기 위해서는 3국 간의

⟨표 1⟩ 지역공동체 형성에 대한 한·중·일 시각 비교[1]

	한국	중국	일본
공동체 구상	문화·경제·안보공동체	경제공동체	경제공동체
지역범위	동북아/동아시아 (한/중/일/러/몽/ ASEAN)	동아시아/아시아 (한/중/일/러/몽/ ASEAN)	동아시아/아시아 (한/중/일/호/뉴/인/러/ 대만/북한/미국/ ASEAN)
장애요인	중일과의 역사인식 차이, 영토분쟁	일본과의 역사인식 차이, 영토분쟁, 미국의 개입	한일과의 역사인식 차이, 영토분쟁, 미국의 반대
공동의 정체성	유교, 지리적 인접성 등	한자, 유교, 중화문명 등	중산층 문화, 혼성적 정체성

역사인식의 차이를 가능한 좁히려는 노력과 아울러 3국이 수용할 수 있는 공동의 문화적 정체성을 찾아가는 노력이 필요하다.

최근 동아시아의 격변과 혼란은 각 지역마다 벌어지는 과거사 논쟁에서 더욱 두드러지게 나타난다. 1990대에 들어와 소련 및 동구권의 붕괴로 냉전체제가 붕괴되었고, 이는 기존 동아시아의 국제질서를 급격하게 변화시키는 요인으로 작용했다. 사회주의권의 몰락은 자본주의와 사회주의라는 양대 체제를 후퇴시켰고, 그 틈새를 국가와 민족중심적 역사인식이 비집고 들어감에 따라, 제2차 세계대전 이후 전후 질서 재편과정에서 식민지 지배의 책임과 제국주의의 청산에 철저하지 않았던 일본을 중심으로 가해국과 피해국 간의 과거사를 둘러싼 첨예한 대립각이 형성되었다. 일본은 보통국가라는 미명하에 역사적 진실에 기반을 두어 과거사를 반성하기보다는 침략과 수탈의 역사를 해방의 역사로 바꾸어버렸다. 중국 역시 제국주의, 패권주의를 비판하면서도 현대판 중화주의를 실현하기 위해 이른바 동북공정을 비롯하여 여러 국가적 프로젝트를 통해 이웃 나라의 역사마저 중국의 역사에 편입시키고 있다. 이러한 일련의 과정은 비단 과거에

---

[1] 김우준, 김예경, 최운도, 『동북아 문화공동체에 대한 한·중·일 시각 비교와 협력방안 모색』, 2006년도 경제인문사회연구회 연구총서, 52에서 인용

국한되지 않으며, 미래 세대들이 앞으로 살아가야 할 미래마저 과거로부터 자유롭지 못하게 만드는 일이다.

현재 동아시아는 지역적으로는 경제 상호의존도가 매우 심화되어 서로 긴밀한 경제적 협력관계에 있지만, 역사적으로는 자국중심 민족주의의 고양으로 역사 갈등이 첨예화되는 상반된 현상이 벌어지고 있다. 경제적인 민족주의는 약화되는 반면, 역사적인 민족주의는 강화되고 있는 셈이다. 결국 이러한 현상은 향후 동아시아의 평화체제 구축이라는 당면과제를 달성하기 위해서 동아시아가 시급히 해결해야 할 과제는 무엇인가를 명확하게 보여준다. 그동안 동아시아 각국 정부는 국민들의 민족주의적 정서에 기대어 역사문제를 정치 문제화하거나 그 역사적 근원을 해결할 생각은 하지 않고, 단발적이고 미봉적인 정책을 통해 국민정서에 부합하는 인기정책을 사용하기도 하였다. 결국 이러한 정책은 역사 갈등을 해결하기보다는 재발하고 반복하게 만들었다.

그렇다면 동아시아 국가들 사이에서 역사화해는 영원히 불가능한 것인가? 그칠 줄 모르는 군비경쟁으로 동아시아의 평화가 위협받고 있는 상황에서 동아시아의 민중들이 겪어야 할 고통은 어디까지인가? 역사 갈등을 역사화해로 진전시킬 수 있는 가능성은 없는 것인가? 역사화해를 위한 시도가 어떻게 이루어지고 있으며, 역사화해를 저지시키는 요소는 무엇인가? 바로 이러한 물음이 이 글의 궁극적인 목적이라 하겠다. 이 글은 동아시아 지역공동체 형성과 동북아 평화의 장애요인이 되고 있는 역사 갈등 문제를 어떻게 극복할 것인지, 나아가 역사 갈등 문제를 어떻게 동북아 평화질서를 위한 디딤돌로 재구성하고 재정리하면서 가야할지에 초점을 둔다. 이를 위해 1990년대 이후 본격적으로 불거진 역사 갈등의 배경을 살펴본 후, 역사 갈등을 극복하고 역사화해로 나가기 위한 과제는 어떤 것이 있는지 제안하고자 한다.[2] 이 글에서 동아시아라는 용어는 주로

---

2) 2000년대 이후 일본의 역사교과서문제와 중국의 동북공정문제를 중심으로 한·중·일 시민사회가

한·중·일 3국에 국한하여 사용하기로 한다.

2. 동아시아 역사 갈등의 배경과 쟁점

1) 동북공정을 둘러싼 한중 역사 갈등

1980년대 이후 중국은 개혁·개방을 통한 '붉은 자본주의'의 건설을 국가정책의 목표로 설정하면서, 급격하게 경제성장을 이루었다. 이러한 경제적 변화는 중국에게 새로운 과제를 던졌는데, 개방경제에 따른 국내체제의 이완을 어떻게 수습할 것인가가 문제의 핵심이었다. 달라이 라마의 방한 논란이 보여준 티베트 문제, 연변의 조선족이 던진 재외동포법 등 중국의 내적상황은 적지 않은 문제를 내포하고 있다. 2004년부터 한중 갈등의 핵심으로 부각된 중국의 동북공정은 중국이 내부의 사회적 불안 요인을 해결하기 위한 국민통합 방안으로 추진하고 있는 국가프로젝트 중의 하나이다. 동북지방의 안정을 추구하기 위해 2002년 2월부터 약 5년간 중국사회과학원 산하 중국변강사지연구중심과 동북 3성3)이 연합하여 동북공정을 시작하였다. 동북 3성 지역의 역사와 민족, 강역, 국경 등 과거와 현재, 미래에 관련된 연구 프로젝트인 동북공정은 향후 한반도에서 예상되는 정세변화가 중국 동북지역에 미칠 정치적, 사회적 영향과 충격을 차단해서 동북지역을 안정화하고 동북아 국제질서에 적극적으로 대처하려고 한 것이다.

왜 중국정부는 동북공정을 시작하였을까? 중국은 수많은 소수민족을 통합하기 위해 국가주의적 역사관, 특히 각 민족의 단결을 강조하는 '통일적 다민족국가

어떻게 대응해왔는지를 살펴보는 것은 이 책의 다른 장에서 서술할 것이다.
3) 지린성, 랴오닝성, 헤이룽성으로 200만 명의 조선족이 밀집해있으며, 한국과 역사적으로나 문화적으로 매우 밀접한 지역이다.

론'을 필요로 했던 것이다. 특히 한국과 밀접한 동북지역의 특수성을 고려할 때 '통일적 다민족국가론'을 동북지역에 적용하여 중국의 역사적 정체성을 완결하고자 하였다. 동시에 조선족이 중국 국민으로서의 정체성을 확고히 갖도록 해 이들이 동요하거나 이탈하지 못하도록 사전에 방지하려고 한 것이다.

역사 갈등은 중국이 고구려를 중국의 지방 국가로 취급하면서 발생했다. 중국은 '부여, 고구려, 발해사는 곧 중국사'라는 논리를 일반화하고 있다. 이것은 만주는 한반도의 옛 영토이며, '고조선, 부여, 고구려, 발해사는 한국의 역사'라는 한국의 역사인식에 대응하는 것으로, 한반도와 중국 동북지역의 역사적 관련성을 부정하고 있다. 한국의 논리대로 고조선과 부여, 고구려, 발해사를 한국의 역사로 강조하는 경우 몽골, 베트남 등 중국과 밀접하게 연결되어 있는 역사가 분열되고 일맥상통한 중국의 역사관을 만들어가는 것이 점차 힘들어질 것은 자명한 일이다.

최근 동북공정은 고구려사 문제를 넘어 고조선, 발해로 넓혀지고 있으며 백두산 등 국경문제로 확대되고 있다. 동북공정의 역사적 논리는 주변 국가들과의 학문교류를 통해 만들어진 것이라기보다는 현재 중국이 처한 문제를 해소하기 위한 국가적 시도로 보인다.[4] 이에 대해 중국 정부는 동북공정이 학술연구라는 점을 강조하고 있으나 여전히 한·중 간의 갈등의 대상이 되고 있다. 학계에서는 동북공정의 의도와 목적에 대한 의견이 엇갈렸다. 동북공정이 중국의 또 다른 패권주의적 경향을 보여주는 공격적인 자세에서 출발했다는 비판이 있는 반면, 중국 내부결집용으로 방어적인 측면이 있다는 의견도 제시되었다.[5]

한국사회는 중국의 동북공정에 대해 매우 민감한 반응을 보였다. 중국의 '동북공정'이 '한국 고대사 빼앗기'이고 간도영유권을 영원히 장악하려는 프로젝

---

[4] 동북아역사재단, 『동북공정바로알기』, 2007
[5] 이희옥과 이남주는 동북공정의 목적이 중국의 패권주의적인 경향에 의한 것이기보다는 내부 소수민족들 간의 동요 등 중국 내부 사정에 의한 방어적인 측면이 강하다고 보는 반면, 윤휘탁은 중국의 패권주의적 경향에 의한 것이라고 보고 있다.

트라고 규정하고 이에 대해 격렬히 비난하였다. 이처럼 한국사회가 민감한 것은 고대 한국인의 민족형성과정에 대한 훼손 그리고 간도영유권문제와 깊은 연관이 있기 때문이다. 1909년 한일합방이 되기 직전 일본과 청나라 사이에 처리되었던 간도 문제는 지금까지 불씨를 남기고 있다. 이는 직접적으로는 중국과 북한과의 문제로서, 난항을 거듭하고 있는 북한 핵문제가 해결되어 북한이 국제사회에 복귀하게 된다면 남북이 어떤 조치를 취할지도 모른다는 중국의 우려도 있는 것이다.6)

하여튼 동북공정은 역사문제로 촉발된 갈등이지만, 역사적인 문제로 한정짓기에는 한중 양국 간의 고도의 정치적인 전략이 깊게 배어있다. 현재 중국과 북한이 역사문제에 관해 상호조율하고 있는 것은 두 나라가 동북아 비핵화라는 당면과제를 우선시하고 외교에 이를 반영하였기 때문이다. 또한, 한중 양국이 한국의 들끓는 여론에도 역사문제를 강하게 부각시키지 않는 것은 북한문제에 공동의 이해관계를 가지고 있기 때문이다. 그런 점에서 동북공정을 둘러싼 한·중 간의 역사 갈등은 역사문제인 동시에 정치문제이며, 미래의 동북아문제이기도 하다.

2) 일본 역사교과서를 둘러싼 한일 역사 갈등

전후 일본의 역사교과서 파동은 세 번 있었다. 첫 번째 파동은 1955년에 전후 A급 전범이 정계에 복귀했던 시기에 일어나 그 결과 일본 문부성의 검정제도가 강화되었고, 두 번째는 1982년 아시아의 경제대국으로 부상한 일본이 침략전쟁과 피해사실을 제대로 다루지 않은 역사교과서가 검정을 통과시켜 한·일 간의 큰 쟁점이 되었다. 2001년에는 일본 우익그룹인 '새로운 역사교과서를 만드는

---

6) 아라이 신이치, 『역사화해는 가능한 것인가?』(김태웅 역), 미래M&B, 2006, 149 참조.

일본 새역모 홈페이지 www.tsukurukai.org

모임(새역모)'이 만든 교과서가 검정을 통과하면서 한국과 중국 그리고 일본 국내로부터 혹독한 비판에 시달렸다. 세 번에 걸친 일본 교과서 문제는 더 이상 일본 국내의 역사교육과 역사인식의 문제가 아니라 동아시아 평화와 관련된 문제로 인식되면서 그 지평은 확대되었다.

지금까지 일본의 역사인식에 관한 태도를 비추어볼 때, 1990년대는 일본이 냉전 이후 아시아에서의 역할에 대해 심각하게 고민했던 시기라고 할 수 있다.

그러나 일본은 중요한 기회를 놓쳤다. 1991년은 진주만 공격 50주년과 걸프전쟁이 연결되어 일본의 국제공헌에 대한 태도가 주목을 받았고 이에 역사인식을 둘러싼 갈등해결도 대두하였다. 그러나 일본은 냉전 시기에 형성된 정책결정 및 집행체제가 강하게 남아 정책전환을 이루지 못했고, 정권의 운영이 담합에 의존하고 있어 변혁을 위한 지도력도 발휘되지 못했다. 또한 1990년대 후반에는 보수 정계를 중심으로 민족주의를 통해 국민통합을 이루려는 경향이 두드러져 역사인식의 문제를 해결하기가 한층 더 어려워졌고 일본의 과거청산은 더욱 힘들어지게 되었다.[7]

일본은 1980년대의 나카소네 정권 이후 아시아 '중시'의 방침을 철회하고 미일동맹의 강화를 통해 21세기적 '탈아입구'(脫亞入歐)를 모색한다는 전략을 세웠다. 아시아에 대한 최소한의 그리고 마지막 배려로서 1995년 '부전결의'가 탄생했고 1998년에 한·일 파트너십이 선언되었지만, 이후 일본의 보수정치는 미일동맹 강화 일변도로 재편되고 있다. 일본이 '탈구입아'(脫歐入亞)에서 '탈아입구'로 전환한 배경에는 두 가지 이유가 있다. 하나는 동북아시아에서 민족주의가 부흥하고 있고 대만과 북핵 등 동북아시아 갈등이 증폭되고 있는 상황에서 일본의 경제력에 걸맞은 군사력과 정치적 발언권을 확대해 가는 '보통국가'를 만드는 것이며, 다른 하나는 1990년대 이후 장기 불황 속에서 취약해진 자민당의 정권 기반을 강화하는 차원에서 국익·내셔널리즘을 강조하는 것이었다. 이는 국가·국가법 및 유사법제의 제정, 자위대의 위상 강화, 평화헌법 9조와 교육기본법의 개정시도 등을 통해 국내 체제를 정비하고 대외적으로는 9.11테러와 이라크전쟁을 빌미로 유엔안보리 진출을 꾀하고 있는 것으로 보인다.[8]

1996년 12월 출범한 새역모의 역사인식은 이러한 상황에 기반을 두어 만들어

---

7) 아라이 신이치, 위의 책, 37-38 참조.
8) 아시아역사연대, 위의 글 참조.

졌다. 이들은 침략전쟁을 반성하고 성찰해야 한다는 일본의 역사인식은 스스로를 자학하는 것이며, 일본의 정체성을 찾는데 장애물이 될 뿐이라고 비판하였다. 자학사관으로는 현재 민족주의의 폭발기를 맞이하고 있는 동북아시아 상황에 대처하기에 적절치 않으므로 자랑스러운 일본인을 만들어가기 위한 새로운 민족주의의 궐기를 촉구했다. 이에 대응할 수 있는 가장 적절한 수단이 바로 역사교과서라는 점에 착안하여 자신들의 입장을 대변하는 교과서를 만든 것이다.

새역모는 후소샤판 역사교과서를 통해 침략을 부정하고 식민지 지배를 미화하려는 역사인식을 숨김없이 드러냈다. 식민지 침략의 상징적 피해라 할 수 있는 일본군 '위안부' 문제를 과감하게 걷어냈고 식민지 침략전쟁을 아시아를 해방하는 전쟁이었다고 서슴없이 기술하였다. 1982년에도 문제 되었던 역사인식이 또다시 재현되었던 것이다. 새역모의 후원자들은 자민당과 문부성 관료, 재계와 학계 등 일본의 우익 주류세력들에 의해 유지되고 있다. 일본의 정치질서와 사회인식의 변화를 동반하지 않는 한 한·일 간의 역사 갈등은 지속될 수밖에 없는 것이다.

3. 동아시아 역사화해를 위한 제안

역사 갈등을 해결하기 위해서는 먼저 우리보다 앞서 역사화해를 이루었던 독일과 폴란드, 독일과 프랑스의 협력사례를 분석하고 시사점을 찾을 필요가 있다. 우선 역사화해를 위한 정치지도자들의 역할이 컸고, 시민사회의 노력이 선행되어 정부차원의 화해를 이루어냈다는 것이 주목할 만하다. 또한 국가 차원에서 각계각층의 교류를 뒷받침하고 있는데 독일과 폴란드 양국은 연구소를 설립하여 연구자 교류를 추진하고 있으며 독일과 폴란드, 독일과 프랑스 등 양국이 세운 청소년 교류원을 통해 청소년 교류가 체계적으로 이루어지고 있으며 그 성과도 뚜렷하다. 지방자치단체 간의 교류도 활발하게 진행되고 있다.

동아시아에서 역사화해는 어떻게 가능한 것일까? 화해의 과정은 아시아 여러 나라가 일본의 현재 상황을 어떻게 인식하고 미래를 어떻게 공유할 것인가 하는 문제와 깊이 연관되어 있다. 일본의 대표적인 지식인 아라이 신이치의 말대로 화해는 국가 사이의 화해 이외에 민중 간의 화해, 국민과 국민 간의 화해로 다층적이다. 국가관계로만 해결되기 어려운 측면이 있는 것이다. 국가끼리 조약을 맺어 해결하는 방식으로는 피해자를 납득시킬 수 없기에 상대의 마음과 통하는 화해의 과정이 필요하다고 강조한다. 그런 점에서 가해를 반성하고 피해를 슬퍼하는 정치가의 상식적인 행동이 중요하고 화해의 문화가 중대하다는 그의 말은 설득력이 있다.

역사 갈등의 해결은 역사인식의 차이를 어떻게 좁힐 수 있는가에 달려있다. 그런 점에서 우리는 역사 갈등을 해결하는 데에 몇 가지 분명한 원칙이 필요하다. 그 원칙 중의 하나는 우리의 목적이 역사인식의 공유에 있어야 한다. 여기서 역사인식의 공유는 단일한, 동일한 역사인식을 갖는 것을 의미하지 않는다. 이것은 적어도 대화를 할 수 있는, 대화가 가능한 인식을 전제하는 것이다. 따라서 역사인식의 공유는 앞서 말한 상식적인 행동과 마음이 통하는, 역사적 진실이 통하는 과정이기도 한 것이다. 또 다른 하나의 원칙은 평화와 인권이라는 보편적 가치에 충실한 동북아 시민의식을 형성한다. 20세기 전쟁의 기억은 가해와 피해라는 이분법적인 구도 속에서 시민들을 구분하고, 역사화해를 위한 진전을 가로막았다. 향후 역사 갈등 해결은 동북아 시민의식을 만들어 나가는 기초로서 평화와 인권이라는 보편적 가치를 중심에 두어야 한다.

역사화해를 만들어가는 길은 국가차원의 정치적 화해만으로는 어렵다. 그것은 국민과 국민 사이의 사회문화적 화해도 중요하다. 이 같은 측면에서 한·중·일 시민들 간의 교류와 협력은 사회문화적 화해를 위해 매우 필요하다. 사회문화적 화해는 한·중·일을 비롯하여 다자간 교류와 협력을 강화하는 일, 다양한 계층들이(연구자와 교사, 활동가, 청소년 등) 참여하는 결합방식, 그 영역도 역사 이외에 농민, 환경, 평화 등 다양한 영역으로 확장될 필요성이 있다. 여기서 지속가능한 사회문화적 화해를 만들어가는 일이 중요하며, 그러기 위해서는 최고의 목표로부터 시작하는 것이 아니라 함께 만들어 갈 수 있는 차원의 협력부터 진행하는 것이 타당하다.

지역분쟁에 대한 국제사회 개입의 원칙과 한국군 해외파병

엄한진 (한림대 사회학과, eom3597@hallym.ac.kr)

1. 파병연장과 쿠르드문제

"정부는 2007년 10월 청와대에서 노무현 대통령 주재로 국무회의를 열어 이라크 주둔 자이툰 부대의 파병연장안과 '2007 남북정상선언'이 담긴 '남북관계 발전과 평화번영을 위한 선언'을 의결했다." 이날 국무회의를 통과한 '국군부대의 이라크 파병연장 및 임무종결계획 동의안'은 2007년 12월 말까지 600명을 단계적으로 철군, 파병 규모를 650명 수준으로 유지하다가 2008년 12월 모든 임무를 수행하고 철수하는 내용이 담겨 있다. 천호선 청와대 대변인은 정례 브리핑에서 "이라크의 신속한 평화정착과 재건, 한·미 공조의 필요성, 이라크 정부·주민의 요청 등을 감안했다"면서 "다음 달 초순 국회에 동의안을 제출할 계획"이라고 밝혔다.[1]
　한국군이 파병해 있는 이라크 북부지역은 미국의 점령정책의 성공을 보여주는

---

1) 《서울신문》, 2007년 10월 31일자.

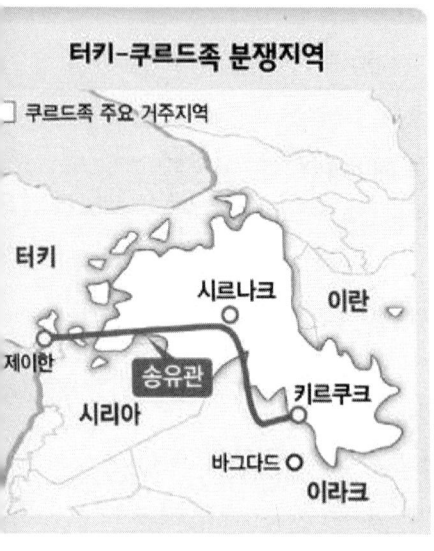

터키-쿠르드 분쟁지역(한겨레 2007. 10. 16)

사례로 자찬해온 지역이다. 그런데 2007년 10월 21일 터키의 쿠르드 지역에서 쿠르드노동자당(PKK) 소속 저항세력에 의해 터키 정부군 12명이 희생된 사건이 중동의 네 나라에 걸쳐있는 쿠르드족 거주 지역(쿠르디스탄)에 전쟁의 위기를 불러왔다. 터키군은 PKK세력 토벌을 명분으로 이라크 영토 내로 진입하려 하고 미국과 영국은 터키의 이라크 북부 공격이 미국의 이라크 점령을 불안정하게 할 수 있어서 이에 반대하고 있다. 그러나 미국이 독자적으로 또는 터키와 함께 PKK 공격계획을 세우고 있다는 관측도 나오고 있다. 물론 겨울이 가까워오면서 당분간 소강상태가 불가피하다. PKK가 은신하고 있는 터키 동남부 산악지역은 극도로 험준한 곳인 데다가 예전에도 매년 내리는 강한 눈으로 전투가 중단되곤 했었다.

터키-쿠르드 갈등은 이 지역의 정세를 복잡하게 만들고 있으며 이 지역의 문제에 대한 국외자들의 판단을 더욱 어렵게 하고 있다. 특히 이라크의 쿠르드 지역에 대한 파병연장을 추진하고 있는 한국으로서는 이라크 전쟁의 다양한 차원에 대한 고려가 시급한 실정이다. 다음은 한국군 파병지역의 최근 양상과 지역분쟁에 대한 국제사회 개입의 실질적 의미를 검토함으로써 한국의 군사개입이 처해있는 상황을 설명하고자 한다.

2. 파병논의의 재고를 요구하는 분쟁지역의 상황

노무현 정권의 파병정책에 대해서는 이미 충분한 비판이 있었다. 정당하지 않은 전쟁에의 개입, 정부의 파병논의의 부재 및 비민주성, 지역분쟁 및 해당지역에 대한 이해의 부족, 인도적 차원의 지원의 부재 등이 지적되었다.[2] 그런데 한국이 개입되어 있는 분쟁이 최근 보이고 있는 다음과 같은 양상들은 한편으로는 파병군인들의 안전을 심각하게 위협하고 있으며 다른 한편으로는 분쟁지역에 대한 개입이 단순히 군사적이거나 인도적인 차원을 넘어서는 의미를 지니고 있어 파병논의가 이를 고려하도록 요구하고 있다.

첫째, 한국군이 파병된 중동과 아프가니스탄의 전쟁이 2006년 이후 더욱 격화되고 있다. 이라크 전쟁이 제2차 레바논 전쟁과 팔레스타인 분쟁, 쿠르드문제, 이란문제와 결합되어 중동 전역이 전장화하고 있다. 그간 소강상태를 보였던 아프가니스탄 지역도 탈레반의 재기와 함께 대테러전쟁의 중요한 전선이 되고 있다. 저항의 양상도 팔레스타인에서 시작된 자살폭탄테러가 이라크를 거쳐 아프가니스탄으로 확산하면서 폭력성이 심화되고 있다.

둘째, 이 과정에서 아프간 내전 때 등장한 초국적 자원병(무자헤딘) 그리고 레바논 내전의 주체였던 종족 차원의 민병대가 우리가 파병해 있는 아프가니스탄, 레바논, 이라크에서의 전쟁의 주체로 부상하고 있다.[3] 물론 민병대의 성장에는 미국 등 외세의 지원이 크게 작용했다. 이러한 맥락에서 '이라크 문제의 이라크화',

---

[2] 이라크파병반대 비상국민행동 정책사업단, 『이라크파병연장반대의 논리』, 2005. 11. 30; 이라크파병 반대 비상국민행동 정책사업단, 『이라크 점령 및 자이툰 부대 파병의 실태와 이라크 철수의 근거』, 2006. 11. 20.

[3] 발라바르가 잘 지적하듯이 정규군을 지닌 민족국가가 아닌 전쟁의 새로운 역사적 주체로서 종족과 민병대의 탄생과 함께 지역분쟁 시대의 전쟁은 국가 간의 전쟁이 아닌 종족전쟁(ethnic war)이 되었다(에티엔 발리바르, "전쟁으로서의 정치, 정치로서의 전쟁: 포스트-클라우제비츠적인 변이들", 『사회진보연대』 2006년 10월호.

'아프가니스탄 문제의 아프간화'라는 전략은 원칙적인 면에서 긍정적인 함의를 지님에도 불구하고 현재의 상황에서는 민병대 간의 종족분쟁의 양상으로 발전될 가능성이 매우 높다.

셋째, 이러한 사태의 악화는 현재의 전쟁이 주변국들이 개입되는 장기적인 지역전쟁으로 전화될 가능성을 높이고 있다. 아프가니스탄의 경우 전쟁은 파키스탄의 부족지대로 확산되어 '지역화'(regionalized)되고 있고 서부지역에서는 이란으로부터의 무기 공급이 이루어지고 있다고 추정된다.4) 이라크 전쟁은 이란과 터키로 확대되고 있으며 미국은 이라크에서 어느 정도 성과를 거둔 종족 간 대립 활용전략을 이란에도 적용하고 있다. 아랍, 쿠르드, 발루치, 아제리 등 어느 종족이든 상관없이 이란 내 분리주의 세력들을 지원하고 있다.5) 실제 미국과 이스라엘은 이란 정권을 약화시키기 위해 테러집단으로 분류한 PKK의 이란 쪽 자매세력인 쿠르디스탄 해방당(PJAK)에 군사지원을 하고 있다는 정황이 포착되고 있다.6)

특히 이라크 북부지역의 최근 상황은 자이툰 부대의 안전문제를 넘어서 한국과 중동의 국가 및 종족들과의 관계에 심대한 문제를 제기한다. 최근 쿠르드문제의 재부상은 터키의 사회적 배경에 기인한 것임과 동시에 이라크 전쟁의 부산물로 볼 수 있다. 한편으로는 최근 유럽연합 가입이 재차 실패하면서 국민들의 배타적인 민족주의 정서가 격화되었고 이를 배경으로 쿠르드문제를 정치적으로 이용하려는 군과 급진 민족주의 정당들의 압력이 거세어진 것이다. 정권 역시

---

4) Simon Tisdall, "Facing defeat in Afghanistan"(http://commentisfree.guardian.co.kr/simom_tisdall/2007/10/facing_defe)
5) Selig S. Harrison, "Les ultras préparent la guerre contre l'Iran", Le Monde diplomatique, Octobre 2007.
6) Peter Symonds, "As Turkey-Iraq crisis escalates", US plans military strikes on PKK bases, 24 October 2007(www.wsws.org).

중동 지역에서의 위상강화를 추구하고 있다. 다른 한편 시아파 및 쿠르드족을 부추기는 미국의 종족정치의 결과 이라크의 쿠르드 지역에서는 거의 독립된 국가가 형성되었고 터키는 이러한 상황이 자국의 쿠르드족에 미칠 영향에 대해 크게 우려했던 것이다.

이라크 아르빌에 주둔하고 있는 자이툰 부대

그런데 한국군은 미국의 점령정책을 보좌해 주는 과정에서 쿠르드족과 협력해왔다. 자이툰 부대는 쿠르드 정보기관과 관계를 맺고 있으며 심지어 쿠르드 민병대를 지원할 정도로 쿠르드문제에 깊이 개입되어 있다.7) 이러한 한국군의 상황은 같은 미국의 하위동맹국가의 핵심 구성원으로서 터키와 맺고 있는 우호적인 관계와 모순되며 쿠르드족에 적대적인 쿠르드 지역의 소수민족, 이라크의 시아파 및 수니파 그리고 이란, 시리아 등과도 적대적 관계를 형성할 수 있음을 의미한다. 물론 이러한 한국군의 처신이 주변국가 뿐 아니라 유럽국가들도 원치 않는 국제사회의 고아 쿠르드족의 독립국가 건설을 옹호하는 입장에서 나온 것이라면 그 자체로 매우 용기 있는 선택이겠지만 한국 정부와 군이 이러한 고려를 했을 것이라고 기대하긴 매우 어렵다.

근본적인 차원에서 보면 한국이 부지불식 중에 개입하게 된 쿠르드 문제는 팔레스타인 문제에 비견될 수 있을 정도로 중요한 역사적 함의와 오리엔트 지역 전체와 연관된 비중 있는 문제이다. 이라크의 쿠르드 문제는 이라크뿐 아니라 쿠르드족이 거주하는 주변국 세 나라(터키, 이란, 시리아)와 연관된 것이며 더 나아가 코소보, 마케도니아, 세르비아, 몬테네그로의 무슬림 집단의 분리 독립문제와 밀접히 연관되어 있다. 쿠르드 문제에는 중동문제와 발칸문제가

---

7) 이영순, "파병은 민주주의를 어떻게 후퇴시켰는가", 《프레시안》 2007년 11월 8일자; 이라크파병반대 비상국민행동 정책사업단, 『이라크 점령 및 자이툰 부대 파병의 실태와 이라크 철수의 근거』, 2006. 11. 20.

함께 작용하고 있는 것이다. 이러한 점들을 고려해볼 때 이라크에서 한국은 석유나 건설과 같은 경제적 가능성 앞에 있기보다는 중동에서 발칸으로 이어지는 민족주의의 광풍의 한가운데 위치하고 있는 것이다.

이와 함께 우리도 이제 다른 참전국들처럼 군사개입 실패가 한국에 미칠 파급효과를 따져보아야 한다. 이라크 개입의 실패는 이미 기정사실화되었으며 아프가니스탄의 경우에도 나토 중심의 다국적군 병력이 2003년 5천에서 2007년 4만 정도로 크게 늘어났음에도 도리어 개전 초기에는 생각지도 못했던 군사개입의 실패의 가능성이 공공연하게 거론되고 있다. 그런데 이러한 국제사회 개입의 실패는 이라크나 아프가니스탄, 레바논의 미래에만 관련된 것이 아니다. 이와 함께 아프가니스탄, 파키스탄, 이라크, 레바논, 이란, 특히 이라크의 수니파 아랍인, 레바논의 헤즈볼라와 시아파, 아프가니스탄의 탈레반, 알 카에다 등과 참전국들 사이의 적대관계의 형성과 참전국에서의 테러 가능성의 증대를 의미하는 것이다. 이러한 우려 속에서 유럽, 일본 등 참전국들에서 자국 병력의 철수가 논의되고 연합국 진영의 균열이 일어나고 있다.

3. 지역분쟁에 대한 국제사회 개입의 의미

현재 세계 여러 지역에서 전개되고 있는 '지역분쟁'의 대부분은 1970-80년대에 탈냉전 및 세계화와 연관되어 등장하였다. 지역분쟁은 사회주의권 붕괴에 기여하였거나(아프가니스탄 내전, 아르메니아-아제르바이젠 전쟁) 사회주의권 붕괴의 부산물이었다(유고내전, 카프카즈 분쟁). 그리고 많은 경우 신자유주의 세계화가 초래한 경제위기와 빈곤화가 잠재되어 있던 갈등을 전쟁의 양상으로 분출하게 하는 기폭제의 역할을 하였다. 팔레스타인, 레바논, 중앙아프리카 등 세계화에서 배제된 지역의 경우에는 경제적 세계화와의 직접적인 연관성보다는 제국주의 지배의 유산이 크게 작용하였다. 또한 각 분쟁의 고유한 특성에도 불구하고 지역분쟁은 공히 근본적인 문제해결의 진전이 없이 지속되고 있으며 '국제사회'의 개입이 이러한 악순환에 크게 기여하였다.

9.11테러 이후 지역분쟁의 새로운 측면 중 하나는 바로 이전까지 은폐되어 있었던 외세 개입의 본질이 적나라하게 드러났다는 점이다. 우선 이제 누구나 알고 있듯이 전쟁은 미국 등 제국주의 세력의 자원과 시장 확보를 위한 발판이다. 또한 9.11테러 이후 외세의 개입은 이미 전개되고 있는 종족분쟁을 이용해 자신들의 이득을 취하는 수동적인 개입을 넘어서 전쟁을 도발함으로써 종족 간, 종파 간, 사회집단 간 갈등을 유발시킴으로써 이득을 취하는 능동적인 개입의 형태를 띠기도 한다. 최근 쿠르드 분쟁의 부활은 종족 간 대립을 이용한, 즉 시아파와 쿠르드족의 포섭을 통한 미국의 이라크 점령정책의 직접적인 산물이다. 팔레스타인에서의 하마스와 파다간 분쟁도 하마스의 선거 승리를 응징하는 차원에서 이루어진 국제사회의 팔레스타인 제재가 초래한 어려운 사회상황과 사회분열의 산물로 볼 수 있다. 이는 1988년 알제리의 구국이슬람전선(FIS)의 선거 승리 이후 프랑스 등 국제사회의 지원 아래 이루어진 선거무효화를 연상시킨다. 알제리의 경우 이 국제사회의 개입으로 군과 이슬람 세력 간에 10년이 넘는 내전이 지속되었다.

니콜라스 타바글리오네(N. Tavaglione)에 따르면 일반적으로 인간은 어떠한 인명 살상도 거부하는 평화주의와 자국의 정당한 전쟁에 참여해야 한다는 논리 간의 해결하기 어려운 갈등에 직면하게 된다. 그리고 그는 이러한 갈등을 완화하는 평화주의 방안으로 소위 '정당한 전쟁'(just war)이 사라지는 국제질서의 창출과 징병제의 거부를 제시한다.[8] 그런데 좀 더 정확하게 얘기하자면 탈냉전 이후 그 어느 곳에서도 '정당한' 전쟁은 없었다. 강대국들이 군사개입의 근거의 하나로

---

8) Nicolas Tavaglione, "Le pacifisme subtil", Raisons politiques 2005-3(n°.19): pp.173-192.

제시했던 종족갈등과 인종청소는 상당부분 그들의 개입 이후에 본격화되었다. 최근의 이라크, 레바논, 아프가니스탄뿐 아니라 가장 정당한 전쟁으로 여겨졌던 1990년대 유고분쟁 역시 그러했다. 세르비아 지도자들로 하여금 코소보인들을 고향에서 몰아내도록 만든 것은 역설적으로 인종청소를 막는다는 명분으로 이루어진 나토의 공습이었다. 실상을 보면 나토가 전쟁에 착수하자 이전과는 달리 수십만 명의 알바니아인이 자기 고향에서 축출되었던 것이다.[9]

지역분쟁에 대한 외부세계의 대응은 무엇보다도 해당 분쟁의 본질에 초점을 두어야 한다. 이것은 대부분의 분쟁이 별 진전 없이 장기간 지속되고 있는 것은 각 분쟁의 핵심 사안들이 적극적으로 다루어지지 않기 때문이다. 팔레스타인 문제의 해결은 점령지로부터의 철수, 팔레스타인 독립국가의 건설, 동예루살렘의 지위문제, 난민문제라는 구체적 사안의 진전에 달려 있으며, 중동분쟁에서는 석유 등 자원에 대한 주권확보와 비핵화를 포함한 평화정착의 문제, 중동 국가들 내부의 경제협력이 주요 과제이다. 아프가니스탄과 이라크의 경우에는 전쟁으로 파괴된 경제와 사회적 서비스의 재건과 종족 간 화합이 관건이다. 그러나 그간 국제사회의 개입은 이러한 문제들에 대한 논의를 진전시키기보다는 전쟁과 사회 분열을 통해 이를 극력 저지하였다. 게다가 각 분쟁의 고유한 쟁점에 대한 논의는 전쟁과 인도주의라는 두 가지 해법에 의해 은폐되고 있었다. 지역분쟁의 해법을 논의할 때 우리는 다음과 같은 두 가지 대답만을 생각하게 된다. "즉시 인도주의적 행동에 착수하라" 또는 "즉시 전쟁에 돌입하라".[10] 우리 역시 인도주의의 이름으로 전쟁과 군사적 개입에 대해 비판한다. 그러나 이 두 가지 대안은 동전의 양면이며 이 둘의 결합은 분쟁에 대한 다른 논의, 좀 더 근본적인 논의를 비현실적인 것으로, 비겁한 것으로 만든다.

---

9) 타리크 알리 외, 2000, 『전쟁이 끝난 후』, 이후: p.15.
10) 로베르 레데케르, 2000, "정치를 대신한 자리: 인도주의와 전쟁", 타리크 알리 외, op.cit. p.27.

4. 지역분쟁에서 한국의 특수한 위치

항상 그래 왔듯이 필요한 것은 군사력 투입이 아니라 해당 분쟁의 고유한 과제들에 초점을 두는 장기적인 전략에 대한 논의의 활성화이며 파병에 집중되어 있는 분쟁지역에 관한 사회논의의 구조변화이다.11) 특히 미국 행정부의 의도 파악에 집중하기보다 객관적인 결과, 장기적인 경향에 초점을 둔 접근방법이 필요하며 이는 심층 정보 차원에서 열악한 조건에 있는 우리에게 적절한 방법론이기도 하다. 게다가 우리의 경우처럼 지리적으로 떨어져 있고 이해관계가 적은 국가의 경우 분쟁에 대한 냉정한 논의가 가능하며 반전입장을 표명하기도 상대적으로 용이하다.

중동과 아프가니스탄에서 우리는 완전한 이방인이다. 2006년 이라크에 주둔한 다국적군은 미, 영, 한국을 제외하면 13개국 3,700명 정도에 불과했다.12) 이 중 미국은 전쟁을 일으킨 주역이고 영국은 팔레스타인, 이라크의 지배자였으며 오랜 식민지였던 인도의 접경지대에 있는 아프가니스탄과도 제2차 세계대전 이전까지 밀접한 연관을 맺어온 나라이다. 1950년대 미국과 소련의 양극 구도가 형성되기 이전까지만 해도 중동과 중앙아시아에 이르는 최근의 분쟁지역의 제1의 주주는 영국이었다. 이러한 역사적 맥락을 고려할 때 이 세 나라 중 한국군만이 해당지역과 어떠한 의미 있는 역사적 연관성을 갖지 않은 '순수한' 용병이라고 볼 수 있다. 물론 대가를 받지 않지만 말이다. 이러한 점은 현 세계의 분쟁과 한국사회가 맺고 있는 매우 독특한 관계를 잘 보여준다.

그러나 다른 측면에서 보면 아프가니스탄, 이라크 등지에서 수행하고 있는 미국의 대테러전쟁은 한반도의 갈등과 밀접한 연관성이 있기도 하다. 예를 들어

---

11) Tisdall, op.cit.
12) 《한겨레신문》, 2005년 10월 27일자.

제2차 이라크전 당시 전쟁반대론의 주장 중 하나는 "이라크에 집중하는 것이 핵무기 보유 가능성이 더 크고 더 강한 군대와 더 범죄적인 지도자를 가진 북한의 위험을 방기하는 것이다", "미국은 후세인이 아니라 김정일에 집중해야 한다는 것이었다".[13] 바로 이러한 측면에서 중동 지역에 대한 논의, 전쟁에 대한 논의를 한반도문제와 결부시켜 그리고 한반도의 문제를 지역분쟁의 한 부분으로 바라보는 시각이 요구된다. 이는 다른 지역에의 참전이 한반도의 전쟁가능성을 낮춘다는 식의 단편적인 논의를 극복하는 것이기도 하다.

---

13) Perry Anderson, "La casuistique de la guerre et de la paix", *Movements* no.27/28 mai-juin-juillet-août 2003.

이슬람에 대한 재인식과 새로운 중동정책

이희수 (한양대학교 문화인류학과 교수, hslee@hanyang.ac.kr)

1. 중동-이슬람권의 중요성과 한국과의 관계

1) 지구촌 최대 단일 문화권

이슬람 세계는 현재 인구 14억에 57개 유엔회원국을 거느린 지구촌 4분의 1에 육박하는 세계최대 단일 문화권이다. 그중 중동-아랍권은 약 3억 인구에 22개국으로 구성되어 있다. 이곳은 유럽-아시아-아프리카 세 대륙을 잇는 지리적 요충지일 뿐만 아니라, 카스피해, 흑해, 홍해, 에게해, 지중해를 끼고 있으며, 인류 문명의 4대 발상지 중 3개권(이집트, 메소포타미아, 인더스), 3대 일신교(유대교, 기독교, 이슬람교)의 요람이다. 또한 5천 년의 기나긴 인류 역사에서 최근 200년의 유럽중심의 역사를 제외한 4천 8백년 가까이 인류문명을 주도해 온 역사의 주역들이고 인류문명에 대한 공헌과 영향이 지대하다. 최근에는 2001년 9.11테러와 2003년 이라크 전쟁, 2004년 김선일 씨 피살사건과 한국군의 이라크와 레바논 파병, 아프가니스탄에서의 탈레반 인질사태 등으로 어느 때보다 많은 관심을 불러일으키고 있는 문화권역이다.

2) 우리와의 관계

인류와 함께한 오랜 역사와 뿌리 깊은 문화적 바탕에도 불구하고 중동에 대한 우리의 관심은 온통 석유와 상품시장이라는 두 개의 경제적 축에 많은 부분 집중되어 있다. 그나마 분쟁과 전쟁의 연속선상에서 반문명, 전근대, 과격, 호전적이라는 문화적 코드 때문에 제대로 그 문화권을 읽어내지 못하고 있다.

❖ 경제적-에너지 자원의 운명적 파트너

한-중동 간의 경제적 이해관계는 매우 중요하다. 특히 중동은 1970년대 오일쇼크와 건설 붐을 계기로 우리와 불가분의 관계를 맺었다. 그 후 20여 년간 연인원 100만 명이 넘는 우리 건설 노동자들이 중동에서 외화를 벌어들였고, 1978년을 기점으로 100억 불 수출과 1인당 국민소득 1,000불 시대를 여는데도 중동특수가 중요한 몫을 차지했다. 1990년대 중반 이후 우리의 소득이 증대되고 건설시장으로서의 매력을 상실한 후에는 플랜트, 전자, 통신, 자동차 등 좀 더 기술집약적인 고부가시장으로 그 성격이 바뀌었다.

나아가 중동은 21세기의 미래전략의 중심인 에너지 자원 확보를 위한 전략적 파트너이다. 실제로 한국의 원유 도입의 70% 이상이 아랍권에서 이루어지고 있으며, 천연가스까지 포함한다면 한국은 에너지 자원의 90% 이상을 이슬람 세계에 의존하고 있다. 뿐만 아니라 중동은 실질적 경제이익의 창출 지역으로서 한국은 이 지역에서 부동의 해외 건설-플랜트 수주 1위를 차지하고 있으며, 2007년 9월 말 현재까지도 전체 해외수주액 205억 불 중에서 중동이 차지하는 비중은 164억 불로서 80% 이상을 차지하고 있다. 또한 가전제품을 중심으로 한국 상품의 수출시장으로서의 가치도 날로 증대되고 있다. 중동 대부분의 국가에서 한국 가전제품이 일본제품을 누르고 시장 점유율 1위를 기록하고 있으며, 국가에 따라서 차이가 있지만 한국 가전제품이 60% 이상의 시장 점유율을 보이고 있다.

✥ 문화-역사적 선린관계와 한국문화에 대한 두터운 인프라의 형성

중동 대부분의 국가에서 한류열풍이 몰아치면서 한국에 대한 관심과 사랑이 더욱 확산되고 있다. 〈겨울연가〉, 〈대장금〉 같은 한국 드라마가 인기몰이를 하고 있으며 KOREA에 대한 브랜드 선호도는 최고조에 달하고 있다. 더욱이 최근 들어 괄목할 만한 연구 성과를 토대로 새롭게 확인된 흥미로운 사실은 우리와 중동이 이미 1200여 년 전인 통일신라시대부터 긴밀한 문화교류가 있었고 우리 문화의 형성과 발전에 중동-이슬람문화의 영향이 적지 않았다는 점이다.

이 같은 사실은 향후 우리와 중동-이슬람권 간의 문화교류를 위한 중요한 모티브를 제공해 줄 수 있다는 점에서 시사하는 바가 매우 크다. 즉 1970년대 이후 석유 위기와 건설 경기로 맺어진 관계뿐만 아니라, 1200년의 오랜 교류 역사를 가진 문화적 파트너이며 역사적으로 단 한 번도 우리 민족과 불편한 관계를 가진 적이 없는 응어리 제로 지역이라는 것이다. 이처럼 중동은 서구나 미국과는 달리 한국문화의 긍정적 인프라가 깊숙이 각인되어 있는 지역이다.

무엇보다 한국 사람들에 대한 중동-아랍사람들의 인식은 성실, 근면이다. 1970-80년대 20여 년간 눈앞에서 목격한 우리 건설 노동자들의 24시간 3교대 근무와 성실, 근면을 그들은 생생하게 기억하고 있다. 그리고 전통과 가치를 버리지 않으면서도 첨단기술 개발과 경제성장에 성공한 KOREA를 신화처럼 부러워한다. 이런 문화적 인프라가 수주 1위, 상품구매, 문화 열풍으로 이어지고 있다.

2. 왜곡과 편견의 대상으로서 중동

1) 중동문화에 대한 인식과 철학의 문제

문화교류를 상호 문화이해와 문화의 다원화의 측면보다는 경제적, 정치적 친밀도, 나아가 해당 국가나 문화권의 GDP 혹은 소득수준 등에 따라 차등화하는 가장 비문화적인 정책은 근본적으로 바뀌어야 한다. 지금까지 소위 선진국 중심으로 문화교류 사업이 편중되어 왔다. 물론 상호이해와 교류에서 경제적, 정치적 중요성이라는 현실성이 무시되어도 좋다는 의미는 아니다. 글로벌 시대의 국제시민으로서 그 위상과 책임에 걸맞은 문화적 투자와 지원을 제3세계에 좀 더 많이 배려할 줄 아는 장기적인 정책이 필요하다는 뜻이다.

　　미국과 일본의 중동-아랍권 연구는 국가전략 차원에서 진행되고 있으며, 이 대학들의 중동-이슬람학 관련학과 수, 연구비, 연구인력 등은 한국과 비교되지 않는 수준에 있다. 반면 아랍-이슬람 문화권에 대한 한국의 전문가 풀이나 지적 축적은 OECD 국가들 중 최하위이며, 세계 10위권의 경제규모, 국제사회의 책임 있는 국가로서의 위상에 전혀 걸맞지 않는 수준에 머물러 있다. 한국은 정부와 지역전문가 사이의 유기적인 정보공유나 정보의 유용성 제고를 위한 체계적인 네트워크나 기구가 잘 가동되지 못하고 있으며, 지역분쟁이나 위기상황에서 민간전문가를 활용하는 방식도 매우 초보적이고 서툴다. 또한 정보의 취득이나 분석의 유용성 수준, 비정부 간 인적 네트워크 활용방안 등이 매우 열악한 상황이다.

2) 아랍인의 상반된 한국 이미지

일반적으로 한국에 대한 중동-아랍인들의 이미지는 몇 가지 상반된 모습으로 각인되어 있다. 첫째는 1970-80년대 한국이 중동에 심어놓은 근면성과 상징적 사회간접시설을 통해 한국을 떠올린다. 이들은 한국기업이 건설한 고층 빌딩이나 정유시설, 대학 건물 등을 보면서, 고속도로를 달리면서 자신들의 삶의 터전을 마련해 준 나라로서 한국을 생각한다.

둘째는 경제 발전의 모델로서의 한국이다. 더 나아가 자신의 고유한 전통문화와 민족 정체성을 잘 보존하면서 첨단의 기술과 과학을 접목하는 데 성공한 한국을 부러워하고 찬사를 보낸다.

셋째는 일상생활 속의 한국이다. 한국산 TV, 냉장고, 텔레비전, 에어컨, 위성 셋업박스 등 각종 가전제품과 휴대폰, 자동차 등을 통해 그들의 삶 속에 깊숙이 들어와 있는 한국을 인식한다.

넷째는 아랍민족들의 공통적인 정치의식으로서 팔레스타인 문제에 대한 한국의 지나친 친미적, 친이스라엘적인 이미지다. 한국과 중동의 특별한 관계와 경제적 파트너십에도 불구하고 그들의 자존심과 생존이 걸린 팔레스타인 문제와 중동분쟁(이라크 전쟁, 레바논 사태, 아프가니스탄 전쟁 등)에 대한 한국 정부의 어정쩡한 태도와 친미적 정책은 강경 아랍세계 민중들 사이에서 한국이 미국의 가장 충실한 협조자 내지는 대리인이라는 생각을 싹트게 했고, 온건 대중들 사이에서도 부정적 이미지를 갖게 하고 있다.

3. 한국군 파병과 중동과의 상관관계

아프가니스탄 파병과 레바논 파병의 문제점들도 대동소이하겠지만, 자이툰 파병을 하나의 예로 들어 중동과 한국과의 관계, 한·미관계, 한국군 내부 문제 등에 대한 긍정적인 면, 부정적인 면을 살펴보자.

1) 긍정적 논리

경제규모 세계 10위권이고 OECD의 비중 있는 국가이자 유엔사무총장을 배출한 국제사회의 책임 있는 일원으로서 국제평화와 분쟁해결에 적극적으로 동참한다는 점이다. 이는 에너지 자원 확보와 전후복구 등 경제적 이익을 확보하는데 유리할 수 있다. 무엇보다 한미동맹의 중요성을 재확인하는 한편 6·25 때 국제사회로부터 받은 군사적, 경제적 지원에 대해 보답을 한다는 의미가 있다. 이라크 현지민들의 자이툰 부대의 활동에 대한 환영과 협조도 긍정적인 부분이다.

2) 부수적 논리

베트남 전 이후 경험이 일천한 한국군에게 전쟁지역에서 종합적인 작전 능력을 배양할 수 있는 기회이며, 전투지역 근무를 통해 군 경력을 향상시킬 수 있다는 군사적 논리가 있을 수 있다.

3) 부정적 논리

현재 영토상으로는 이라크이지만 실질적으로는 자치독립을 노리는 지역이자 이라크인들이 싫어하고 이라크 아랍인들과 적대-반목-갈등 관계에 있는 쿠르드 지역에 파병한 점이다. 이라크의 평화재건과 전후복구를 전제로 국회동의를 얻고 파병했지만, 쿠르드 지역의 아르빌은 이라크 전쟁으로 인한 피해가 없는 지역으로 전후복구 지역으로는 부적절하다. 많은 이라크인은 왜 한국군이 고통받고 있고 실질적인 도움을 필요로 하는 이라크 전쟁 피해지역에 오지 않고 쿠르드 지역에서 작전을 펼치고 주민 봉사활동을 하는지 이해하지 못하고 있다.
　나아가 미국의 협력으로 쿠르드 자치와 독립을 확보하려는 일부 쿠르드 주민들을 제외하고는 절대다수 이라크인들이 미국과 한국군이 이라크 평화재건에 걸림돌이 되고 있다고 생각한다. 미군을 비롯한 점령군이 이라크를 떠나는 날 비로소 이라크인들은 이라크의 진정한 평화와 민주주의가 본격적으로 시작될 수 있다고 믿고 있다. 그 누구도 미군과 자이툰 부대를 해방군으로 보지

이라크 평화재건 사단 (2006.3. 12. 국정브리핑)

않고 점령군으로 보고 있다는 점을 유념해야 한다. 더욱이 미군과 함께 동맹의 형태로 이라크에 장기 주둔하는 것은 중동의 친한적 분위기와 한국이 쌓아놓은 시장, 문화적 인프라에 심대한 타격이 될 수 있다.

이라크 국민들과 쿠르드 주민들은 다르다. 이라크 절대다수 국민들은 아랍인으로서 아랍어를 모국어로 쓰고 있다. 쿠르드 주민들이 자이툰 부대의 활동을 환영하고 있다고 하는데 어떤 주민들이 자신들을 도와주고 먹을 것과 의료를 지원해 주는 사람들을 배척하겠는가? 혜택을 받는 자이툰 부대 주변의 일부 아르빌 주민들의 환영과 감사함은 지극히 당연하다. 그러나 그들이 이라크 국민들을 대변하는가? 일부 쿠르드 주민들의 환영 뒤에는 자이툰의 도움을 받지 못하고 고통 속에 일상을 영위하는 95% 이상의 절대다수 이라크 국민들의 좌절감과 서운함, 배신감이 있다는 것을 고려해야 한다.

더욱이 이라크 국민들 뒤에는 그들과 문화적으로나 종교, 종족적으로 연대하는 22개국의 3억 가까운 아랍국가들과 아랍국민들이 있다는 사실을 고려해 보아야 한다. 그들이야말로 우리의 진정한 파트너이고 미래협력의 실질적인 동반자들이 아닌가.

뿐만 아니라 자이툰 부대는 현지 지역사정에 대한 이해나 미래 이익구축을 위한 정교한 마스터플랜 없이 주둔해왔다. 초기에 쿠르드어 통역도 없이 그곳에

아랍어 통역을 보냈던 미숙함이 이를 말해준다. 유전지대인 쿠르드 지역에 대한 체계적이고 정밀한 조사도 뒤따르지 않았다. 그리고 세계적인 아시리아 문화의 보고로서 아르빌 일대에 대한 역사나 문화유산에 대한 관심과 연구, 장교들에 대한 중요 문화재 보호와 문화유산 교육도 찾아볼 수 없었다. 구체적인 비전이나 전략적 마인드 없이 국제공조와 군대훈련이라는 명분만을 강조하는 것이 과연 국익에 어떤 도움이 될 수 있을까.

4. 진정으로 평화에 기여하는 정책

한국은 분단의 고통을 현재진행형으로 겪고 있고 처절한 전쟁을 경험한 국가로서 어떤 나라보다 평화의 목소리를 크게 낼 수 있고 국제사회의 이해를 구할 수 있는 유리한 입지에 있다. 한·미관계를 현상유지 내지는 건설적인 방향으로 이끌면서도 분쟁지역이나 우리와 이해관계가 걸린 지역에서는 우리만의 독특한 평화적 접근 방식을 만들어 낼 필요가 있다. 모든 분쟁지역에서 한국은 중재자 역할을 하고 이러한 이미지를 국제적인 브랜드로 만드는 것이다. 참혹한 전쟁의 피해자로 국제사회가 인식하고 있는 한국의 평화 이니셔티브는 어떤 나라보다 설득력을 갖는다. 이를 위해서 군대파병은 지양하고 중재자로서의 외교력을 키우며, 어려울 때 혜택받은 나라로서 어려운 국제사회를 돕는 일에 적극적으로 기여해야 한다.

　미국과 이스라엘의 입장에서 정책을 펴는 것이 아니라 양쪽의 극한적인 대립을 완화할 수 있는 입장을 취해야 한다. 그것은 대한민국만이 할 수 있다. 중동에 적대적인 이해당사자의 축으로 한국은 미국을 도와 이슬람권과 극단적인 대결을 펼치고 있지만 이슬람권과 한국은 지구상의 누구보다도 우호적이고 좋은 관계를 구축해 놓았다. 다시 말해 한국은 어떤 나라들보다 한·미관계의 역사에서 축적된 많은 경험이 있고, 또 중동은 지구상의 어느 나라보다 한국에 대해 좋은 이미지를 갖고 있고 신뢰도도 높다. 이러한 좋은 입지를 활용하지 못한다는 것은 국가적 손실이다.

한국의 이러한 역할수행을 위해서 문화교류를 통한 평화정착과 중동에 대한 진정한 이해가 필수적이다. 이를 위해 이슬람문화에 대한 정확한 이해와 연구를 바탕으로 한 문화전략을 수립하고 한국문화의 홍보와 수요창출을 위해 지속적으로 프로그램을 개발해야 한다. 또 한국에 우호적인 인사의 체계적인 양성과 미래지도자 육성 및 지원 프로그램도 고려해 볼 필요가 있다.

중동 지역의 친한국화를 위한 문화전략사업을 좀 더 구체적으로 제시한다면 아랍어-터키어-이란어-히브리어로 된 한국문화 사이트를 개설하고 아랍어로 한국학 관련 책자를 발간하는 것을 검토해볼 수 있다. 이집트-터키-이란 등 최소 3개국에 KOREA센터를 건립하고 한국문화 전공자 및 현지 소장그룹을 발굴, 지원하며, 명망 있는 종교지도자를 초청하여 대중들의 문화인식의 지평을 넓히는 시도를 해봄직하다. 또한 중동-이슬람 인류유산에 대한 고고학적 조사와 발굴, 복원 사업 참여, 이라크에 있는 이슬람 유적지 파괴 현황 조사와 복원사업 지원, 중동에 대한 교과서 왜곡을 수정하는 작업, 중동 지역의 한국학 자료를 발굴 및 수집하는 사업들을 검토할 수 있을 것이다.

정부차원의 대책을 구체적으로 제시하면 국책 혹은 반관반민 형태의 중동-이슬람 문화연구원을 설립하는 것이다. 장기적으로 중동과 이슬람 세계를 연구하는 전문가를 양성하고, 체계적인 데이터베이스 거점센터를 설립, 중동-이슬람에 관한 최고수준의 전문연구기관을 육성하는 것이다. 또한 청와대 안보수석실에 아랍-이슬람권 전담 대사직이나 전담 외교-문화 보좌관을 신설할 필요가 있다. 대 중동-이슬람권 외교다변화와 상시적인 인적 네트워킹 구축, 전략수립, 위기관리를 위한 방안으로 대통령 직속의 전담 대사직이나 전문 보좌관 제도를 운영하는 것이다. 그리고 정부-기업-민간전문가 간의 위기관리 시스템을 구축해야 한다.

또한 중동 전문 외교관을 양성하고 그들에게 평생 동안 사명감을 갖고 업무를 수행하게끔 외교인사 시스템도 바꾸어 이들이 그 지역의 대사까지를 책임지도록 해야 한다. 이외에도 중동-이슬람권에서의 분쟁이나 납치 같은 위기상황에 대처하기 위해 각계의 전문가를 총망라한 위기관리팀을 구성하여, 종합적이고 정확한 대책을 강구하고 조율해나가는 제도를 구축할 필요가 있다.

5. 결론

중동-이슬람권은 한국에게 필수불가결한 미래의 전략적 파트너다. 동시에 중동-이슬람권도 한국을 강하게 필요로 한다. 전통과 현대의 조화를 통해 기술 첨단화와 경제성장에 성공한 한국의 모델은 많은 이슬람권에서 종교적 가치와 서구식 첨단사회와의 공존과 협력이 가능하다는 확신을 심어주고 있기 때문이다. 이러한 문화적 토양에서 대한민국은 파병이 아닌 진정한 평화의 사도로서의 이미지를 새롭게 만들어야 한다. 중동은 에너지, 건설, 플랜트, 가전시장에 이어 문화산업의 파트너로서 우리를 부르고 있다.

우리가 벌어먹는 만큼 이슬람문화나 아랍인들의 정서를 이해하기 위한 체계적인 연구사업과 R&D 투자에 인색하지 말아야 한다. 지금 우리가 방향을 바꿔 평화적인 문화투자에 나선다면 그것은 엄청난 파급효과를 내며 우리의 미래세대에게 되돌려질 것이다. 1200년의 역사적 교류와 접촉이 말해주듯이 말이다.

제4장
한미동맹 재편과 국방개혁

한반도 군사화와 안보딜레마: 노무현 정부 임기를 중심으로

정욱식 (평화네트워크 대표, peace@peacekorea.org)

1. 들어가며

남북관계와 한반도 평화프로세스의 새로운 장을 열었다는 평가를 받아온 6.15 공동선언이 채택된 지 7년여가 지났다. 2000년 남북정상회담 때 채택된 6.15 공동선언은 ①통일문제의 자주적 해결 ②남측의 연합제와 북측의 낮은 단계 연방제의 공통점 지향 ③이산가족 등 인도적 문제의 조속한 해결 ④경제협력 활성화를 통한 민족경제공동체의 건설 ⑤합의사항 이행을 위한 회담 개최 등 5개 항과 김정일 위원장의 답방 약속으로 구성되었다. 이후 김정일 위원장의 답방 약속은 지켜지지 않고 있지만, 3대 경협사업을 비롯한 남북경협의 확대·발전, 이산가족 상봉, 장관급 회담을 비롯한 남북대화의 활성화, 민간교류 사업의 확대 등으로 이어지면서 "한반도식 통일은 현재진행형"이라는 낙관적인 분석까지 낳고 있다.[1]

그러나 지난 7년 동안 한반도 평화프로세스는 결코 안정적으로 전개되지 않았다. 물론 2001년 1월 대북 강경 성향의 부시 행정부가 등장하고, 2002년 10월 북미 간의 충돌로 2차 핵위기가 발생한 것이 한반도 평화프로세스를 위태롭게 한 가장 큰 요인이었다. 또한 최근 한반도 평화프로세스가 탄력을 받고 있는 가장 큰 이유도 2006년 말부터 부시 행정부가 북한과의 협상 노선을 선택하고 북한이 이에 호응하면서 북미 간의 신뢰가 구축되고 있는데 있다.

그러나 한반도 평화문제를 북미관계로 환원하는 것은 곤란하다. 북미관계가 가장 중요한 요소인 것만은 틀림없지만, 한반도의 군사적 긴장과 대립관계는 남북관계 수준 및 남북한의 내부적 요인 역시 크게 작용해왔기 때문이다. 이는 비단 6.15 공동선언 이전의 일만은 아니다. 6.15 공동선언 이후에도 다른 분야에 비해 군사문제 해결의 수준은 대단히 미약했을 뿐만 아니라, 군비경쟁도 지속되어 왔기 때문이다.

이러한 맥락에서 볼 때, 6.15 공동선언 직후 남북관계는 시사하는 바가 크다. 주지하다시피, 6.15 공동선언에는 군사문제 해결을 위한 구체적인 합의가 포함되지 못했다. 이는 당시 '분단 이후 첫 정상회담'이 상징하듯 남북관계의 수준이 군사문제 해결을 도모할 수준까지 다다르지 못했고, 북한이 군사문제의 핵심적인 당사자로 미국을 삼고 있었으며, 남한의 김대중 정부는 '튼튼한 안보'를, 북한의 김정일 정권은 '선군정치'를 표방하고 있었기 때문에 남북한 내부적으로도 군사문제를 본격적으로 논의할 수 있는 준비가 되어 있지 않았다는 점에서 그 이유를 찾을 수 있다. 또한 김대중 정부의 대북정책이 이른바 선이후난(先易後難), 즉 경제협력과 민간교류 등 쉬운 문제부터 풀면서 정치군사 문제와 같은 어려운 문제의 해결을 도모한다는 기능주의적 발상에 기초하고 있었던 것도 큰 이유이다.

그러나 6.15 공동선언은 곧 군사문제로 '역풍'을 맞게 되었다. 즉 기능주의적

---

1) 백낙청, 『한반도식 통일, 현재진행형』(서울: 창비, 2006).

접근법이 초기부터 한계에 부딪치게 된 것이다. 남북한은 6.15 공동선언의 정신을 살리고 한반도 긴장완화와 평화구축을 논의하기 위해 2000년 9월 말 제주도에서 분단 이후 최초로 국방장관회담을 열었다. 이 회담에서는 ▲민간교류협력에 필요한 군사적 문제 해결 협력 ▲군사적 긴장완화와 전쟁 위험을 제거하기 위한 공동 노력 ▲철도·도로 연결 사업에 필요한 군사적 문제 해결 노력 ▲2000년 11월 중순 북측에서 2차 국방장관 회담 개최 등에 합의했다.

그러나 국방장관회담 직후 남북한은 군사문제로 정면으로 충돌하게 되었다. 회담 직후 남측에서는 차기방공망(SAM-X), 차기전투기(F-X), 공격용헬기도입(AH-X), 차기구축함(KDX-Ⅲ) 등 4대 전력증강사업이 포함된 국방중기계획을 발표했다. 그러자 북한은 "대화의 막 뒤에서 감행되는 남조선 당국의 열기 띤 군비확장과 무력증강 책동은 그들에게 공동선언을 이행할 의사가 없고 단지 외세와 야합하여 대화 상대방인 우리를 해쳐보려는 범죄적 기도밖에 없다는 증거로 된다"며 강력하게 반발하고 나섰다.

더욱 상황을 악화시킨 것은 이른바 '북한 주적론'이다. 남측 국방부는 2000년 『국방백서』에서 북한을 계속 주적이라고 표현했다. 그러자 북한은 12월 10일 조국평화통일위원회(조평통) 대변인을 통해 남한 당국이 북한을 겨냥한 '주적론'을 철회하지 않는 한 남북 합의사항들이 "제대로 진척될 수 없다"고 경고하고 나섰다. 이에 따라 2차 국방장관회담을 비롯한 군사회담은 표류하기 시작했다. 그리고 미국에서 대북 강경 성향의 부시 행정부가 등장하면서 군사문제의 해결은 더욱 요원해지는 상황에 직면하게 되었다. 남북한이 군사문제를 풀고자 하는 의지를 보여주지 못함으로써 남북관계가 후퇴한 사례라고 할 수 있다.

이 글의 목적은 "한반도 역사의 새로운 장을 열었다"는 6.15 공동선언 이후부터 2007년까지 한반도의 군사화와 안보딜레마가 어떤 양태로 진행되어왔고, 그 이유가 어디에 있는지를 분석하는 데 있다. 그러나 이 글에서는 이 기간동안 한반도 평화의 가장 큰 이슈였던 핵문제는 다루지 않기로 한다. 이는 한편으로는 핵문제가 가려져 잘 보이지 않았던 비핵(非核) 군사화의 양태를 드러낸다는 의의와 함께, 가장 중요한 요소를 제외하는데 따른 분석의 한계를 동시에 내포하고 있다는 것을 의미한다.

2. 군사화와 안보딜레마

1) 개념과 유형

군사화(militarization)는 사회가 폭력의 생산을 위한 행위들을 구성하는 과정을 의미한다.[2] 국가 수준에서는 무기와 장비 그리고 병력과 같은 군사력을 증강하는 행위, 군사적 준비태세 강화 및 군사 훈련의 실시, 군사동맹의 형성 및 강화 등을 통해 나타난다. 반면 안보딜레마(security dilemma)는 자신의 안전을 증진시키기 위해 취한 조치가 상대방의 반작용을 야기해 자신의 안보를 오히려 위태롭게 하는 상황을 의미한다. 이에 따라 군사화와 안보딜레마는 밀접한 연관을 갖는다. 군사화가 반드시 안보딜레마를 야기하지 않는다 하더라도, 군사화의 수준 및 방식 그리고 대상과 시점에 따라 안보딜레마가 흔히 나타나기 때문이다. 특히 국가 간, 혹은 진영 간의 적대감과 불신이 클수록 한 당사자의 군사화는 상대방의 반작용을 야기하면서 안보딜레마를 심화시키는 경우가 많다.

    이러한 맥락에서 볼 때, 안보딜레마는 군비경쟁과 밀접한 연관을 갖는다. 흔히 군비경쟁은 적대감과 상호 작용이 있는 국가 간에 나타나는데, 이는 상대방의 군비증강에 불안을 느낀 국가가 이에 대응해 군비증강을 하는 상호 작용(action-reaction)이 반복되는 상황을 의미한다.[3] 안보딜레마 역시 국가 간의 적대감과

---

[2] Free encyclopedia에서 인용.

상호 작용이 있는 국가, 혹은 국가군 사이에서 나타나는 것이 일반적이다. 적대감이 없다면 상대방의 군비증강에 불안을 느낄 필요가 없을 수 있고, 또한 상호작용이 없다면 안보딜레마 역시 형성되지 않기 때문이다. 이에 따라 안보딜레마는 개념적으로 군비경쟁과 대단히 흡사하다. 다만, 군비경쟁은 군비증강이라는 국가 간의 구체적인 정책이 만들어낸 결과라고 할 수 있고, 안보딜레마는 군비증강 및 군비경쟁에 따라 나타나는 심리적인 상황이자, 군비경쟁을 악화시키는 심리적인 요인이라고 할 수 있다.

그러나 안보딜레마가 반드시 군비경쟁을 악화시키는 것은 아니다. 'A의 군사화(작용)→ 이에 불안을 느낀 B의 반작용→B의 반작용에 의한 A의 불안감 증대'를 안보딜레마라고 할 때, 군비경쟁으로 이어질지는 1차적으로 A의 사후 선택에 달려 있다. B의 반작용에 불안감이 증대된 A가 또다시 군비증강을 선택한다면, 이는 군비경쟁으로 이어진다. 반대로 불안감이 증대된 원인이 자신의 작용에 대한 B의 반작용에 있다고 보거나 자신의 추가적인 군비증강이 자신의 안보를 불안하게 만들 수 있다는 우려 때문에 자제나 협상을 선택한다면 군비경쟁은 지속되지 않는다. 이에 따라 지속적인 군비경쟁의 여부는 안보딜레마를 느낀 행위 주체가 어떤 선택을 하느냐에 따라 달려 있다.

또한 군비경쟁이나 안보딜레마가 국가 간의 적대감과 상호작용이 '사전'에 존재할 때에만 발생한다고 볼 수도 없다. 사전에 A에 적대감이 없었던 B가 A의 군비증강에 따라 '사후'에 불안감과 적대감을 갖게 되는 경우도 있기 때문이다. 가령 A가 과학기술의 발전이나 내부적인 이해관계에 따라 새로운 무기를 개발하면, A에 적대감이 없었던 B는 A의 의도와 능력에 대해 불안감을 갖게 된다. A가 어떠한 이유 때문이든 C와 동맹을 맺는 경우에도 B가 불안감을 느낄 수 있다.

---

3) 한용섭, 『한반도 평화와 군비통제』(박영사, 2004년), 213-214쪽.

군비경쟁이나 안보딜레마가 국가 간, 혹은 동맹이나 연합에 기초한 진영 간에 국한된 것도 아니라는 것을 이해하는 것도 중요하다. 즉 군비경쟁과 안보딜레마는 양자 게임도 있지만 다자 게임도 있다는 것이다. 가령 A가 군비증강을 한 이유는 B를 상대로 한 것이 아니라 C를 상대로 한 것이라고 하더라도, B는 A의 행위에 대해 불안감을 갖게 될 수 있다. 이렇게 되면 A와 C 사이의 적대 관계는 A와 B 사이의 적대 관계로 확장된다. 물론 이러한 현상은 3자 이상에서도 나타난다.

이를 유형별로 정리해보면 다음과 같다.

유형1: A와 B가 '사전'에 적대감을 갖고 있을 때
유형2: A의 군사화가 B의 A에 대한 적대감을 '사후'에 야기할 때
유형3: C를 대상으로 한 A의 군사화가 B의 A에 대한 불안감을 야기할 때

2) 한반도의 경우

한반도에 군대를 주둔시키고 있는 당사자는 남한, 북한, 미국 3자이다. 이 3자 사이의 군사관계의 특징은 크게 네 가지이다. 가장 두드러지면서도 상위의 특징으로는 한미동맹과 북한 사이의 군사적 적대관계(가형)가 있고, 다음으로 남북한 사이의 군사적 적대관계(나형) 및 북미 사이의 군사적 적대관계(다형)가 있으며, 끝으로 한·미 양국 사이의 군사관계(라형)가 있다. 이러한 구분은 결코 분석의 편의를 위해 인위적으로 나눈 것이 아니다. 이러한 특징은 한반도에서 벌어지고 있는 현실에 따른 구분이자, 한반도의 군비경쟁과 안보딜레마의 양상이 대단히 복잡하게 나타나고 있는 상황을 설명하는데 필수적인 것이다. 이러한 한반도 차원의 특징을 동북아 전체로 확대시키면 군비경쟁과 안보딜레마의 양상은 더욱 복잡해진다. 앞서 구분한 세 가지 유형에 따라 분석해보면 다음과 같다.

첫째, 유형 1의 사례이다. 군사적으로 하나의 행위자로 볼 수 있는 한미동맹 대(對) 북한(가형), 남북한 사이(나형), 북미 관계(다형)에는 오래전부터 상호 간의 적대감이 있었다. 따라서 유형 1은 한반도 군비경쟁과 안보딜레마의 가장 전형적인 유형이라고 할 수 있다. '가형'의 사례로는 한미동맹이 북한의 군사적 위협 및 전쟁에 대비한다는 명분으로 합동군사훈련을 실시하고 이에 불안을 느낀 북한이 비방전과 함께 군사적 준비태세를 강화하는 사례가 대표적이다. '나형'의 사례로는 1999년 1차 서해교전에서 패전한 북한이 작전수칙을 바꿔 2002년 서해교전에서 남측 해군에게 먼저 사격을 가하고 이것이 남측 해군의 작전수칙 수정으로 이어진 것이 있다. '다형'의 사례로는 미국의 부시 행정부가 북한을 "악의 축"으로 규정하고 선제공격 대상으로 삼는 등 대북강경책으로 일관하자 북한이 핵개발에 나선 것을 떠올릴 수 있다.

둘째, 유형 2의 사례이다. 가, 나, 다의 형태에서 행위자 사이에는 오래전부터 적대감이 있었기 때문에, 엄밀한 의미에서 'A의 군사화가 B의 A에 대한 적대감을 사후에 야기'하는 사례는 존재할 수 없다. 그러나 어느 일방의 행위가 상호 간의 적대감을 해소하기 위한 과정을 어렵게 하거나, 적대감을 증폭시키는 사례들은 있다. 대표적으로 6.15 공동선언 직후 남북관계 개선이 급물살을 타고 있을 때, 남측이 대규모의 전력증강 계획을 발표하고 북한을 계속 주적으로 명시하기로 하고, 이에 북한이 6.15 공동선언의 위반이라고 반발하면서 남북관계가 후퇴한 사례를 들 수 있다. 이 사례는 김대중 정부가 북한에 대한 적대감의 표현이라기보다는 국내 보수파를 의식하고 기존의 관성에 따라 취한 조치가 북한으로 하여금 남측이 계속 적대감을 갖고 있다며 남한에 대한 적대감을 다시 갖게 한 경우라고 할 수 있다.

셋째, 유형 3의 사례이다. 다자간 유형이라고 할 수 있는 이 사례는 가, 나, 다, 라 형태의 양자 유형이 다른 행위자의 인식 및 행동에도 영향을 미치는 '파생적인 결과'로서의 특징을 갖는다. 몇 가지 사례를 들어보자. 먼저 남북한의 군사적 적대가 미국의 연루 우려를 가져온 사례이다. 이는 북진통일을 원했던 이승만 시대와 1968년 북한 특수부대의 청와대 습격 사건 때 나타났다. 당시 남북한의 무력 충돌이 미국의 연루로 이어질 것을 우려한 미국 정부는 이승만, 박정희 정권에 압력을 행사해 북한을 공격하지 못하도록 했다. 다음으로 북미 간의 군사적 적대관계가 한·미 간의 갈등으로 이어진 사례이다. 이는 1, 2차 핵위기 때 미국이 북한에 대한 무력 사용을 고려하면서 나타났다. 1차 핵위기 때 미국보다 더 강경한 대북정책을 구사했던 김영삼 정부는 미국이 북폭을 추진하자 반대하고 나섰다. 또한 2차 핵위기가 발생한 이후에도 미국 일각에서 북폭론이 나오자 한국의 불안감도 커졌었다. 이는 북미 간의 적대관계가 한국의 불안 심리를 자극해 한·미 간의 갈등관계로 파생된 사례들이다. 끝으로 한·미 간의 군사관계가 북한을 자극한 사례이다. 2003년 들어 한·미 양국은 주한미군 후방 재배치를 비롯한 동맹 재편에 들어갔는데, 주한미군의 후방 재배치에 불안을 느낀 북한은 미사일 전력 강화에 나섰고, 이에 불안을 느낀 한국은 이에 대한 군사적 대비를 강화했다.

　유형 3은 동북아 차원으로 확대해보면 더욱 두드러지게 나타난다. 최근 들어 한국은 일본과 중국의 군비증강 등 "미래의 불확실한 위협"을 군비증강의 명분으로 내세우고 있다. 그러나 일본의 군비증강 목적은 한국을 겨냥한 것이라기보다는 중국의 부상에 대비하기 위한 성격이 강하다. 중국의 군비증강 역시 대만 독립 및 미일동맹의 개입 저지를 위한 성격이 짙다. 그러나 역사적인 경험과 지리적인 인접성으로 한국은 이 국가들의 군비증강에 불안을 느끼고 있고, 이는 대규모의 군비증강을 낳고 있다. 이러한 한국의 주변 국가들을 상대로 한 군비증강은 북한의 남한에 대한 불안감을 가중시키고 있다.

3. 한반도 군비경쟁의 양태

노무현 정부 출범 이후 한반도 군비경쟁은 새로운 국면에 접어들고 있다. 이는 북핵문제와 북미갈등과 같은 상황적 요인도 크지만, 남북한 및 미국 각자의 독자적인 동기 역시 크게 작용했다. 노무현 정부는 '자주국방'을 주창하고 나섰고, 미국은 주한미군의 전략적 유연성 확보를 위한 주한미군 변형(transformation of USFK)을 추구했다. 재래식 군사력에서 갈수록 열세에 직면하게 된 북한은 핵과 미사일을 통해 '비대칭적인 억제력'을 추구하면서 선군정치의 공고화를 도모했다. 이를 차례로 살펴보면 다음과 같다.

1) 노무현 정부의 '협력적 자주국방'

2003년 2월 출범 직후부터 '자주국방' 의지를 내비쳤던 노무현 정부는 미국이 주한미군 재배치를 비롯한 한미동맹 재편을 요구하고 나서자, 이를 자주국방 역량 구축의 기회로 삼았다. 정부는 자주국방을 "주도적 대북억제능력을 우선 확보하기 위해 필요 전력을 건설하고, 이와 더불어 독자적 작전기획 및 군운용 능력을 확보하는 것"이라고 정의하고, 이는 "한미동맹과 병행 발전하는 것"이라며, 이를 '협력적 자주국방'이라고 명명했다.[4] 그리고 이를 위해 주한미군이 담당했던 특정임무 10개를 이양 받고 전시작전통제권 환수를 추진하는 동시에 대규모의 전력증강에 나섰다.

노무현 정부의 군비증강은 국방비 증액에서 확연히 드러난다. 2003년 17조 5천억 원이었던 국방비는 매년 8-9%씩 늘어나 2004년 19조 1천억 원, 2005년 21조 5천억 원, 2006년 22조 5천억, 2007년 24조 5천억을 기록했고, 2008년에는

---

[4] 국가안전보장회의(NSC), 『참여정부의 안보정책 구상: 평화번영과 국가안보』(2004년 3월), 39-44쪽.

약 27조 원에 달할 전망이다. 이렇게 되면 노 대통령 임기 5년 동안의 국방비는 무려 56%가량 늘어나게 된다. 더구나 '국방개혁 2020'을 통해 장기적인 군사비 증액 방침을 밝혔는데, 국방부는 2006년부터 2020년까지 모두 621조 원(전력투자비 272조 원, 경상운영비 349조 원)을 투입해, 대대적인 전력증강에 나설 계획을 발표했다.5) 또한 "자주적 전쟁억제능력 확보"를 목표로 독자적 감시·정찰 및 지휘통제통신체계 구축, 장거리 타격능력 구비, 현존 전투력 발휘 보장을 위한 기반전력 보강, 연구개발 및 방위산업 기반 강화를 추진하기로 했다. 국방부가 「2006-2010년 국방중기계획」을 통해 밝힌 분야별 주요 전력증강 계획은 다음과 같다.6)

먼저 독자적 감시·정찰 및 지휘통제통신체계 구축 분야이다. 한반도 및 주변지역에 대한 독자적 정보수집능력 구비를 위해 공중 조기경보통제기(AWACS), 장거리 정보장비 확보 등의 사업을 지속 추진하며, 고고도 무인정찰기와 중고도 무인정찰기 및 전술정찰 정보수집체계 개발 사업을 신규 착수할 예정이다. 또한 실시간 탐지-결심-타격 네트워크 체계 구축을 위해 합동지휘통제체계(KJCCS), 전술 C4I체계, 군사정보통합처리체계 등을 지속 추진해 나가면서 군 위성통신체계, 노후한 중앙방공통제소(MCRC) 교체 등의 사업을 새로이 착수하여 전력화할 계획이다.

둘째로 장거리 타격능력 구비 계획이다. K-9자주포, 대구경 다련장(탄약) 확보, 7,000톤급 구축함(KDX-Ⅲ), 214급 잠수함, 함대함 유도탄, F-15K 전투기 등의 사업을 지속 추진하며, 차기전투기, 공격헬기, GPS 유도폭탄(JDAM) 및 합동 원거리 공격탄(JASSM) 사업을 대상기간 중에 착수할 예정이다.

---

5) 국방부 보도자료, 2005년 10월 27일.
6) 국방부 보도자료, 2005년 5월 26일.

셋째로 현존 전투력 발휘 보장을 위한 기반전력 보강이다. 육군은 기계화 및 기갑 부대를 각각 1개 부대씩 개편하고, K1A1 전차를 지속 전력화하며, 대포병 탐지레이더를 추가 확보할 계획이다. 또한 해군의 4,000톤급 구축함(KDX-Ⅱ) 확보 외에, 차기고속정 및 해상초계기 2차 사업을 추진하고 기간 중에 차기호위함 사업을 착수할

대형 상륙수송함 '독도함' 실전배치
(2007. 7. 2. 국정브리핑)

예정이다. 공중 전력으로는 현재 진행되고 있는 고등훈련기(T-50) 양산 및 F-5E/F 수명연장 사업을 계속하면서, 대형수송기 및 레이저 유도폭탄 사업을 신규 착수할 예정이다. 방호력 증강을 위해 단거리 대공유도무기(천마) 및 신형제독차 전력화에 추가하여 차기유도무기(SAM-X) 사업을 착수할 예정이다.

끝으로 연구개발 및 방위산업 기반 강화이다. 국방부는 연구개발 투자비를 대폭 확대하여, 국방비 대비 연구개발비 비중을 2005년 4.5%에서 2008년에는 7%, 2010년에는 8% 수준까지 점차 확대해 나갈 계획이다.

정부는 이러한 국방중기계획이 마무리된 이후에도 전력증강 사업을 지속해 국방개혁이 완수되는 2020년에는 현재의 "병력 위주의 양적 재래식 구조"에서 "기술 위주의 질적 첨단구조"로 구조 개편을 완료할 계획이다. 군 구조개편의 주요 골격으로는 현재의 합동군 체제하에서 합동참모본부의 지위와 기능을 강화해 지휘구조를 개선하고(지휘구조), 병력을 단계적으로 감축해 군의 정예화를 꾀하며(병력구조), 부대의 중간계층을 줄이고 부대 수를 축소해 부대구조의 완전성을 보상하고(부대구조), 전투효율이 높은 무기 및 장비를 확보하겠다(전력구조)는 것으로 요약할 수 있다. 이를 통해 "병력은 감축되나 능력은 증대"되는 군구조를 만들겠다는 것이 정부의 방침이다.

이러한 내용을 좀 더 구체적으로 살펴보면, 병력 수는 2005년 현재 68만

1천 명에서 2020년까지 50만 명 수준으로 감축하는 대신에, 주요 무기 및 장비체제의 능력은 현재보다 1.8배 정도 늘리겠다고 밝혔다. 육군은 54만 8천 명에서 37만 1천 명으로, 해군은 6만 8천 명에서 6만 5천 명으로 줄이고, 공군은 현재 규모인 6만 5천 명 수준을 유지하기로 했다. 이에 반해, 주요 무기 및 장비의 첨단화를 단행해 능력을 크게 강화하겠다는 입장도 내놓았다. 주요 내용으로는 2005년 현재 능력을 기준으로 전차 전력은 1.8배, 다련장은 1.1배, 헬기 전력은 2배, 수상함 2배, 잠수함 2.6배, 전투기 1.7 배 등이다.[7]

2) 북한 군사력의 변화 추이

지난 5년간 북한 군사력의 변화 양상은 크게 세 가지로 요약할 수 있다. 첫째는 지속적인 경제난으로 군사비 지출이 낮은 수준에서 고착화되었다는 것이다. 북한의 발표치와 외부 추정기관에 따라 그 편차가 대단히 크지만, 북한의 연간 군사비는 20억 달러 수준이라고 할 수 있다. 이는 1990년대 초반의 절반 정도이고, 남한 군사비의 10분의 1에도 미치지 못한다.

둘째는 군사비 지출이 한계에 봉착하면서 무기와 장비 체계의 노후화 및 훈련 부족으로 전반적인 전쟁 수행 능력이 떨어졌다는 점이다. 북한은 러시아로부터 2001년을 전후해 '외상으로' 신형 방공 미사일, SU-27 및 미그-29 전투기, 무인 프첼라(PCHELA)-1 정찰기 등의 도입을 시도했지만, 실패로 돌아갔다.[8] 이후에도 북한이 재래식 군사력과 관련해 주목할 만한 전력증강을 이뤘다는 징후는 발견되지 않고 있다. 그럼에도 불구하고 북한은 2006년 기준으로 117만 명에 달하는 대규모 병력을 유지하면서 전차, 야포, 전투기, 잠수함 등 주요

---

[7] 국방부, 『국방개혁 2020, 이렇게 추진합니다』(2005년), 12-13쪽.
[8] 《연합뉴스》, 2001년 4월 29일.

재래식 무기에 있어서 남한보다 1.5-2배가량의 수적인 우위를 보이고 있는 것으로 알려져 있다.9) 그러나 이러한 양적인 우위가 북한이 남한보다 군사력이 강하다는 결론으로 이어지지는 않는다. 최근 미국의 군수뇌부들조차 한목소리로 북한의 재래식 군사력은 약화된 반면에, 남한은 전력증강 사업과 군사훈련을 통해 북한의 군사력을 압도하고 있다는 평가를 잇달아 내놓고 있다.

레온 라포테 주한미군 사령관은 2005년 3월 8일 미 의회 청문회에서 "북한의 연(年) 비행 훈련은 12-15시간인 반면에 한국과 주한미군 공군은 월(月) 평균 15시간"이라고 강조했다. 특히 그는 "지난 수년 동안 북한군의 여단급 훈련조차 거의 보지 못했다"며, "사단 및 군단 훈련은 대규모의 기동 훈련이 아니라 지휘소 훈련(command post exercises)으로 이뤄지고 있다"고 말했다. 이러한 분석에 기초해 윌리엄 팰런 당시 태평양 사령관은 같은 청문회에서 "북한의 재래식 군사력이 확실히 군사적 준비태세로는 부족하다"고 말했다. 쉽게 말해 전쟁을 치르기에는 훈련 수준이 너무 떨어진다는 것이다. 그는 2006년 9월 말 기자간담회에서도 "심각한 경제난과 미국 주도의 금융제재로 북한의 재래식 군사력이 갈수록 위축되고 있다"며, 이에 따라 "(북한이) 대규모의 전쟁을 장기간 수행할 수 있는 능력은 과거보다 현저히 줄어들었고, 특히 남한의 군사력 강화를 고려할 때 더욱 그렇다"고 강조했다.

2006년 11월 중간선거 패배의 책임을 안고 사임한 도날드 럼스펠드 미국 국방장관의 평가 역시 다르지 않다. 그는 2006년 8월 27일 알래스카에서 "솔직히 북한이 한국에게 임박한 군사적 위협이 된다고 보지 않는다"고 말해, 당시 국내에서도 화제가 된 바 있다. 럼스펠드 발언 한 달 후, 리처드 롤리스 미 국방부 차관보는 미 하원 청문회에서 "남한이 북한보다 재래식 군사력과 전쟁수행 능력에서 우위에 있다"고 증언했다. 그는 《신동아》 2007년 8월호와의 인터뷰에

---

9) 한국전략문제연구소, 『동북아 전략균형』(한국양서원, 2006년), 284쪽.

서도 미국 국방부가 남북한의 군사력을 비교 조사한 결과, "재래식 무기로 전쟁을 한다면 한국이 북한을 방어하고 격퇴할 것이라는 결과가 나왔다. 미국이 지원한다면 한국은 좀 더 신속하고 확실하게 이길 것이다"라고 강조했다.

셋째는 이러한 재래식 군사력의 노후화를 만회하고자 핵무기와 미사일 등 이른바 '비대칭 전력' 확보에 몰두해왔다는 점이다. 핵무기 개발 및 실험을 제외하고 최근 북한의 군사력 변동에서 가장 주목할 것은 미사일이다. 1993년 5월 노동 미사일 및 1998년 8월 대포동 미사일 시험 발사 이후 이렇다 할 움직임을 보이지 않았던 북한은 2003년 들어 미사일 실험 발사 수를 크게 늘렸다. 북한은 2003년 한해에만 동해와 서해에 4차례에 걸쳐 사거리 100km로 추정되는 실크웜 지대함 미사일 발사 실험을 한 것으로 알려져 있다. 또한 2005년 3월에는 외교부 비망록을 통해 "2001년 부시 행정부가 집권하면서 조미(북미) 사이의 대화가 전면 차단됨에 따라 미사일 발사 보류에서도 현재 그 어떤 구속도 받는 것이 없다"고 주장했고, 두 달 뒤에는 동해상에 소련제 단거리 미사일 SS21 개량형인 KN-02를 발사했다. 그리고 2006년 7월에는 스커드·노동 미사일 6기와 대포동 2호 1기가 발사된 것으로 추정되었다. 스커드·노동 미사일의 경우 북한이 사전에 설정한 항해금지구역에 약 400km를 비행한 후 정확히 떨어진 것으로 알려져, 북한의 중단거리 탄도미사일의 정확도가 향상되었다는 것이 한·미·일 세 나라의 분석이다.[10] 그러나 대포동 2호의 경우에는 이륙 후 40여 초 만에 발사대로부터 1.5km 지점에서 폭발해 미사일 잔해물들이 북한 해안 인근에 떨어진 것으로 알려졌다.[11] 이러한 분석을 종합해보면, 북한은 7월 4일 미사일 시험 발사를 통해 중단거리 미사일의 정확도는 높였으나, 장거리 미사일 성능 향상에는 한계를 드러냈다고 볼 수 있다. 또한 북한은 2007년

---

10) 《동아일보》, 2006년 8월 7일; 《연합뉴스》, 2006년 9월 16일.
11) 《중앙일보》, 2006년 8월 1일; 《연합뉴스》, 2006년 9월 16일

5월 25일, 6월 7일, 6월 27일에 단거리 지대지 미사일을 동해상에 발사한 것으로 알려졌는데, 이에 대해 한·미 양국은 북한이 'KN-02' 개발에 성공한 것으로 보고 있다.

이러한 북한의 미사일 전력 증강은 한미동맹에 대한 재래식 군사력의 열세를 상쇄하고자 하는 의도에서 나온 것으로 보인다. 특히 주한미군 재배치를 포함한 한미동맹 재편에 대응하기 위한 성격이 강하다고 할 수 있다. 미국은 한강 이북에 있는 용산기지와 2사단을 평택 기지로 통폐합하기로 했는데, 이렇게 되면 북한이 억제력의 핵심으로 삼아왔던 장사정포를 비롯한 전방 배치 전력이 무력화될 수 있다. 북한은 이를 의식해 대포동 미사일로 대미 억제력을, 노동 미사일로 대일 억제력을 그리고 스커드와 KN-02 등 단거리 미사일로 한미동맹에 대한 억제력을 확보하려고 하는 것으로 보인다.

3) 주한미군의 전력증강

2003년 이후 한반도 군사문제와 관련해 가장 큰 변화를 보이고 있는 당사자는 주한미군이다. 미국은 2003년에 서울 용산기지와 경기 북부 2사단을 경기 남부인 평택권으로 이전하기로 결정하고 2010년을 전후해 기지 이전을 마무리한다는 계획이다. 또한 2004년부터 주한미군 병력 수 감축에 들어가 2008년까지 1만 2천 명을 감축해 2만 5천 명 수준으로 유지한다는 계획이다. 아울러 2005년부터 2007년까지 110억 달러를 투입해 최신형 무기 및 장비 배치를 골자로 한 전력증강도 나선 상황이다. 이러한 일련의 변화는 주한미군의 전략적 유연성 확보를 위한 것이다.

이 가운데 주한미군의 전력증강 내용은 다음과 같다. 우선 미사일방어체제(MD) 관련 부분이다. 미국은 2003년 말부터 오산공군기지 및 군산기지 등에 중단거리 탄도미사일 요격체제인 패트리어트 최신형 PAC-3의 배치에 들어갔다.

이지스 구축함 세종대왕함(사진출처: 합동참모본부 홈페이지|www.jcs.mil.kr)

또한 MD 전력을 강화하기 위해 전역고고도방공체제(THAAD), 항공기탑재레이저(ABL), 이지스탄도미사일방어체제(ABMD) 등도 배치해 다층(multi-layered) MD 체제를 갖춰갈 방침임을 밝혔다.12) 미국이 북한의 미사일 위협을 이유로 한국을 MD 전초기지로 삼고자 하는 의도가 있음을 보여주는 대목이다.

또한 공군력 및 정보력 그리고 신속기동 능력 확보를 위한 전력 투자도 두드러지게 나타나고 있다. 한반도 유사시 신속대응이 가능하고 한반도 밖으로 신속히 출동할 수 있는 스트라이커 신속기동여단(SBCT: Stryker Brigade Combat Team), 해병대 원정부대 및 스트라이커 여단 등 증원 전력의 신속한 이동을 위한 C-17 글로브마스터 수송기, 감시·정찰수집능력 강화, 전쟁예비물자

---

12) Leon J. Laporte, United States Army, Commander, U.S. Forces Korea, *Testimony on the Fiscal Year 2006 National Defense Authorization budget request from the Department of Defense*, March 8, 2005.

(WRSA) 및 위성유도무기인 JDAM을 비롯한 정밀탄약 증대, 최신예 공격헬기 AH-64D 델타 롱보우 배치,13) 정찰과 폭격 임무를 동시에 수행할 수 있는 무인비행기 등이 이에 해당된다. 또한 F/A-18E와 F 수퍼 호넷 등 전천후 전투기를 배치해 정밀 타격 능력을 강화하는 한편, F-117 스텔스 전폭기와 F-15E 전투기 등 최신예 공격용 무기를 군산 등에 수시로 배치해 지형숙지 훈련을 벌이고 있다.

미국이 각종 군사훈련 및 수송 수단을 통해 한반도로 군사력을 신속하게 투입할 수 있는 능력을 확보하고 있는 것도 주목할 필요가 있다. 이는 전략적 유연성 가운데, 군사력의 유입(flow in) 및 경유(through)와 연관되어 있다. 우선 미국은 2003년 8월 1일부터 열흘간 스트라이커 부대를 한국에 배치해 최초의 해외 훈련을 벌인 바 있다. 스트라이커 부대는 96시간 이내에 미국이 원하는 지역에 투입할 수 있는 신속대응체제의 핵심이다. 또한 수송 수단을 고속정(High Speed Vessels)으로 바꿔 오키나와 주둔 미군 및 장비의 한반도 배치 시간을 2-3일에서 24시간 이내로 단축시켰다. 이러한 변화된 수송 작전은 2003년 3월 말-4월 초에 실시된 연합전시증원훈련(RSOI) 및 2004년 '프리덤 배너 훈련'에서 검증된 바 있다.

4. 향후 전망과 대응책

결론적으로 지난 5년간 한반도 군비경쟁과 안보딜레마는 악화되어왔다. '자주국방'을 내세운 노무현 정부는 대규모 국방비 증액을 바탕으로 최첨단 무기 체계를

---

13) 이와 관련해 라포트 주한미군 사령관은 2005년 3월 8일 미 의회 청문회에서 "기존의 아파치 헬기를 델타 롱보우로 대체함으로써 400%의 전투력 향상을 가져왔다"고 설명했다. http://www.pacom.mil/speeches/sst2005/050308fallon_sasc_oral.shtml.

늘려왔다. 북한 역시 재래식 군사력의 열세를 만회하고 변화된 군사 환경에 대응코자 핵과 미사일 등 '비대칭 전력' 확보에 몰두해왔다. 주한미군 역시 기지의 후방 재배치와 병력 수 감축과 함께 공군력과 해군력 그리고 정보력과 MD를 중심으로 전력증강을 추구해왔다.

그렇다면, 앞으로 한반도의 군사화와 안보딜레마는 어떤 양태로 진행될까? 북핵문제가 해결되고 한반도 평화체제가 구축되면, 군비경쟁은 자연스럽게 종식되고 안보딜레마도 해소될까? 아니면 격화되는 동북아의 군비경쟁이 '평화체제 시대의 한반도'와 상호작용을 일으켜 새로운 형태의 군비경쟁과 안보딜레마를 잉태하는 방향으로 나아갈까?

이와 관련해 군비경쟁 및 이와 대칭적인 개념인 군축을 어떻게 정의하느냐가 중요하다. 군비경쟁과 군축을 양적인 개념으로 바라본다면, 향후 한반도는 군축으로 나아갈 가능성이 크다. 주한미군은 이미 병력 수 감축에 들어가 2008년까지 3분의 1을 감축한다는 계획이다. 한국군 역시 '국방개혁 2020'에 따라 2020년까지 약 20만 명을 감축한다는 계획이다. 이러한 계획은 한반도 비핵화와 평화체제 구축 이전에 상정된 것이라는 점에서 한반도 평화가 정착되면, 주한미군 및 한국군 그리고 북한군이 추가적인 감군에 나설 가능성도 상당히 높다.

그러나 이는 어디까지나 양적인 개념에 국한된 것이다. 질적인 요소를 감안한다면, 주한미군과 한국군은 오히려 지난 수년간 군비증강을 해왔다고 볼 수 있고, 앞으로도 그럴 계획이다. 또한 중국의 병력 수는 1987년 420만에서 2007년 현재 230만 명으로 거의 절반이 줄었다. 그러나 같은 기간 중국은 매년 군사비를 10% 이상씩 늘리면서 군 현대화에 박차를 가하고 있다. 이러한 중국을 두고 군축을 하고 있다고 말하지는 않는다. 일본 역시 1990년대 초반 28만의 병력 수를 지속적으로 감축해 2007년 현재에는 24만 명 수준이다. 그러나 많은 나라들은 일본의 재무장에 대해 우려하고 있다. 이처럼 군사력을 양적으로는 줄이면서 질적으로는 증강시키는 것은 세계적인 추세이다.

이에 따라 향후 '한반도가 군비경쟁에서 군축으로 전환하고 있느냐'의 여부를 판단하기 위해서는 단순히 양적인 요소만 바라봐서는 안 된다. 질적인 요소도 함께 봐야 한다는 것이다. 그러나 질적인 기준에 따라 군비증강 여부를 판단하는 것은 모호하다. 따라서 양적인 변화와 질적인 변화를 동시에 포괄할 수 있는 기준을 세우는 것이 중요한데, 군사비가 가장 간결하면서도 타당한 기준이라고 할 수 있다.

군사비를 기준으로 할 때, 남북한이 군축으로 전환할 수 있을지는 회의적이다. 남한은 이미 북한뿐만 아니라 주변국을 상대로 한 자위적 억제력 확보를 군비증강의 명분으로 삼고 있기 때문이다. 북한 역시 경제력이 회복되면, 노후한 무기 및 장비의 개선에 나설 가능성을 배제할 수 없다. 이러한 상황이 벌어지면, 자신의 의도 여부와 관계없이 상대방의 불신을 자극하면서 새로운 차원의 군비경쟁과 안보딜레마를 야기하게 될 수 있다. 이것이 남한의 '부국강병주의'와 북한의 '선군정치'를 넘어선 새로운 안보패러다임이 필요한 까닭이다.

미래지향적 한미동맹의 과제

조성렬 ((재)평화재단 이사, riiacho@chol.com)

1. 동맹재편과 한미동맹의 민주화

새로운 한국 정부의 출범을 앞두고 미국 내 싱크탱크들은 한·미관계의 방향을 재점검하기 위해 분주히 움직였다. 이들은 한국전쟁 이후 성공적으로 관리되어 온 한미동맹의 현주소를 '균열', '위기' 등으로 진단하고, 2008년에 들어설 한국의 신정부와의 관계정립을 모색하면서 2009년에 새로 출범하는 미 행정부에 대한 정책제언을 준비하고 있다.

이처럼 미국의 싱크탱크들이 한·미관계를 '균열'로 인식하게 된 원인은 무엇인가? 그것은 참여정부에 들어와 새삼스럽게 한·미관계가 악화되었기 때문이 아니다. 한·미 간의 일부 정책적 이견이 존재했던 것은 사실이지만, 이를 한국 사람의 반미감정(anti-U.S. sentiment) 나아가 반미주의(anti-Americanism)로 해석하는 것은 지나친 것이다.[1] 미국이 주목하는 것은 북핵 위기의 발생과 중국의 부상이라는 새로운 외교안보환경 속에서 어떻게 한·미관계를 관리할 것인가

하는 점이다.

　한국은 북한의 위협과 주변강대국의 잠재적 위협 등 지정학적 조건 때문에 한·미 동맹관계의 틀에서 쉽게 벗어나지 못하였다. 그러나 한·미 간의 무역마찰과 되풀이되는 미군의 범죄행위, 기지이전을 포함한 방위비 부담의 증대, 일방적인 주한미군 감축조치 등으로 한국민의 대미 신뢰가 많이 손상되었다. 중국이 한국의 제1무역 파트너로 부상하면서 한국민들은 동맹의 비용을 따지기 시작했다. 또한 북핵문제의 처리방식과 북한 급변사태의 대응주체를 놓고 한·미 리더십 간의 이견이 드러났고, 한반도 위기관리 계획에서는 결국 합의를 보지 못하기도 하였다.

　이제 한·미 양국은 미군기지의 이전, 주한미군의 신속기동군화, 한·미 연합지휘체제의 재조정 등 한·미 간의 군사관계 재편 계획을 마무리하고 안정화 단계에 들어섰다. 양국 간에는 동맹관계가 계속 유지되고 원활히 작동되도록 하기 위해, 한·미 간의 공통전략목표와 상호신뢰 및 리더십, 동맹의 비용 등 '동맹인프라'를 재구축하는 문제가 과제로 떠오르고 있다. 하지만 이러한 '동맹인프라' 재구축도 한미동맹관계의 민주화가 이루어지지 않는 한 사상누각에 불과할 수 있다.

2. 냉전시기 50년간의 한미동맹(1953-2002)

1) 대(對) 공산권 전초기지

지난 50여 년 동안 한미동맹은 가장 대표적인 성공한 동맹으로 평가받으며

---

1) 알렉산더 버시바우, "한국에서의 반미감정이 한·미상호관계에 미치는 영향", 2007년 6월 1일 (www.korean.seoul.usembassy.gov/113_060107.html)

발전해 왔다. 한미동맹의 단초는 일본의 패망 직후 미군이 한반도에 진주하면서 이루어졌다. 하지만 처음부터 미국이 한국과 동맹관계를 맺을 생각이었던 것 같지는 않다. 1945년 9월 미군이 한국에 주둔했던 이유는 한반도 내 남아있던 일본군을 무장해제하고 군정을 실시하기 위한 목적 때문이었다.

그렇기 때문에 미국의 초기 점령정책은 일부 한국인들의 강력한 반발에 직면하기도 했다. 당시 미국은 한반도에서의 이익에 관심이 없었기 때문에 1948년 8월 15일과 9월 9일 남한과 북한에서 각각 단독정부가 수립되자 최대 7만 명에 달했던 미군은 철수하기 시작했다. 그리하여 1949년 6월까지 군사고문단 500명을 제외하고 미군을 완전히 철수시켰다.

1950년 1월 애치슨 국무장관은 미국의 태평양 방위선(defense perimeter)에서 한국을 제외한다는 이른바 '애치슨라인'을 선포하였다. 미국의 새 동북아전략은 사회주의혁명의 세계적 확산을 노리던 소련과 사회주의적 민족해방을 꿈꿨던 북한의 오판을 불러왔다. 하지만 북한군이 남침을 감행하자 미국은 즉각 군사적으로 개입했다. 한국전쟁의 발발 직후, 미군의 즉각적인 참전으로 한국은 공산화를 피할 수 있었다.

당시 이승만 정부는 한반도 휴전협정이 체결된다고 해도 미국의 지원 없이는 협정이 오래 갈 수 없다는 절박한 필요성 때문에, 휴전협정을 묵인하는 대신에 미국과 동맹을 맺고자 했다. 그리하여 한국의 묵인과 불참 속에 유엔사와 북한군·중국인민지원군 간의 「정전협정」으로 한국전쟁이 종료되었고, 한·미 간에는 「한미상호방위조약」이 체결되었다. 미국은 동북아시아에서 공산주의세력의 확산을 막는 전초기지의 역할을 위해 「한미상호방위조약」에 따라 군대를 주둔시켜 오고 있다.

2) 동맹의 존속 자체가 국가전략

냉전시기 한국은 동북아시아에서 일본을 대신하여 미국의 전략을 함께 할 수 있는 주요 동맹국으로 부상하려는 전략을 취해왔다. 특히 이승만 대통령은 태평양 전쟁 당시 미국의 적국이었던 일본이 미국의 가장 중요한 동맹국 위치를 차지하는 데 반대하고, 동북아에서 한국이 더 중요한 동맹국이 되어야 한다고 주장했다. 경제적으로 열세였던 한국은 이러한 주장을 관철시키기는 역부족이었다. 그렇기 때문에 이를 군사적으로라도 관철시키기 위해 휴전 직후 EATO, 1957년에는 NEATO 결성을 요구했으며, 한국군의 인도네시아 및 베트남 파병을 주장하기도 하였다.

그러나 미국이 미일동맹 중심의 동아시아 질서재편 전략을 이미 수립해 놓고 있었기 때문에 미국은 한국 정부의 제안을 받아들이지 않았다. 그럼에도 불구하고 이러한 한국의 대미편승전략은 박정희 정부에서도 계속되었고, 어느 정도 성과를 거두기도 하였다.

케네디 미 대통령의 초청으로 미국을 방문한 박정희 국가재건최고회의 의장(당시)은 미국에게 한국군의 베트남전 파병을 제의하였다. 제의의 배경으로 국내 정치적인 요인도 있었지만, 무엇보다 당시 미국이 추진하고 있었던 주한미군의 대규모 감축 계획(버거 플랜)을 막기 위한 고육지책의 측면이 강했다. 또한 미일동맹을 강화하고 한일 국교정상화를 통해 한국에 대한 부담을 일본에게 떠넘기려던 미국의 전략구상과도 맞아떨어지는 것이었다.

결국 한국군의 베트남 파병은 동북아에서 한미동맹을 미일동맹의 다른 한 축으로 양립하는 미국의 동북아 쌍두(双頭) 동맹체제의 틀을 만드는 계기를 제공하였다. 이러한 틀은 몇 차례 위기도 맞았다. 1969년 닉슨 독트린 직후 미 7사단의 철수(1971년)와 1978년부터 4년에 걸친 카터 대통령의 주한미군 철수시도가 있었다. 이와 같은 잇단 병력감축으로 주한미군은 더 이상 한국에

3성 장군을 사령관으로 하는 미8군의 지위를 유지하기 어려웠다. 한국 정부는 주한미군의 3성 및 4성 장군체제를 유지하기 위해 한미 1군단 창설과 한미연합사의 창설을 제안하였고, 미국이 이를 받아들임으로써 한국군사동맹이 약화될 위기에서 벗어났다. 그 결과 한미동맹은 베트남 파병 이후 1990년대에 이르기까지 미일동맹과 양 축을 이루며 존재해 왔다.

한국군의 베트남전 파병은 미국의 세계전략에서 한미동맹의 유용성을 입증함으로써 동북아 쌍두 동맹체제를 유지하는 실리를 취하는 데 기여하였다. 하지만 국제관계의 측면에서 볼 때, 이는 사회주의권 국가나 제3세계 국가들과의 관계에서 불리하게 작용했으며, 특히 국제사회에서 한국의 독립국가적 이미지에 타격을 주기도 했다.

미국은 동아시아에서 자국의 이익을 지키기 위해 한국을 전략적으로 활용하였다. 즉 미국은 한국이 '전략적'으로 중요하지만, 한국 그 자체가 중요하다고 판단하지는 않았다. 미국은 일본과 '일본 자체의 가치'를 위해 동맹관계를 맺은 반면, 한국과는 '한국의 지정전략적 가치'를 위해 동맹관계를 맺었던 것이다. 1969년 닉슨-사토 공동성명에서 밝혔듯이, '한국의 안전이 일본의 안전에 긴요' 했을 뿐이지, 한국의 안전 자체가 미국의 1차적인 관심은 아니었던 것이다.

이처럼 미국의 대(對)한국 정책은 자국의 세계전략과 일본중심의 동아시아전략에 우선순위를 두고 있었기 때문에 한·미 간에는 때때로 동맹의 딜레마가 발생하고, 이것이 동맹관계의 변화를 가져오는 한 요인이 되기도 하였다. 그리고 그러한 동맹관계의 변화는 한·미 간의 협의가 아닌 일방적인 미국의 전략변화에 의해 이루어지곤 하였다.

3. 최근 5년간의 한미동맹 재편(2003-2007)

1) 한미동맹 재편의 배경과 경과

냉전 이후 미국은 동맹재조정에 착수하여 미일동맹과 북대서양동맹(NATO)의 성격을 탈냉전형으로 전환했다. 이와 달리 한미동맹의 재조정은 상당히 지연되었다. 당시 한·미 양국은 「동아시아전략구상」(EASI 1990, 1992)에 기초해 기존의 '한반도방위동맹'을 '지역동맹'으로 전환하는 방안을 검토하여 제26차 한미연례안보협의회의(SCM)에 제출했다.[2] 하지만 1993년 1차 북핵위기가 터지고 김일성 주석이 사망하면서 추진이 보류되었다. 이처럼 재조정이 지연되고 냉전형 동맹관계가 지속되자 '동맹피로', '동맹위기'라는 부정적인 인식과 평가가 나오기 시작했다.

마침내 2002년 12월에 개최된 제34차 한미연례안보협의회의(SCM)에서 동맹재조정 논의에 착수하기로 합의하였다. 2003년 4월 '미래 한미동맹 정책구상(FOTA)' 제1차 회의에서 양측은 한미동맹 재조정의 필요성에 관해 ▲새로운 안보환경에 적응시키며, ▲번영하는 민주국가로서 한국의 위상을 고려할 것이라는 두 가지 근거를 제시하였다.

당초 제34차 SCM은 FOTA 회의의 개최 배경에 대해 '변화하는 역내 및 세계 안보환경에 대비하기 위한 것'이라는 한 가지 이유만 들어 설명했으나, 제1차 FOTA회의에서 두 번째 항목이 추가된 것이다. 이처럼 한국의 위상변화가 한미동맹 재조정의 근거에 포함됨에 따라, 단순히 미국의 세계전략 변화만을 반영하는 것이 아니라 한국의 입장을 고려하는 방향으로 동맹재조정이 이뤄지게 되었다. FOTA회의에서는 ▲용산기지 및 개별적 기지의 재조정, ▲한국군과

---

[2] Jonathan D. Pollack, Young Koo Cha, and Others, *A New Alliance for the Next Century: The Future of the U.S.-Korean Security Cooperation*, Santa Monica: RAND, 1995.

제39차 한미연례안보협의회(SCM) 회의(뉴시스, 2007. 11. 7)

주한미군의 역할분담이 논의되었다.

FOTA회의의 뒤를 이은 '한미안보정책구상(SPI)' 회의에서는 한미동맹의 공동비전 문제가 협의되었다. 협의 결과는 한미연례안보협의회의(SCM) 등을 통해 추인되었고, 2005년 11월 한·미 정상회담에서는 한미동맹의 성격을 '포괄적·역동적·호혜적 동맹'으로 규정하였다. 이에 맞춰 한미동맹의 비전과 공통전략목표를 수립하고 외무장관급 전략대화(SCAP)를 개최하였다. 이처럼 한미동맹 재조정 논의는 큰 밑그림에 대한 합의 없이 용산기지 및 개별기지의 재조정과 같이 구체적인 실천사항이 먼저 논의되었고, 그 뒤에 한국군과 주한미군의 역할분담 그리고 맨 나중에 동맹의 공동비전이 협의되는 등의 과정을 거쳤다. 이것은 미·일동맹의 공동비전을 먼저 합의한 뒤에 주일미군과 자위대의 역할분담 문제를 협의하고, 맨 마지막에 기지 재조정 문제를 논의했던 일본의 경우와 반대되는 경로를 밟은 것이다.3)

---

3) 조성렬, "주일미군의 사례가 주한미군의 전략적 유연성에 주는 시사점", 「코리아연구원 특별기획」

2) 한·미 군사관계의 재조정

❖ 주한미군의 전략적 유연성과 한중관계

전략적 유연성(Strategic Flexibility)은 군사분야혁명(RMA)에 따라 미국이 추진하고 있는 군사변환과 해외미군재배치계획(GPR)으로 이루어진 세계군사전략의 핵심개념이다. 전략적 유연성 개념을 주한미군에 적용하면, 기존에 대소련, 대북한 방어를 위해 한국에 고정 주둔되어 있던 주한미군이 자신들의 필요에 따라 자유롭게 다른 분쟁지역으로 투입되는 기동성을 갖게 된다는 의미이다.

주한미군의 전략적 유연성 개념이 공식적으로 등장한 것은 2003년 11월 제35차 한미연례안보협의회의(SCM)가 발표한 공동성명을 통해서였다. 공동성명에서는 "주한미군의 전략적 유연성이 지속적으로 중요함을 재확인"하였다고 밝히고 있다. 앞서 개최된 2003년 6월의 2차 FOTA회의에서 "동맹의 강화, 조성, 조정" 3원칙에 동의함으로써 전략적 유연성의 핵심내용이 합의되었다. 이러한 합의에 따라 주한미군은 신속기동군 재편에 착수했고 용산기지와 산재된 강북지역의 미군기지를 평택으로 이전하는 작업이 착수되었다.

한 때 노무현 대통령은 중국과의 관계를 의식해 주한미군의 전략적 유연성을 받아들이지 않겠다는 의사를 나타낸 적도 있었다. 하지만, 2006년 1월에 개최된 첫 한·미 외무장관급 전략대화(SCAP)의 공동성명에서 그동안 논란이 되어 왔던 '전략적 유연성' 문제에 종지부를 찍었다. "한국이 한국 국민의 의지와 관계없이 동북아 지역분쟁에 개입되는 일이 있어서는 안 된다"는 단서가 붙기는 했지만, 중국을 겨냥한 미국의 안보전략에 전격적으로 합의해준 것이다.

5-2호, 2006년 2월 21일. (http://knsi.org/knsi/kor/center/view.php?no=3115&c=1&m=7)

전시작전통제권 단독행사와 통합항공우주작전센터

한·미 양국은 한미연합사령관이 갖고 있던 작전통제권 가운데 평시작전통제권을 1994년 12월에 한국군에게 이양한 데 이어, 전시작전통제권을 2012년 4월 17일부터 한국 합참의장이 행사하도록 합의하였다. 이로써 한국군은 1950년에 작전통제권을 유엔사령관에게 이양한 지 62년 만에 단독행사할 수 있게 된 것이다.

한·미 양국은 전시작통권이 전환되는 2012년에 맞춰, 한국군이 정전체제 유지와 관련한 임무도 맡기로 합의하였다. 참모조직 위주인 유엔사의 정전유지 관련 임무 가운데 행정업무들, 특히 DMZ 출입승인 업무는 2000년 남북정상회담 이후 폭증하고 있는 남북 왕래 인력과 물자, 설비 등으로 유엔사가 행정업무를 소화하는데 한계를 드러냈기 때문이다. 무엇보다 연합사령관의 연합권한위임사항(CODA)이 전시작통권 전환과 동시에 소멸한다는 점 때문에 유엔사는 정전유지 임무를 한국군에 이양할 수밖에 없었다.

전시작통권의 전환에 따라 한미연합사령부의 해체도 불가피하게 되었다. 그리하여 한미연합사를 대신하여 군사협조본부(MCC)를 신설하고, 한국 합참과 주한미군사령부 간에 정보·작전·군수·C4I 등 6개 전구급 기능별 협조기구를 두어 한미연합사가 수행해 온 역할을 계승하기로 하였다. 또한 작전사급 수준으로 통합항공우주작전센터를 설치하여 미 공군 주도하에 양국 항공전력을 통합 운용하기로 하였다. 이는 미 공군이 사실상 한국공군의 작전통제권을 계속 행사하도록 한 것이다. 이것은 1994년에 평시작통권을 한국이 받아오면서도 정전관리가 포함된 연합위기관리, 전시 연합작전계획 수립 및 발전, 한미합동훈련계획 및 실시, 한미연합정보관리, C4I상호운용성 6대 권한을 '연합권한위임사항(CODA)'이라는 이름으로 한미연합사령관에게 위임함으로써 평시에도 핵심 작전통제권을 계속 행사해 온 것과 유사한 조치이다.

❖ 미군기지 이전과 환경오염 정화문제

2010-12년 사이에 주한미군사령부(USFK)가 주한미군전투사령부(KCOM)로 재편되고, 용산에 있던 새로운 주한미군사령부와 한강 이북에 흩어져 있던 미군기지들이 평택으로 이전될 예정이다. 반환대상인 미군기지 66곳 가운데 국방부·환경부의 합동 오염조사가 끝난 23개 기지를 2007년 말까지 환수하고, 나머지 43개 기지에 대해서도 조속히 반환절차를 마무리할 예정이다. 2008년부터 평택지역에서 예정대로 미군기지 이전을 위한 시설물공사에 착수할 예정이다.

이런 가운데 반환된 미군기지의 환경오염 정화 문제가 큰 쟁점으로 떠올랐다. 용산기지 등 반환·이전 대상인 주한 미군기지의 오염과 관련해 그 정화 비용의 대부분을 한국 쪽이 부담하기로 되었기 때문이다. 용산기지의 치유 비용은 900억 원을 웃돌 것으로 추정되며, 반환 미군기지 66곳을 모두 합치면 그 부담액은 최대 5천억 원에 이를 것으로 알려졌다.

이처럼 엄청난 환경 정화 비용을 한국 측이 부담하게 된 것은 불합리한 한미행정협정(SOFA) 규정과 「미군 반환 공여지 환경조사와 오염치유 협의를 위한 절차 합의서」(2003년 5월) 때문이다. 협상과정에서 한국 쪽이 위 합의서와 「토양환경보전법」 등 국내법 규정을 들어 미국 쪽의 비용 부담을 주장한 반면, 미군 측은 SOFA 제4조 1항 등 한-미 사이 관련 합의 내용과 자국 환경 기준을 들어 한국의 비용 부담을 주장해 왔다. 결국, '오염자 부담 원칙'에 따라 미국 쪽에서 부담하게 될 것이라던 정부 당국자들의 설명과 달리

평택 미군기지 기공식(2007. 11. 14. 중앙일보)

한국이 부담하는 것으로 귀결되었다.

3) 한미동맹의 향후 과제

✤ '북한문제'를 둘러싼 협력과 갈등

한미동맹 재조정이 시작된 이래 한·미 양국은 북한문제와 관련하여 두 가지 점을 놓고 정책상의 이견을 보여 왔다. 표면상으로 드러난 것은 대북 접근방식이었지만, 문제의 핵심에는 중국에 대한 입장차이가 깔려 있었다. 하나는 북핵문제의 해결을 둘러싼 접근방식이고, 다른 하나는 북한의 급변사태에 따른 대응주체의 문제이다.

ite House photo by Eric Draper
을 보고 있는 미 부시대통령
(사진출처: 백악관 홈페이지
www.whitewhouse.gov)

먼저, 2002년 10월 2차 북핵 위기가 터진 이래, 한·미 양국은 6자회담을 통해 북한문제의 평화적 해결을 위해 공동으로 노력해 왔다. 하지만 양국의 대북 접근방식에 일정한 차이가 있었다. 한국은 북한에 대한 경제적, 외교안보적 보상을 통해 핵을 포기하도록 유도하는 '햇볕론'을 편 반면, 미국은 대북 압박을 통해 북한이 핵을 포기하도록 강제하는 '바람론'을 펴 왔다.

북핵 협상을 위한 한·미·일 남방삼각 공조는 이뤄지지 않았으며, 사안별로 한·중의 협력이 눈에 띄었다. 1998년 북한의 대포동1호 미사일 발사실험 이후 발표된 「페리보고서」에 따라 한·미·일 대북정책 조정감독그룹(TCOG)을 만들었던 것과 같은 대책기구는 존재하지 않았다. 다만 6자회담의 틀 속에서 한·미 공조관계를 유지해 왔을 뿐이다. 결국, 북핵문제에 접근방식을 둘러싼 한·미 간의 이견과 갈등은 미국 측이 대북정책을 햇볕론의 방향으로 대전환함으로써 해소되었다.

다음, 김정일 국방위원장의 급서나 정변 발생 등을 포함해 북한 내 급변사태 발생 시 대량살상무기의 확산을 막기 위한 조치 등 한반도 위기관리의 개입시기, 주체를 둘러싸고 한·미 간의 이견이 존재했다. 북한의 급변사태 시 미국은 한미연합사 또는 2012년 4월 이후 유엔사가 주체가 되어 조기개입해야 한다는 입장인 반면, 한국은 중국의 개입 가능성을 우려하면서 최대한 조기개입을 자제하되 개입의 경우에도 한국군이 주체가 되어야 한다는 태도를 피력했다.

이러한 한반도 위기관리 문제는 2005년 1월 미국 측의 반발을 무릅쓰고 청와대가 '작계 5029' 논의를 중단시킨 채 '개념계획' 단계에 머물러 있다. 하지만, 북한의 핵물질·핵무기에 대한 대응계획의 필요성이 제기되면서, 최근 들어 주한미군과 한국 합참을 중심으로 북한 급변사태 시 대응임무가 한국군과 미군이 분담하는 쪽으로 검토되고 있는 것으로 알려졌다. 하지만 당초 청와대가 제기했던 주권문제가 명확히 해결되지 않아 확정단계에서 논란이 재연될 가능성이 있다.[4]

❖ 한국군의 해외파병과 한미동맹

1960년대 월남파병을 계기로 한미동맹과 한국군 파병의 관계가 커다란 논란이 되어 왔다. 문제의 핵심은 과연 한국군의 파병 근거가 무엇인가 하는 데 있다. 그동안 정부는 공식적으로는 '국익'을 내세우면서도 비공식적으로는 한미동맹의 유지에 따른 파병 불가피성을 거론하곤 했다. 하지만 한미동맹의 유지와 한국군 파병이 어떻게 연계되는지를 분명히 밝힌 적은 없었다.

참여정부 5년 동안에도 여러 차례의 한국군 해외파병이 이루어졌다. 아프간에 의료지원단인 동의부대(2002년)와 건설공병지원대인 다산부대(2003년)가 파견되었으며, 2003년 서희, 제마부대가 이라크에 파견된 데 이어 2004년 하반기부터

---

4) 황일도, "청와대가 엎은 작계5029, '포스트 盧' 노리고 부활", 《신동아》 2007년 11월호.

자이툰 부대가 파견되었다. 그리고 유엔안보리의 결의에 따라 2007년 7월 특전사 병력을 중심으로 구성된 동명부대 350여 명이 레바논 남부 티레(Tyre) 지역에 파병돼 감시·정찰 임무와 치안 임무를 맡고 있다.

이러한 해외파병은 성격상으로 ▲ 비유엔다국적군, ▲ 안정화·재건 지원부대, ▲ 유엔평화유지군 등으로 나눠볼 수 있는데, 문제는 그 어느 것도 한미동맹의 국제법적 근거인 「한미상호방위조약」과 직접적인 관계가 없다는 점이다. 인간안보를 위해 군대의 도움이 필요한 경우가 있기 때문에 국제법적인 파병요건과 절차를 지킨다면 한국군의 해외파병 자체가 문제 있는 것이 아니다. 하지만 법적 근거나 절차를 무시한 채, 단지 미국의 요청, 한미동맹의 유지를 위해 파병한다면 한미동맹의 민주화에 역행할 뿐 아니라 오히려 동맹관계를 크게 훼손시킬 수 있다.

❖ 한·미FTA 체결과 동맹의 발전방향

참여정부 들어 한동안 삐걱거리던 한·미관계가 2005년 11월 17일 '경주 한미공동선언'의 발표를 계기로 군사, 외교, 경제 등 전방위 차원에서 밀월관계로 급진전하고 있다. 특히 동북아 지역 최초의 자유무역협정(FTA)인 한·미FTA는 21세기 한미동맹의 발전방향을 가늠케 해주는 시금석이라고 할 수 있다. 이제 한미동맹은 군사동맹 중심에서 무역과 투자가 공동목표달성에 더 큰 역할을 담당하는 '21세기형 포괄적·호혜적 동맹'으로 확대되고 있다.

미국이 FTA를 추진하던 25개 국가 가운데 일본에 앞서 한국을 우선협상대상국으로 지정한 것은 경제협력 이상의 의미가 있다. 이것은 근년 들어 정치·경제적인 유대가 중국 쪽으로 기울고 있는 한국과의 관계를 공고히 하고자 하는 미국 측 의도가 담긴 것으로 보인다. 이처럼 동맹의 물질적 기초를 강화함으로써 한·미 양국은 지난날의 군사동맹 중심에서 경제·외교·안보를 망라하는 포괄적인 동맹의 형태를 띠게 되었다.

아직 한국과 미국의 국회 비준동의가 남아있지만, 양국 내에서는 한·미FTA를 반대하는 움직임과 국회 비준과정에 앞서 FTA내용을 자국에게 유리하게 수정하려는 움직임이 존재한다. 한미동맹의 인프라 구축을 위해 최고지도자의 리더십 못지않게 양국민 간의 신뢰관계가 중요한 만큼, 큰 틀의 합의사항을 지켜나가면서도 반대의견에 진지하게 귀를 기울이는 자세가 필요하다.

4. 새로운 50년을 향한 한미동맹의 발전방향

무릇 이 세상의 모든 것들은 끊임없이 변화하고 발전해 간다. 한·미관계는 지난 50여 년간 세계에서 가장 성공적인 동맹으로 평가받아 왔지만, 이제 21세기의 변화된 환경에 적응하지 못한다면 도태될 수도 있다. 한국의 새 정부 출범을 맞이하여, 한미동맹이 21세기형 미래지향적인 관계가 되기 위해서는 다음과 같은 방향으로 발전되어야 할 것이다.

1) 한미동맹의 민주적인 운영

한·미 양국이 미래지향적인 전략적 동반자가 되기 위해서는 그에 앞서 한미동맹의 민주화가 이루어져야 한다. 버시바우 주한 미 대사는 한국의 반미감정을 분석하면서 초강대국인 미국이 훨씬 작은 파트너국가인 한국과 "상호 호혜적인 의무와 권리"를 존중하는 방향으로 양국 관계를 발전시켜 나가야 한다고 밝힌 바 있다.5)

한미동맹에서 상호 호혜적인 의무와 권리를 존중한다는 것은 사전협의를

---

5) 버시바우, 앞의 글.

통해 상호의 국익과 입장을 충분히 설명하고 설득해 한·미관계를 조정해 나가며, 또한 민주적 절차에 의거해 결정된 상대방의 정책을 존중해 주는 것을 의미한다.6) 우월적인 지위를 이용하여 미국의 관심 의제를 일방적으로 강제하려 들 경우, 단기적으로 미국의 입장이 관철될지는 모르나 중장기적으로 동맹의 훼손과 약화로 이어질 수밖에 없다.

지난 참여정부는 역대 어느 정부에 못지않게 미국의 정책에 협력해 왔다. 송민순 외교통상부 장관은 한미동맹이 대북 억제를 넘어 한반도, 동북아, 범세계적 차원에서 새로운 목표와 비전을 갖고 발전해 왔다고 평가한 바 있다.7) 그러나 한국과 미국의 전문가들 가운데는 참여정부 5년간 한미동맹이 크게 균열되었다고 생각하는 사람들이 많다. 이것은 한·미 양국이 모두 동맹간 협의의 절차적 투명성과 상대방에 대한 성의를 갖지 않았다고 판단했기 때문이다. 그런 점에서 한미동맹의 민주적인 운영이 가장 중요한 과제로 떠오를 수밖에 없다.

2) 진정한 '가치동맹'으로의 발전

한·미 양국의 전문가들이 한국과 미국이 자유와 민주주의, 시장이라는 공동의 가치를 토대로 한 '가치동맹'으로 거듭나야 한다고 주장하곤 한다. 이러한 주장은 '국익'을 중심으로 맺어진 전통적인 동맹 개념을 뛰어넘은 것이라는 점에서 긍정적으로 평가할 만하다. 하지만 공동의 가치를 지나치게 강조할 경우 또 다른 문제점을 낳을 수도 있다.

2006년 11월 아소 일본 외상(당시)이 제창했던 '자유와 번영의 호(弧, arc)'라는 외교비전은 국제사회를 민주주의와 시장경제를 중심으로 양분하는 발상으로,

---

6) 이근, "한미동맹은 '공포의 동맹'인가?", 《프레시안》 2007년 10월 25일.(www.pressian.com)
7) 송민순, "동북아시아와 한미동맹―왜 한미동맹이 동북아 지역과 미국에 중요한가", 2007년 11월 5일(www.news.mofat.go.kr).

그러한 가치를 공유하지 않는 중국, 러시아, 북한과 같은 국가들과 대립할 수밖에 없어 새로운 대립과 반목의 진영구도를 촉발할 위험성을 내재하고 있다.[8]

그런 점에서 한·미 양국이 진정한 '가치동맹'으로 발전하기 위해서는 미국의 가치를 한국이 공유하는 것뿐만 아니라, 미국 스스로 한국이 가진 가치를 인정해야 한다. 오늘날 한국은 스스로의 가치로 아시아와 세계에서 새로운 공간을 만들어낸 세계 10위권 초반의 경제대국이며 동아시아 최고의 역동적인 민주주의 국가로 발돋움한 나라이기도 하다. 국제사회도 우리의 농촌근대화, 압축성장, 민주화, 한류(韓流) 등 한국 자체가 가진 가치에 주목하고 있다.

이처럼 한국이 경제적으로 크게 성장하고 민주화를 성취했다는 점에서 미국도 한국이 가진 '가치'를 평가하고 인정해야 한다. 이제 미국에 대한 한국의 '전략적 가치'를 높이는 문제뿐만 아니라 국제사회에서 한국의 '가치'를 발휘할 것인가 하는 점도 과제로 등장했다.

3) 주변국을 배려하는 성숙한 한미동맹

주한미군은 2010-12년 사이에 전투사령부(UEx)로 재편이 완료되면 전략적 유연성에 따라 동북아 신속기동군으로 본격적인 활동을 전개할 것으로 예상된다. 이처럼 주한미군이 본격적으로 신속기동군화할 경우, 중국 등 주변강대국들과 불필요한 마찰을 빚게 될 가능성이 커진다. 따라서 동맹의 민주화 차원에서 주한미군의 전략적 유연성에 대한 원칙을 마련하고 합의·이행할 필요가 있다.

작전구역(한반도 및 태평양 내 미국 영토 등)에서 분쟁이 발생했을 때 주한미군을 전개하는 '작전출동'의 경우「한미상호방위조약」에 따른 것이므로 당연히 허용되어야 할 것이다. 이라크로 전출된 미2사단 2여단의 사례처럼 태평양사령부(주한미

---

[8] 寺島実郎, 「麻生大臣、米中接近を直視しろ」, 『文芸春秋』 2007年 8月号.

군사령부) 소속이었다가 중부사령부로 소속을 변경하여 작전에 참여하는 '역외이동'의 경우, 한국의 방위에 문제가 생길 수 있다는 점에서 한·미 간에 '사전협의' 또는 '사전통보'를 의무화해야 한다. 하지만 한국을 발진기지로 하여 국제분쟁에 개입하는 '역외출동'의 경우는 한국도 그러한 국제분쟁에 '연루'될 위험이 높기 때문에 절대로 허용해서는 안 된다.

그 밖에도 한미동맹이 새로운 방향으로 군사협력을 확대할 경우, 주변강대국이 이해하고 양해할 수 있는 범위 내에서 추진해야 한다. 가령, 특정 국가를 겨냥한 NATO 파트너십 확대나 미사일방위(MD)에 참가하는 문제 등은 국민적인 합의 절차는 물론, 사전에 주변국들과 충분한 대화를 통해 추진해야 한다.

4) 글로벌 파트너십과 한국의 틈새외교 강화

지난 50여 년간 한국은 미국이 제공해 준 안보와 시장의 도움을 받으며 경제적으로 개발도상국에서 선진국 문턱으로, 정치외교적으로 약소국에서 중견국가(middle power)로 성장해 왔다. 이제 한국은 더 이상 미국에만 의지하는 약소국의 외교행태에서 벗어나야 한다. 이것은 우리의 국가적 위상 때문만이 아니라, 미국의 요청이자 기대이기도 하다.

미국은 국제질서의 유지를 위해 세계경찰의 역할을 담당해 오면서, 과도한 미국의 군사적·재정적 부담을 줄여나가길 원하고 있다. 실제로 지난 한미동맹의 재조정 과정에서 미국은 한국에게 중견국가로서 자기 책임을 다해 국제사회에서 일정한 역할을 분담해 줄 것을 요청했다. 이러한 차원에서 '한국방위의 한국화'가 추진되고 있으며, 앞으로 더 많은 국제 평화협력활동이 추진될 필요가 있다.

진정한 한·미 글로벌 파트너십은 미국의 군사전략에 일방적으로 추종하는 것이 아니다. 그것은 미국의 전략적 이익을 훼손하지 않는 범위에서 우리 외교의 독자적 역할을 확대하는 틈새외교(niche diplomacy)를 강화하면서 전략적으로 미국과 협력하는 것이다. 그런 점에서 신정부는 지난날의 약소국 외교 행태를 뛰어넘어, 한국외교의 위상과 지향에 걸맞게 글로벌차원의 한·미 역할분담을 모색해 나가야 한다.

주한미군 재배치와 전략적 유연성 합의의 문제점

평택범대위 정책자료집 편집팀[1]

1. 전략적 유연성과 해외주둔미군재배치계획(GPR)

1) 동맹재편의 소프트웨어, 전략적 유연성

전략적 유연성이란 한마디로 해외주둔 미군을 전 세계 어느 곳으로든 신속하게 투입할 수 있도록 군대를 신속기동군으로 탈바꿈하여 재배치하며, 그 작전 범위를 유연화하는 것을 의미한다. 이 경우 유연성은 장비의 유연성, 병력이동의 유연성, 기지사용의 유연성, 사전협의 절차의 유연성 등을 모두 포괄한다.

    장비의 유연성은 말 그대로 해외주둔 미군기지 내의 장비를 전 세계적 범위에서 이동이 가능하도록 한다는 것이다. 이와 관련하여 유의할 것은 미국은 핵잠수함,

---

[1] 본고는 평택범대위의 2차 정책자료집(2006. 9.18) 중 '제3장 전략적 유연성과 주한미군 재배치'를 발췌한 것이다. 당시 이 장의 집필은 참여연대 이태호가 담당했고 유영재 평택범대위 정책위원장이 일부를 보완했다.

미 공군 훈련모습 (사진출처: 미 국방부 홈페이지)

핵 탑재 항공모함과 같은 핵무기 관련 장비의 이동에 대해 확인도 부인도 하지 않는 정책을 유지하고 있다는 점이다. 단순히 핵문제가 아니더라도 스텔스기 등과 같은 공격적 무기들의 입출입이 잦을 경우, 이는 역내 국가들에게 위협적 요소로 인식될 가능성이 크다. 병력이동의 유연성은 신속기동군 체제로 전환된 미군 병력의 입출입이 유연해진다는 의미이며, 기지사용의 유연성은 붙박이 군이 아닌 전 세계로 투사 가능한 신속기동군이 전 세계의 기지를 유연하게 활용하게 된다는 의미이다. 사전협의 절차의 유연성은 이들 장비, 병력, 기지사용의 유연성을 확보하기 위해 기지를 제공하는 공여국과의 협의 절차를 융통성 있게 하여 미군의 드나듦에 대한 제약요소를 최소화한다는 의미이다.

사실, 전략적 유연성은 전적으로 새로운 개념이 아니다. 미국은 1990년대 이래 주한미군, 주일미군 등의 해외주둔 미군의 지역적 역할의 확대를 강조해 왔다. 다만, 부시 행정부에 선제공격 개념을 포함한 대테러 전쟁 개념 그리고 이에 따른 미군의 군사혁신이 본격화되면서, 해외주둔 미군의 유연성도 더욱 구체적인 개념과 계획을 확보하게 된 것이다.

전략적 유연성은 미군의 군사혁신과 새로운 군사전략에 바탕을 둔 미군의 새로운 임무와 역할, 편재와 배치, 작전활동 등을 포괄적으로 지칭하는 개념적 표현이다. 따라서 해외 각 지역 미군의 역할과 작전범위를 지역적 혹은 지구적으로 확대하고, 이를 위해 미군을 신속기동군 체계로 전환하여 부대와 기지를 통합하고 재배치하며, 변화된 미군의 역할과 군사적 기능에 대한 동맹국들의 공동협력체계를 형성하는 것 모두를 의미하는 개념이다. 국가안전보장회의(NSC)가 고백한 표현을 빌자면 "전략적 유연성은 동맹재편의 소프트웨어, 기지 재배치와 군사혁신은 그 하드웨어"에 해당하는 셈이다.

2) 해외주둔미군재배치(GPR) 계획과 전략적 유연성

전략적 유연성의 군사적 전제는 미군의 군사혁신과 이에 기반을 둔 해외주둔미군의 재배치이다. 미국은 정보기술의 발달에 기초한 군사혁신(RMA, Revolution in the Military Affairs)에 부응하기 위해 1990년대 중반부터 군사변환(Military Transformation)을 꾸준히 추진해왔다. 군사변환의 핵심은 미군의 ▲장거리 투사능력을 높이고 ▲원거리 정밀타격능력을 향상하며 ▲육·해·공·해병의 통합운용능력을 강화한다는 세 가지 내용으로 요약된다. 이러한 군사혁신에 상응하는 군 편제는 독립 여단들이 자유롭게 결합해 임무를 수행하는 '모듈형(규격화된 조립단위)군'이다. 이들은 첨단과학 무기로 무장된 신속기동군이다. 한마디로 자유자재로 이동 결합이 가능한 경량화된 첨단 조립식 군대로 만드는 것이다.

2003년 11월 25일, 부시 대통령은 불량국가, 국제테러, 대량살상무기(WMD)

확산 등 새로운 위협에 대처하기 위한 전 세계 군사태세의 재편 필요성을 강조하면서 '해외미군재배치계획'(GPR, Global Posture Review)을 발표하였다. 제2차 세계대전 이후 미국은 수많은 신군사전략을 발표해 왔지만 부대편성이나 배치 등에는 실질적인 변화가 없었다. 그러나 GPR은 2001년 부시 행정부 집권 이래 검토해 온 사항을 집대성한 것으로 대테러 전쟁 시대의 운용의 틀이 될 부대재배치(GPR) 계획을 구체화한 것이다. GPR의 특징은 ▲미군운용의 효율화 ▲기지의 분산화 ▲부대배치의 기동화로 요약된다. 신속기동군의 장거리 투사의 전초기지(HUB)를 세계 전역에 확보하고 이를 위해 기지를 통폐합한다는 것이다.

2004년 기지이전협상 당시 정부는 GPR이 아직 형성중인 개념이라면서 주한미군재배치나 용산기지 이전과는 상관이 없다고 주장했지만 이는 사실과 다르다. GPR은 이미 실행 중인 계획이다. 단 완성되었다고 볼 수는 없는데 이는 GPR이 미국 의지대로 할 수 있는 일이 아니라 미군이 존재하는 각 나라들과의 협상과 조정이 필요한 계획이기 때문이다. 정부는 GPR이 협상대상을 갖는 가변적이 계획이라는 사실에 대해서는 외면하고 국민에게는 각종 주한미군재배치 협상이 GPR과 관련이 없는 것처럼 주장했었다.

3) 동맹의 재정의와 지역동맹으로의 전화

해외주둔 미군의 전략적 유연성을 실현하자면 냉전시기 동안 쌍무적으로 형성된 개별 국가 간 안보조약 및 동맹체제가 걸림돌로 작용하게 된다. 한미동맹, 미일동맹 등은 동맹의 임무와 역할, 군사행동의 반경 등이 엄격히 제한되어 있기 때문이다.

냉전 해체 이후 미국은 일본, 서유럽(NATO)과 함께 각각 '미·일 공동안보선언'(1996년)과 'NATO의 확대와 그 사명의 재정의'(1999년)를 발표하여 '냉전 이후의 동맹 재정의'를 추진해왔다. 그 핵심은 미국의 군사전략 및 군사변환에 함께 할 수 있도록 동맹의 활동범위와 역할을 지역적, 지구적으로 확대(이른바 해외배치 미군의 전략적 유연성 강화와 동맹 간 '상호운용성' 강화)한다는 것이다.

부시 행정부 이후 GPR이 공식화됨에 따라 각 나라와 맺은 상호안보조약 혹은 동맹의 임무와 역할을 변경, 확장하려는 노력은 더욱 본격화되었다. 동북아에서 미-일 양국은 국제테러, 대량살상무기(WMD)의 확산 등 '새로운 위협'에 공동대응하기 위한 지역동맹으로서 '2차 동맹재정의-2차 미일공동안보선언'을 준비 중이다. 현재 한국에서 일어나고 있는 한미동맹 재편 논의도 이러한 맥락이다.

4) 테러와의 전쟁과 전략적 유연성

미국이 추구하는 해외주둔 미군재배치와 전략적 유연성의 위험성은 미군의 역할 변경과 군사적 재배치가 이른바 '테러와의 전쟁'과 긴밀히 결합한다는 데 있다. 주지하듯이 9.11테러로 미국이 테러와의 영구전쟁을 선포한 이후 테러문제는 더 이상 치안의 대상이 아닌 전쟁의 대상으로 다루어지게 되었다. 그런데 '테러에 대한 절대 안보' 선언은 군사적으로는 상당히 어려운 문제점을 내재하고 있다. 국경선 없는 전쟁의 시작, 선전포고 없는 전쟁을 의미할 수 있기 때문이다.

실제로 미국은 국가안보전략 2002에서 "장거리 미사일과 대량살상무기 확보에 '근접한' 국가와 테러리스트 조직에 대한 선제공격" 전략을 정식화하고, 북한, 이란 등에 사용할 목적으로 선제핵공격 개념계획안(2004년, 콘플랜 8088-02)을 마련하기도 하였다. 대테러 전쟁을 선포한 부시 행정부는 기존의 '두 개의 전쟁' 전략을 수정하여 '1-4-2-1 군사전략'을 21세기 신전략으로 채택하였다. ▲9.11 이후 가장 중요한 것으로 상정된 미국 본토방위(본토방위사령부, 국토방위부 신설), ▲4개 지역(유럽, 동북아시아, 동아시아 도서, 중동/서남아시아)에서의 전쟁억제, ▲대규모 전쟁 2곳에서의 "신속한 승리"와 이 중 1곳에서의 "결정적 승리" 등이 1-4-2-1 전략의 주요 내용이다. 게다가 클린턴 시대의 전쟁 계획이 현상유지 개념이라면 부시에 와서는 결정적 승리, 정권 제거 등으로 공세적인 성격을 띠게 된다.

이러한 전략적 유연성은 미군에만 해당하는 것이 아니다. 이미 미국은 아프간 이라크 등에서 자국방위 임무를 뛰어넘는 이른바 '대테러 전쟁'에 동맹국을 동원하고 있고, PSI(대량살상무기확산방지구상), CSI(컨테이너안보구상), RMSI(지역해양안보구상)에 대한 참여도 동맹국에 요구하고 있다. 주한미군의 전략적 유연성은 한미동맹이 공동으로 지역적, 지구적 역할을 수행하는 것으로 귀결될 것이 자명하다. 실제로 한·미 간에는 2004년 한미상호군수지원협정이 체결되어 이미 한반도 이외의 지역에 대한 공동 군사작전의 근거가 마련된 셈이다.

2. 주한미군 재배치

1) 탈냉전 이후 주한 미군의 역할 변경 논의 개요

주한미군의 역할변경 논의는 알려진 것보다 오랜 역사를 가지고 있다. 1980년대 후반은 예산과 무역의 쌍둥이 적자로 상징되는 미국경제의 침체로 예산 적자를 줄이기 위해 국방비 감축이 적극 검토되던 시기였다. 이는 동맹국의 방위책임 증가와 해외주둔 미군의 감축과 재조정의 압력으로 이어졌고 1989년 7월 미 상원은 국방예산에 대한 수정안(넌-워너)을 통해 국방부에게 동아시아 주둔 미군의 감축과 재조정 방안의 제출을 결정하였다.

이에 1990년 미 국방부는 3단계에 걸쳐 동아시아 주둔 미군을 감축하는 동아시아 전략구상을 의회에 제출했고 이 계획에 따라 한미연합사 야전사령부가 해체되고 1991년 11월까지 약 7천 명의 주한미군이 철수하였다. 이후 주한미군의 추가 철수는 북핵문제로 연기되었고, 1995년 클린턴 행정부가 기존 동맹체제와 미군의 해외주둔을 유지키로 결정하여 주한미군 철수는 잠정적으로 중단되었다.

주한미군 감축문제는 주한미군의 역할변경 문제와 긴밀히 연관된 주제로 다루어져 왔다. 1989년 이래 한미연례안보협의회의(SCM)에서 주한미군의 지역 역할 강화가 거론된 이래 한·미 양국은 1995년 한·미 공동연구를 거쳐 2003-4년 미래한미동맹정책구상회의(FOTA)에서 이를 공식적으로 의제화하였다. FOTA에서는 주한미군 재배치 외에도 주한미군의 전략적 유연성, 한국군의 '대북방어' 주도, 주한미군의 '지역안정' 기여 등 주한미군 역할 변경 문제가 검토되었다.

한·미 양국은 FOTA를 통해 제2사단을 비롯한 주한미군의 감축 및 신속기동군화, 용산기지의 평택이전과 기지통폐합 등에 합의하여, 2004년 10월 22일 36차 한미연례안보협의회의(SCM)에서 합의문에 최종 서명하였고, 그 해 12월 문제의 주한미군재배치 관련 협정들이 국회의 비준동의를 받았다. 다만, 전략적 유연성 문제에 대한 본격적인 논의는 이 문제가 공론화될 경우, 한국 내의 반론 등으로 당초 계획에 차질이 빚어질 것을 우려한 한·미 양국의 합의에 의해 기지이전 협정 비준 이후로 유보되었다.

주한미군 재배치와 감축에 대한 합의가 끝난 후인 2005년 2월부터 한·미는 한미안보정책구상회의(SPI)와 차관급 고위전략 대화를 통해 이른바 전략적 유연성과 한미연합지휘체계 개편 구상 등 나머지 문제를 논의해왔다. SPI 의제로는 ▲미래 한미동맹 비전연구 ▲전시작전권 환수 및 한미연합지휘체계 문제 ▲미군재배치 점검 ▲반환기지 환경오염 부담 등이 논의되었다.

수면 아래 잠복해 있던 전략적 유연성 문제는 2006년 1월 19일 한·미 간의 첫 고위전략 대화에서 양국 외무부(국무부)장관 공동성명을 통해 합의사실을 공표하면서 다시 논란을 불러일으켰다. 정부는 주한미군의 전략적 유연성에 따른 해외분쟁 개입에 대한 통제장치의 문제는 이후 차관급 고위전략 대화에서 계속 논의키로 했다고 해명하고 있다.

2) "전략적 유연성과 주한 미군재배치는 한 몸"

"미국은 용산기지 이전문제를 1986년부터 검토"
― 제임스 릴리 전 주한 미대사, 《조선일보》. 2004. 9.30

"해외주둔 미군이 현재 유럽과 동북아에 집중 배치되어 있는 것은 잠재적 위협에 대처하기 위한 새로운 미국의 군사전략을 수행하기에 부적절하다. 미군의 이동을 유연하게 하기 위해 해외미군기지는 재조정되어야 한다."
― 4개년국방계획검토(QDR), 미 국방부, 2001

"2001년 미 국방부의 QDR에 따라 기지 재배치 연구가 진행되어 왔으며 2003년 3월 미 국방부는 2003년 3월 해외주둔 미군 재배치와 기지통폐합에 나설 것을 요구하였다. 이러한 결과로 2002년 한·미가 합의한 바 있는 LPP를 개정하고 용산기지를 이전할 것을 검토하고 있다."
― Defense Infrastructure, 미회계감사원(GAO) 보고서, 2004. 6. 15

이렇듯 미국은 전략적 유연성과 주한미군재배치를 밀접히 연관시키고 있으며, 나아가 2사단의 평택이전과 재편, 용산 기지(제8군 사령부 등)의 평택이전과 재편이 모두 주한미군 재배치 계획 일환으로 보고 있다. 실제 미국 내 해외미군기지이전 관련한 각종 보고서는 주한미군 기지 재배치와 용산기지 이전을 구분하고 있지 않으며, 실제 미 2사단과 연합토지관리계획(LPP) 관련 기지이전 협상은 동시에 추진되었다.

3) 주한미군 재편 ― 아시아태평양 신속기동군화

주한미군 재편은 미군의 군사혁신과 해외주둔기지 재배치의 시범 케이스로 추진되었다. 2004년까지의 FOTA 논의에 따라 2005년 미국은 미 2사단을 해외주둔 미군 최초로 사단과 군단기능을 통합한 '미래형 사단'(UEX, Unit of Employment X)으로 전환하였다. 특히 미 2사단 산하의 제1여단은 이미 기존 여단보다 2-3배 전력이 강화된 중무장한 '미래형전투여단'(UA, Unit of Action)으로의 재편을 완료하여 세계최초의 '슈퍼여단'으로 불리고 있다.

미래형 사단으로 전환된 미 2사단은 C4I 및 무인정찰기(UAV)를 비롯하여 최신예 에이브럼스(AIM) 탱크, M270A1 최신예 다연장로켓시스템을 갖춰 훨씬 강화된 '정밀타격능력'과 '확대된 전장과 원거리에서의 작전능력'을 보유하게 되었다. 미래형 사단은 평시에는 1개의 여단만 보유하지만 유사시에는 하와이와 미 본토 등에서 한반도로 증강 투입되는 5개의 UA를 지휘하게 된다.

4) 주한미군 재편 — 기지 재배치와 병력 감축

미국은 주한미군 기지를 평택과 대구·부산 등 2개의 허브기지, 경기 북부의 연합훈련센터와 군산 공군기지 등 소수의 전진작전기지로 통폐합하는 계획을

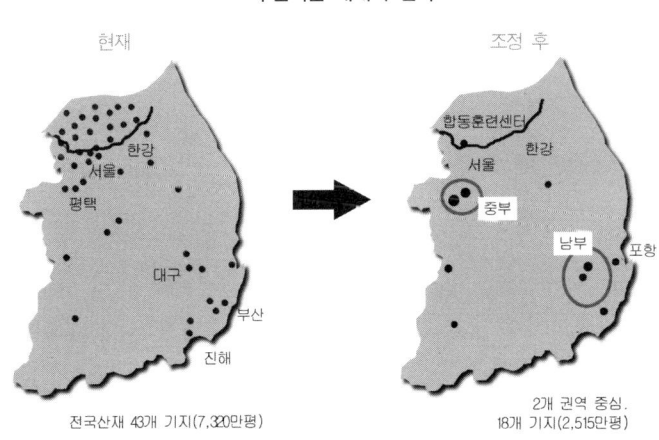

주한미군 재배치 변화

〈표 1〉 주한미군 재배치에 따른 부지의 변화

	기존	반환	신규	잔여
면적	7,320만 평	5,167만 평	362만 평	2,515만 평
기지 수	43개	27개		16개
훈련장지역 수	15개	7개		8개
훈련장 수	52개	35개		17개

출처: 국방부, 『2004 국방백서』, 국방부, 『국방정책자료집』, 2006.

〈표 2〉 반환 및 신규 부지의 지역별·기지별 현황

구분	반환면적	신규제공			
		지역별 면적 / 기지별 면적	평성 계 285만 평	서탄 계 64만 평	기타 계 13만 평
용산기지	118만 평	52만 평	38만 평	14만 평	
미2사단	935만 평	223만 평	223만 평		
LPP	4,114만 평	87만 평	24만 평	50만 평	포항 10만 평, 김천 3만 평

출처: 국방부 미군기지이전사업준비단, 『미군기지이전사업, 사실은 이렇습니다』, 2006. 5

추진하고 있다. 용산기지와 미 2사단이 이전하게 될 평택에는 한미연합사령부와 주한미군사령부, 유엔군사령부, 미 8군사령부 등 용산기지의 사령부는 물론, 2사단 사령부와 예하 여단, 제1여단 전투팀(HBCT) 본부 등 주한 미 지상군 주력 전투부대가 모두 집결하게 된다.

평택에는 K-55 미 공군기지와 한국의 해군항이 위치해 있다. 미국 입장에서 보기에 평택은 기동력과 신속타격능력을 핵심으로 하는 자신의 신군사전략을 구사하기에 더없이 좋은 장소인 것이다. 미군은 캠프 험프리기지의 활주로를 개선하여 미 수송작전의 주력인 C-17 수송기가 직접 착륙할 수 있는 조건도 갖출 계획이다.

이와 함께 2004년 한·미 양국은 2008년까지 주한미군 12,500명을 감축하여

<표 3> 주한미군 감축계획

단계	1단계	2단계		3단계
연도	2004년	2005년	2006년	2007~2008년
감축병력	5,000명	3,000명	2,000명	2,500명

25,000명을 남기기로 합의하고 이를 추진하고 있다. 이에 따라 2사단 2여단(이라크 차출)과 직할부대(지원부대와 공병여단)가 감축되고, 기갑여단이나 항공여단, 포병여단 그리고 용산기지의 일부 행정 병력도 감축되고 있다.

한·미 양국은 여기에 더하여 주한미군사령부·미 8군사령부 등 주한미군 지휘구조의 재편·축소를 추진하고 있다. 이에 따르면 주한 미 지상군은 소규모의 지휘 사령부와 1천여 명의 증원지원여단만 남거나 3천 명 규모의 순환배치여단이 추가로 남고 나머지는 모두 감축될 전망이다. 이렇게 되면 주한미군은 2010년대 전반기 즈음에는 해·공군 포함 총 12,000~15,000명 안팎으로 줄어들 가능성이 있다.

3. 주한미군의 전력적 유연성과 재배치의 문제점

1) 동북아시아 군사 갈등 고조

미국의 새로운 군사전략은 중동에서 뱅골만을 거쳐 동남아와 동북아에 이르는 '불안정한 활꼴' 모양의 거대한 포위망을 형성하는 것을 겨냥하고 있다. 미국의 부시 행정부가 채택한 1-4-2-1의 전략은 4개 지역(동북아, 동남아, 중동, 유럽)에서의 '전진 억제', 2개 지역(중동, 동북아)에서의 '신속한 승리' 등을 뜻하는 전략으로 아시아가 주요 전략지역임을 보여준다. 미국이 최근 진출한 중동 및 중앙아시아 지역은 원유-가스자원의 최대매장지이자 파이프라인의 길목이며, 이는 지역적으로 중국의 동, 남, 서남 경계에 해당한다. 미국은 전통적으로 해양 전략을 지향하였으나, 탈냉전과 대테러 전쟁 이후 해양과 대륙 모두에서 구사회주의 국가이자 잠재적 패권국가인 러시아와 중국을 모두 포위하는 광범위한 영역을 지배하게 된 셈이다.

미국 국가정보위원회(NIC), 〈2020년 세계정세보고서〉(2005년)에서는 앞으로 15년 뒤 중국과 인도의 성장으로 21세기는 아시아 국가들의 시대가 될 것으로 예측하고 있다. 또한 한반도와 대만해협에서 15년 이내에 '중대국면'이 찾아올 것으로 관측하고 있다. 이와 관련하여 주목할 만한 것은 미-일 동맹관계의 급속한 발전이다. 국무부 차관인 아미티지의 보고서(2000년)는 아시아에서 일본을 유럽의 영국과 같은 동반자 관계로 정의하고 있다. 한국과의 전략적 유연성 합의가 이 같은 대중국 포위 구도를 완성하기 위한 지역동맹구도의 완결판으로 될 가능성이 크다.

중국과 러시아는 이 같은 변화에 즉각적인 반응을 보이고 있다. 평택기지 이전협정이 비준된 후 중국과 러시아는 평택 맞은 편 산둥반도에서 '평화의 사명 2005'로 명명된 중·러 합동 군사훈련을 실시함으로써 1960년대 중소이념분쟁 이후 최초로 군사훈련을 재개했다. 2005년 7월 1일 후진타오와 푸틴 정상회담에서는 "21세기 국제질서에 대한 새로운 공동선언문"이 채택되었다. 이 선언은 "주권국의 객관적인 발전 과정을 무시하고 외부로부터 특정한 사회·정치적 모델을 강요하는 것은 용납할 수 없다", "국제문제에서 독선과 압제를 지향하지 말아야 하며 지도 국가와 지도를 당하는 국가로 나누려는 기도도 사라져야 한다"며 부시 행정부가 내세운 민주주의 확산전략을 겨냥했다.

2006년 3월 22일, 닝푸쿠이(寧賦魁) 주한 중국대사는 한·미가 1월 합의한 전략적 유연성 문제와 관련 "주한미군이 제3국을 대상으로 행동하게 되면 우리는 관심을 돌리지 않을 수 없다"고 경고했다. 또 그는 "한·미 간 합의에는 주한미군이 한국민의 동의 없이는 제3국에서 활동할 수 없다고 했고 미군의 한반도 주둔도 한국의 안보를 위한 쌍무적인 체제로 이해될 수 있는 것으로 (전략적 유연성도) 쌍무적인 틀에서 행동하면 이해할 수 있다(2006. 3. 22. 《연합뉴스》)"고 부연하였다. 이는 한국 정부의 외교적 수사를 인용하여 주한미군의 전략적 유연성에 대한 경계심을 간접적으로 표한 것으로 풀이된다.

2) 미국의 대북 군사 작전의 공세화

'전략적 유연성'을 한미동맹 역할의 세계적 확장으로만 해석하는 것은 미국의 군사전략의 다른 측면들을 놓칠 위험이 있다. 북한은 2기 부시 행정부의 '변형외교'의 목표이고, '1-4-2-1 전략'이 가정하고 있는 2개의 지역전장(중동과 동북아)일 뿐만 아니라 미국 핵전략과 반확산 정책의 주요 목표이기도 하다. 미국은 1-4-2-1 군사전략을 한반도에 적용하기 위해 한미연합사의 작전계획을 더욱 공격적으로 바꾸고 있다. 이와 관련하여 주목할 만한 것은 지난 2005년 10월 국정감사에서 민주노동당 권영길 의원이 공개한 이른바 '전략기획지침' 문서이다.

9.11 직후인 2002년 11월 SCM에서 한·미 국방부장관이 서명한 이 문서는 "작전계획 5027과 개념계획 5029를 보완하는 추가적인 작전계획 5026을 발전시킨다", "이 작전계획은 2003년 7월까지 수립한다"는 내용을 담고 있다. 또한 이 '전략기획지침' 4조에는 "대한민국에 대한 공격을 결정적으로 격멸하기 위해 UNC/CFC(유엔군사령부/한미연합사령부)의 작전계획 5027을 수정 및 최신화한다"며 작전계획의 목표를 ▲북한군 격멸 ▲북한정권 제거 ▲한반도 통일여건 조성이라고 규정함으로써 이 계획이 대북 공격용임을 명시하고 있다.

권영길 의원은 "대북 정밀타격용 '작계 5026'이 북한정권 제거 등 전면전을 위한 '작계 5027-0'와 북한 내부의 소요사태, 정권붕괴, 내전, 대규모 탈북

등 급변사태에 개입하기 위한 '개념계획 5029'로 필요에 따라 언제든지 서로 전환될 수 있는 것을 의미"하며 "이 세 가지 계획은 한미연합사 작계의 순환고리"라고 지적하였다.

특히 주목을 끄는 것은 작전계획 5029-05다. 청와대가 주권침해, 위험성 등의 이유를 들어 제동을 걸었던 것으로 알려진 '작전계획 5029-05'는 북한 내부에 이상 징후가 발생할 경우 주한미군사령관이 작전통제권을 행사하여 ▲쿠데타 등에 의한 북한 내전 상황 시 국경 봉쇄 ▲북한 내 한국인 인질 사태 시 구출작전 ▲대규모 탈북사태 시 군부대 임시 수용 후 정부 인계 ▲반란군이 핵·생화학무기와 같은 대량살상무기 탈취 시 특수부대 투입 ▲대규모 자연재해 시 인도주의적 지원 군사작전을 수행하도록 하고 있는 것으로 전해졌다. 이 계획은 북한인권법, 대규모 탈북 난민사태를 대비한 다국적군의 모의훈련(MPAT), 대량살상무기방지구상(PSI) 등을 통한 북한 흔들기와 연계될 가능성이 있다는 점에서 매우 심각한 문제점을 안고 있다. 정부는 작전계획 5029-05작성을 중단하고 '개념계획'으로 재작성하기로 했다고 하면서 이렇게 되면 문제가 해결되는 것처럼 주장하고 있다. 그러나 미 합참의 군사용어사전에 따르면 개념계획도 '축약된 작전계획'일 뿐만 아니라, 개념계획과 작전계획의 차이가 없어지는 추세라는 점에서 본질적으로 동일한 문제를 안고 있다.

3) 상호방위조약 위반, 분쟁 개입 통제장치 부재

NSC나 주무 부처인 외교통상부는 전략적 유연성의 문제가 상호방위조약에 위배되거나 조약 개정에 준하는 조치라는 것을 알고서도 이에 준하는 절차, 예컨대 국회 비준 등의 절차를 취하지 않았다.[2] 또한 정부는 당초 '사전동의

---

[2] "미국이 침략을 받지 않는 경우에 주한미군을 한반도 이외 지역으로 이동시키는 것은 한미상호방위조

⟨표 4⟩ 전략적 유연성에 따른 주한미군의 성격 변화

	현재 (한미상호방위조약)	미래(조약상 근거?)	비고(논쟁점)
작전범위	대한민국 영토(제3조)	아시아·태평양, 전 세계	한미상호방위조약 위반
작전성격	침략을 부인-방어적(제1조)	예방선제공격 독트린-공세적	위헌 여부 대북 선제공격 가능성
임무전환	대북억지	대북억지+역내외 분쟁 개입 -한국군: 대북 방어 위주 -주한미군: 지역 안정 기여	대테러 전쟁에 한국연루, 중미, 양안 갈등 한국연루, 동 맹이익의 비대칭
특성	지상군 위주 붙박이 군대	해·공군 위주 첨단신속기동군	한미연합전력 증강 요구 '한미연합'전력의 유연성
기지	장기 주둔 훈련	원거리 투사 허브	분쟁개입 전초기지화

수준의 협의제가 반드시 필요하다고 강조했었지만 곧 사전협의제가 불필요하다고 주장하기 시작했다.3)

2005년 3월 8일 노무현 대통령은 공군사관학교 제53기 졸업식에서 "참여정부

약에 어긋난다고 볼 수 있음"(이종석 NSC 사무차장, NSC 상임위 회의록. 2005. 12. 29)
3) "주한미군이 여러 가지 전략적 유연성에 따라서 이동이 있을 경우에는 당연히 사전에 긴밀히 협의해야 된다고 생각합니다. …특히 전략적 유연성을 이행하는 과정에 있어서 한·미 간에 긴밀한 사전협의체제를 제도화하는 문제가 주요한 점이라는 점을 말씀을 드리고요."(반기문 외교부 장관. 국회 통일외교통상위원회 회의록, 2004. 7. 7) "본인은 우리의 우려사항이 분명히 적시되고, 우리가 가부 승인권을 갖는 사전협의 통제장치를 만들고자 노력했다."(위성락 전북미국장, 프레시안 2006.2.22) "우리 측이 제시한 기본개념 중 ① 전략적 유연성 인정 ② 동북아 분쟁 불개입에 대해서는 미국과 합의를 보았으나, ③ 사전협의는 미결상황임. 우리 측은 ③과 관련, 향후 상황 도래 시 논의하자는 입장임."(NSC 상임위 회의록. 2005. 12. 29) "잘 아시는 것처럼 미국 입장은 미합중국의 군대는 미 대통령 외에 어느 나라 어떤 사람으로부터 승인이니 이런 것을 득하는 경우가 없다는 것이지요. 그래 가지고 사전협의가 우리가 승인이나 동의를 해 주지 않는 사전협의라면 그것은 사전협의라는 말로 만들어 놓았지만 사실은 유연성을 제도화시키는 것밖에 되지 않는다. 이런 것이기 때문에 저희가 이런 조항으로 만들어 낸 것입니다."(이종석 통일부 장관 후보자에 대한 국회 인사청문회 회의록. 2006. 2.) "저희는 한미상호방위조약에 상충된다고 보고 있지 않고 또 실제로 동북아 분쟁 개입 관련해서 가능성은 저희가 안전장치로 차단하고 있다 이렇게 말씀드리겠습니다."(이종석 통일부 장관 후보자에 대한 국회 인사청문회 회의록. 2006. 2.)

의 국방 3원칙은 ▲동북아시아 균형자로서 우리 군의 역할 ▲자주국방을 위한 역량 강화 ▲동북아 분쟁 관여 배제"라고 밝히고 "분명한 것은 우리 의지와 관계없이 우리 국민이 동북아시아의 분쟁에 휘말리는 일은 없다는 것"이며 "이는 어떤 경우에도 양보할 수 없는 확고한 원칙으로 지켜나갈 것"이라고 발언하였다. 그러나 대통령의 이 같은 입장도 2005년 6월에는 특별한 이유 없이 정정되었다. 한·미 정상은 2005년 6월 한·미정상회담에서 전략적 유연성 문제를 논의했고, 2006년 1월 19일 한·미 외무장관은 전략적 유연성 합의를 발표했다. 정부가 주장해온 '사전협의'는 포함되지 않았다.

4) 사실의 은폐 왜곡

NSC와 협상실무대표인 외통부는 주한미군의 전략적 유연성 문제는 미국의 군사전략 변화와 직결되어 있고 이른바 '지역 역할'과 관련되어 있는 것으로, 단순히 주한미군의 출입에 관한 사항이 아니라 한미동맹의 성격과 역내 위상, 한국 안보에 심각한 영향을 미칠 수 있는 것으로 이해하고 있었다. 또한 전략적 유연성은 한미동맹 재편의 소프트웨어, 주한미군 감축 및 기지이전은 그 하드웨어라는 '전체적인 맥락'에 대한 인식을 명확히 가지고 있었다. 그럼에도 불구하고 정부는 국민들에게는 주한미군재배치와 전략적 유연성은 별개의 사안이라고 강변했고, 전략적 유연성에 대한 논란으로 그 하드웨어인 기지 재배치 일정이 늦추어질 것을 우려해 전략적 유연성과 관련된 논의를 덮어버렸다.[4]

---

[4] 2005. 4. 5. 작성된 문서에서 국가안전보장회의는 "전략적 유연성의 문제가 단순히 주한미군 유출입의 문제가 아니라, 한미동맹의 성격과 한국안보에 사활적인 이익과 관련되어 있다는 인식과 기조하에 부처협의 및 대통령 보고 실시"라고 설명하고 있다. NSC는 이어 "이 문제가 군사주권이 걸려 있고 한반도 안보상황의 지형을 근본적으로 변화시킬 수 있는 중차대한 내용"이며, "미국의 군사전략 변화와 직결되어 있고 이른바 '지역 역할'과 관련되어 있는 것으로, 단순히 주한미군의 출입에 관한 사항이 아니라 한미동맹의 성격과 역내위상, 한국 안보에 심각한 영향을 미칠 수 있는 것으로

주한미군의 전략적 유연성 등 한미동맹 재편 합의 철회를 촉구하는 시민단체

    미군기지 재배치의 경우, 국방부 정책실이 작성한 "용산기지 이전 합의서 및 LPP개정 협정 관련 Q&A 자료(2004. 7. 23)에 의하면 "용산기지를 오산·평택지역의 핵심통합기지로 이전하는 것은 미국 정부가 추진 중인 해외주둔미군 재배치(GPR) 계획의 일환"이라고 명시하고 있다. 이 자료는 2004년 용산기지 이전 실무협상을 사실상 완료하고 국회 비준을 앞두고 있던 시점에서 작성된 문서로 이 문서에서 국방부는 "본 질의/답변서는 현재까지 제기된 모든 주장에 대한 해명내용을 집대성한 것"이라고 밝히고 있다.

    그런데도 정부는 주한미군재배치를 용산기지 등을 미군으로부터 반환받는 문제인 양 호도해왔다. 그리고 협상 기간 내내, 주한미군기지 재배치가 전략적 유연성이나 한미상호방위조약과는 아무런 상관도 없는 주제라는 입장을 고수했다. 정부는 국민 대다수가 한반도를 심각한 위험에 내몰 수 있는 한미동맹의 중대한 재편에 대해 아무런 이해도 없는 상태에서 그 본통인 주한미군 재배치 협정을 타결(2004년)하고, 그 뒤에 슬그머니 '전략적 유연성'이라는 옷을 입히는

이해함"이라고 밝히고 있다. 특히 NSC는 "당초 미국 측 요구대로 한미동맹이 '지역동맹화'할 경우, 주한미군의 지역 역할은 당연히 전제되고 한·미 연합 지역기동군 문제나 한국군의 지역 역할 문제가 이슈화되는 걷잡을 수 없는 상황에 봉착"할 것이라고까지 예측하고 있다.

방식으로 국민여론을 따돌려 온 것이다. 그 과정에서 한미상호방위조약 위반 여부나 재배치된 미군의 동북아 및 세계 분쟁 개입 가능성 등에 대한 필수적인 논쟁은 생략되었다.

반면, 일본에서는 전략적 유연성 문제(이른바 미일 상호안보조약 상의 극동 조항)에 대한 입장 차가 공개적으로 논의되었는데, 이 논의가 주일미군기지 재배치에 직접적인 영향을 미쳤고 결국 미국이 계획의 일부를 수정하지 않을 수 없게 되었다. 일본의 사례는 미군기지 재배치와 전략적 유연성이 쌍방이 체결한 조약에 근거해서 협의되어야 할 성질의 의제이며, 이에 대한 합의 여부에 따라 얼마든지 변경될 수 있는 상호적인 문제임을 명확히 보여주고 있다.

4. 주한미군재배치 관련 협정의 재협상의 필요성

결과적으로 정부는 주한미군의 전략적 유연성 합의에 따른 위험에 대한 통제장치를 마련하지 못한 채 이를 합의하고 말았다. 이에 따라 평택기지 등이 한반도 방위목적 이외의 용도로 사용될 것이 자명하다.

그럼에도 불구하고 정부는 이에 대한 국민과 주민, 국회의 동의를 구한 바 없다. 따라서 평택기지 이전협정은 한미상호방위조약에 위배되고 나아가 그 자체로 위헌이다. 무엇보다도 이 협정을 그대로 둘 경우, 한미동맹의 불균형으로 인한 국익의 손실이 치명적일 것으로 예상된다. 특히 이 같은 문제점들이 전략적 유연성과 주한미군 재배치가 분리될 수 있는 사안이라고 주장했던 정부의 대국민 홍보 전략에 의해 가려져 왔다는 데 주목하지 않을 수 없다. 주한미군 재배치 관련 협정 체결 및 한미동맹 재편과정에 대한 철저한 재검증이 이루어져야 하며, 정부는 재협상에 임해야 한다.

개혁으로 포장된 군사화, '국방개혁 2020'과 국방개혁법

이태호 (참여연대 협동사무처장, gaemy@pspd.org)

노무현 정부는 집권 이래 5년간 자주국방이라는 이름으로 국방개혁을 추진해왔다. 정부는 2005년 9월 국방개혁 2020을 발표하고, 이를 뒷받침하기 위해 국방개혁법(국방개혁에관한법률, 2006. 12) 제정을 추진, 국회의 협력을 얻어내는 데 성공했다.

'국방개혁'은 박정희 정권 이래, 노태우, 김영삼, 김대중 정권 등 역대 정권 아래에서 꾸준히 이루어져 왔으나 그다지 성공적이지 못했다는 평가를 받아왔다. 특히 냉전 해체 이후 세계 각국이 군축과 문민화를 포함하는 국방개혁 작업에 구체적 노력을 기울이던 1990년대 기간 동안 한국의 국방개혁은 답보하거나 오히려 퇴행하였다. 그나마 성과가 있었다면 1980년대까지의 군의 정치적 개입을 봉쇄하는 최소한의 장치와 사회적 합의를 이끌어낸 게 고작이었다. 그런 점에서 노무현 정부에서의 국방개혁은 적어도 군 구조, 인력, 군수조달체계, 군 인권 등에 이르는 포괄적이고 체계적인 정비 시도였다고 평가받을 만하다.

이 글에서는 이 거대하고 포괄적인 작업이 그 의미와 중요성에 걸맞은 바람직한 내용과 결과로 귀결되었는지 살펴보고자 한다. 이하에서는 국방개혁 2020안을 군 구조개편과 국방예산을 중심으로 살펴보고 국방개혁법의 입법내용을 분석해 보고자 한다.

1. 국방개혁 2020

국방부는 2005년 9월 13일 국방정책/운영분야와 군 구조/전력분야로 구성된 포괄적인 국방개혁안을 마련하여 공개하였다. 중장기 국방계획이라고 할 《21세기 선진 정예 국방을 위한 국방개혁 2020》(약칭 국방개혁 2020)의 전체 내용은 매우 방대하지만, 핵심은 오히려 명확하다고 할 수 있다. 《국방개혁 2020》에 따르면 기본 목표는 '국방 전반의 체질 개선'을 통한 '효율적 국방체제의 구축'이다. 한국군을 '효율적인 선진 정예강군'으로 만들기 위해, 그동안 유지되어온 한국군의 '양적 구조'를 '질적 구조'로 재편하겠다는 것이다.

국방부의 '국방개혁 2020'
홍보자료, 2005

그 계획을 개략적으로 살펴보면, 국방부는 군 구조와 운영을 개혁하고 군 문민화 기반을 구축하면서 군 규모를 2020년까지 50만 정도로 감축할 계획이다. 예비군도 일정비율(그 비율은 미확정)로 축소하겠다고 한다. 다만 장교와 부사관의 수는 20만 규모로 유지 혹은 확대하여 장교와 사병의 비율을 20만:30만으로 하겠다는 것이다. 사병 기본권 신장도 국방부가 밝힌 국방개혁 2020의 주된 목표의 하나다. 국방부는 이러한 구조조정과 함께, 국방비를 2020년까지 15년간 621조를 투입, 최대 연 10%까지 증액하고, 이를 통해 타격능력에서 전력지수를 현행보다 1.7-1.8배로 끌어올리며, 정보·감시 (ISR) 및 지휘·통제(C4I) 능력을 크게 확충하겠다고 한다. 또한 국방획득체계를 개선하고 방산구조를 효율화하겠다는 목표를 제시하면서 동시에 국방 R&D를 국방비 대비 10% 이상으로 대폭 늘리고 방산수출 지원체제를 구축하겠다고 밝히고 있다.

1) 제 머리 못 깎은 군 구조개혁

※ 50만? 과연 적정한 병력규모인가?

국방개혁 2020에 따르면 국방부는 2020년까지 현재의 68만 명 내외의 병력을 50만 규모로 감축할 예정이다. 이는 국방개혁법에도 구체적으로 조문화되었다. 그러나 50만 명은 기존 연구자들이 통일 전 한국의 적정 병력 규모로 추산한 '30만 명 내외' 규모를 훨씬 뛰어넘는 것이어서 군의 기득권 담합이라는 비판에 직면하고 있다. 특히 ▲ 해안경비병력 축소와 경찰로의 이관 ▲ 전투지원 및 전투근무지원 부대 아웃소싱 ▲ 1990년대 동안 다른 나라의 군축 기조와는 정반대로 다분히 정치적 이유로 불요불급하게 늘어난 약 40,000여 명의 병력 감축 수요 등을 제외하면 '군살빼기 수준'의 미온적 병력감축안이 아니냐는 의구심이 제기되고 있다.

국방부는 30만 명 유지는 통일시대에나 가능한 이상적인 주장이라고 반박했다. 그러나 30만 명 규모는 막연한 낭만적 분석에 기초해서 나온 것이 아니라 비교 가능한 경제적 군사적 역량을 가진 국가 산 인구 대비 적정 군사력 규모를 예측한 것이다. 한국 실정에 정확히 일치하는지에 대해 논란이 있을 수 있으나 50만 명 규모의 대군 유지론보다 더 비현실적인 수치라고 할 수는 없다.

실제로 우리와 유사한 분단국인 대만의 경우 45만 2천 명이던 지난 1996년 '국군 군사 조직 및 병력 조정 계획'(속칭 정예화 감축안)을 마련하여, 2001년

〈표 1〉 통일 전후 한국군 적정 규모 연구 사례

연구자	적정병력 (통일전)	병력수/인구수(%)	통일 후 적정병력	연구년도
박재하	38만 3천 명	0.938	57만 명	1991
김충영	26만3천- 30만 7천 명	0.6-0.7	40-46만 명	1992
조동호	29만 명	0.64	44만 2천 명	1997
이병근 유승경	29만 9천 명	0.67	46만 명	1998
윤진표	27만 4천- 31만 4천 명	0.6-0.7	46만 명	1998

자료: 박재하, "이상적인 인력모델링에 의한 남북한의 군축인력 규모 분석",「국방논집」16, 서울, 1991. 김충영, "단순비교법에 의한 통일 후의 군사력 소요 및 전력배비",「국방논집」20, 서울, 1992. 조동호, "통일의 경제적 비용과 편익",『분단비용과 통일비용』, 민족통일연구원, 1997. 이병근·유승경, "한반도 군비감축의 경제적 효과", LG 경제연구원, 1998. 윤진표, "군비통제정책과 군사력 정비정책의 조화방안", 『제8회 군비통제세미나』,국방부군비통제관실, 1998.

38만 5천 명으로, 2005년 7월 다시 29만 5천 명으로 불과 10년 만에 15만 명 이상을 감축한 바 있다. 국방부는 북한 군대가 117만이라는 점을 강조하며 50만 명의 병력이 필요하다고 주장하고 있으나, 북의 전투준비태세나 전쟁지속능력, 무엇보다도 주변국 양해 혹은 지원의 부재, 한국군 및 미군의 보복능력등으로 전면전을 도발할 가능성이 감소하고 있으므로 50만 명이나 되는 대군이 필요하지 않다.

50만 명 규모의 대군이 필요하다면 이는 북에 대한 민사작전을 고려하는 경우일 텐데, 이는 50만 명으로 가능하지도 않을뿐더러 한반도 전체를 혼란과 파괴로 몰고 갈 매우 위험천만한 가정이다.[1] 실제로 현재 한·미 간의 작전계획은

---

[1] 2001년 이후 미국 랜드연구소의 브루스 베넷 박사는 한미연합사의 '작전계획 5027'을 구현하기 위해서는 "북한의 침공을 격퇴한 후 북한 지역에 150만 명 이상의 병력이 상시 주둔해야 한다. 그래야 북한에 대한 효과적인 통치가 가능하다"고 예측한 연구보고서를 작성한 바 있다. 김종대, 전 청와대 행정관의 '용두사미 국방개혁' 비판, 《신동아》 2007년 11월호

북한 점령계획을 포함하고 있다. 작전계획 5027은 한반도 전면전을 상정하고 있고 나아가 북진과 점령(roll back)까지를 목표로 한다. 한·미 간 매년 수행하는 을지포커스렌즈(UFL)훈련과 연합전시증원훈련-독수리 훈련(RSOI/FE)은 작전계획 5027에 근거한 것이다. 이와는 별도로 전면전 이후 한국군의 반격으로 예상되는 북한 수복지역에 대한 기본계획인 '응전자유화계획' 역시 북에 대한 남한 군대의 민사작전을 가정하고 있다.

국방개혁 논의과정에서 이러한 비현실적인 구상이 재검토되지 않았다는 것 자체가 놀라운 일이다. 특히 한국전쟁 당시 이른바 북한판 대남 민사작전의 폐해를 직접 경험한 한반도에서, 이라크 무력 점령이 가져온 무장갈등의 악순환을 확인한 2005년에 이러한 비현실적인 군사-작전계획을 전제한 50만 명 유지계획을 '현실적인 방안'이라 주장하는 것은 납득하기 힘든 일이다.

✣ 구조조정에 실패-과다한 장성, 장교 수

국방개혁 2020은 사병규모는 물론 과다한 장교인원수를 제한하는 데도 실패하였다. 국방부는 2020년까지 장교 및 부사관 비율을 40%로 늘이겠다고 한다. 이 계획에 따르면 2020년에 장교는 7만, 유급지원병을 포함한 부사관은 13.5만, 사병은 29만 5천 명이 된다. 장교 인원은 2005년 현재 6만 5,000명 내외로 알려져 있는데 무려 5,000명이나 증가하는 것이다. 국방부는 국방개혁을 추진한 대부분의 나라의 간부와 사병 비율이 2:3 수준이라면서 장교수를 7만 명으로 늘리는 것을 밀어붙이고 있다.

특히 국방부는 장성과 고위 장교에 대한 정원 조정 계획은 전혀 공개하지 않고 있다. 국방개혁 2020에 따라 "불필요한 군 구조를 간소화하고 중간제대를 통폐합"할 경우, 당연히 장성과 고위 장교 정원은 대폭 축소가 불가피한데도 이에 대해서는 함구하고 있는 것이다.

한국군의 장성 수는 2005년 현재 430명 내외로 1만 명 대비 6.4명에 이른다.

〈표 2〉 2020년도 신분별 정원구조

간부 20.5만 명(41%)		병 29.5만 명(59%)
장교 7만	부사관 13.5만 (유급지원하사 2.5만 포함)	(유급지원 사병 1.5만 포함)

자료: 국방부 병무청, 병역제도개선 추진계획 2007. 7. 10

〈표 3〉 주요국가 장교인력

	프랑스	독일	영국	한국
장교수(연도)	38,000(2002)	35,000(2002)	32,200(1999)	65,000(2005)

자료: 세계국방인력 편람(2003-2004), 국방부 국회보고자료 참조(2006)

5명 안팎인 미국보다 높다. 미국은 세계의 경찰을 자임하는 나라로서 다른 나라에 비해 장성 수가 많은 나라로 알려져 있다. 더 심각한 것은 현재의 장성 비율을 그대로 유지하겠다는 국방부의 입장을 그대로 인정할 경우 2020년에는 장성 수가 1만 명 대비 9명으로 늘어나게 된다는 사실이다.

한국군 장교의 수는 2005년 현재 약 65,000명인 반면, 프랑스 장교인력은 2002년 현재 약 38,000명, 독일은 2002년 현재 35,000명 수준이다. 영국의 경우는 1999년 현재 32,200명 수준이다. 이처럼 장교 숫자가 불필요하게 많은데도 국방부는 2020년까지 장교인력을 70,000명 이상으로 확대하겠다고 밝히고 있다.

영국은 2000년 현재 장교비율을 1980년 대비 육군 0.82, 해군 0.78, 공군 0.74 수준으로 줄였고 미군 역시 2001년 현재 장교비율을 1985년 대비 육군 0.69, 해군 0.60, 해병대 0.87, 공군 0.64 수준으로 대폭 줄였다. 영국은 평균 20% 안팎, 미국은 평균 30% 안팎의 장교 직위를 없앤 것이다. 국방부의 국방개혁 계획은 이를 완전히 역행하고 있다.

❖ 비현실적인 사병급여체계의 유지

2020년이 되면 군대는 총 20만 명의 유급군인과 나머지 30만 사병으로 양분되게 되었다. 30만 명 이상의 장병은 이 같은 위화감을 견딜 수 있을까? 국가인권위원회의 의뢰로 이루어진 '군대 인권상황 실태조사 및 개선방안' 연구발표회(2006. 2. 8)에서 이 연구를 주도한 한홍구 교수는 사병들의 월급권 보장을 강력히 주장하면서 책정기준을 좀 더 현실화해야 한다고 주장한 바 있다. 이 연구는 현역 병사들의 67.2%가 현 월급수준이 생활에 불편함을 가져온다고 대답했고, 60.3%가 부족한 월급수준을 보충하기 위해 집으로부터 용돈을 받은 경험이 있다고 답했다고 밝히고 있다. 2007년 국방연구원 조사도 현역병 82%가 현 급여가 부족하다고 답한 것으로 밝히고 있다. 이와 관련, 임종인 의원은 징병제 국가인 대만이나 독일에서 사병들의 월급이 같은 연령 청년들의 평균 급여의 1/3-1/4에 이르는 것에 준하여 2006년 기준으로 30만 원 이상의 월급을 제안한 바 있다.

국방부는 이를 의식한 듯 사병 월 급여를 2006년 65,000원에서 2007년 8만 원으로 '대폭' 인상하고 이후 매년 10,000원씩 인상하여 2019년까지는 20만 원까지 인상한다는 계획을 발표하기도 했다. 하지만 15년 후 월 급여 20만 원은 연 1,500만 원 내외의 급여를 받는 유급병들과의 위화감을 해소하기도 어려운 액수이다. 그나마 이 같은 인상계획마저도 '간부 증원 등 어려운 재정여건을 고려'하여, 2008년 8,000원, 2009년에는 4,000원만 인상하기로 했다. 참고로 사병인건비 총액은 간부 인건비의 7% 미만이다. 간부인력을 적절히 감축하는 것으로 사병인건비를 충분히 지급할 수 있다.

국방개혁 2020 발표와 더불어 정부는 2007년 2월, '비전 2030(2006. 8월 발표)'을 통해 인적자원 활용 계획인 '2년 빨리 5년 더 일하는 사회 만들기 전략'을 발표하면서 2014년까지 군 복무기간을 6개월 단축한 1년 6개월로 축소하고, 사회복무제2)를 새로 도입하기로 하였다. 사실 이 같은 복무기간 단축은

〈표 4〉 2006년 군 간부/사병 비율 및 인건비 지출 비교

	간부	사병	합계	비고
인력	17만 명 내외	51만 명 내외	68만 명 내외	
	25%	75%		
인건비	5조 8,000억	4,200억	6조 2천억	예산기준
	93.2%	6.8%		

자료: 국방부, 국방개혁기본법안 조문별 설명자료, 2006.
국방부, 2006년도 국방예산 참고자료, 2005

징병제를 채택하는 한 불가피한 일이었다. 국방개혁 2020과 '국방개혁법'에 따라 병력 자체가 2020년 50만 명(사병 30만 명)으로 단계적으로 줄어, 24개월 복무제를 지속할 경우, '현역 판정을 받고도 군대를 갈 수 없는 잉여인원'이 발생할 수밖에 없었던 것이다.

군복무기간 단축 발표 이후 일부에서는 군 전투력 유지에 문제가 발생할 수 있다는 지적이 나오고 있지만, 이는 근거 없는 주장이다. 육군 보병의 경우, 기본 역량을 갖추기 위한 훈련기간이 6-10개월 이상 소요되지 않는다. 특수 병과의 경우는 부사관과 유급병들이 주축을 담당할 터이므로 사병 복무기간과 연결하여 고려할 이유가 없다. 사실 18개월 의무복무도 다른 나라들의 사례와 비교해보면 너무 길다는 것을 발견할 수 있다. 아래에서 보듯 징병제 국가, 특히 유급병 제도나 부사관 위주로 운영되는 주요 나라에서 현역사병의 복무기간 은 대체로 12개월 안팎이다.

이상에서 살펴본 바를 종합하면, 국방부의 군 복무단축과 사병 급여 인상계획

---

2) 사회복무제는 사회활동이 가능한 사람 중 현역복무를 하지 않는 병역의무자는 모두 일정기간 사회 서비스분야에서 복무하는 제도로 이에 따르면 특혜시비가 일던 현재의 산업기능요원과 전문기능요원, 기타 공익근무요원 등 각종 대체복무제도는 폐지되고 사회복무제에 흡수된다.

<표 5> 주요 징병제 국가의 사병 군 복무기간

국가	복무기간	국가	복무기간
독일	9개월(2004)	노르웨이	12개월(2004)
프랑스	10개월(1990년, 모병제 전환 전)	폴란드	15개월(2008년부터 12개월로 단축)
오스트리아	8개월(2007년부터 6개월로 단축)	러시아	18개월(2008년부터 12개월)
브라질	9-12개월(2001)	스웨덴	7-17개월
중국	24개월(2004)	스위스	최소 280일(2005)
덴마크	4-12개월(2006)	대만	16개월(2008년 12개월로 단축)
그리스	12-15개월(2005)	이스라엘	36개월(2004)
이란	18개월(2004)	멕시코	12개월(2004)

출처: world fact book에서 발췌(http://cafe.naver.com/openmilitary/7013에서 재인용)

군 구조개혁과 사병 처우개선에 소극적으로 대응하면 할수록 이러한 압박은 더욱 가중될 것이다.

2) 지속가능하지 않은 국방비 증액 계획

❖ 국방예산 절감 없는 국방개혁

국방개혁 2020에서 정부는 2006년부터 2020년까지 무려 621조 원을 증액하겠다고 한다. 무기구매를 위한 방위력 개선비만도 272조 원이다. 이를 위해 국방부는 2006-10년까지 국방비를 매년 평균 9.9%씩 인상하고 그 이후에도 인상비율은 다소 줄이되 인상 기조를 유지하겠다고 밝히고 있다.

국방부는 국방개혁 추진에 국방비 증액이 당연한 것처럼 주장하고 있다. 그러나 1990년대 국방개혁을 추진한 대다수 나라가 국방비를 줄였으며, 정부가 국방개혁 모델로 제시하는 프랑스도 국방비 증액이 없었다. 냉전 해체 이후 15년간 유럽 각국 국방비-병력은 15년 전의 약 70% 수준, GDP 대비 국방비

〈표 6〉 냉전체제 전후 구미 각국의 국방비와 국내 총생산 대비 비율 변화

국가	국방비(십억 불, 절대가/'99년 기준)			국방비/GDP(%)		
	1985	2000	'00/'85	1985	2000	'00/'85
독일	52.2	28.2	0.54	3.2	1.6	0.50
영국	47.2	33.9	0.72	5.2	2.4	0.46
프랑스	48.4	34.3	0.71	4.0	2.6	0.65
이탈리아	25.4	20.6	0.81	2.3	1.9	0.83
미국	382.5	294.7	0.77	6.5	3.0	0.46

자료: 세계의 군사력 01-02(정보사령부)의 제2부 통계자료편

〈표 7〉 냉전종식 전후의 구미 주요국의 국방인력 변화[3]

국가	현역(만 명)		민간인력(만 명)		예비인력(만 명)		비고
	1985	2001	1985	2001	1985	2001	
독일	47.8	29.3	77.0	31.5	17.0	8.0-9.0	징병제
영국	32.7	20.6	29.4	29.3	11.9('98)	8.9('02)	지원제
프랑스	46.4	29.4	43.0('99)	41.9	10.0('99)	8.2	지원제 전환('95)
이탈리아	38.5	26.2	-	6.5	-	-	징병제
미국	213.0	137.8	117.0	86.4	110.7	70.4	지원제

자료: 세계의 군사력 01-02(정보사령부)의 제2부 통계자료편

비율은 약 50% 수준으로 급감했다. 병력 역시 15년 전의 60% 내외로 줄었다.[4]

국방개혁 2020은 특히 국방연구개발비를 국방비 대비 10% 이상으로 유지하겠다고 밝히고 있다. 그러나 1995-99년 세계 무기 7대 공급국가인 미, 러, 프, 영, 독, 네덜란드, 중국 중에서 국방연구개발비가 10% 이상인 나라는 미, 러, 프, 영 4개국밖에 없다. 이스라엘의 경우 연구개발비가 9% 수준이지만

---

3) 전게서
4) 정선구, "구미국가의 병력감축 및 인력구조의 조정사례와 시사점", 한국국방연구원, 『주간국방논단』 2003. 2. 10.

절대액은 한국보다 적거나 같다. 국방부는 국방 연구개발비가 부족하다고 강변하고 있지만 국방연구개발비 절대액수로도 미국, 영국, 프랑스, 독일, 일본, 러시아 외에 한국보다 많은 나라는 없다. 이미 한국은 세계 7-8위의 국가인 것이다(단, 중국은 국방연구개발비를 공개하지 않고 있음).

✤ 사회보장 지출 고려 없는 국방비 증액

국방개혁은 군만의 문제가 아니며, 군비 투자만으로 국민의 안전이 확보되는 것도 아니다. 사회적 안전망도 안보만큼이나 중요한 것이다. 국방개혁안이 제시하는 국방비 증액 요구는 향후 늘어날 복지수요나 사회적 안전망 관련 예산수요, 잠재성장 예측에 비추어 턱없이 높은 수치라 현재의 국방 재정지출을 유지한다면 향후 급격히 늘어날 수밖에 없는 사회보장 재정지출을 감당할 수 없다. 그러나 이에 대한 정부차원의 본격적인 토론이 없다.

OECD 평균 정부재정 대비 사회보장 지출(2004년)이 52%임에 비해, 한국은 약 24%에 지나지 않는다. 게다가 고령화 사회에 따른 복지재정 수요, 양극화를 해소할 사회안전망 마련을 위한 복지재정 수요도 지속적으로 증가할 수밖에 없다. 따라서 사회보장 지출의 대폭확대가 불가피하다.

유엔은 65세 이상 인구의 비중을 기준으로 7% 이상인 국가를 고령화 사회(aging society), 14% 이상인 국가를 고령사회(aged society)로 분류하고 있는데, 한국은 2000년 이미 고령화 사회로 진입했고, 2018년 전후 고령사회로 진입할 것으로 예상된다.

정부가 2007년 초 발표한 '비전 2030'의 기초자료가 된 것으로 확인된 KDI의 연구용역 보고서는 2015년 정부의 복지 관련 지출이 전체 재정에서 차지하는 비율이 35.6%, 2030년에는 무려 46.7%에 이를 것으로 분석하고 있다. 또한 GDP 대비 지출규모는 2030년까지 제도설계에 따라 최소 14-20%에 이를 것으로 관측하고 있다.

<표 8> OECD 주요국 국방비 대비 삶의 질 비용 (중앙정부 통합재정 기준, 단위 %)

	미국 (2004)	호주 (2004)	스웨덴 (2004)	독일 (2003)	이탈리아 (2003)	벨기에 (2003)	OECD 평균 (2004)	한국 (2005)
국방	20.2	5.9	5.5	3.6	3.4	2.7	4.8	10.3
복지 및 삶의 질	57.2	52.0	54.1	54.8	49.3	59.8	54.7	26.7

출처: 국회예산정책처

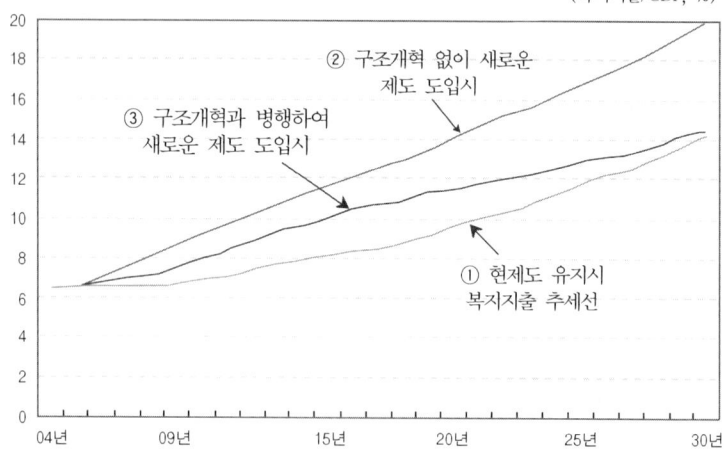

<표 9> 장기 복지지출 증가추이 전망 (KDI, 2005. 4)

<표 10> 한국의 장기재원배분 구조 전망

	'05년	'15년	'30년	OECD평균
복지/전체지출(%)	26.6	35.6	46.7	51.7
경제/전체지출(%)	19.7	13.8	10.6	9.5

자료: KDI, 2005. 4

이런 불가피한 복지지출 구조 속에서 이미 과도한 수준으로 지출하고 있는 국방비를 증액 편성하는 것은 불가능하며 세입 증가율 수준으로 증액하는 것 역시 불가능하다. 이미 복지구조가 완비된 유럽에서조차 국방비 절대액을 60-

70% 수준으로 감액했다는 사실에 유념한다면 국방비 절대액 자체를 줄이는 예산편성이 불가피하다. 그 점에서 국방부가 2006-10년 기간 동안 연 9.9%씩 국방예산을 증액하겠다는 주장은 설득력이 없다. 이는 사회복지 재정에 대한 적지 않은 압박으로 작용할 것이다.

2. 국방개혁법

국방개혁법은 국방개혁 2020의 입법적 표현이랄 수 있다. 국방개혁법은 국방개혁의 목표와 군사력 형성의 방향, 군 구조의 개편과 인력규모에 대해 포괄적이고도 기본적인 사항들을 정리하고 있다. 이하에서는 국방개혁법의 내용과 의미, 한계를 더욱 심층적으로 분석해 볼 것이다.

1) 국방개혁법의 개요

국방개혁법은 크게 5개의 장, 32개조의 조문과 부칙으로 이루어져 있다. 1장은 국방개혁의 목표와 이념, 정부의 의무를 담은 총칙, 2장은 국방개혁 추진체계, 3장은 국방운영체계의 선진화 방안, 4장은 군 구조·전력체계 및 각 군의 균형발전, 5장은 병영문화의 개선·발전을 다루고 있다.

일반적으로 예상하는 것과는 달리 국방개혁법은 구체적인 방위력 개선 방향이나 군비증강 계획, 관련 예산 등을 일일이 규정하지는 않고 있다. 군비증강 계획이나 예산을 직접 법에 명시하지 않은 것은 이를 법령화함으로써 정책선택의 여지가 경직되는 것을 피하고 이를 매 5년 단위로 작성될 '국방개혁기본계획'을 통해 탄력적으로 다룰 수 있는 여지를 두려 한 것으로 이해된다. 이는 군비증강론자의 비판 혹은 군축론자의 비판을 우회하는 부수적 효과도 염두에 둔 것으로 보인다.

2) 국방개혁법 조문 평가

각 장별 내용을 구체적으로 평가해 보기로 하자.

우선 제1장은 목적과 이념, 정부의 의무를 다루고 있다. 법은 제1조(목적)에서 "국방개혁을 통해 우리 군이 북한의 핵실험 등 안보환경 및 국내외 여건 변화와 과학기술의 발전에 따른 전쟁양상의 변화에 능동적으로 대처할 수 있도록⋯ 선진 정예강군을 육성하는 것을 목적으로 한다"고 밝히고 있다. 또한 제2조에서는 국방개혁의 기본이념으로 ▲국방정책 추진에서 문민기반의 확대[5] ▲미래전(未來戰)의 양상을 고려한 합동참모본부의 기능 강화 및 육군·해군·공군의 균형 있는 발전 ▲기술집약형으로 군 구조 개선 ▲저비용·고효율의 국방관리체제로의 혁신 ▲사회변화에 부합하는 새로운 병영문화의 정착 등을 언급하고 있다. 제4조(정부의 기본의무)는 "국방개혁에 소요되는 재원을 안정적으로 확보하고, 필요한 인적자원에 대하여 최적화 수준을 유지"하는 것을 강조하고 있다.

❖ 문민통제보다는 군비증강에 집중된 총칙

전체적으로 총칙에 해당하는 제1장은 선진 정예강군, 기술집약적 군 등 근육질을 강화하는 전력투자에 대해서는 강조하는 반면, ▲헌법에 명시된 평화적 생존권과 침략전쟁 부인 이념 ▲문민기반 확대와는 구분되는 적극적 의미의 '문민통제'(Civilian Control)의 이념 ▲'합리적 방어 충분' 등 방위력 형성의 충족 기준에 대한 제시는 찾아볼 수 없다. 군비증강 외에 군비의 합리적 통제 의무에 대한 언급도 전혀 없다. 제1조(목적)에서 내외 환경변화의 예로 '북 핵실험'만 언급[6]하

---

[5] 국방개혁법 제3조(정의)에 따르면 '문민기반의 확대'란 "국방부가 효율적으로 군을 관리·지원하여야 한다는 원칙에 따라 국가의 국방정책을 군사적 측면에서 구현하고, 민간관료와 군인의 특수성·전문성이 상호균형과 조화를 이루는 가운데 국방정책결정 과정에 민간참여를 확대하는 것을 말한다."고 정의하고 있다.

고 있는 것도 이 법이 남북관계 개선으로 예상되는 군축논의를 염두에 두지 않고 있음을 상징적으로 보여준다.

아쉽게도 국방개혁법이 다루는 '문민기반의 확대'도 주로 국방부 내의 민간관료 비율의 확대나 합참의장에 대한 인사청문회 등 매우 제한적인 영역에 한정되어 있다. 우리 헌법이 적시하고 있는 '군에 대한 문민통제'의 적극적 핵심인 국방과 안보에 대한 공동체 구성원의 민주적 통제권, 즉 알 권리, 위협해석과 의사결정에 참여할 권리, 해당 안보기구 및 권력기관을 감시 견제할 권리 등에 대한 관련 조항은 찾아볼 수 없다. 정부의 예산과 인력보장의 의무는 강조하고 있는 반면, 국방개혁의 민주적 추진을 보장할 투명한 절차와 제도의 확립 의무에 대해서는 전혀 언급하고 있지 않다.

제2장은 국방개혁 추진체계를 다루는데 주요하게는 매 5년 단위의 국방개혁기본계획 작성과 이를 수행할 국방개혁위원회 구성방안 등을 규정하고 있다. 국방개혁위원회는 국방부 장관을 위원장으로 하는 20명 내외의 위원으로 구성하되 위원은 관계 중앙부처 차관들로 구성하고 필요시 국방·안보 관련 전문가를 포함할 수 있도록 규정하고 있다.

글쓴이가 속한 참여연대는 국방개혁안 및 법안 제정과정에서 시민사회와 학계가 추천한 인사와 정부 관료, 군이 공동으로 참여하는 '한반도 위협 평가 및 방위전략 혁신 민관합동기구'를 구성하고 법제화할 것을 제안했으나 반영되지 않았다. 전체적으로 국방개혁기본계획에 대해 부처 간 의견을 조율할 구조는 갖추었으나 시민사회의 구체적 제안들이 반영될 구조는 매우 취약하다고 평가할 수 있다.

---

6) 이 표현은 법 제정 막바지에 한나라당의 수정요구로 포함되게 되었다.

❖ 군 기득권 구조개혁 우회한 법조문

제3장 '국방운영체계의 선진화 방안'은 주로 군의 문민기반 조성의 구체적 수단들을 열거하고 있다. 그러나 군내 민간인력(2020년까지 국방부 70% 이상, 군 전체 7%) 및 여군 고용 확대(2020년까지 장교 정원의 100분의 7, 부사관 정원의 100분의 5까지 확대), 합참의장의 인사청문 제도, 일부 지원 분야의 초보적 수준의 아웃소싱 시도 등을 제외하면 전체적으로 이렇다 할 내용이 없다. 그나마 입법과정에서 인사청문 대상의 범위가 각 군 참모총장과 방위사업청장을 제외하는 방향으로 축소되었다. 게다가 인사청문 절차 외에 정책에 대한 청문 및 정보공개 절차는 아예 논의의 대상이 되지 않았다.

일종의 인센티브 시스템인 책임운영기관[7] 지정 방안은 국방개혁법에 언급된 후 2007년 7월 현재 군책임운영기관법(안)으로 구체화되어 국회에 제출된 상태이다. 그런데 책임운영기관제도는 완전한 민간위탁이 아닌 CEO와 일부 직원의 공개채용에 불과하여 군의 특성인 상명하복 관행을 뛰어넘는 자율성 발휘나 성과중심의 경쟁구도 형성이 가능할지에 대한 의문이 제기되고 있다. 무엇보다 운영상 군인과 민간 군무원 간의 관계설정이 까다로운 탓에 주로 민간 군무원이 책임운영기관으로 지정될 것으로 보여 실제 군 병력 감축 및 아웃소싱 효과를 그다지 기대하기 힘들 것으로 보인다. 반면, 유급지원병제 도입은 주목할 만한데, 징병제를 기초로 하여 일종의 모병제적 요소를 덧붙인 것이다. 이미 도입과정에서 논쟁이 된 바, 이는 사병처우에 대한 논란을 본격화하는 기폭제로 작용할 수 있다.

'군 구조·전력체계 및 육해공군 균형 발전방안'을 다룬 제4장은 국방개혁법

---

[7] 책임운영기관제도란 정부기관 및 유관기관 중 일부를 지정하여 기관장(CEO)을 외부에서 영입할 수 있도록 하고, 이 기관장이 예산, 정원 등을 허용된 범위 내에서 자율적으로 운영하고, 채용 역시 공무원 외에 외부로부터 인력을 충원하도록 하여 성과를 극대화하도록 한 것으로 행정기관에 일종의 경쟁원리를 도입한 제도이다. 이 경우 기관장은 성과에 따라 성과연봉을 받을 수 있다.

내용 중 가장 민감한 사항들을 건드리고 있다. ▲합동참모본부의 방위기획 및 작전수행 능력 배양과 합동성 향상 ▲각 군 조직정비 및 중간지휘제대 축소 ▲무기 및 장비분야 전력체계 발전 ▲2020년까지 상비병력 50만 명 수준 축소 ▲군 간부 규모 상비 병력의 100분의 40 이상 편성 ▲예비군 전력규모 축소 ▲해안·항만·공항 등 경계임무 경찰이관 ▲합동의장 및 차장, 합동참모본부 육군 독식 제한 방안 등이 그것이다.

우선 국방개혁 2020 성안단계에서 관심의 초점이 된 '무기 및 장비 등의 전력화' 계획의 경우 정작 법조문에서는 "단계별 추진계획에 따라 전략개념 및 군 구조 개편과 연계하여 동시에 추진하여야 한다"는 식으로 추상적으로만 규정되었다. 그러나 법안에 별첨한 예산추계는 15년간 272조의 전력투자비 지출을 기정사실화하고 있다. 이 계획은 이른바 '국방개혁기본계획' 속에 포함되어 재차 구체화될 것이다.

법에 명시되지 않은 전력투자안과는 달리, 병력규모는 구체적으로 "2020년까지 50만 수준으로 연차적으로 조정"할 것이 조문에 명시되었다. 15년간 약 18만을 줄이는 이러한 병력감축규모가 사실상 군살빼기 수준이며, 50만에 이르는 대규모 군대의 유지가 불필요하다는 사실은 이미 앞에서 논증한 바와 같다. 현역병과는 달리 장교부사관 수를 특정하지 않고 40%라는 비율만 명시한 것 역시 군 기득권과 관련된 핵심이슈를 우회한 것이다. 이와 관련해 국방개혁 작업에 깊숙이 간여했던 전 비상기획위 혁신기획관이 최근 한 월간지 기고[8]를 통해 "2005년 국방개혁에 대한 대통령 보고 때 노무현 대통령이 "개혁 추진으로 군 간부의 숫자는 줄어들지 않도록 조치할 것"을 시시했었다는 사실을 밝힌 것은 시사하는바 크다. 이는 대통령 자신이 불요불급한 군 장성/장교인력의 축소라는 핵심적인 국방개혁 목표를 시작부터 포기했음을 의미하는 것이다.

---

[8] 전 청와대 행정관의 '용두사미 국방개혁' 비판, 《신동아》 2007년 11월호

✥ 유보된 예비군 개혁

전체적으로 4장의 규정들은 각 군의 이해관계가 첨예한 순환보직 문제 외에 과감한 군 구조개편은 이루어지지 않았음을 보여준다. 심지어 국방개혁 2020에서 발표된 내용이 구체적으로 명시되지 않았거나 후퇴한 것도 적지 않다. 대표적인 것이 예비군 개혁이다. 국방부는 국방개혁 2020 발표 당시 예비군을 150만 명 선으로 약 50% 감축하겠다고 밝혔다가 이후 국방개혁법 제정과정에서는 "예비전력의 규모는 군 구조개편과 연계해 조정하되 연도별 규모는 상비 병력과 연동해 3년 단위로 국방개혁기본계획에 반영"하는 것으로 후퇴했다. 군 스스로 인정한 예비군의 '미래전 환경에 부적합한 부실한 자원관리 실태'에 비추어 볼 때, 제도 자체를 폐지하거나 유급 예비군제 등으로 대폭 축소해야 마땅했다. 이는 150-300만 수준의 예비전력 그 자체의 필요보다는 남아도는 현역 장성, 장교인력 및 퇴역장교의 일자리 보장 등을 염두에 둔 기득권 유지책의 일환으로 해석할 수밖에 없다.

한편, 국방개혁법 제정 후 발표된 시행령은 군의 합동성 강화와 독자적 작전능력 배양을 위한 방안의 하나로 합참의장 산하에 합동성위원회 신설을 규정하고 있다. 이 방안은 당초 통합작전사령부를 신설해야 한다는 일부의 제안을 수용하는 대신 차선책으로 채택된 것으로 보인다. 한미연합사가 해체되는 조건에서 한국군 자체의 통합작전사령부 구성이 미군의 한미동맹 재편 구상과 충돌하는 것으로 비쳐질 것을 우려했으리란 추측도 가능하다. 이 합동성위원회가 구체적인 효과를 발휘할지는 미지수이다. 군 스스로 작전통제권 환수에 소극적인 태도를 보여 왔고, 작전통제권 환수 이후에도 한·미 간 작전계획 작성 및 수행에 관한 사실상의 통제권이 미군에게 주어질 것이 자명하기 때문이다.

✥ 용두사미가 된 장병기본권 보장

제5장은 병영문화 개선을 다루고 있고 주로 장병기본권 보장을 언급하고 있다.

그러나 매우 추상적인 규정만 있을 뿐 구체적인 조항은 없고, "장병기본권의 보장 및 복지수준의 향상을 위하여 필요한 사항은 따로 법률로 정한다"고 명시하고 있다. 해당 법률은 2007년 7월 군인복무기본법 제정안이라는 이름으로 국회에 발의되어, 국방위원회에 계류된 상태이다.

국회에 계류된 5장 32개조의 군인복무기본법(안)에서 국방부는 '군인의 기본권'으로 ▲ 평등 취급의 원칙 ▲ 통신의 비밀보장 ▲ 임무수행을 거부하지 않은 선에서의 종교생활의 보장 ▲ 진료의 보장 ▲ 휴가의 보장 및 영내대기의 금지 ▲ 장병기본권에 대한 교육의 권리 등을 열거하고 있다. 법안은 또한 '군인의 의무'로 ▲ 충성·성실·명령복종·비밀엄수의 의무 ▲ 구타·가혹행위·언어폭력·그 밖의 사적 제재와 상호 간의 명령 등의 금지 ▲ 성희롱의 금지 ▲ 집단행위 금지·사회단체 가입 제한 등을 열거하고 있다.

이 법안이 입법예고된 후 국가인권위원회는 "법률안이 장병의 기본권 보장보다는 군인의 의무를 규정하는데 주안점을 두고 있으며, 권리의 이행수단 및 제재수단이 미비하여 실효성의 확보가 어렵다"며 법률안을 전반적으로 재구성하는 것이 바람직하다는 의견을 표명했다. 인권위는 입법목적을 헌법상 보장된 군인의 인권보장체계 확립을 좀 더 명확히 할 것, 군인의 의무로 '적법한 명령'에 복종하되, 인간의 존엄에 반하거나 직무상 목적과 관련이 없는 명령 및 형사범죄를 구성하는 명령과 이행을 금지하도록 규정할 것, 군인 권리보호를 위한 이행수단 및 제재수단을 보강할 것을 주문하였다. 그러나 이러한 주문은 정부심의과정에서 전혀 받아들여지지 않았다.

3. 글을 마치며

노무현 정부에 와서 지체된 군사부문의 개혁이 시도된 것은 분명 의미 있는 일이었지만 수십 년간 형성된 낡은 군 기득권 구조의 개혁은 얼버무려졌다. 정부와 국회는 그 위에 더 많은 예산과 무기로 '자주국방'이라는 그다지 새롭지 않은 집을 짓기로 했다. 대통령이 표방한 이른바 '협력적 자주국방'은 개혁에 저항하는 한편으로 가장 낙후된 부분으로 남는데 초조해하던 국방관료들에게 자신의 군비확장 욕구를 개혁의 이름으로 정당화하는 수단을 제공했다. 국방개혁은 군과 방위산업체들 그리고 군사동맹국이 동의하는 최소한의 군살빼기를 얻어내는 대신, 더 많은 무기와 장비 그리고 재정지원을 약속하는 반개혁적인 결과로 귀결되고 말았다.

한편, 국방개혁 논의과정 자체는 남북 군사력 비교, 군 구조개혁 계획, 재원 추계 등과 관련된 정보를 군사기밀이라는 이름으로 포괄적으로 통제함으로써 시민참여를 배제하는 과정이었다. 정부와 국회는 국방 분야의 진정한 문민통제를 위한 시스템, 다시 말해 위협해석을 민주화하고 안보권력을 통제할 민주적 수단을 국방개혁법을 통해 법제화하는데도 소극적이었다.

군은 기대치 않은 선물을 얻었으나, 모래 위에 설계한 집의 재건축 부담은 그대로 남게 되었다. 빠르게 다가오는 양극화와 고령화의 시대를 대비하면서 남북은 물론 동북아 전체의 평화정착을 추구해야만 하는 한국사회가 재건축을 위한 설계를 어떤 규모로 어떻게 다시 해야 할지는 여전히 숙제로 남아 있다.

제5장
'평화국가'를 향한 시민행동

대북지원과 교류협력

대북 인도적 지원 운동

이종무 (우리민족서로돕기운동 평화나눔센터 소장, unipiad@empal.com)

1. 대북 인도적 지원의 현황

1995년에 시작된 대북 인도적 지원은 인도주의라는 보편적 가치에 근거해서 국민적 공감대를 얻으며 지속적으로 성장, 발전해왔다. 특히 2000년 6. 15 공동선언으로 남북관계의 지형이 커다랗게 변화하면서, 대북 인도적 지원에서도 지원규모의 확대, 프로젝트 지원사업의 추진, 정부·지방자치단체·기업·민간단체 등 다양한 행위자들의 참여와 협력관계 형성 등 많은 변화가 수반되었다.

대북지원은 북한의 심각한 식량난을 돕기 위한 긴급 구호에서 출발하였는데, 초창기에는 식량과 의약품, 의류 등을 지원하는 매우 단순한 방식으로 진행되었다. 당시에는 대북지원과 관련해서 북한과의 접촉 및 지원 현장방문도 쉽지 않았다. 또한 지원규모나 실제적인 사업의 내용에서도 유엔과 국제 NGO가 중심적인 역할을 수행하였고 한국의 역할은 크지 않았다. 이는 당시 김영삼 정부가 정부 차원의 대북 직접지원에 소극적이었을 뿐만 아니라 창구 단일화 등 민간의 대북지원 활동을 규제하는 정책을 시행했기 때문이다.

대북지원에서 한국 정부 및 민간의 역할이 커지기 시작한 것은 2000년 6.15 남북공동선언의 발표 이후이다. 정부는 2000년부터 식량과 비료를 매년 대규모로 지원하고 있으며, 민간의 대북지원 규모도 매년 급성장하면서 2004년에는 처음으로 지원규모가 1천억 원을 넘어섰다. 반면에 국제사회 지원액은 2001년을 정점으로 점차 감소하였고, 2005년 9월에는 북한이 인도적 지원을 개발지원으로 전환해 줄 것과 북한 상주 사무소의 폐쇄 또는 상주 인력의 축소를 요구하면서 유엔과 국제기구의 대북지원 활동은 급격히 위축되었다.[1]

국내의 대북지원 민간단체의 활동은 1997년 IMF 사태로 많은 어려움을 겪다가 6.15 공동선언을 계기로 다시금 역동성을 되찾았다. 1999년에는 20여 개에 불과했던 대북지원 민간단체가 지금은 60여 개로 증가하였는데, 이 NGO들은 결성 배경과 목적에 따라 시민·사회운동 단체, 종교 기관 및 관련 단체, 사회복지단체, 직능 및 전문 분야 단체, 지역단체 및 기타 단체로 구분할 수 있다.[2]

시민·사회운동 단체로는 남북어린이어깨동무, 우리겨레하나되기운동본부, 우리민족서로돕기운동, 한겨레통일문화재단 등이 있다. 이 단체들은 1990년대에

---

1) 2006년 6월 현재 북한에 상주 사무소를 두고 있던 유럽 NGO들 중 6개만이 자체 기관 명의를 사용하지 않는 조건으로, 유럽연합프로그램지원(EUPS: European Union Programme Support)이라는 공동 사무소를 만들어서 그 소속으로 지원 활동을 하고 있다. 또한 대북지원의 중심적 기관인 세계식량계획도 평양 등 6개소의 상주 사무소와 32명의 상주 요원을 축소하여 평양 사무소에 10명의 상주 요원을 두는 것으로 활동이 축소되었다.

2) 대북지원 지정단체는 최근 1~2년 사이에 대폭 증가하였고, 성격도 매우 다양해서 일률적으로 구분하기가 쉽지 않다. 그래서 일반적으로 사업 분야를 중심으로 구분하는데, 2개 또는 3개의 사업 분야에 모두 걸쳐서 활동을 하고 있는 NGO들에게는 이러한 구분이 의미가 없게 된다. 여기에서는 결성 배경과 목적을 중심으로 대북지원 NGO를 구분하였는데, 이것도 일부 NGO를 구분하는데 모호함이 있다. 그럼에도 이러한 구분을 시도한 것은 행위주체로서의 각 NGO의 차이를 잘 드러낼 수 있다고 보기 때문이다.

성장 발전한 시민·사회운동과 직접적 연관성을 갖고 있으며, 민족화해·평화·통일 등의 이슈와 관련된 사회행동에 적극적이다.

종교 기관 및 관련 단체로는 기독교대한감리회서부연회, 대한예수교장로회, 원불교은혜심기운동본부, 천주교민족화해위원회 등의 종교 기관과 남북나눔, 선한사람들, 조국평화통일불교협회, 지구촌공생회, 한국대학생선교회 등의 종교 관련 단체들이 있다. 이들은 북한의 조선크리스트교연맹, 조선불교도연맹과 같은 종교 기관과의 교류, 협력에 적극적이고 북한 내에서의 종교 활동에 많은 관심을 갖고 있다.

사회복지단체로는 굿네이버스, 동방사회복지회, 월드비전, 한국국제기아대책기구, 한국복지재단 등이 있는데, 민족화해·평화·통일 등의 이슈와 관련된 사회행동에는 소극적이지만, 사회복지사업의 전문성과 해외원조 사업의 경험을 바탕으로 대북지원 활동에 나서고 있다.

직능 및 전문 분야 단체는 주로 농업과 보건의료 분야의 단체로 구성되어 있다. 농업분야 단체로는 국제옥수수재단, 남북농업발전협력민간연대, 농협중앙회, 통일농수산사업단, 한겨레영농조합법인 등이 있으며, 보건의료 분야 단체로는 국제보건의료발전재단, 그린닥터스, 남북구강보건의료협의회, 대한결핵협회, 대한의사협회, 어린이의약품지원본부, 한국건강관리협회 등이 있다. 그리고 환경분야 대북지원 NGO로는 평화의 숲이 있다. 지역 단체로는 지방자치단체와의 관계 속에서 대북지원을 하고 있는데, 경남통일농업협력회, 남북강원도협력협회, 남북협력제주도민운동본부, 전남도민남북교류협의회 등이 있다.

이 민간단체들은 일반구호, 농업개발, 보건의료, 복시 분야 등 다양한 영역에서 지원사업을 수행하고 있다. 일반구호 분야는 식량, 의류, 생활용품 등을 취약계층에게 지원하는 사업으로 대북지원 초기부터 지속적으로 진행되고 있지만, 전체 지원사업에서 차지하는 비중은 계속 떨어지고 있다.

농업개발 분야는 매우 다양한 사업들이 진행되고 있는데, 농기계수리공장,

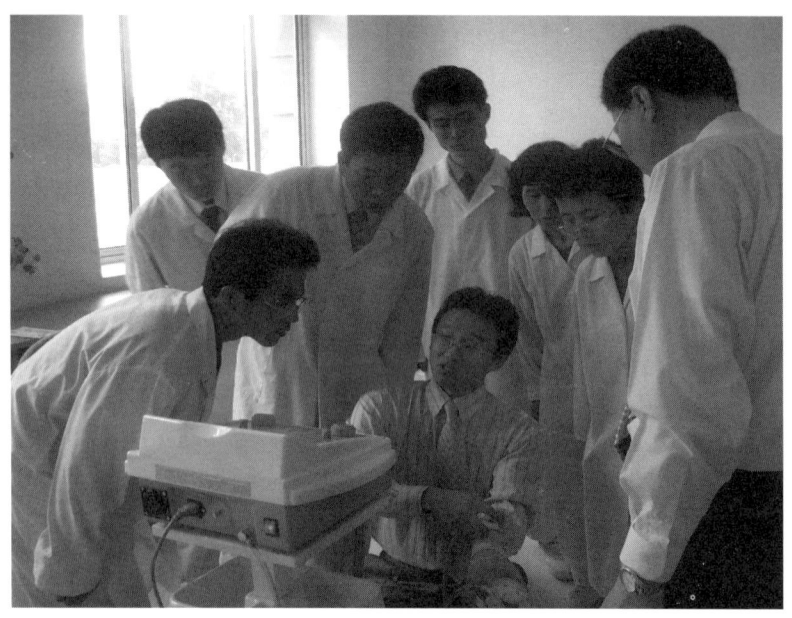

우리민족서로돕기운동은 대북 의료장비 지원 사업을 진행 중이다(2006. 5. 25, 우리민족서로돕기운동)

젖소·젖염소목장, 닭목장, 산란종계장, 씨감자 종자개량·보급, 연어자원보호·증식, 산림복구, 해충방제, 온실영농, 비료·비닐 등 각종 농기자재 지원사업들이 진행되었다. 보건의료 분야에는 안과병원 건립, 제약공장설비 복구, 병원현대화, 어린이병원 운영, 결핵약품, 구충, 기초의약품·의료기자재 등 지원사업들이 있으며, 복지 분야에는 급식공장(국수·빵·두유·영양식)의 설립 및 운영, 육아원·유치원·고아원·소학교 등의 시설 복구 및 운영 지원사업들이 있다. 이러한 사업에서 알 수 있는 바와 같이 국내 대북지원 사업들은 긴급구호 차원을 탈피해서 개발구호 또는 개발협력 사업으로 전환하였다.3)

---

3) 현대에 들어서서 기근, 지진, 홍수 등 자연재해의 규모가 커지고, 전쟁과 체제 붕괴 등에 의한 피해도 막대해지면서 긴급구호 활동과 함께 중장기적인 복구 사업의 중요성이 커지게 되었다. 이에 기존의 긴급구호와 개발협력의 구분이 모호해지고 있으며, 1990년대에 들어서는 개발 지원에 대한 전망과의 연관성 속에서 긴급구호 활동을 추진해야 한다는 점에서 개발구호(Developmental Relief)라는 용어들이 사용되고 있다.

2. 대북 인도적 지원 활동의 평가

지난 10여 년간 진행돼온 대북 인도적 지원 활동은 다양한 측면에서 평가할 수 있는데, 크게는 인도지원이라는 측면과 남북관계라는 측면으로 구별할 수 있다.

우선 인도지원이라는 측면에서 평가한다면 아무래도 가장 중요한 것이 지원효과에 관한 것으로, 대북지원으로 북한의 인도적 위기가 얼마나 완화, 해결되었느냐의 문제일 것이다. 북한에 대한 정부의 대규모 식량 및 비료 지원은 북한 주민의 식량난 완화와 식량 증산에 실제적으로 커다란 영향을 미치고 있다. 반면, 민간단체의 지원 규모는 대상도 한정되어 있고 북한의 식량 문제 해결에 미칠 수 있는 영향도 제한적이다.

이런 점에서 민간단체의 대북지원은 지원효과보다는 남북관계의 발전이라는 측면에서 좀 더 적극적으로 평가된다.

첫째, 민간단체의 대북지원은 냉전적 대결을 화해와 협력의 관계로 변화시키는 주요한 동력의 하나이다. 대북지원은 북한을 제거해야 하는 '적'이 아니라 인도주의 정신으로 도와주어야 하는 '동포'로 인식하게 하는데 커다란 기여를 하였다. 북한 동포를 돕고, 북한과 화해협력하는 것이 이적행위가 아니라, 오히려 이를 반대하는 것이 반인도주의적 처사라는 사회적 인식이 형성된 것이다. 그리고 이러한 인도주의 정신과 가치는 남북관계를 유지, 발전시키는 중요한 기준의 하나로 자리매김 되었다.

둘째, 민간단체의 대북지원은 남북관계의 안전판 역할을 하면서 남북관계의 모멘텀을 유지하는 데 커다란 기여를 하고 있다. 서해교전, 미사일 발사, 핵실험 등으로 한반도 긴장이 고조되고 당국 간 대화가 중단되어 남북관계가 어려움에 처했을 때에도 민간의 지원활동은 지속되었다. 즉 정치군사적인 문제로 남북관계가 교착 상태에 빠지더라도, 민간단체의 지원활동들이 남북관계를 이어주는

남북협력 벼농사 시범사업 중 벼베기 행사(2005. 10. 5. 우리민족서로돕기운동)

최후의 보루로서 안전판 역할을 하고 있는 것이다.

셋째, 민간단체의 대북지원은 남과 북이 서로 상대방의 체제를 이해하는 공동 학습의 기회를 제공한다. 사람들은 남북한이 서로 언어가 통하고 생김 모양새도 같기 때문에 대화도 쉽게 이뤄질 것으로 생각하지만 남과 북의 체제 차이는 '동포', '우리 민족'이라는 말이 무색할 정도로 서로 친밀감을 형성하고 신뢰를 쌓는 데 커다란 어려움으로 작용한다. 대북지원을 해온 10여 년의 세월은 이질적인 체제 속에서 많은 시행착오를 겪으면서 함께 협력하는 길을 찾아온 과정이라고 할 수 있다.

넷째, 민간단체의 대북지원은 지방 간 교류의 통로가 되고 있다. 현재 북한의 협동농장은 약 3천 개 정도인데, 현재 민간단체가 지원하는 협동농장이 30개 정도가 된다. 이 수치를 단순 대비하면 북한 협동농장의 1% 정도를 지원한다고 말할 수 있다. 그런데 최근 이 협장농장들에 대한 지원에서 중요한 역할을 하고 있는 것이 지자체와 거기에 소재하는 민간단체들이다. 아직 풀뿌리 차원의 교류로까지 심화되고 있지는 못하지만, 중앙을 벗어난 지방 간 교류와 협력이 시작되고 있는 것이다.

이와 같이 민간단체의 대북지원에 대한 평가에서 인도지원보다는 남북관계 측면에서의 평가가 훨씬 많은 비중을 차지하고 있다. 그리고 대북 인도적 지원이 남북관계에서 갖는 이러한 역할 때문에 대북 인도적 지원활동은 평화운동의 성격과 내용을 갖는다고 할 수 있다.

3. 대북 인도적 지원의 발전을 위한 제언

대북 인도적 지원은 북한에 인도적 위기가 계속되고 그에 대한 지원의 필요성이 존재하는 한 지속되어야 한다. 그러나 대북지원의 역사가 10년이 훌쩍 넘어선 지금의 대북지원 환경과 조건이 초기의 그것과 같을 수 없고, 변화된 상황에 맞게 지원의 목표와 방법, 지원체계도 달라질 수밖에 없다.

대북 인도적 지원 초기에는 기아와 질병으로 죽어가는 북한 주민들을 간급하게 살리는 것이 목표였고, 이를 위해 식량과 의약품 지원이 중요하였다. 그 결과 지금은 1990년대 후반의 대량 아사와 같은 심각한 위기는 지나갔다. 그럼에도 불구하고 북한은 연례행사가 되다시피 한 수재로 매년 큰 피해를 입고 있고, 계속되는 식량 부족으로 취약계층은 여전히 심각한 위기 상황에 있다. 하지만 단순 물자 제공만으로는 북한의 이러한 문제들이 해결될 것 같지는 않아 보인다. 따라서 인도적 지원과 함께 체계적인 개발지원이 함께 제공되어야 한다.

북한 주민들의 삶을 들여다보면 농민들은 농자재 부족과 낮은 농업 생산성으로 가난에서 벗어나고 있지 못하며, 북한 도시 주민들은 7.1 경제관리개선조치 이후 높은 보조금을 지불하였던 상품 가격이 대폭 인상되면서 식량 획득에 많은 곤란을 겪고 있다. 또한 기업소의 구조 조정에 따른 도시 실업률도 큰 폭으로 증가하고 있다. 이에 따라 북한 주민들은 아직도 충분한 영양섭취를 하지 못하여 만성적인 영양 부족 상태에 있고, 열악한 보건의료 체계로 질병에 걸려도 제대로 치료를 받고 있지 못하다. 이는 북한 주민들의 대부분이 사실상 절대 빈곤 상태에 있다는 것을 의미한다.

많은 나라가 절대 빈곤 상태에서 벗어나기 위해 고도경제성장을 목표로 한 발전전략을 채택하였다. 그러나 대다수 개발도상국의 경험에서 드러나듯이 경제개발 중심의 발전전략은 외형적인 경제성장을 이룬다고 할지라도 농촌 황폐화, 도시빈민, 빈부격차, 환경파괴 등 많은 문제점을 낳았다. 이러한 경제성장의 폐해 때문에 이제는 경제성장의 내용, 즉 어떤 경제성장이냐에 대한 물음이 제기되고 있다. '모두를 위한 개발'(Development for All)이 국제사회의 구호가 된 지도 이미 오래전의 일이다.

이러한 점에서 볼 때 최근 우리 사회의 대북지원에 대한 논의는 주로 경제성장 중심의 프레임에 갇혀 있는 것으로 보인다. 북한의 사회간접자본 확충과 경제특구 개발 방식의 대북정책은 남북 간에 경제통합을 진전시킬지는 모르지만 사회통합에는 매우 부정적으로 작용할 수 있다. 지금 필요한 것은 남한 모델의 북한 적용이 아니라 빈곤 감축형 경제성장이라는 새로운 모델을 발전시키는 것이다. 따라서 앞으로 대북 인도적 지원은 북한 주민들을 절대 빈곤에서 벗어나게 하는 것에 초점을 좀 더 맞추어야 하며, 이러한 노력의 결과 북한 주민의 삶의 질이 개선되면 남북한 사회통합의 토대도 마련될 것이다.

남북 민간교류운동 — 민족공동행사를 중심으로

정현곤 (민족화해협력범국민협의회 사무처장, hkmslove@hanmail.net)

1. 남북관계의 변화와 민간교류운동

6.25전쟁은 남북관계 역사상 가장 큰 비극으로 기록되어 있다. 이 전쟁은 피할 수 있는 선택이었다는 점에서 우리 민족에게는 큰 불행이며, 남한 사회에 대북 적대의식이 견고히 자리 잡게 되는 근원이 되었다.

남북관계가 전쟁과 대결관계에서 공존의 관계로 전환한 것은 1991년 12월 13일에 '남북 사이의 화해와 불가침 및 교류협력에 관한 합의서'를 채택하면서부터이다. 이를 계기로 남북관계는 '체제인정'을 바탕으로 하는 공존관계로 진입한다. 남북기본합의서는 군사와 경제, 사회문화와 인도주의 분야에서 매우 구체적인 남북협력 사업[1]들을 합의하고 있는데, 이는 남북의 체제경쟁이 종결된 결과

---

[1] 군사분야의 예를 들어보면 합의서 제2장 12조에 따라 "대규모 군사이동과 군사연습의 통보 및 통제문제, 비무장지대의 평화적 이용문제, 군 인사교류 및 정보교환 문제, 대량살상무기와 공격능력의 제거를 비롯한 단계적 군축실현문제, 검증문제" 등을 추진하도록 되어 있다

북쪽의 대남전략이 공세적 통일에서 수세적 체제수호로 변화된 데 따른 것이다.

그러나 남북기본합의서가 채택한 '체제인정'과 '공존' 정신은 2000년 남북정상회담과 6.15 남북공동선언을 통해 비로소 실천의 길로 들어서게 된다. 이러한 실천의 지체는 물론 북쪽 핵문제가 하나의 원인이지만, 북핵문제는 1994년 제네바 합의 이후 해결의 방향으로 가고 있었다는 점에서 남북관계 경색을 단순히 북핵문제로 치환할 성질의 것은 아니다. 이 문제에 대해서는 김영삼 정부의 대북정책의 혼선과 전략부재[2]가 지적되지만 우리 사회가 여전히 북쪽 사회를 품어 안을 수 있는 준비가 안 되었다고 보는 것이 더 적절할 것이다.

이 시기 남북관계에서 공존의 기운을 불어 넣은 운동은 1996년부터 본격화한 대북인도지원운동이다. 이는 1995년부터 시작되어 1996년 연이어 발생한 북한지역 대홍수에 따른 구호사업으로, 백만 명 이상의 국민들이 참가하였다. 이 운동을 통해 국민들은 북쪽을 '위협적인 존재'에서 '도와주어야 할 어려운 동포'로 이해하기 시작했다. 이렇듯 북쪽에 대한 인도주의의 복원은 남북공존의 정서를 함양했던 것이다.

남북관계는 남한에서 대북포용정책을 주장하는 국민의 정부가 들어서고, 2000년 1차 남북정상회담을 거치면서 실질적인 공존과 교류의 단계로 들어서게 된다. 1차 정상회담은 신뢰조처의 징표로 서로의 통일방안에 공통성이 있다는 점을 명시[3]했는데, 이는 그간 교류를 진행하자면서도 서로의 '속셈'을 의심해 온 불신을 극복하고, '체제인정'과 '공존'이라는 본래적 목적을 실현하는 상징적 담보조처로 이해된다.

---

[2] 김영삼 정부는 출범시에는 '어느 동맹국보다 민족이 우선'이라 말하며 이인모 노인을 북으로 송환했지만, 북을 '핵을 가진 상대'라 규정, 북핵문제 해결에서 스스로를 소외시켰으며, 정상회담을 갖기로 약속한 김일성 주석이 사망하자 조문에 반대, 끝내 북쪽과 경색관계를 벗지 못했다.

[3] 6.15 공동선언 제2항은 "남과 북은 나라의 통일을 위한 남측의 연합제안과 북측의 낮은 단계의 연방제안이 서로 공통성이 있다고 인정하고 앞으로 이 방향에서 통일을 지향시켜 나가기로 하였다"고 되어 있다.

1차 정상회담 이후 남북관계는 금강산 관광과 개성공단 그리고 경의선, 동해선의 철도, 도로 연결 등 3대 경협사업과 쌀과 비료, 옥수수 등 식량과 의료, 보건 분야 민관(民官)협력의 인도지원운동, 문화공연, 체육, 역사, 문화재, 종교, 언어 등 사회문화 분야 교류, 6.15와 8.15 등 공동기념일 행사와 공동행사의 참여자들인 노동, 농민, 여성, 청년, 교사, 작가, 언론인 등이 만드는 각계각층의 교류로 확장된다. 이러한 접촉의 확대를 통해 남과 북은 오랜 단절과 대결 속에서 빚어온 서로 간의 오해를 조금씩 풀어가게 된다. 이 시기 민간운동이 남북 교류의 제반 영역에 자리하면서 교류의 견인차 역할을 하게 되었음은 물론이다.

2. 6.15, 8.15 민족공동행사와 6.15 공동선언실천민족공동위원회 활동

1) 민간교류 공간으로서의 6.15, 8.15 민족공동행사의 성립

6.15와 8.15 시기에 남북이 공동의 행사를 개최하게 된 것은 2001년 6.15때부터이다. 그 해 금강산에서 '6.15 공동선언발표기념 민족통일대토론회'라는 이름의 민족공동행사가 개최되었다. 1988년을 첫 시도로 보자면 13년 만의 결실이다.

　민족공동행사는 흔히 '상봉'으로 상징된다. 통일운동이 대중화되던 1988년 초입에 대학생들은 "가자 북으로, 오라 남으로, 만나자 판문점에서"라는 구호를 내걸었다. 이 구호는 1961년에도 나왔던 것인데, 남북교류가 1차적으로 '만남'을 지향하고 있음을 잘 보여준다.

　민족공동행사는 2001년 성사되기까지 남한 사회 내에서는 격한 대결의 공간으로 존재했다. '창구단일화'라는 정부 논리와 '자주교류'라는 민간통일운동의 논리가 충돌했고, 이러한 대결은 문익환 목사와 대학생 임수경, 작가 황석영의 밀입북

2005년 8.15 민족대축전 당시 북측의 당국, 민간 대표들이 국립현충원을 방문, 참배하고 있다 (사진출처: 민화협)

을 계기로 극적으로 표출되었다. 또한 '막혀진 판문점'으로의 길목이었던 대학가에서도 정부와 민간의 대결4)은 첨예했다. 1996년 연세대학교에서 개최된 범민족대회를 둘러싸고 벌어진 학생들과 경찰의 공방은 전투를 방불케 하는 격전이었다.

그런데 2001년부터 시작된 민족공동행사는 안정적인 정착이기보다는 새로운 경험에서 오는 미성숙과 이로 인한 갈등이 고스란히 표출되는 과정을 겪으면서 정착되었다고 할 수 있다. 그리고 그 현상은 2001년 8.15 평양대회를 통해

---

4) 1990년 8.15를 계기로 민족공동행사가 성사될 뻔한 적이 있었다. 1989년 12월 9일 북쪽 조국평화통일위원회가 남한의 범민족대회 제안에 대한 지지를 표명하고 정부가 이를 승인하게 되면서 대회 성사 가능성이 생겼던 것이다. 그러나 1990년 8.15 대회는 대회 장소를 놓고 정부와 민간이 양보 없는 대치를 계속하는 바람에 무산되고 말았다. 당시 정부는 회의 장소로 인터콘티넨탈호텔을 지정했고 민간은 아카데미하우스를 고집했다. 합의가 지연되면서 판문점까지 와 있던 북쪽 대표단이 돌아가 버렸고 대회는 결국 무산되었는데, 당시의 모습에서 정부와 민간의 불신은 매우 깊었다고 할 수 있다.

드러났다. 만경대 방명록의 기록으로 촉발된 갈등으로 관계자들이 구속되었으며, 방북을 승인한 주무장관은 해임되고, 당시 연립내각의 한 축이었던 자유민주연합이 대통령과 결별하는 사고가 난 것이다. 남과 북 사회의 소통이 켜켜이 쌓인 오해를 뚫고 가는 험난한 길임을 2001년 8.15는 가르쳐주었다.

민족공동행사는 2002년에 남북교류 분야에서는 처음으로 북의 대표단의 서울 답방이 성사되고, 2003년 2차 평양대회가 무난히 끝나면서 서울과 평양을 오고 가는 유일한 민간행사로 정착되었다. 민족공동행사는 2005년 6.15 3차 평양대회에 이르러 민간 행사에 남북 정부 대표단이 참가함으로써 그 상징성을 배가하였다. 남북은 정부와 민간을 포함한 각계각층 교류 공간인 민족공동행사를 통해 서로의 내면을 소통하였는데, 이로써 민족공동행사는 남북관계의 현 수준을 가늠하는 바로미터로 자리 잡게 되었다.

2) 공간 그리고 의제

2001년 공동행사의 성사 때부터 이 공간은 남북 사이의 합의에 기초한다는 원칙에 의거해 있다. 그런 점에서 공동행사 공간에서 통용되는 의제들은 남북관계의 수준을 반영한다고 할 수 있다. 2001년부터 2007년까지 남북 사이의 의제는 남북관계의 발전, 민간의 역할, 자주화, 평화의 저해요소 극복, 일본 문제 등으로 구분할 수 있다.

일본 문제란 주로 역사교과서 왜곡, 신사참배, 군국주의화 등과 관련된 것으로 남북 간에 공동의 역사에 기초해 쉽게 합의하여 공동성명을 채택하고 있다. 최근에는 조선총련 위해 행위에 대해서도 규탄성명을 내기도 했다. 남북관계의 발전문제와 관련해서는 '민족단합'과 같은 추상적, 감상적 수준에서 나아가 상호 간 정책수준까지도 맞추어가야 한다는 의미의 '민족공조'에 공감을 이루어 가고 있다. 이에 따라 남북경협, 대북 인도적 지원, 남북교류의 중단 없는 진행에 대한 합의가 형성되고 있다. 자주화는 국제사회와의 협력과 종종 상충되는 주제로서, 아직은 쟁점이 형성 중인 단계다. 자주화와 더불어 국제사회와의 협력과 연대도 동시에 취하는 것이 일반적인 방향이겠으나, 북은 국제사회와의 협력을 추구하는 것에 거부감을 보이고 있다.

이 쟁점은 평화의 저해요소에 대한 이해의 차이에서도 반복하여 나타나고 있다. 북은 미국을 평화저해의 결정적 원인으로 지목하고 이를 명시적으로 드러내고자 하나, 남은 미국 문제와 더불어 북의 핵무기 개발을 중대한 평화저해요소로 인식하고 있다는 점에서 인식의 차이가 있다. 그런 차원에서 평화문제를 국제화한 수준으로 끌고 가려는 남쪽과 국제평화세력의 개입을 꺼려하는 북쪽과의 긴장은 완전히 해소되지 않았다.

공동행사 공간은 '상봉'이 중심이다. 노동자, 농민, 여성, 청년학생, 교사, 작가, 문화예술인, 언론인, 학자, 종교인, 체육인 등 각계각층의 인사들이 이 공간에서 만난다. 공동행사가 북쪽 지역에서 진행될 때면 350명 정도의 남한 인사가 참여한다. 상봉은 공식적인 상봉행사나 동석식사 같은 프로그램에서 이루어진다. 공동행사의 횟수가 거듭되면서 '상봉'은 '사업상담'으로 점차 발전하고 있다. 이러한 상담들이 공동행사 이후 이어지는 각계각층의 교류 행사로 외화됨은 물론이다.

공동행사는 하나의 정치공간으로 여기서 통일문제에 대한 남과 북의 의사가 교환되고 공동의 문서로도 채택된다. 이러한 내용은 매일 매일 진행되는 행사에서 대개 연설로 표현된다. 대회 첫날의 개막식, 본 대회, 만찬, 폐막 연설 등 정치연설이 수도 없이 쏟아지는 공간이다. 이러한 연설에서 지켜지는 원칙은 상호 체제존중이다. 공동행사에는 매번 공동의 정치문서를 채택하고 있어, 이 문서를 통해 남과 북이 최소한으로 공감할 수 있는 통일문제의 수준을 담아낸다.

3) 남한 사회의 폭넓은 네트워크 형성

민족공동행사를 이끈 주체는 2001년에 '6.15 공동선언실천을위한민족공동행사추진본부'로 출발했으며 2005년에 이르러서는 '6.15 공동선언실천남측위원회'로 성장한다. 이 네트워크는 개신교, 민족종교, 불교, 성균관, 원불교, 천도교, 천주교 7대 종단으로 구성된 온겨레손잡기운동본부, 통일문제에서 좌우합작과 민관협력을 주장하는 민족화해협력범국민협의회, 민중운동에 기반하고 있는 통일연대, 남한 사회의 개혁에 주력해온 시민단체들 등 4대 부문으로 구성되어 있다. 여기서 시민단체들은 2005년부터 참가하기 시작했다. 이러한 구성은 이 네트워크가 통일운동을 주된 활동으로 하는 관련자들만의 네트워크가 아니라, 통일문제는 구성원 전체의 문제라는 차원에서 형성된 국민 네트워크임을 확인해 준다.

이 4개 진영의 범주 속에 민주노총이나 한국노총이 참여하는 노동계, 가톨릭농민회, 전국농민회총연맹이나 한국농업경영인중앙연합회 등의 농민단체가 참여하는 농업부문, 한국여성단체연합, 한국여성단체협의회 등이 참여하는 여성계, 전국교직원노동조합과 한국교원단체총연합회가 함께 구성한 교육부문, 대학의 총학생회와 청년단체들의 부문도 포괄된다. 그 외에 학술과 언론계가 일부 참여하며 16개 광역시, 도 단위를 중심으로 한 지역의 사회단체들이 또한 6.15 남측위원회 지역본부로 참여하고 있다.

4) 남북관계망으로의 확대

6.15 공동선언실천남측위원회는 동일한 명칭의 북측위원회와 해외측위원회와 더불어 3자 간 연대기구인 6.15 민족공동위원회를 구성하고 있다. 6.15 남측위원회는 대북교류에서 남쪽 민간을 대표한다.

통일운동 초기 남북민간운동의 연대틀은 조국통일범민족연합이었지만 지금에 와서 이 틀은 6.15 세력군의 한 부분이 되었다. 여기에 관계하는 북쪽의 단위는 조국통일범민족연합 북측본부이다. 2001년 6.15 민족통일대토론회를 거치면서 북에서 대남민간교류 주체로 민족화해협의회가 부각되었다. 2004년 12월에 6.15 공동선언실천북측위원회가 결성되지만 이 연합단체의 주력은 기존의 민족화해협의회들이였다. 6.15 공동선언실천북측위원회에 합류한 단체로는 조선직업총동맹, 조선여성동맹, 조선농업근로자동맹, 조선문학예술총동맹, 조선학생위원회, 조선작가동맹, 조선기자동맹, 김일성사회주의청년동맹, 조국통일범민족청년학생연맹북측본부 등 부문 조직과 조선천도교회중앙지도위원회, 조선불교도연맹, 조선그리스도교연맹, 조선카톨릭교협회 4대 종단이다.

6.15 공동선언실천민족공동위원회 체계는 민족공동행사, 전체회의, 공동위원장 회의 그리고 실무회의 틀로 구성되어 있다. 공통의 규약을 갖고 있다는 점에서 정부 간 체계보다는 좀 더 나아가 있다. 통일문제를 다루면서 교류협력 사업을 진행할 수 있는 정도의 관계망이 구축되어 있는 것이다.

5) 남북공동행사의 부문 교류로의 확산

남북공동행사가 완성되어 가는 과정에서 부문, 단체별 교류도 점차 자리를 잡아가고 있다. 양대 노총이 참여하는 남북의 노동계는 2000년 12월 첫 공동행사 이후 2001년과 2004년 평양에서의 5.1절 기념대회를 거쳐, 부문 단위로는 처음으로 북측 노동계 인사가 대규모로 참석한 5.1절 창원대회를 2007년에 개최한 바 있다. 그러나 남북 노동계는 노동자들이 생산 활동에 종사하는 산업현장에는 찾아가지 못하고 있다. 그래서 남북 노동자들의 공통 소재는 아직 그들의 생활, 기술, 문화 등으로 확산되지 못하고 있다.

청년학생교류는 대체로 정치 의제 중심이다. 외세의 전쟁위협과 평화 수호를 묶어 '반미반전'을 외치기도 한다. 그러나 대학 사회의 다양한 전공분야를 살리는

2004년 6.15 공동선언발표 4주년 기념 인천대회에서 남북의 대표단들이 함께 마라톤을 하고 있다.
(사진출처: 민화협)

일반 대학생 남북교류로는 나가지 못하고 있다. 의제의 편중이 문제인 것이다. 남북작가들의 경우는 2006년 10월에 남북공동기구인 6.15 민족문학인협회를 결성했다. '6.15 통일문학상' 제정과 협회 기관지 '통일문학'을 발행하기로 합의하고 있어 창작물이 남북의 독자를 찾아갈 날이 머지않았다. 이는 문화소통에서 획기적인 일이다.

여성의 경우는 1991년에 '아시아의 평화와 여성의 역할'이라는 주제로 만남을 시작했고, 평화문제가 주요한 의제이다. 2002년 금강산, 2005년 9월 평양 대회를 계기로 남북여성대표자 회의를 정착시켰다. 만남이 거듭되면서 여성의 사회적 지위 문제에 관해서는 남북 사이의 공감이 확대되었지만, 평화문제는 여전히 논쟁 중이다. 여성의 경우도 영유아 및 산모의 건강, 유아교육 등 복지 분야 협력 사업이 보완될 필요가 있다. 교육계는 2004년 교사들의 대규모 만남 이후 최근까지 '6.15 공동수업'의 형식이 공동사업으로 시도되었으나 내용적 교류는 현저히 약하다. 교육시설 개선, 과학 분야의 교재, 남북 청소년들의 만남 등 정치성이 없이 일반 교사들이 쉽게 참가할 수 있는 프로그램을 찾고 있다.

농민은 매년 봄 모내기용 비닐과 비료를 보냈고 2007년에 와서는 남쪽 농지 일부를 북쪽 식량기지로 만들 요량으로 통일쌀 짓기 운동을 시작했다. 2008년부터는 북쪽 농업 공동경작을 시도하려 한다. 이렇듯 부문, 단체 교류는 공동행사의 공간에서 형성되어, 특성 있고 지속적인 삶과 생활의 영역을 구축해 가고 있는 중이다.

3. 민족공동행사와 6.15 네트워크의 한계와 방향

민족공동행사의 한계로 정치의례를 중심으로 하는 낡은 형식이라는 점과 각 부문들의 교류 형식도 단지 상봉에 머무르는 제한된 행사라는 점 그리고 의제의 제한성이 늘 지적된다. 여기서 낡은 형식은 딱딱한 집회 식 운영과 과다한 정치연설, 서열 구조의 권위적 진행 방식으로 표현된다. 2007년에 6.15 평양행사에서 소위 '주석단'에 한나라당의 특정 인사를 배제하려는 북의 태도로 이틀간의 일정이 파탄지경에 이르렀던 사례가 그것을 잘 보여준다.

행사가 상봉에 머무르고 있다는 점은 행사에서 역할을 맡은 인사들 외의 각계 대표들의 경우, 만남 그 자체로 활동영역이 제한됨을 의미한다. 예컨대 각계 대표들도 3박 4일의 일정동안 교류 사업을 평가하고 새로운 사업을 논의하면서 활동의 현장을 둘러보는 바쁜 공간 속에 있어야 한다는 것이다. 그러자면 북의 상대가 그만큼의 시간을 내 놓아야 하고 사업에 대해 준비해야 한다. 그러나 남북의 대표들은 정해진 일정에 따라가기 바쁘고 단지 식사시간에 서로 만나는 것에 만족해야 한다. 공동행사 자체는 크지만 부문교류라는 다양한 공간은 현저히 위축되어 있는 것이다.

의제와 정책분야의 경우도 허심탄회한 정책토론에 기초해 있지 못하다. 아직 북쪽은 자신에 관한 비판에 익숙하지 못하므로 우리가 생각하듯 그런 열린 토론은 가능하지 않다. 이런 관계에서 통일문제에 관한 진심 가득한 토론이 이루어지기 쉽지 않다.

민족공동행사와 6.15 네트워크는 2007년 6.15 평양행사를 거치면서 고민이 깊어졌다. 당시 민족공동행사와 6.15 남북네트워크에 대한 남북의 기대감 차이가 노출되었다. 그것은 북이 민족화해협의회라는 대남 교류협력 사업단위를 북측위원회와 분리시키면서, 남북위원회 간에는 주로 정치적 문제를 다루고자 하기 때문이다. 이는 6.15 민족공동위원회가 남북교류에서의 다양한 분야를 포괄하면서 '통일'이라는 총체적 접근을 지향하는 기구가 될 것으로 기대했던 6.15 남측위원회의 기대와는 조금 다른 것이다.

이러한 관계는 6.15 남측위원회에 참여하여 북쪽과 다양하게 교류하고 통일문제에 대해서도 발언하고자 하는 많은 부문과 단체들을 답답하게 만든다. 더구나 정치의제의 경우, 북이 처한 조건으로 볼 때, 아직은 민간의 자율성과 독자성을 보장하면서 '토론을 통한 재창조'를 이루는 것은 어려운 과제일 수밖에 없다. 이런 조건에서는 민족공동행사에서 남남분열이라는 갈등이 드러나는 것 역시 불가피하다. 결과적으로 다양한 삶의 영역에서의 참여를 지향하기보다 '자기들끼리 만의 잔치'가 되어 고립될 가능성도 농후한 것이다.

다른 한편에서 6.15 네트워크의 남쪽 지형이 가파르다는 점도 문제다. 시민사회운동은 객관성을 지향했고 항상 국민의 동의를 추구하고 있으나, 계급, 계층, 적절한 지지율을 지향하는 정치의 이해관계가 개입되면서 협의의 지혜를 모으기가 만만치 않다. 6.15 네트워크는 미국에 대한 반대, 북의 미사일 발사, 핵실험 비판, '북한인권운동'에 대한 반대 표명 여부를 놓고 합의를 도출해 내지 못했다. 사실 평화문제나 외세문제, 혹은 민주주의문제 같은 정치의제는 남북 사이에 피할 수 없는 논의 주제임에 틀림이 없다. 남측 민간에 대한 북의 과도한 요구,

닫힌 자세는 좀 더 시간이 걸려야 풀릴 문제라고 본다면, 관건은 결국 남쪽의 균형 잡힌 시야와 조절능력에 달려 있는 것이다.

민족공동행사는 각계각층 통합의 공간으로서, 남북 민간교류의 공간으로서 여전히 남북 민간관계를 대표한다. '공간의 제한'이 현재의 문제점이지만, 협력 사업을 확대시켜 간다면 풀어낼 수 있다. 2차 정상회담으로 남북관계에 새로운 길이 열리고 있다는 점에 주목할 필요가 있다. 사회문화 영역은 물론이고 인도지원에서 파생되는 사회개발의 과제도 풍성하다. 특히 평화문제는 핵의 존재 여부를 둘러싼 논쟁 수준에서 실질적인 기술적 조처 단계로 나아가는 만큼 국민 모두의 관심사가 되었다. 시민사회의 개입 여지는 더욱 넓어지고 있다. 통일문제란 결국 평화롭고 민주적인 민족공동체의 미래를 설계하는 일이다. 민족공동행사는 바로 그러한 일을 논의하는 남북 민간인들의 공통의 공간이 되어야 한다.

북한인권 운동, 정치적 논쟁을 넘어 북 주민 삶의 질 개선운동으로

이승용 (좋은벗들 평화인권부장, jongbup@jungto.org)

1. 들어가며

북한의 미사일 시험 발사와 핵실험으로 긴장이 고조되었던 2006년과 달리 2007년은 6자회담의 성과가 2.13 합의라는 성과물로 도출되는 비교적 안정적인 정세 속에서 출발했다. 물론 2.13 합의가 BDA 자금 문제로 표류하기도 하였지만 한반도의 평화를 위협할 정도의 북·미 간 대립으로 악화되진 않았다. 북핵과 함께 미국의 대북 압박수단으로 활용되어 온 북한 인권문제도 미국의 대북정책의 변화 과정에서 새로운 국면을 맞이하게 되었다. 북·미 간 화해 분위기로 접어들면서 국제적 관심사로부터 멀어진 북한인권 운동은 그간 10년의 성과를 평가하고 좀 더 장기적인 운동의 관점을 모색하기 시작했다.

2. 10여 년의 북한인권 운동

국내의 시민사회가 북한 인권문제에 주목하고 활동을 시작한 지도 10여 년이 경과하고 있다. 10여 년 동안 북한인권 운동은 대북지원활동, 북한이탈주민 지원활동과 함께 상호영향을 주고받으며 변화·발전하여 왔다.

북한인권 운동은 넓은 의미와 좁은 의미로 구분될 수 있다. 국제인권규약의 경제·사회·문화적 권리(사회권)와 시민·정치적 권리(자유권), 여성과 아동의 권리 등으로 나누어 볼 때, 시민사회의 북한 인권문제에 대한 대응활동도 몇 가지로 분류할 수 있다.

북한의 식량난으로 인한 주민들의 삶의 질 저하를 막는 대북지원활동, 북미 간 화해와 한반도 평화를 증진시키는 평화활동도 넓은 의미에서는 북한인권 개선활동이라고 볼 수 있다. 제3국에서나 국내에서 북한이탈주민을 지원하는 활동도 북한인권의 특수한 영역으로 존재한다. 한편 좁은 의미에서 북한인권 운동은 북한 주민들의 시민·정치적 권리를 개선하는데 초점을 맞추고 있다. 북한 내부의 비민주적 제도와 관행, 비인간적인 처우와 처벌, 구금시설과 같은 문제점을 지적하고 개선할 것을 요구하는데 주력해 온 운동이라 할 수 있다.

광의든 협의든 이러한 활동들의 목표가 북한주민들의 삶의 조건을 개선하고 질을 높이는 데 있음은 두말할 나위가 없다. 하지만 지난 10여 년 동안 대북지원 단체는 사회권 중심으로, 북한 인권단체는 자유권 중심으로, 평화단체는 발전권을 중심으로, 탈북자 지원단체는 탈북자의 인권을 중심으로 접근해 왔다. 그러나 이러한 인권개선 활동들은 남북 분단 상황과 북미 간 대립이 격화되는 정세 속에서 서로 충돌을 일으키며 남남갈등의 주요 요인으로 부각되기에 이르렀다. 이런 갈등은 미국의 부시 행정부가 북한 인권문제를 대북압박 수단으로 활용하면서 극대화되었다.

사실 그동안 북한인권 운동은 평화단체를 비롯한 대북지원 단체들의 입장과 상충된 면이 많았고 지금도 여전히 입장 차이는 존재하고 있다. 가장 쟁점이 되는 부분은 북한 인권문제의 책임 소재를 둘러싼 부분, 즉 북한 정부의 비도덕성이냐 아니면 미국을 비롯한 국제사회의 압박 정책 때문이냐 하는 것이다. 또한 국제사회의 대북지원이 주민들의 인권 개선에 효과적인가 아니면 오히려 비도덕적인 북한 정부의 기반을 더 공고히 하는데 악용되는가 하는 관점의 차이가 존재한다.

이런 차이점은 각론으로 들어가면 더욱 다양한 시각 차이를 드러낸다. 탈북자의 증언은 북한인권의 실상을 대변해줄 수 있는가 아니면 믿기 어려운 허위진술인가? 탈북자의 존재를 정치적 난민으로 규정할 것인가 아니면 경제적 이주민으로 규정할 것인가? 분배의 투명성을 점진적으로 개선할 것인가 아니면 대북지원의 필요불가결한 조건으로 제기할 것인가? 국제사회가 유엔결의안을 통해 북한 정부에게 압박을 가하는 것이 효과적인가 아니면 그런 시도 자체가 무의미한 방식인가? 북한의 정책변화를 위해 경제제재가 필요한가 아니면 더 많은 주민들의 희생을 불러오는 방식인가?

결국 이러한 입장 차이는 북한과 미국의 대립 등 국제정세를 바라보는 인식의 차이, 또는 북한사회의 실상에 대한 이해의 차이에서 비롯된 것이다. 비단 북한인권 활동가들 사이에서뿐만 아니라 우리 사회에서는 이런 비슷한 정치적 입장 차이로 많은 부분에서 대립과 갈등이 일어나고 있다. 대북지원의 퍼주기 논쟁, 남한 정부의 대북화해협력정책에 대한 비판 등 사회 곳곳에서는 '북한문제'를 둘러싸고 잡음이 끊이질 않고 있다.

3. 북한인권 활동가들의 대화와 소통

갈등이 증폭될수록 대화를 통한 소통의 중요성도 커지게 된다. 좋은벗들과 평화재단은 북한인권 운동의 입장차를 조정하는데 많은 관심을 가져왔다. 좋은벗들은 2003년도 제59차 유엔인권위원회에서 결의안이 채택될 때를 기점으로 유엔인권위원회에 대한 시민단체의 공동참여를 제안해 왔고, 2004년 미국의 북한인권법 제정 당시 북한인권 단체와 평화인권 단체 간의 토론회를 진행하여 합의점을 모색하기도 했다. 북한인권법에 대한 시민사회의 공동의견서를 미 의회에 제출하거나 문타폰 유엔북한인권특별보고관에게 제출할 공동보고서 작업에 참여하기도 하였다.[1] 평화인권 단체들 사이에서는 지금까지 '한반도인권회의'란 이름으로 북한 인권문제에 대해 관심을 가지고 지속적으로 세미나와 회의를 진행하며 활동 기반을 넓혀가고 있다.

평화재단에서는 다양한 분야의 갈등문제를 조정하는 워크숍과 세미나를 기획해 왔다. 노사문제와 한·미FTA, 한반도 평화체제 등 다양한 주제로 진행해 왔는데 이 주제 가운데 북한 인권문제도 여러 번 다루어졌다. 2006년 북한 인권을 주제로 한 워크숍에서는 참여연대, 민변, 평화네트워크와 같은 평화인권 단체와 북한인권시민연합, 북한민주화네트워크, 한국기독교총연합회 등 북한인권 단체들이 같이 모여 북한인권에 대한 폭넓은 주제로 대화를 나누었다. 좋은벗들과 통일연구원의 연구원들도 양자 간의 공통분모를 확인하고 접점을 모색하기 위해 다양한 의견을 제기하기도 했다. 이후 워크숍 참가자들은 '북한인권평화포럼'이라는 이름으로 지금도 연대의 틀을 형성하여 정기적인 회의와 세미나를 진행하고 있다. 이런 대화의 노력으로 기존의 북한인권에 대한 평화인권 단체와 북한인권 단체 간의 대립점이 많이 해소되고 있다.

2007년에 들어서면서 북한인권이라는 틀을 넘어 대북지원 단체나 남북교류협력 단체들과도 대북사업의 활동방향에 대한 폭넓은 의견 교환이 이루어졌다.[2]

---

1) 2004년 4월 좋은벗들은 참여연대 평화군축센터, 인권운동사랑방, 민변 등 시민단체들과 이 법안들에 대한 공동 의견서를 발표하였다.
2) 2007년에 우리민족서로돕기운동, 참여연대 평화군축센터, 민화협, 평화재단, 한겨레통일문화재단

평화재단이 주최한 "북한 인권운동, 더 나아가기" 워크숍 (사진출처: 평화재단)

나아가 이런 대화의 자리에 환경운동연합, 녹색연합 등과 같은 환경단체는 물론 평화를만드는여성회 등 여성단체와 반전평화 활동가들까지도 참여하여 평화와 인권의 가치가 실현되는 한반도 통일의 시나리오를 구상하기도 하였다.

4. 북한인권 운동, 북 주민들 삶의 질 개선 운동으로 전환되어야

2차 남북정상회담과 10.4 합의로 한반도는 새로운 화해와 협력의 시대를 맞이하고 있다. 국제정세 또한 한반도에 평화 분위기를 조성하는데 일조하고 있어 지난 몇 년간 위기로 치닫던 한반도에 새로운 기회가 찾아온 듯 보인다. 지난 10여

5개 단체는 '남북관계 재인식과 성찰'이라는 대주제로 5차례의 집중토론과 워크숍을 개최한 바 있다.

년 북한인권 운동은 남북의 갈등을 조장하고 한반도의 전쟁 위기를 조장한다는 논란을 불러일으켰다. 북한인권과 한반도 평화라는 모순점 사이에서 방황하기도 했고 상대의 비판을 수용하면서 운동의 방향을 조정해 오기도 했다. 그런 가운데에서 탈북자의 존재를 알리고 북한 주민의 열악한 인권상황을 알리는데 기여한 것도 사실이다.

변화된 정세 속에서 북한인권 운동도 새롭게 변화를 모색해야 할 시기를 맞이하고 있다. 이제 자유권이 우선이냐 사회권이 우선이냐 하는 논쟁의 시기는 지나가고 있다. 북한인권 실태는 충분히 알려졌고 국제사회의 공감대도 충분히 성숙했다. 지금까지는 열악한 인권실태를 국제사회에 알리는데 주력했다면 향후에는 북한주민들의 실질적인 인권개선을 위해 노력해야 한다. 인권이라는 것이 한 사회의 정치·경제·문화적 발전과 함께 진전되는 것이라고 할 때 이제는 본격적으로 북한주민들의 삶의 질을 개선하는데 관심을 쏟아야 한다.

북한주민이 겪는 고통의 문제는 한둘이 아니다. 1950년대 한국사회가 기댔던 국제사회의 원조, 1970년대처럼 국가 주도의 경제개발, 1980년대처럼 정치사회의 민주화 등 이 모든 것이 요구되는 것이 지금의 북한사회이다. 북핵문제와 평화체제 역시 풀어야 할 숙제로 남아있다. 북한사회의 발전에서 이 모든 것이 종합적이고 총체적으로 사고되어야 한다. 북한인권의 개선 역시 이런 문제들이 종합적으로 진전되는 속에서 그 결실이 이루어질 것이다.

인권은 인류 보편의 가치이다. 북한주민들의 인권 역시 그렇다. 다행히 북미 간 화해 분위기가 무르익고 남북의 교류가 빈번해지고 북핵문제의 실마리가 조금씩 풀리고 있다. 국제정세가 비교적 안정적인 이때, 역설적이게도 북한주민들은 어느 해보다 엄격한 사회통제 분위기 속에서 숨죽이고 있고 심각한 식량부족 위기에 놓여있다. 우리 시민사회는 북한 인권문제가 국제사회의 관심에서 멀어지는 이 순간, 다시 한 번 북한주민들의 고통에 귀 기울여야 한다. 한반도 평화와 남북관계의 발전은 북한인권 개선의 끝이 아니라 그 시작에 불과하기 때문이다.

평화적 생존권과 군인권

양심에 따른 병역거부 인정과 대체복무제 개선운동

최정민 (양심에 따른 병역거부권 실현과 대체복무제도 개선을 위한 연대회의 공동집행위원장, duck52@jinbo.net)

2007년 9월 18일 오전 국방부는 "종교적인 사유 등으로 집총(입영)을 거부하는 사람들에게 군대 대신 다른 방법으로 병역을 이행할 수 있도록 대체복무를 허용키로 했다"며 "(이에 따라) 내년까지 병역법과 사회복지 관련법령, 향토예비군설치법 등을 개정할 것"이라는 내용의 기자회견을 가졌다. 국방부는 또 "병역이행이라는 국민의 의무와 소수 인권보호를 합리적으로 조정하고 병역거부 분위기의 확산 방지를 위한 안전장치를 강구한다는 차원에서 종교적 병역거부자들의 대체복무 분야를 가장 난이도가 높은 부문으로 선정할 것"이라는 계획도 덧붙였다.

정부의 이번 발표는 병역거부자들의 감옥행을 대체할 만한 대안을 마련했다는 측면에서 큰 진전이라고 할 수 있다. 이것으로 2000년 말부터 시작되었던 병역거부 운동은 하나의 결실을 맺게 되었다. 하지만 그 내용적인 측면에서 지금까지 연대회의 및 많은 시민사회단체들이 요구해온 것과는 거리가 있어 앞으로 도입과정에서 더 많은 지혜를 모아야 할 것으로 생각된다.

2001년 12월 12일 오태양씨 양심적 병역거부 선언
(사진출처: 양심에 따른 병역거부권 실현과 대체복무제도 개선을 위한 연대회의)

국가기관 최초의 움직임

2005년 12월 국가인권위원회의 대체복무제 입법 권고 이후 국방부에서는 2006년 1월 민관군 전문가들이 참여하는 정책공동체를 만들겠다는 발표를 하였다. 연대회의는 국가인권위원회 설립 이후 줄기차게 국방이니 외교니 하는 정치적인 문제들을 떠나올 곧이 이 문제를 인권의 문제로 봐야 한다고 주장했었다. 2005년 말과 2006년 초 정부의 이러한 움직임은 대체복무제도 입법에 관한 설렘을 잠시 잠깐 갖게 하던 시기이기도 하다. 하지만 올해 초 청와대의 사회복무제 도입에 대한 발표에서 양심에 따른 병역거부자들에 대한 대체복무 적용이 빠짐에

따라 국방부의 대체복무 연구위원회 구성 및 활동에 대한 기대는 곧 실망으로 바뀌고 말았다.

특히 2006년 연말은 유엔 권고의 잔치였다고 해도 과언이 아닐 듯하다. 11월 2일엔 유엔 자유권규약위원회(Human Rights Committee)에서 한국 정부를 대상으로 '군복무에서 제외된 양심에 따른 병역거부자의 권리를 인정하기 위해 필요한 모든 조치를 취하고', '자유권 규약 18조와 사상, 양심, 종교의 자유에 관한 권리를 명시한 일반의견(General Comment) 22조 11항에 기초하여 조속한 입법을 촉구'하였다. 또 12월 4일에는 양심에 따른 병역거부로 징역 1년 6개월의 형을 선고받고 복역한 최명진, 윤여범 씨에 대해 한국 정부의 보상 등 효과적인 구제조치를 취할 것을 권고하기도 하였다.

자유권규약위원회는 한국 정부가 병역거부자들에게 대체복무를 제공해주는 것이 국가안보에 구체적으로 어떤 영향을 미치는지 실증적으로 증명해내지 못했으며, 병역거부자들의 권리를 제한하는 것에 대한 타당성이 입증될 수 없다고 지적하며 결론적으로, 한국 정부가 시민적·정치적 권리에 관한 국제규약 제18조 1항을 위반하였고 개인통보를 신청한 이들에 대한 실질적인 보상을 제공해줄 의무가 있음을 명시하였다. 현재 연대회의와 민변은 2007년 5월에 여호와의 증인이 아니면서 정치적 신념으로 병역을 거부한 오태양 씨를 비롯한 11명(고동주, 오태양, 나동혁, 유호근, 염창근, 임성환, 임재성, 임치윤, 임태훈, 정의민, 최진)의 개인통보를 자유권규약위원회에 제출해 놓은 상태이다.

대체복무제 연구위원회에서 사회복무제까지

2005년 12월 26일 병역거부권을 인정하고 대체복무제도를 도입하라는 국가인권위원회의 권고결정이 있은 후 국방부는 2006년 1월 6일 민관군 전문가들이 참여하는 정책공동체를 만들겠다고 발표하였다. 그리고 4월 5일 '대체복무제도 연구위원회'는 위원 17명에게 위촉장을 수여하며 본격적인 활동에 들어갔다.

처음부터 큰 기대를 가지고 있었던 것은 아니지만 그래도 지금까지 병역거부는 절대로 인정할 수 없는 일이라며 완강한 입장을 고수하던 국방부가 기왕 연구위원회를 구성하기로 했으니 나름의 노력을 보여주지 않을까 내심 바래보기도 하였다. 그러나 그 기대는 위원회 위원들의 명단이 발표되면서 산산이 부서졌다. 연구위원회는 위원장 이상돈(중앙대학교 법대 교수) 씨를 포함 법조계, 언론·학계, 종교계, 시민단체, 체육예술계, 군 관계 이렇게 여섯 분야에서 선발된 사람들로 구성되었다.

그동안 일관되게 양심에 따른 병역거부와 대체복무제도를 연구해온 사람들은 위원회 명단에 거의 포함되지 않았을 뿐만 아니라 오히려 그동안 최선두에서 양심에 따른 병역거부를 반대해왔던 종교계 인사가 포함되어 있는가 하면, 재향군인회 소속 교수가 시민단체로 분류되어 있어 쓴웃음을 자아내기도 했다.

사실 여기에 체육예술계가 포함된 것은 국방부가 양심에 따른 병역거부 문제를 최근 사회 문제가 되고 있는 야구선수 병역특례 파문과 같은 맥락으로 이해하고 있기 때문에 발생한 해프닝으로 보고 연대회의는 위원회 인선에 관한 기준을 제시하라며 국방부를 비판하였다. 현재 주먹구구식으로 운영되고 있는 대체복무제도(공익근무 요원, 방위산업체, 병역특례 등)를 합리적 차원에서 연구하고 개선하겠다는 것은 마땅히 국방부가 해야 할 일이다. 무엇보다 대체복무제도 연구위원회는 국가인권위원회 권고에 따라 구성된 것이기 때문에 병역문제 중 가장 시급히 해결되어야 하는 병역거부자들의 문제에 대해 전문적으로 연구하고 논의하는 위원회가 되어야 한다. 그러나 위원회의 연구취지에서도 드러나듯이 이 위원회는 국가인권위원회의 권고를 받아들여 대체복무제 도입을 염두에 두고 발족한 기구가 아니라 '종교적 병역거부자의 대체복무 도입 여부를 비롯한 대체복무제도 전반에 걸친 원칙과 기준을 설정하겠다'는 취지에서 만들어진

기구였다. 대체복무 전반에 걸쳐 논의하도록 위원들을 구성해 놓으면 인권 차원에서의 고려는 고사하고 지금까지 몇 년 동안 반복된 똑같은 토론만을 지루하게 반복하다 지지부진하게 위원회의 임무를 팽개치고 말 것이 뻔했다.

정부가 병역거부자들을 위한 대체복무제도 도입 입장을 발표한 시점까지도 위원회가 최종 보고서조차 발표하지 못하고 이렇다 할 성과도 내지 못한 채 지지부진 끝나버림으로써 우리의 생각이 기우가 아니었음이 판명되었다. 사실 구성의 균형을 잃은 연구위원회의 앞날은 그 첫 단추가 잘못 끼워졌던 그날부터 예정되어 있었던 것이다. 그나마 연구위원회가 활동을 했던 2006년 한 해 동안 몇 번이나 모여 회의를 했는지, 병역거부 문제를 해결하기 위해 어떤 다각적 노력을 기울였는지는 자세히 알 방도가 없다.

한편 정부는 2006년 10월 말 유엔 자유권규약위원회에서 연구위원회의 활동 기한이 2007년 6월까지라고 위원회에서 의결되지도 않은 사안을 보고했다가 면피용이라는 비난을 받기도 했다. 2007년 봄 최종 보고서를 발간한다고 해놓고 아직까지 감감무소식인 것을 보았을 때 연구위원회의 활동이나 국방부의 입장이 이번 정부 발표에 어떤 긍정적인 역할을 했을 것 같지는 않아 보인다. 법무부, 외교부 등 다른 정부부처 역시 결론이 뻔한 국방부 대체복무연구위원회의 최종 보고서를 방패막이 삼아 '국방부에서 현재 연구 중인데…'라는 말만 앵무새처럼 되풀이하였으니 대체복무 허용이라는 결론에 이르게 된 것도 참으로 신기한 일이 아닐 수 없다.

자본주의적 효율성, 군사안보의 장벽을 넘다

2007년 2월 5일, 청와대에서 '비전 2030 인적자원 활용 전략'을 발표했다. 그 내용은 저출산·고령화의 급속한 진전으로 2010년부터 노동력 부족이 현실화될 것이므로 다가올 인력부족 현상에 대처하려면 보유인력을 효율적으로 활용해야 한다는 것이다. 특히 병역제도 개선과 관련해서는 현역병 복무기간 6개월 단축, '유급지원병제' 도입이 추진되고 인력활용 측면에서는 전·의경과 경비교도, 산업기능, 공익행정요원제를 폐지하고 사회복무제를 도입하게 된다. 사회복무제도는 병역의무의 형평성 차원에서 신체등급이 낮은 대상자뿐만 아니라 본인이 희망할 경우 여성이나 혼혈인, 귀화자, 고아도 복무할 수 있도록 하여 내년부터 전면 시행키로 했다.

이어 7월에는 병무청에서 2월 발표한 병역제도 개선방안의 후속조치로 사회복무제도 추진계획을 발표하였다. 현행 군 복무 면제자 중에서 사회활동이 가능한 사람에게는 사회복무 의무를 부과하고, 전·의경과 산업기능요원 등 현행 대체복무는 폐지한다는 것이다. 새로 시행될 사회복무는 주로 사회서비스 분야에 집중 투입된다. 복무 기간은 22개월이고, 오는 2008년부터 도입돼 2012년 전면 시행된다는 것이다.

연대회의가 줄곧 주장해온 대체복무제도가 마치 징병제의 근간을 흔들고 당장 내일이라도 한반도에 전쟁이 일어날 것처럼 몰아가던 국방부가 자본주의적 효율성 앞에 맥없이 무릎을 꿇은 것이다. 하지만 사회복무자들에게 모두 일주일간 의무적으로 기초 군사훈련을 받도록 규정해 놓았는데 이것도 효율성의 측면에서 보자면 말이 안 된다. 정부는 사회복무자들을 노인 수발 등 사회 서비스 분야에 투입할 예정이라고 밝혔는데 이 분야에서 사회복무자들의 활동이 성과를 거둘 수 있으려면 사회복무자들에게 필요한 것은 그에 합당한 직능교육이지 군사훈련이 아니기 때문이다.

병역거부자들은 4-6주간의 군사훈련을 면제받는 대신 군복무 기간의 1.5배의 사회복무를 허용해달라고 요구해왔다. 이제 사회복무제가 시행되게 된다면 사회복무 대상자 중 군사훈련 거부자는 4-6주가 아니라 1주간의 군사훈련과 복무기간의 1.5배에 달하는 복무기간을 맞바꾸는 것이 된다. 상식적으로 생각을

대체복무제 도입 공청회 (2007. 10. 17) (사진출처: 전쟁없는세상)

해봤을 때도 병역거부자들의 요구는 무리한 것이 아니다. 결국 정부의 입장은 시민 개인에게 군복무의 선택권을 준다는 것 자체를 받아들일 수 없다는 것이다.

돌아온 사람들, 떠난 사람들

2005년 11월 오태양, 임싱환 씨가 출소한 이후 2006년 한 해 동안 이원표, 염창근, 임재성, 유호근, 조정의민, 최진, 이승규 씨가 출소를 했고 2007년 1월에는 문상현 씨가 청주 교소도에서 만기출소를, 4월에는 오정록, 김영진 씨가, 7월에는 김훈태 씨가 9월에는 최재영, 고동주, 김태훈 씨가 출소를 했다. 돌아오는 사람들이 있으면 떠나는 사람들도 있어 2007년 정재훈, 유정민석, 김치수 씨가 병역거부를 선언했고 현재 이들은 모두 수감되었다. 매년 여호와의 증인 700여 명 가량이 병역거부를 하고 수감되니 대체복무제도를 도입하겠다는 정부 발표에도 현재 900명의 병역거부자가 전국 교정시설에 수감 중인 셈이다.

한편 정치적 이유로 병역거부를 했던 병역거부자들이 2005년 말부터 본격적으로 출소하기 시작하면서 감옥 생활에 대해 본격적으로 고민하고 지원하는 활동이 병역거부 운동의 큰 축으로 자리 잡게 되었다. 또한 출소한 병역거부자들과 1년 6개월간의 단절을 어떤 식으로 메우고 함께 할 수 있을까 하는 고민도 본격화되었다. 멘토링, 면회투어, 평화주의자들의 책읽기 모임 등이 그러한 고민의 결과로 나온 활동이다.

2009년 시행 예정이라는 정부 발표가 있었지만 아직 입법과정을 밟고 있는 것도 아니고 연말 대선이 지나고 나면 또 정치적 상황이 어떻게 바뀔지 몰라 내심 불안하다. 국회는 하루빨리 정부의 발표에 따라 입법 과정을 밟아야 할 것이다. 또한 정부는 2009년 대체복무제도가 시행되기 이전까지 입대 예정자들에 대한 고발조치를 보류하고 현재 재판과정에 있는 병역거부 사건들의 판결을 유예하며, 또 현재 수감 중인 사람들에 대해 일괄적 혹은 단계적으로 미결수는 보석석방, 기결수는 잔여 형량에 따라 형집행정지, 가석방, 전형면제 등의 조치를 취해야 할 것이다. 예비군 소집 거부로 고발된 사람들에 대한 선처, 형기를 마친 사람들에 대한 사면복권 조치도 뒤따라야 할 것으로 본다. 과도적 경과조치 마련활동, 입법 활동 그리고 정부안을 더욱 합리적이고 인권적으로 개선하기 위한 활동 등 앞으로 해야 할 일이 많이 남아 있다. 하지만 더 이상 계란으로 바위 치는 심정은 아닐 것 같다.

주한미군 기지 재배치와 평택, 파주, 군산

고유경 (평택범대위 집행위원, us@usacrime.or.kr)

2차 남북정상회담에서 한반도의 평화와 번영을 위한 합의가 이루어지고 이의 실행을 위해 총리회담, 국방부 장관회담 등이 추진되고 있다. 이런 와중에도 주한미군기지 재배치에 따른 평택 기지건설 공사는 강행되고 있고, 이에 따라 미군기지 주변 지역 주민들의 삶도 위협받고 있다. 아시아 지역에서 미국의 경제적 이익을 위해 한미동맹을 유지하고 주한미군을 주둔시킨다는 벨 사령관의 말에서 알 수 있듯이 주한미군의 주둔 목적은 이미 바뀌었다. 북한의 위협으로부터 한반도를 지킨다는 주한미군의 임무 또한 남북정상회담 결과를 실행하는 과정에서 사라지게 될 것이다. 주한미군은 전략적 유연성이라는 이름으로 주일미군과 더불어 아시아 지역에서 미국의 이익을 추구하는 방향으로 그 임무를 선회하였고 미군기지로 인해 평택, 파주, 군산 주민들은 자신들의 삶을 위협받고 있다. 남북정상 간 합의한 한반도 '평화' 의제는 평택, 파주, 군산 등 지역 주민들에까지 미치지 못하고 있는 것이다.

철저한 검증 없이 추진된 주한미군기지 재배치

주한미군기지의 재배치는 2000년 해외주둔 미군기지의 재편을 위해 미국의 요구로 협상이 시작되었고 2002년 3월 한·미 간 연합토지관리계획(LPP. Land Partnership Plan)협정 체결에 합의하게 되었다. 1차 기지 재배치에 합의한 후 그해 12월 제34차 한미연례안보협의회의를 통해 미래 한미동맹 정책구상을 추진하기로 하면서 2004년 10월 미2사단과 용산기지의 재배치 합의에 이르게 되었다.

대규모 기지와 훈련장을 반환받는 것뿐만 아니라 주한미군에게 새로 제공할 토지의 규모도 362만 평에 상당하며, 평택의 경우 535세대(1,372명)가 자신이 살던 곳에서 내쫓기게 되는 민감한 사안이었다. 재배치의 규모와 목적, 비용에 대한 다양한 문제제기가 있었지만 한국 정부는 '한미동맹 유지'와 '주한미군의 안정적 주둔'을 위해 이를 무시한 채 협정을 체결하였다.

한·미 간 협상이 진행되는 동안 여러 시민사회단체는 주한미군의 성격변화, 즉 주둔군에서 기동군으로 변하면서 한반도 방어의 목적이 아닌 선제공격 개념까지 포함한 동북아 지역군으로 변화하는 것에 대한 우려와 비판을 제기하였다. 그러나 당시 노무현 정부는 주한미군의 성격변화에 대해서 인정하지 않았다. 그러나 미군기지 재배치 협정이 국회 비준을 받고 주민들의 땅을 강제로 수용하여 소유권을 박탈한 후에 한·미 양국은 주한미군의 전략적 유연성에 대해 공식적으로 합의하였다.

2006년 1월 한·미 외무장관 간 공동성명으로 발표된 전략적 유연성 합의는 한반도 외 타 분쟁지역에 대한 미군의 개입 논란을 낳았다. 한미상호방위조약의 범위를 넘어서는 주한미군의 활동으로 한국의 의지와는 무관하게 분쟁에 개입될 소지를 낳는다는 것이다. 한미상호방위조약에 근거하여 체결된 주한미군지위협정(SOFA)에 따라 주한미군은 공짜로 토지를 받으며, 한국 정부에 주둔비용(방위비 분담금 등)을 부담시키고 있다. 따라서 한미상호방위조약을 위배할 경우 한국이 토지와 비용을 부담해야 할 법적 근거가 상실된다. 그러나 한·미 양국은 이러한 문제제기를 교묘하게 피해갔다. 조약이나 협정이 아닌 장관 간 공동성명이라는 형식을 취함으로써 헌법에 보장된 권리 침해를 따져볼 수조차 없게 만든 것이다.

이러한 문제제기는 2004년 12월 기지 재배치 협정의 비준 당시 국회에서도 제출되었으나 외교 안보에 해당하는 사항이라 시급하게 처리해 달라는 정부의 요청에 따라 철저한 검증 없이 비준되었다. 국회는 협정을 비준하는 대신 지적된 문제점들을 검토할 청문회를 개최하기로 하였으나 그 약속은 3년이 지나도록 지켜지지 않고 있다.

협정에 대한 국회 비준 이후 정부는 '국회 동의'를 근거로 지역주민들의 토지를 강제로 수용하는 절차를 밟아갔다. 종합시설계획(MP)도 없이 국회 동의를 받은 이 사업은 사업계획 추진과정에서 몇 가지 문제를 드러내고 있다.

2005년 11월 미국은 100년 가는 튼튼한 평택 미군기지 건설을 위해 홍수 예방용으로 기지예정 부지를 2-3m 규모로 높이는 성토를 요구하였다. 제방이 튼튼하니 불필요하다는 한국 측 설명에도 불구하고 미국은 1,800만m^3(25톤 트럭 144만대) 규모, 5천억 원가량의 공사비가 드는 성토를 요구하였고, 한국 정부는 결국 이를 수용하여 규모를 협의하고 있다.

또한 2007년 봄에서야 그 윤곽을 드러낸 종합시설계획에 따르면 평택 확장부지 349만 평 중 공군기지 인근 확장지인 64만 평에는 시설계획이 없다. 용산기지와 미2사단의 이전에 따른 토지 매입으로 주민들의 땅을 수용하고서는 이제서야 아무것도 세울 계획이 없는 안선지역권이라는 것이다. 정부에게 '국회 동의'는 자신들의 사업을 합리화하는 근거가 될 뿐 '국회 동의'를 받기 위한 충분한 설명도 없었고 동의의 전제였던 청문회 개최의지도 보이지 않고 있는 것이다.

미국은 자신들이 필요로 하는 토지를 획득한 후기지 이전에 따른 비용 부담 등 대부분의 책임을 한국에 떠넘겨 왔다. 게다가 2007년 반환미군기시의 환경정화도 미국이 책임지지 않겠다는 입장을 고수하자 그마저 한국이 떠안게 되었다. 수십 년간 옥토로 일구어온 농민들의 토지를 강제로 빼앗아가면서 결국 미군으로부터 돌려받는 것은 쓰레기와 오염투성이 땅이다. 아직도 종합시설계획(MP)에 따른 전체 소요 비용, 한·미 양측의 부담 비용이 제출되지 않은 상태에서 한국 정부가 주한미군기지 재배치 사업에 대한 부담을 어디까지 국민에게 전가할 것인지 여전히 오리무중이다.

평택, 군산, 파주, 362만평+α

한·미 간 미군기지 재배치 협정을 통해 평택 미육군기지 인근 285만 평, 공군기지 인근 64만 평, 포항 미해병대 훈련장 10만 평, 칠곡 물품취급운용소, 인천 우편시설 등 362만 평의 신규 토지를 미군에게 제공하기로 하였다. 그러나 미군기지 재배치 협정에는 토지의 반환과 공여뿐만 아니라 한국군 훈련장의 공동사용, 안전지역권의 설정도 포함되어 이에 따른 추가 토지 수용이 이루어지고 있다. 반환과 공여 토지는 구체적인 규모가 명시되어 있으나 탄약고와 같은 위험지역 주변에 설정되는 안전지역권의 규모는 확인되지 않은 채 추가로 주민들의 토지가 수용되고 있다. 현재까지 추가로 확인된 안전지역권 토지 매입 규모는 평택 미공군기지 인근 서탄지역 462,800㎡(14만 평), 군산 미공군기지 인근 2,019,000㎡(61만 평)이다.

평택 미공군기지는 협정에 따라 64만 평이 확장될 계획이다. 여기에 최근 안전지역권 설정이라는 이유로 462,800㎡(14만 평) 규모의 토지 매입[1]이 추가로 이루어지고 있다. 추가 매입 부지는 64만 평 토지 수용에 따라 이주대상이

---

[1] 2007년 5월 30일 해당 지역주민들을 상대로 토지 매입에 따른 보상 설명회가 진행되었다.

되는 마을 주민들의 농토로서, 인근에 이주단지 조성 후 계속 농사를 지으며 살 계획을 갖고 있었다. 이 농지조차 수용된다면 이주해야 할 농민들은 다른 생계수단을 찾아야 한다.

군산의 경우 2,019,000㎡ 규모의 안전지역권에다 909,000㎡(28만여 평) 규모의 헬기부대 부지를 위한 토지 매입이 이루어지고 있다. 2002년 LPP협정에 따라 탄약고 안전지역 확보를 위한 주민이주사업이 추진되면서 644세대가 이주대상이 되고 있다. 지역 주민들의 증언에 의하면 LPP 협정 체결 후 민가에 인접한 기지 쪽으로 탄약고가 늘어나면서 안전지역권 설정이 확장되고 있다고 한다. 주민 거주지역임을 알면서도 인근에 위험물질을 확대 주둔시키는 것은 주민의 안전을 고려하지 않는 처사이다.

여기에 춘천 캠프 페이지 헬기부대 이전부지를 확보한다는 이유로 1차 489,000㎡, 2차 420,000㎡ 등 토지 매입이 이루어지고 있다.2) 이 부지에는 2개 헬기대대 800여 명의 미군이 주둔할 계획으로 1개 대대는 춘천 캠프 페이지에 주둔하던 부대이나 나머지 1개 대대는 어떤 부대인지 확인되지 않았다. 춘천의 경우 헬기부대의 저공비행 훈련으로 인근 주민들이 심한 소음피해를 겪어 소송을 제기하여 법원으로부터 그 피해를 확인받았다. 군산에 2개 대대의 헬기 부대가 주둔할 경우 현재 공군 전투기 소음에다 헬기 소음까지 인근 주민들의 피해가 더욱 커질 것으로 예상된다.

군산 미공군기지의 경우 해군, 공군 중심으로 기능을 강화하는 주한미군 재편에 따라 그 규모가 더 확장될 것으로 보인다. 이미 2000년 LPP 협상 당시 미국은 군산 공군기지 인근 130만 평을 요구한 바 있다. 당시 미국이 요구한 부지는 간척예정지로서 현재의 새만금을 의미한다. 당시에는 미간척지라 확장에 합의되지 못했으나 이 부지를 미군기지로 만들고자 하는 미국의 요구는

---

2) 미군기지이전사업 Q & A. 2007. 7. 주한미군기지이전사업단

계속 추진되고 있다. 2007년 군산공군기지 제8전투비행단은 새만금 부지에 추가 활주로와 국제공항의 건설을 기대한다는 의사를 표시하였다. 군산시가 5월 2일 미공군 제8전투비행단장 앞으로 보낸 '군산공항 국제선여객기 취항협조 요청' 공문에 대한 회신에서 "저희(미군 측)의 바람으로는 활주로 서쪽에 위치한 새만금 사업이 진행되는 지역에 추가 활주로와 국제공항이 포함되었으면 한다"고 밝혔다.3) 새만금 간척지 토지이용계획이 발표될 당시 군산 미공군기지 인근 부지가 유보용지로 남겨진 점, 유보용지가 공군 전투기 활주로 바로 옆이어서 산업단지나 농지로 쓰기에는 부적절한 점 등을 보았을 때 추가 활주로를 기대하는 미군의 요구가 허황되지만은 않다.

안전지역권 설정뿐만 아니라 미군의 한국군 훈련장 공동사용으로 인한 토지 매입은 또 다른 문제를 야기하고 있다. LPP협정에 따라 미국은 한국에 3,949만 평의 훈련장을 반환하는 대신 36개의 한국군 훈련장을 연간 짧게는 9일 길게는 182일씩 사용4)하기로 하였다. 반환받기로 한 훈련장 3,949만 평 중 3,200만 평가량이 임시훈련장으로 반환이라기보다 해제라는 표현이 더 어울린다. 평소 미군들을 보기 어려웠다는 주민들의 증언도 있듯이, 대부분 전쟁 후 미군이 사용하던 곳을 1967년 SOFA 체결 당시 구역에 대한 검토 없이 공여를 인정했기 때문이다. 이에 훈련장 부지는 사유지인 경우가 많으며, 주인의 허락 없이 미군에게 공여하여 재산권 행사의 제약 등으로 빈번한 갈등이 있었다. 방대한 미군의 훈련장은 평소 관리도 안 되었을 정도로 이용수가 적었다. 반환받는 훈련장에 대한 1단계 환경조사를 진행하려던 국방부 관계자들이 훈련장 경계를 알지 못할 정도이다. SOFA 규정에 따르면 사용하지 않는 미군기지와 훈련장은 반환하도록 되어 있다. 그러나 이런 미사용 훈련장을 반환하면서 미국이 챙긴 것은

---

3) 새만금에 국제공항 설치기대. 2007. 5. 29. 《전라일보》
4) 미국 GAO 보고서 2003. 7.

한국군 훈련장의 공동사용이다.

파주시 법원읍과 적성면 등에 걸쳐 조성된 한국군 1군단 제병협동 훈련장인 무건리 훈련장은 미군이 공동으로 사용하고 있다. 2002년 6월 발생한 미군 장갑차에 의한 여중생 압사사건은 무건리 훈련장 주위에서 훈련 중이던 미군 장갑차들의 이동 중에 발생한 사건이다. 한국군은 현재 무건리 훈련장을 확장할 계획을 갖고 훈련장 내에 있는 오현리, 직천리 주민들의 집과 토지를 모두 매입하고 있다. 2004년까지 예산이 확보되지 않아 개별적 매입을 추진하다 2005년부터 본격적인 토지매입을 추진하고 있으며 2007년까지 부지매입을 마무리한다는 계획이다. 현재 오현리, 직천리 주민들은 '무건리 훈련장 백지화 대책위원회'를 구성하여 활동하고 있다. 이 일대에 거주하는 주민들은 소를 키우거나 농사를 지으며 살고 있는데 일대가 군사시설구역으로 지정되어 있어 토지가격이 인근 비군사시설 지역에 비해 상당히 낮은 상태라 농민들이 강제이주를 당할 경우 생계 대책이 막막하다.

대추리, 도두리 주민들이 지키려 했던 그들의 삶

평택 팽성 미육군기지의 활주로 끝자락, 철조망 밖으로 형성된 대추리는 1952년 미군비행장 때문에 쫓겨나기 전에는 현재 활주로 지역에 터를 잡고 있던 꽤 큰 마을이었다. 미군들은 일본군이 사용하던 비행장을 접수하고 확장공사를 진행하면서 집을 부수고 주민들을 쫓아냈다. 보상이라고 받은 천막과 나무판, 보리쌀 한 가마에 의지해 활주로 끝자락에 다시 집을 짓기 시작했다. 주민들은 공동의 작업으로 마을을 꾸려 냈고 농지가 모자라 인근 갯벌을 개간하여 농지를 만들어갔다. 황새들이 무리를 지어 온다는 황새울은 이 당시 조성된 논이다.

도두리 또한 살 곳과 농사지을 땅을 찾아온 사람들이 만들어낸 땅이다.

한국전쟁 후 피난민들이 집단으로 살며 개간한 땅과 아산만 방조제 건설 후 소금기 가득했던 농지를 지금과 같은 옥토로 일구어 온 것이다. 바다를 메워 맨손으로 일군 땅이니 내 인생을 고스란히 바친 곳이고 보릿고개에 전염병으로 세상을 달리한 가족들의 생명이 깃든 곳이다.[5]

2005년 12월 강제토지수용으로 소유권이 국방부로 이전된 후 불법 영농행위를 금지한다는 정부의 발표에 농민들은 분노했다. 농사를 못 짓게 하는 정부의 발표보다 농사를 '행위'로 폄하하는 정부의 자세에 분노했던 것이다. 정부는 농사를 불법으로 규정하였으나 살아가는 게 농사를 짓는 것과 일치했던 농민들은 2006년 3월 논을 갈고 씨를 뿌렸다. 영농을 막으려는 정부는 3월, 4월 두 차례에 걸쳐 경찰과 용역을 동원하여 농지를 파괴하고 수로를 막았지만 농민들의 삶의 의지를 막지 못했다. 결국 5월 4일 군대까지 동원하여 파랗게 싹이 올라오는 논 위에 철조망을 치고 대추분교를 무참하게 파괴했다. 정부는 주민들의 영농이나 촛불행사, 기자회견을 모두 불법으로 규정, 틈나는 대로 경찰들을 동원하여 빈번한 충돌이 벌어졌고 연행된 이들도 숱하다. 주민대책위원장을 구속하고 징역 2년 실형을 선고한 것은 주민 전체를 상대로 징역형을 선고한 것이나 다름없었다.

한국 정부는 평택 미군기지 확장사업에서 주민들과 300차례가 넘도록 대화를 했다고 하지만 보상 문제에 국한시켰으며, 사업의 변경이나 취소에 대한 주민들의 의견은 용납하지 않았다. 사업이 확정되기 전, 주민들은 어떻게 해서든 자신들의 목소리를 정부에 전달하고자 하였다. 언론보도를 통해 팽성 일대 대규모의 기지확장이 알려지면서 수차례 국방부장관 면담 요청을 거절당했다.

국방부는 미군기지 재배치에 대한 한·미 간 협상이 진행되던 2003년 11월 당시 평택시장과 시의회 의장, 지역 국회의원을 포함한 '미군기지 이전대책협의회'

---

[5] "이 땅은 농투성이들의 목숨이다" 《한겨레21》 제589호. 2005. 12. 14.

대표단과 국방부 장관과의 면담을 진행하였다. 하지만 정작 토지를 강제로 빼앗기는 주민대책위원회의 면담요청은 '효율'적인 업무처리를 위해 '모든' 단체의 면담을 수용할 수 없다는 이유6)로 거절한 것이다. 국방부는 미군기지 재배치 사업이 안보사안으로 미국과 협의를 완료하기 전에 공개할 수 없고 국회 비준이 끝난 후에야 주민과 협의할 수밖에 없었다7)는 변명을 하였다. 그러나 미국과의 협상 중이었던 2003년 11월 이전대책협의회와의 면담이 진행된 것을 보면, 외교안보사안에 따른 당사자와의 협의가 불가능한 것이 아니라 정부가 협의 대상자를 편의에 따라 고른 셈이 된다. 당시 평택시장과 시의회 의장이 국방부장관과 면담에서 전달한 입장이 '기본적으로 미군기지 평택이전에 반대하며, 용산미군기지는 이전이 불가피하다면 조건부로 받아들이되 미2사단은 절대 반대한다'라는8) 것을 보았을 때, 사업 자체에 대한 평택시민들과 해당 주민들의 의견은 전혀 반영되지 않았다는 것을 알 수 있다.

반면 정부는 국회 비준 후 미군과 종합시설계획(MP) 협상에서 애초 결정되었던 사업 내용 일부를 수정하였다. 2006년 평택 공군기지 인근 서탄지역 64만 평에 아무런 시설을 짓지 않는 유보지가 된다는 것, 기지이전사업이 5년가량 연기된다는 것이 알려졌을 때 이를 반영하여 주민들이 농사를 지을 수 있는 일부의 땅을 보장하거나 사업의 연기에 따른 영농의 보장을 주장하였다. 그러나 이런 주장에 대한 답변은 경찰과 용역, 중장비를 동원한 주택철거로 돌아왔다. 미군기지 확장 사업에 대해서 미군과의 협의는 가능하나 주민들과는 협의할

---

6) 국방부 장관 면담 요청에 대한 회신. 2004. 2. 2.
"귀대책위원회에서 요구하신 2004년 2월 2일 또는 3일자 국방부 장관과의 면담요청은 '미군기지이전대책협의회' 대표단 면담과 유사한 내용으로 귀측의 제의내용을 충분히 수렴할 예정이며 미군기지 이전 업무를 효율적으로 처리하기 위하여 모든 단체의 면담 요청을 일일이 수용할 수 없음을 양지하여 주시기 바랍니다."
7) 시민사회단체 항의서한에 대한 국방부 입장. 2006. 5. 16.
8) 미2사단 '이전반대' 시 의견 전달.《평택시민신문》. 2003. 11. 11.

평택 대추리 사진(사진: 참여연대)

수 없다는 것이다.

지금 그들은 대추리, 도두리를 떠나 평택에 임시로 얻은 전세 주택에 살거나 새로이 집을 짓고 살고 있다. 대추리, 도두리에서 살 때처럼 농사를 짓는 이들은 드물다. 대신 평택시에서 주선한 공공근로를 통해 생계를 잇고 있다. 마지막까지 촛불을 들고 싸웠던 이들이 2007년 4월 7일 매향제를 하면서 그들의 소망을 담은 글과 물건들을 대추초등학교 운동장에 묻고 마을을 떠났다. 다시 돌아온다는 간절함을 그곳에 묻고 온 것이다. 지금 대추리, 도두리 일대 집들은 모두 철거되었고 성토 공사를 위한 덤프트럭이 일대를 휘젓고 다니고 있다. 송화리 임시 주거지에 대추리 현판을 달고 살고 있는 이들은 틈나는 대로 대추리가 보이는 산에 올라 향수를 달래고 있다. 935일 동안 촛불을 들며 정부의 폭력에 맞서 싸운 이들이 지키려고 했던 것은 그 땅에 물들어 있던 삶이었을 것이다.

평택, 평화를 택하라

평택 본정리 농협 앞, 본정리 비닐하우스, 대추초등학교 비닐하우스, 대추리 평화동산, 농협창고, 935일간 주민들이 변함없이 촛불을 들었던 곳이다. 평택경찰서 앞, 여의도 국회 앞, 광화문, 용산 국방 앞에서도 주민들은 촛불을 들었다. 주민들과 함께 촛불행사장에서 웃기도 하고 울기도 했던 평택 지킴이라 불리는 수많은 사람들이 대추리 도두리를 다녀갔다. 2004년 5.29 평택 평화축제를 통해 사람들이 평택에 발을 디뎠고, 2005년 7.10대회를 위해 평택 사람들이 전국을 돌아다녀 만여 명이 다시 평택을 찾았다. 2006년 1월 국방부의 영농금지에 맞서 평택 농민들이 트랙터를 타고 전국을 돌아다녔고, 3월 타지역 농민들의 트랙터가 대추리, 도두리 일대 논갈이에 참여하여 볍씨를 뿌렸다. 5월 3일 밤 국방부의 군부대와 경찰병력 투입에 맞서 대추분교를 지키기 위해 1천여 명의 사람들이 밤을 지새우고 4일 새벽 '여명의 황새울' 작전에 맞서며 524명이 연행되고 수백 명이 부상을 입었다.

매일 평택 현장을 방문한 노동자들, 농민들의 논갈이 투쟁, 문화 예술인들의 비닐하우스 콘서트와 거리 콘서트, 종교계의 평택 현장 미사와 예배, 285리 평화행진과 전국 순례 등 평택 지킴이들의 활동은 기록하기에도 벅찰 만큼 다양하게 이루어졌다. 미군기지확장반대 평택대책위와 서울대책회의 등 지역 대책위의 활동, 한반도 평화실현과 평택미군기지 확장반대 청년연대, 평택 미군지기 확장이전반대 기독인연대, 평택미군기지반대와 대추리예술품파괴 문화예술인단체 대책회의, 평택미군기지확장저지 전쟁반대 평화실현 내학생내책위 등 각계 조직들이 만들어지고 활동하였다.

평택 캠페인 '대추리를 평화촌으로'(한겨레 21)가 시작되면서 주민들과 지킴이들의 활동과 생활이 알려졌고, 주민들과 생사고락을 함께하기 위해 마을에서 살았던 지킴이들은 주민들에게 농사를 배워 직접 수확도 하고 솔부엉이 도서관,

평택 대추리에 서 있는 평화를 염원하는 조형물(사진: 참여연대)

놀이방 등을 운영하면서 주민들의 심정을 알려왔다. 또한 현장의 목소리를 외면하는 언론의 모습을 보며 직접 마을 상황을 알리기 위한 '들소리' 방송국을 열어 200회에 걸쳐 주민과 함께 방송을 진행하였다. 충돌과 싸움, 갈등과 분노에만 카메라를 들이대던 여타 언론과 달리 '들소리' 방송은 주민들의 일상과 심정을 카메라에 담아 그들이 왜 그곳에 있는지를 주민들의 목소리를 통해 보여 주었다.

미군기지 확장에 맞선 주민들과 평택 지킴이들은 논바닥, 길바닥에서 경찰, 군인들과 맞서야 했다. 농지를 파괴하는 포크레인 밑에 드러누워야 했고, 군인들을 태운 버스를 멈춰야 했으며 철거 대상이 되는 주택 지붕 위에 올라가 온몸을 쇠사슬로 감아야 했다. 2006년 한 해 동안 830명이 연행되고 29명이 구속되었다. 검찰은 110명의 사람을 재판에 회부하였고, 270명에게 적게는 50만 원, 많게는 300만 원에 이르기까지 4억 3천여만 원이 넘는 벌금을 청구하였다. 국방부는 자신들이 무참하게 파괴해버린 대추분교에 대한 비용 1억 7천여만 원을 주민대표에게 청구하였다.

평택, 평화를 택했던 사람들의 발자국을 돌아보는 건 쉬운 일이 아니다. 다양한 사람들이 다양한 이유로 다양한 방법을 통해 평택을 찾았고, 주민들과 함께했던 그곳이 덤프트럭이 지나다니는 곳이 되었지만 그들이 뿌린 씨는 여러 곳에서 또 다른 대추리를 낳고 있다. 평택, 군산, 파주, 제주에 이르기까지 한미동맹과 군사안보의 그림자를 걷어내기 위해 평화와 삶을 지키기 위한 지킴이들의 행동들이 펼쳐지고 있다.

미국이라는 어마어마한 땅덩이를 갖고 있는 나라의 군대를 위한 기지 건설에 맞서 싸웠던 주민들은 마을에서 쫓겨났지만 농사를 짓는 이들의 삶은 변할 수 없다. 임시로 거주하는 빌라 단지 귀퉁이에 깨를 심고 버섯을 키우고 고추를 심고 함께 김치를 담가 나누며 살고 있는 그들은 백서를 통해 자신들의 삶을 기록하는 작업을 추진하고 있다. 그리고 2008년 겨울 즈음 조성될 새로운 이주단지에 '평화마을 대추리'를 설계하고 있다. 지킴이들은 지난 4년간의 활동을 이어갈 '평택평화센터'를 창립하여 미군기지 문제를 일상적이고 대중적으로 풀어갈 계획이다.

한해 벼농사를 끝낸 겨울을 사람들은 농한기라 부르지만 농민들은 기계를 손보느라 바쁘다. 제대로 기계를 손질하지 않으면 다음해 농사를 짓는 동안 탈이 나기 십상이다. 수확 후 아무것도 없는 들판에서 농민들이 다음해 농사를 설계하는 것처럼 평택은 이제 다시 씨 뿌릴 준비를 하고 있다.

"오염된 땅을 돌려받을 수 없다", 반환미군기지 환경정화 재협상 운동

고이지선 (녹색연합 녹색사회국 활동가, antikone@green.or.kr)

1. 환경정화 없는 미군기지 반환협상에 대한 문제점

한·미 양국은 2004년 국회를 통과한 용산기지이전협정과 연합토지관리계획개정안 등에 따라 2011년까지 66개 미군기지를 반환받기로 하였다.[1] 한·미 양국은 미군기지의 환경오염을 해결하기 위해 2001년 SOFA(주둔군지위협정)에 환경조항을 만든 이후 2002년 환경오염사고 대응 과정("환경정보공유 및 접근절차")을 합의하고, 2003년 반환 미군기지 환경오염조사와 정화에 관한 합의문("환경정보공유 및 접근절차 부속서 A", 이하 부속서 A)에 서명했다.

부속서 A에는 미군기지 반환 1년 전에 105일간 환경오염조사를 하고, 오염이 발견될 경우 협의를 통해 정화-사후 모니터링을 거친 후 반환하도록 되어있다. 정화 책임과 관련하여 '반환기지에 대해서는 미국 측이 책임진다'고 규정해

---

[1] 미군기지 반환은 용산기지이전협정, 연합토지관리계획, 수시반환으로 나뉜다. 수시반환은 미국이 요청할 경우 이뤄지기 때문에 반환기지 현황은 계속 달라진다.

반환기지의 오염 정화 비용을 미국 측이 부담하도록 하였다.

그러나 2005년부터 시작된 한·미 간 협상 결과, 지금까지 반환된 24개 미군기지의 토양, 지하수 오염은 모두 한국이 부담하게 되었다. 2003년 부속서 A 합의 당시, 외교통상부 등 한국 정부는 "이제 반환 미군기지 환경오염은 미군이 치유하고 비용을 부담하게 되었다"며 큰 외교적 성과를 거둔 것으로 평가했다. 부속서 A가 모호하기 때문에 미군을 강제할 수 없을 것이라는 시민단체 우려에 대해 당시 외교통상부는 "국제법상 양국 간 합의는 구속력이 있다"고 주장하기도 했다. 그러나 정부 주장과 달리 한국 정부가 반환 미군기지 환경정화 비용을 부담하게 된 데에는 근본적으로 SOFA가 미(국) 측의 책임을 모호하게 규정한 뿐만 아니라 한국 정부의 협상 태도에 많은 문제가 있었기 때문이다.

1) SOFA 환경조항의 문제점

첫째, 부속서 A에는 '반환 미군기지에서 발견된 오염은 미국 측이 치유한다'고 되어 있지만, '치유'의 기준이 규정되어 있지 않다. 그래서 한국 정부는 애초 한국 토양환경보전법을 제시했는데 미군은 국내법을 적용하는 것은 말도 안 된다면서 KISE(Known, Imminent and Substantial Endangerment to Human health, 공지의 급박하고 상당히 인체에 위험한 정도)를 주장했다. 그러나 미국 내에서는 군 기지들의 특성과 시설별 치유대상 물질 목록, 검출량, 치유수준, 치유공법, 치유비용 등을 분석해 KISE 해당 여부를 판단하고 보고서를 제출하는 것과 달리, 한국 정부에 어떤 보고서도 제공하지 않았다. 주한미군 규정에도 '주한미군의 의무 환경 전문가가 판단한 자료를 토대로 주한미군 사령관이 최종 판단'하도록 되어 있다. 하지만 미군은 자신들이 기지를 사용할 때 피해자가 없었다는 이유로 오염문제로부터 안전하다는 주장만 되풀이했다.

둘째, 부속서 A에는 SOFA 및 관련 합의에 따라 오염된 지역을 치유하기로

("to remedy contaminated areas shall be in accordance with the SOFA and relevant agreements") 되어 있는데, '치유'로 번역되어 사용되고 있는 'Remedy'라는 용어는 미국법인 CERCLA[2]의 remedy와 동일한 용어로 보고 있다. CERCLA에서 정의하고 있는 'remedy'란 환경에 유해물질이 배출되거나 배출될 우려가 있는 경우에 유해물질의 배출을 막거나 최소화하기 위해서 단기적으로 유해물질을 제거(removal)하고 장기적으로 오염지역을 복구(remedial action)한다는 것을 뜻한다. 이 개념에 따르면 미국이 토양, 지하수 오염 정화 대신 약속한 유류저장시설의 제거, PCB[3] 품목 제거, 불발탄 제거와 같은 8개항의 조치[4]로는 치유행위로서 충분치 않다. 미국이 제안한 8개항은 '제거' 또는 '제거'에도 못 미치는 청소 수준의 조치에 불과하기 때문이다. 각 기지에 방치된 PCB 품목 중 13.5%가 국내 기준치를 넘었고, 심지어 환경기준의 44배를 초과하는 것도 있다. 전기 절연성이 좋아 변압기에 사용되는 PCB는 분해되지 않고 생물체 내에 농축되는 공포의 독성 물질이다.

셋째, 주한미군은 SOFA 제4조에 따라 "원상복구 의무가 없다"고 주장한다. 그러나 이에 대해 2001년 헌법재판소가 '미군주둔 중 건설한 시설에 대한 원상복구의무가 없다'로 확인했음에도 불구하고 주한미군은 이를 원용하여 미국에 의한 환경오염도 원상복구의무에서 면제한다는 취지로 악용하고 있다. 일부 국내전문가들도 2001년 SOFA 개정 시부터 SOFA 제4조의 '원상복구의무가 없다'는 문구가 '시설의 원상복구 의무가 없다'는 취지인데도 환경의 원상복구의

---

[2] 미국의 종합환경대응배상책임법(Comprehensive Environmental Response, Compensation, and Liability Act, CERCLA). 1995년에 제정된 국내 토양환경보전법도 CERCLA를 토대로 만들었다.
[3] 폴리염화비페닐, 화학적으로 안정되고 절연성이 뛰어나 가소제 따위로 널리 쓰였으나 강한 독성과 오염 때문에 생산이 금지되고 있다.
[4] 8개 조치는 지하 유류저장탱크 제거, PCB품목 제거, 수송부와 폐기물집하장 유출물 청소, 소화기사격장 오염토양 제거, 사격장 표면의 불발탄 처리, 저장탱크 유류방출 및 제거, 난방장치 청소, 냉방장치 냉각제 배수 및 제거 등이다.

무도 없는 것처럼 해석되어 주한미군의 환경책임을 묻는데 장애가 된다고 지적한 바 있다.

2) 국회 최초 정책청문회―그러나 여전히 의혹이 많다.

2005년부터 정화 기준에 관한 한·미 협상이 열렸으나 실제 협상다운 협상은 없었다. 한국은 국내법을 기준으로 제시했지만, 협상 결과를 보면 사실상 한국 정부가 애초 주장했던 내용은 전혀 반영되지 않은 채 미국 입장만 반영되었기 때문이다. 특히 협상 과정을 보면 SOFA 환경분과위원회에서 논의되던 이 문제가 미군기지 재배치에 관한 논의 테이블인 SPI(한미안보정책구상회의)로 넘겨져 국방부 입김이 더욱 세게 작용했고, 매 회의가 개최될 때마다 한국은 한 발씩 물러난 협상안을 제시했다. 결국 미군기지 재배치를 가속화하기 위해 환경정의를 부정했다는 비판을 받고 있다.

결국 2006년 7월, 한국 정부는 9차 SPI 회의 결과로 15개 미군기지 반환에 합의했다고 발표했다. 그러나 이 합의는 미군이 같은 해 6월에 통보한 15개 미군기지에 대한 미군 경비 철수 등 반환 시기에 맞춰서 이루어졌다. 미군이 통보한 시점에 맞춰 형식을 갖추기 위해 미군의 입장을 그대로 받아들인 결과를 발표한 것이나 다름없다. 협상 결과 발표 후 벌어진 혼선은 협상 과정에 대한 불신을 더욱 키웠다.

첫째, 작년 7월 14일, 15개 미군기지 반환에 합의했다고 발표했으나 그다음 날인 15일, 한국군으로 관리권이 넘겨진 기지는 사실 19개였다. 이에 대해 정부는 반환에 합의한 것과 관리권이 넘어온 것은 다른 것이라고 주장했지만 이후 19개 기지에 대해서도 같은 조치들이 취해졌다.

둘째, 환경부, 국방부는 미군이 취한 8개 항목 조치 사항을 협상의 가장 큰 성과로 내세웠다. 그러나 이번 국회 청문회에서 송민순 외교통상부 장관은

"8개 항목+바이오슬러핑(흡착포를 이용해 기름과 부유물질 등 오염원을 제거하는 정화 작업)은 SOFA 범위가 아니다"고 얘기해 결국 이번 협상 성과가 사실상 구속력이 전혀 없다는 것을 보여주었다. 게다가 미군은 약속한 8개 항목을 제대로 이행하지 않은 채 기지에 폐기물을 그대로 남겨 놓고 떠났다.

지난 6월, 국회 환경노동위원회는 '주한미군 반환기지 환경치유에 관한 청문회'를 열었다. 국회에서 정책 검토를 위한 청문회가 열린 것은 국회 역사상 처음이라고 한다. 그만큼 반환 미군기지 환경문제는 불평등하고 절차상 문제점이 많았던 것이다. 송민순 장관이 국회 청문회장에서 "절차가 잘못되었다고 생각하지 않는다"고 하자, 홍준표 환경노동위원회 위원장이 "절차가 잘못되었기 때문에 청문회를 여는 것인데 그렇게 답변을 하면 안 된다"고 해 설전이 오가기도 했다. 협상 결과를 바라보는 정부와 국민들의 시각차를 극명하게 보여준 것이다.

2. 재협상 촉구 및 SOFA 개정 활동

미군기지의 심각한 기름 오염은 이미 예견된 일이었다. 1990년대 초반부터 미군기지 기름유출 사고는 잊을 만하면 한 번씩 터졌다. 녹색연합이 주민 민원과 언론 보도를 포함해 집계한 자료는 66건으로, 1년 평균 4건이 넘는다.

최근까지 정부가 조사한 38개 기지의 환경 실태를 보면 8개 기지를 제외한 30개 기지의 토양과 지하수 오염이 국내환경기준의 수백 배를 넘는다. TPH(석유계충탄화수소) 같은 발암물질뿐 아니라 벤센, 중금속 오염 수치도 높다. 경기 의정부 금오초등학교 앞 캠프 카일은 지하수로 유입된 기름 두께가 상상을 초월했다(베일러 측정법상 4m 88cm). 매향리는 국내 공장지대보다 더 심각하게 오염된 것으로 알려져 있다. 중금속 오염은 기름 오염처럼 색깔이나 냄새로 확연히 드러나진 않지만 암을 유발해 인체에 유해하고 정화에도 어려움이 크다.

특히 지금처럼 불발탄이 곳곳에 널려 있는 상태에서는 오염조사와 정화를 위해 출입하는 데에도 큰 위험이 따른다. 시간이 오래 걸리는 건 물론이다.

현재 환경부가 추산하는 24개 미군기지 정화 비용은 약 1,200억 원 정도이다. 그러나 일반적으로 토양보다 정화비용이 두 배나 비싸다는 지하수 오염 정도는 정확히 파악하지 못해 현재 추산 비용에서 지하수 정화 비용은 제외되었다. 청문회 과정에서 이진용 강원대 교수는 대략 추산할 때 6,000억 원이 들 것이라고 주장하기도 했다.

반환 미군기지 환경정화 문제는 심각한 오염문제에 관한 것이기도 하지만, 미군기지 재배치 과정에서 중요한 함의를 갖는 것이기도 하다. 국방부는 10조 원이 넘는 미군기지 이전 비용을 반환기지를 매각해서 충당할 계획인데, 환경문제 때문에 반환이 지연된다고 본 것이다. 그런 이유로 국방부는 SOFA 환경분과위원회 논의를 지켜보지 않고 기지 재배치 논의체인 SPI 회의 안건으로 상정하였다. 그러나 군 시설의 민간 시설로의 전환 문제가 '비용' 문제로 귀결되면서 시민의 참여나 계획적이고 지속가능한 도시 공간 구상은 설 자리가 없게 되었다.

2006년 7월, 15개 미군기지 합의 발표 이후, 29개 시민사회단체는 '반환미군기지환경정화 재협상 촉구를 위한 긴급행동'(긴급행동)[5]을 구성했다. 그리고 국제사회 일반원칙인 '오염자 부담원칙'을 지킬 것을 주장했다. 또 그동안 자료도 공개되지 않은 채 진행된 반환 협상이 미군이 정한 시간에 맞춰 급하게 이루어졌으며, 한·미가 합의한 SOFA 절차도 제대로 지켜지지 않은 것에 대해 문제제기 하였다. SOFA 환경분과위원회, 시설구역분과위원회를 거쳐 SOFA 합동위원회에서 통과되는 정식 반환 절차를 거쳐야 함에도, 합의가 되었다는 이유로 기지

---

5) 긴급행동에는 경기북부지역미군기지문제해결범시민대책위원회, 녹색연합, 매향리평화마을건립추진위원회, 문화유산연대, 민변, 주한미군범죄근절운동본부, 참여연대, 평화와통일을여는사람들, 환경운동연합 등 28개 단체가 참여하고 있다.

시민사회단체 회원들이 미군기지 앞에서 미군의 환경정화를 요구하고 있다 (사진: 녹색연합)

관리권을 넘겨받은 것이다. 이를 토대로 감사원에 국민감사청구를 제기했으나 '현재 협상이 진행 중'이라는 이유로 감사 신청도 기각되었다.

2005년 여론조사 결과, 80%가 주한미군에게 반환기지 정화 책임이 있다고 답변했고 2007년 온라인 서명 결과 2만 명이 넘는 사람이 서명에 참가할 정도로, 국민들은 간단 명료하게 오염자 부담원칙에 따른 미군의 정화 책임을 요구하고 있다. 그러나 사람들의 관심만큼 큰 여론의 불씨를 일으키지 못한 가장 큰 이유는 정보의 제한에 있다. 정보의 공개는 시민들의 관심과 참여를 높일 수 있는 계기인데 언론이나 국회에서도 협상 과정을 제대로 알지 못했다. 지난 6월 1일, 미군기지 9곳 반환을 발표하면서 국방부는 16절지 한 장짜리 짧은 보도 자료만 배포해 비난을 사기도 했다.

정보공개의 거부가 직접적으로 국민의 알 권리를 침해한다며 2006년 춘천시민연대와 녹색연합이 공동으로 제기한 미군기지 환경오염 조사 결과 행정소송(춘천

캠프 페이지 환경오염 조사 결과 비공개 처분 취소소송)에서 서울행정법원은 이미 "한·미 주둔군지위협정(소파) 환경분과위원회의 한·미 양쪽 위원장의 승인 없이 정보를 공개할 수 없도록 한 SOFA 조항은 정보공개를 제한할 수 있는 국내 법률에 위임받지 않았고, 환경오염 조사 결과는 직접 외교·안보에 영향을 끼치지 않으므로 공개하라"는 판결을 내린 바 있다. 반환기지 환경문제가 국민의 알권리, 환경권과 더 밀접하다는 주장을 받아들인 것이다. 1심과 2심 모두 승소하고 현재 대법원 계류 중이다. 반환 절차가 끝나면 공개를 고려하겠다던 환경부는 또다시 "반환은 되었어도 오염조사 결과는 SOFA 문서"라며 아직도 미군과 협의가 필요하다고 발뺌하고 있다.

3. 활동 방향

국회 청문회는 열렸지만 여전히 의혹은 많이 남아 있다. 협상을 주도한 책임자가 규명되지 않았고 책임자 처벌도 이루어지지 않았다. 또한 SOFA 개정에 대한 필요성은 제기되었지만 아직 공감대가 확산되지 못하고 있다.

이 문제를 풀기 위해서는 지나치게 정보 공개를 제한하는 현재 SOFA를 바꾸고 명확한 정화 기준을 마련하는 일이 필요하다. 현재 SOFA 하위 문서인 부속서 A에는 환경오염과 정화기준을 명시하지 않은 채 협의하도록 되어 있다. 한국은 한국법을 제시하고 미국은 인체에 당장 미치는 영향을 고려하여 판단하겠다고 하는데, 협상에서 사실상 미국의 주장을 대부분 수용해왔던 경험에 비추어보면 합의문서에 기준을 분명히 명시하는 것이 필요하다.

부산 하야리야 기지의 경우, 조사 기간이 105일로 한정되어 있어 기한이 초과되었다고 미군이 조사를 거부해 조사조차 완료되지 못한 상태이다. 환경부 관계자는 "SOFA 규정에 따른 105일 조사기간으로는 정밀 조사를 할 수 없어지하수 오염의 확산 범위를 알 수가 없다"며 "지하수 정화비용 역시 현재로서는 추산할 수 없다"고 밝혔다. 오염정도도, 정화비용도 알 수 없는 상황인 것이다. 105일로 제한된 현장 조사도 부족한데 이를 통해 결정한 정화 방법이 현장 상황에 적합하기를 기대하기 어렵다는 얘기다. 가장 핵심적으로 "원상복구 의무가 없다"는 SOFA 제4조를 삭제함으로써 미군이 환경정화 책임을 회피할 근거를 없애야 할 것이다.

현재 미군은 100여 개 국가에 주둔하고 있다. 필리핀, 일본 오키나와, 한국 등 대부분 국가에서 환경 피해가 발생하고 있다. 1993년 미군이 떠난 기지에 들어가 살던 필리핀 사람들은 오염된 물을 먹고 아프기 시작했다. 지금까지 클락에서는 520명 이상, 수빅에서는 1천 934명의 피해자가 집계됐다.

해외주둔 미군에게는 엄격하게 적용할 환경법이 존재하지 않는다. 미국법도 적용되지 않고 각국의 환경법도 적용이 안 되는 사각지대로 남아 있다. 그래서 이제는 한 국가의 문제를 뛰어넘어 국제연대를 통해 미군의 환경문제를 부각시켜야 한다는 주장에 힘이 실리고 있다. 한국 내에서 여론 확대와 협상력을 높이는 것도 중요하지만, 해외 미군의 환경 정책이 부실하기 때문에 주한미군이 선택할 수 있는 경우의 수도 한정적이다. 따라서 미국 내에서 취하는 조치만큼 최소한 각국의 환경법을 준수하도록 하는 법적 장치가 필요하다. 따라서 각국의 피해 사례를 정리하고 이를 국제기구와 미국 의회에 알려 미국 여론을 움직이는 일이 다음 순서가 될 것이다.

평화의 섬 제주를 위한 군사기지 반대운동

고유기 (제주참여환경연대 사무처장, kyk@jejungo.net)

제주 미래의 중대한 도전, 군사기지

제주도는 2005년 1월 27일 정부에 의해 '세계 평화의 섬'으로 공식 지정되었다. 여기에는 정부의 동북아평화체제 구상과 관련해 제주도가 갖는 일종의 역할론이 작용하고 있다. 평화의 섬 과제 중 '동아시아 외교중심지 육성', '주변국과의 협력체제 강화', '국제평화기구 설립' 등의 내용은 제주도 차원을 넘어서는 것으로 평화의 섬 지정이 국가차원의 의제를 동반하고 있음을 보여준다.

그럼에도 중국을 겨냥한 것으로 간주될 수 있는 전략기지를 제주도에 추진하는 것은 한반도를 동북아 주변국 간의 군비경쟁 대열로 끌고 가겠다는 상징적인 조치로 비춰질 것이다. 실제로 중국관영 신화통신 등은 제주 해군기지 건설과 관련해 몇 년 전부터 수차례 이를 보도하며 급기야 '경계'의 목소리를 내기 시작했다.

이러한 배경에는 제주가 갖는 지정학적 요인이 크게 작용하고 있다. 제주는 동북아지대에서 군사적으로나 외교적으로 매우 민감한 위치에 놓여있기 때문이다. 이는 군사기지의 시도가 끊이지 않았던 제주의 역사만 들여다봐도 금방 드러난다. 이미 1937년 중일전쟁 당시 일제는 제주도 서남쪽 모슬포에 60만 평의 대규모 군비행장을 건설한 바 있다. '알뜨르 비행장'이라 불리는 이곳은 해방 이후에도 주민에게 돌려지지 않은 채 지금까지도 군사기지 건설이 시도되고 있다.

1948년 3월에는 당시 이승만 대통령이 미국군 고위관계자를 만나 "제주도에 미군의 영구기지를 설치할 수 있도록 하겠다"고 한 사실이 알려지면서 당시 제주도민뿐만 아니라 전 국민의 큰 반발을 초래한 바 있다. 2007년 공개된 미국 기밀보관문서에서는 1974년부터 75년까지 당시 박정희 대통령이 제주도에 주한미군 공군기지 개발을 추진했던 사실이 드러났다. 1988년에는 공군이 앞서 '알뜨르 비행장'에 공군기지를 추진하려다 제주도민의 큰 저항에 부딪혀 좌절된 바 있다. 그리고 이 공군기지 문제는 이번 해군기지 추진과정에서 또다시 불거졌다가 기지건설 의혹이 해소되지 않은 상태로 남아 있다.

이렇듯 제주 해군기지 건설문제는 과거 1970년 전부터 이어져 온 군사기지 건설 시도의 연장선에 있다. 이는 비단 지금이 아니더라도 언제든지 제주도가 군사적 요충지라는 이유로 군사기지 건설 시도가 이어질 수 있음을 보여주는 것이다.

국제적인 군사요충지라는 제주의 지정학적 위치는 제주가 새로운 '가능성'의 무대가 될 수 있음을 의미하기도 한다. 평화의 섬 정책과 더불어 그 타당성 여부는 차치하더라도 제주가 수년째 추진해온 국제자유도시 정책도 바로 이러한 맥락에서 시작된 것이다. 또한 비록 다른 차원이긴 하지만 최근의 세계자연유산 지정이나 특별자치지역 지정 등은 도민들에게 어두운 역사를 뒤로하게 하는 새로운 기회로 받아들여지고 있다. 한 마디로 제주도민들은 수탈과 침략으로 오래된 고통과 변방의 역사를 청산하고 제주를 새로운 '기회'의 섬으로 만들자고 하는 공감대를 이루고 있다. 여기에는 제주의 비전이 곧 국가의 비전이라는 소위 '국익 기여론'도 크게 자리 잡고 있다.

그런데 이제 막 새로운 기회의 역사를 쓰려는 제주도에 군사기지를 건설하려는 시도는 중대한 도전이 되고 있다. 이러한 문제의식은 이미 지난 2001년 개최된 제1회 제주평화포럼에서 행해졌던 도지사 개막연설에서 다음과 같이 좀 더 분명히 드러나고 있다.

> 관건은, 평화와 공동번영을 위한 동북아시아 체제가 과연 형성될 수 있을까 하는 점입니다. 평화적인 동북아시아 체제에서만 지정학적 중요성은 제주에 유리하게 작용할 수 있습니다. 만일에 한국, 중국, 일본, 동북아 3국이 상호존중, 공동번영의 정신을 버리고, 패권주의적이고 팽창주의적인 태도로 나아가게 된다면, 제주의 가능성은 사라지고 오히려 지정학적 중요성은 다시 위험성으로 작용하게 될 것입니다.
> 극단적인 예를 들어, 만일 일단의 팽창주의적 움직임 속에서 제주에 대규모 군사시설이 들어선다면 제주의 운명은 어떻게 될지 상상해 볼만한 가치가 있습니다. 그것이 타국의 팽창주의적 압박에 대항하기 위한 것이든, 그러한 시설에 의하여 타국이 팽창주의적 압박을 느끼게 되던, 제주는 국제적 위험성 앞에 노출되고 말 것입니다. 평화적 동북아시아 체제에 대한 제주의 관심과 지지는 근본적으로 이런 점에 근거하고 있습니다. 〈2001.6. 제1회 제주평화포럼 도지사 기조연설문〉

따라서 제주 해군기지 건설을 둘러싼 찬반 논란은 지금 제주도민에게 오래된 군사기지 건설시도를 근절하고 평화의 섬으로 가느냐 아니면 군사기지 요새화로 전락하느냐 하는 매우 중대하고도 숙명적인 사안인 것이다.

힘의 논리에서 벗어나지 못한 노무현 정부

지난 6월 22일 노무현 대통령은 제주평화포럼 개막연설에서 "동북아 지역의 상호군비경쟁의 지속"을 걱정하면서, 이의 근본적 해소를 위해 6자회담이 동북아 평화안보협력을 위한 다자간협의체로 발전해 나가야 한다고 역설하였다. 그리고 이 협의체는 동북아 지역의 "군비를 통제하고 분쟁을 조정하는 항구적인 다자안보협력체로서 기능하게 될 것"이라고 강조하였다. 그럼에도 바로 한 시간 후에 열린 비공식 간담회에서 노 대통령은 "무장과 평화가 같이 있는 게 잘못이 아니다. 안심할 수 없을지 모르는 평화를 위해서도 무장이 필요하다"는 식으로 제주 해군기지 건설을 합리화하고 말았다.

이러한 노무현 정부의 정신분열적 평화관은 점증하는 미·일·중·러의 동북아 대결구도를 완화하고 균형자 노릇을 자처하면서도, 결국 군사력 증강으로 한미군사동맹에 기초한 '힘의 균형론'이라는 비판에 직면했던 지난 2005년 이른바 '동북아 균형자론'에서 보여준 노무현 정부의 딜레마가 여전히 지속되고 있음을 보여준 것이다. 동북아평화협력 구상과 동시에 추진되는 제주 해군기지 문제는 이를 극명하게 대변하는 결정판이라 하겠다.

제주가 평화의 섬으로 지정되기까지는 그것의 개념과 실체에 대한 10여 년 이상의 활발한 논의가 있었다. 이런 논의과정에서 나온 제안과 결론은 실제 정부의 제주 평화의 섬 지정과정에 논리적 요체를 형성하였다.

한 예로, 2003년 10월 제주대 평화연구소가 개최한 '세계 평화의 섬 지정과 발전방안에 관한 워크숍'에서는 제주가 '세계 평화의 섬'으로 지정되어야 하는 논리적 근거를 체계적으로 제시하였는데, 이 내용은 평화의 섬 지정과정에 대부분 반영되었다. 주목할 것은, 워크숍에서 발표된 제주대 교수들의 공동 발제문에는 지난 2002년 벌어졌던 화순항 해군기지 반대운동에 대해 '삼별초-도민 연대의 항몽자주투쟁', '1901년 이재수 항쟁', '1931년 잠녀항쟁' 그리고 '1948년 제주 4.3'과 더불어 '평화공동체'로서 제주의 맥을 이어 '제주 지역이 역사적으로 자신을 비군사화의 평화지역으로 발전시켜나가려는 도민들의 의지를 보여주는 사례'로 평가되고 있다는 것이다. 군사기지의 도전이 제주 평화공동체를 향한 역사과정에 반하는 것임을 학술적으로도 분명히 짚고 있는 것이다.

이러한 평가는 세계 평화의 섬 지정과 관련한 최초의 논의라 할 수 있는 1991년 제주국제협의회 창립기념 학술회의를 통해 이미 발원되었다. 당시 발표된 논문에서 평화의 섬의 개념은 '비무장화'를 가장 우선하는 요소로 꼽고 있기 때문이다. 또한 이는 위험의 역사를 딛고, 기회의 역사를 이루는 계기로서 평화의 섬 지정 의의를 다음과 같이 잘 보여주고 있다.

> "제주도는 대륙과 해양의 교차점에 위치하고 있기 때문에, 두 세력 간의 각축장이 될 수도 있지만, 또한 두 세력의 완충역할을 해낼 수 있는 '중립의 화해지대' 역할도 수행할 수 있다. 한반도가 20세기 냉전체제로 편입되어 나가는 소용돌이에서 제주 사람들은 4.3의 비극을 겪었지만, 21세기 한반도가 탈냉전과 세계화로 이행해 나가는 길목에서 제주 사람들이 인권과 평화공영에 대한 갈망을 세계에 알리고 실천해 나가자는 데서 세계 평화의 섬은 의의를 갖는다."

평화의 섬 지정 필요성에 대한 이러한 접근은 정부차원의 평화의 섬 지정과정에 결정적으로 관여했던 것으로 알려진 문정인 전 동북아시대위원장의 다음과 같은 문제의식과도 궤를 같이한다.

> "더욱 중차대한 문제는 동북아 지역질서의 불투명성으로, 미국이 중국 위협론의 기치 아래 전역미사일방어(MD)체제를 구축해 나갈 경우, 중국, 러시아, 북한의 북방 3각 축과 미국, 일본, 한국의 남방 3각 축 간에 새로운 형태의 대결구도를 야기시킬 수 있다. 이러한 신냉전구도의 재현은 동북아의 시장학적 요충지로 자리 잡고 있는 제주의 미래를 크게 위협할 수도 있다."

문정인 전 위원장 또한 2001년 평화의 섬 지정과정에서 "평화지대로서 '평화의 섬'은 제주도 전체를 비무장지대화 할 뿐 아니라, 군사적 목적의 선박 및 항공기의 기항과 기착을 금지하는 것을 전제로 한다. 그러면서 제주를 '평화창출(peace-making)의 전진기지'로 부상시켜야 한다"고 제안하였다. 제주도를 '비무장화', '중립화해지대'로 지정하자는 것은 단지 평화의 섬 지정에 따른 학술적 언사가 아니다. 이는 동북아체제 변동에 적응하고 기여하려는 국가차원의 이해와 필요와도 일치하는 것이다.

해군기지 건설의 당위에 대해 정부와 해군 그리고 기지 건설론자들은 한결같이 해군기지가 "평화의 섬을 보장하는 한 축"이라고 주장한다. 이것은 10여 년 이상의 논의 결과로 도출된 평화의 섬 지정논리와 더불어 이에 부합하는 국가차원의 전략을 외면한 견강부회에 지나지 않는다.

제주 해군기지 건설논란, 평화국가 모멘텀으로 삼아야

지난 2005년의 일이다. 제주해군기지 건설이 2002년에 이어 재차 도마 위에 올랐을 즈음 필자가 속한 단체 홈페이지 게시판에는 음해와 비방성 게시글이 연일 이어졌다. 단체가 해군기지 반대입장을 발표한 직후였다. 그중에는 상식 수준을 벗어난 내용도 상당수 있어 단체 차원에서는 급기야 이를 사법당국에 수사의뢰를 하기에 이르렀다.

한 달여가 지나 사법당국이 수사결과를 알려왔고, 상습적으로 글을 올린 한 네티즌이 사법처리 대상에 올랐다. 그리고 그 대상을 확인한 우리는 깊은 충격에 빠졌다. 국가안보, 애국 운운하며 음해와 비방을 일삼던 당사자는 다름 아닌 중학교 2학년생의 소년이었던 것이다. 우리는 애초의 처벌의사를 철회했지만, 무기력과 어떤 비애와도 같은 감정은 한동안 지속되었다. 제주 해군기지를 둘러싼 논란과 갈등이 지속되는 내내 그리고 '국가안보'를 둘러싼 논쟁의 소용돌이에서 그때의 기억과 충격은 뇌리를 떠나지 않았다.

최근 국방연구원의 한 조사에 따르면 안보와 관련, 우리 국민은 적어도 군사력 증강을 더 이상 선호하지 않고 있다. 안보정책의 우선순위에 대해 국민은 대체로 대내 정치경제, 사회적 안정을 최우선시하고 군사력 증강은 차선으로 인식하고 있다. 1990년대 말부터 최근까지 국민들은 정부의 시급한 과제로서 노사안정, 물가안정, 정치안정 등을 우선 지적하면서 남북관계 개선(10위 수준), 북핵 해결(17위 수준), 국방력 증강(26위 수준) 등은 낮게 꼽고 있다. 현재 GDP 2.8%에 해당하는 국방비 수준에 대해서는 국민의 48%가 감액 혹은 현 수준 유지를 선호하고 있다.[1)

당초에 노무현 정부도 국가간 상호의존성이 심화되는 탈냉전 시대의 안보 개념으로 정치, 경제, 환경 등 비군사 부문까지를 포괄하는 이른바 '포괄안보' 개념을 일찍이 도입한 바 있다. 여기에 지난 2005년에는 국정과제의 하나인 '평화와 번영의 동북아시대' 구상을 실현하기 위한 '중장기적 대외전략' 수립을 위한 보고서를 발표한 바 있는데, 당시 내용 중 '한국외교의 방향'의 핵심을 이뤘던 키워드는 바로 '연성권력'(soft power)과 '인간안보'였다. 여기에는 '불필요한 군비증강 자제'나 '다양한 외교이슈에 대한 외교적 주도권 확립' 등이 주된 콘텐츠를 형성하고 있다.

이러한 동향에 비추어 앞서 필자가 경험해야 했던 중학교 2학년 소년의 사례는 어떻게 받아들여야 할까? 군사주의 안보담론은 여전히 우리 사회에 깊숙이 뿌리박고 있다. 다만 '분단으로 인한 반공 반북주의'로 점철되었던 전통적 안보담론이 주한미군에 대한 사회적 문제의식의 확장, 남북 간의 긴장완화 등으로 다른 각도로 전개되고 있는 것으로 보인다. 여기에 독도사태, 월드컵과 같은 국민 동원적 이벤트, '자주국방'을 내건 왜곡된 부국강병론과 애국심 등 일상화되어버린 국가주의 의식과 만나면서 그야말로 마니아적 국가안보주의를 만들어

---

1) 전경만, '국민의 안보의식 동향과 정책적 시사', 국방연구원 안보전략연구센터, 2005

시민사회단체들의 길거리 '평화백배'(사진: 제주 군사기지저지 범대위)

내는 것이 아닌가 한다.

중학교 2학년생이 보여준 마니아적 군사안보론에 대한 집착은 우리 국민들 사이에서 이미 도그마가 되어버린 전통적 안보논리가 현실에서 어떻게 비뚤어져 재생산돼 나오는지를 상징적으로 보여주고 있다. 현 정부가 제주를 '세계 평화의 섬'으로 지정하면서 바로 그 장소에 주변국과의 긴장관계를 촉발할 수 있는 군사전략기지를 추진하는 지금의 정신분열적 상황도 마찬가지이다. 제주 해군기지 문제는 한편으로 금기시되고 성역시 되어왔던 국가안보 영역에서 '국민의사에 의한 통제'가 가능한지를 가늠하는 매우 중요한 시금석이 될 것으로 보인다.

실제로 해군기지 논란은 '평화'에 대한 관심과 논의의 매개가 되고 있다. 올해 7월 10일 종로 기독교회관에서는 기독교계 단체들이 모여 제주 평화의 섬을 기원하는 기도회가 열렸다. 이 자리에 모인 목회자들은 제주 해군기지 문제를 매개로 '새로운 평화운동의 모멘텀'을 만들어 가자고 뜻을 모았다. 이보다

앞선 3일 한국천주교 주교회의의 공식 기구인 정의평화위원회도 성명을 통해 "동북아 군비 증강과 군사적 긴장의 완충 지대가 되어야 할 평화의 섬 제주도에 대규모의 군사기지를 신설함으로써 한반도의 평화를 확보하겠다는 것은 받아들이기 어려운 모순"이라며 제주도는 평화지대로서 그 역할을 해야 한다는 점을 분명히 했다. 생명평화를 지향하는 전국의 시민단체와 인사들도 제주도를 생명평화의 섬으로 지키고 가꾸기 위한 논의에 착수하고 있다.

제주사회 내에서도 해군기지 문제는 '살아있는 평화교육의 장'을 만들어내고 있다. 천주교 사제들의 단식으로 도내 모든 본당 미사가 중단되자 제주시 중앙

제주 해군기지 건설 반대 촛불집회가 주민들
(사진출처: 현애자 의원 홈페이지)

성당에서 매일 아침과 저녁에 열린 평화미사에 도민들이 발 디딜 틈 없이 참여하여 성황을 이루었다. 시민사회단체들은 100일 동안의 길거리 '평화백배(百拜)'로 평화의 의지를 다졌으며, 마침내 7월 3일 종교계와 각계인사, 시민사회단체가 참여한 가운데 발족한 '제주군사기지저지와 평화의 섬 실현 범대위'는 그 발족선언문을 통해 군사기지 저지를 넘어 제주도를 평화의 섬으로 만드는 데 모든 역량을 다할 것임을 선언하였다.

'평화국가'에 대한 논의도 이뤄지고 있다. 이런 경향에 비추어 제주 해군기지 건설 논란은 이를 촉매하는 모멘텀이 될 조건을 갖추고 있다. 제주 해군기지를 둘러싸고 벌어지는 평화, 안보, 외교논쟁은 국가권위주의의 배타적인 영역에

존재했던 의제들을 국민 일상의 공적담론 속으로 끄집어 내릴 수 있을 뿐 아니라, 진정한 평화에 이르는 길에 대해 다차원의 쟁점들을 돌아볼 기회가 될 수 있다.

그런 점에서 제주해군기지 문제는 기지건설 문제를 넘어 적어도 앞서 중학교 2년생 소년의 의식 속에 자리 잡고 있는 힘의 논리와 애국주의 신념에 균열을 일으키고 인간의 보편적 가치를 일깨우는 기회가 되어야 한다.

테러와의 전쟁과 평화운동

이라크와 아프가니스탄 그리고 한국의 반전평화운동

박정은 (참여연대 평화군축센터 팀장, jjepark@pspd.org)

미국의 이라크 침공과 점령이 이라크에 자유와 민주주의를 그리고 세계 평화를 가져왔다고 믿는 사람은 없을 것이다. 재앙과도 같은 현실이 일상이 된 이라크와 아프간에서 폭력의 악순환은 거듭되고 있고 수렁에 빠진 전쟁은 숱한 희생자들을 낳고 있다. 그러나 전쟁의 피해자는 이라크, 아프간 사람들만은 아니다. 전쟁에 동원된 군인들도 피해자이고, 반인륜적인 폭거 앞에서 정치적 이해관계를 우선시하는 국제정치를 목도해야 하고, 평화와 정의가 구현되는 사회를 체념하는 이들도 결국 피해자이다. 전쟁을 공모하고 전쟁으로 배를 불리는 방산업체들을 빼면 승자가 없는 것이 전쟁이다.

그럼 탈냉전시대 최대의 학살극으로 평가받을 미국의 이라크 침공과 점령이 그리고 아프간에서 전쟁이 지속되는 동안 한국 정부와 국회는 어떤 선택을 했고, 한국의 반전평화운동은 어떻게 대응해왔는가.

미국의 파병요구에 자국의 헌법도, 국민과의 약속도 내팽개친 정부

2007년 12월 28일 대한민국 국회는 또다시 정부의 이라크파병연장안을 통과시켰다. 이로써 2003년 미국의 이라크 침공을 지지하고 한국군 파병을 결정한 노무현 정부는 임기 5년 내내 파병을 연장하는 기록을 세웠다. 정부의 파병논리는 셀 수 없이 많은 비판을 받았고 실제로 정부 논리는 더 이상 논박의 여지가 없을 정도로 갈수록 궁색해졌다. 정부는 이라크의 평화재건 기여, 경제적 이익 확보 그리고 한미동맹 유지 등을 위해 파병이 필요하다고 강변했지만, 이라크파병의 가장 큰 이유는 미국의 요구를 거부할 경우 한미동맹에 차질을 빚을 수 있다는 두려움에 있었다.

그것은 노무현 대통령이 2007년 상반기 중 자이툰 부대 임무종결계획을 제출하겠다는 국민과의 약속을 번복하고, 또다시 한·미공조의 필요성을 이유로 파병연장이 불가피하다고 말한 대목에서도 확인된다. 정부는 이라크에서의 한·미공조가 한반도 평화에 기여해왔다고 주장하지만, 한국군 파병 이래 북핵문제는 북·미 간의 갈등으로 북의 핵실험과 BDA(Banco Delta Asia)은행 계좌동결 등 위기와 교착의 진폭을 오르내렸다. 도리어 북핵과 한반도 문제에 대한 부시 행정부의 정책변화를 가져온 최대요인은 이라크에서의 실패에 있었다. 이라크와 아프간 상황의 악화로 북한 핵문제 해결의 좌초까지 두려워한 부시 행정부가 대한반도 정책변화를 시도한 것이다. 그런데도 정부는 한반도 평화를 위해 이라크 파병을 연장해야 한다고 주문처럼 되풀이하고 있다.

이라크파병을 중단하면 한미동맹에 어떤 식으로든 문제가 생길 것이고 그것이 한반도 평화에 큰 장애가 될 것임을 암시하는 이러한 주장은 사실상 국민들을 상대로 하는 두려움과 위협의 정치이다. 미국 정부가 아닌 한국 정부가 나서서 국민들에게 미국의 요구를 수용하는 것이 불가피하다고 설파하고 있는 것이다. 그리고 언제나 그랬던 것처럼 그것은 한반도 평화와 동맹유지를 위한 것이라고 자신들의 정책결정을 정당화한다. 대통령의 담화문이 '외교포기 선언'과 다름 아니라는 비난이 있는 것도 이러한 이유 때문이다.[1]

처음부터 이라크의 평화재건은 파병의 대외명분이었지 실제 목적이 아니었다. 이라크로부터 독립을 지향하고 전쟁피해도 없는 쿠르드 지역 아르빌에서 '새마을운동'을 하는 것을 이라크 평화재건 활동이라고 할 수는 없다. 사실 정부의 파병정책에서 이라크 평화에 대한 관심이나 정책은 찾아볼 수 없다. 국제사회가 지탄하고 있는 미군의 민간인 학살, 아부그라이브와 관타나모에서의 불법구금과 고문 등 이라크인들의 고통에 대해 정부가 철저히 외면했음은 물론이다.

정부는 이라크 현지에서의 언론 취재를 통제함으로써 이라크 정세와 파병관련 정보를 심각하게 왜곡해왔다. 대부분의 언론은 '평화재건에 힘쓰는 자랑스러운 대한건아'와 같은 국방부의 홍보물이나 외신기사를 그대로 받아썼을 뿐 이라크 현지를 심층 취재하거나 사실에 기초한 평가를 하지 않았다. 미국과 영국을 제외하고 가장 많은 병력을 파견하고도, 한국인이 납치되고 살해압박을 받고 있어도 한국의 언론은 그곳에 없었다.

정부는 재건지원 실적도 과장했다. 재건지원 실적을 그럴듯하게 홍보하기 위해 졸속으로 작성된 약식보고서들에는 정작 보고해야 할 세부 지원내역이 빠져있는 대신 서로 다른 통계치가 나열되어 있다. 정부는 매년 이라크 재건지원이 성공적이라고 주장해왔는데, 2004-06년까지 자이툰 부대가 사용한 예산은 5,000억 원 이상이지만 실제 재건지원에 사용한 예산은 99억 원에 불과하다는 사실은 숨겨왔다. 게다가 그중의 절반은 아사이쉬 등 쿠르드민주당 군사조직에 지원되었는데 아사이쉬는 투르크메족과 같은 소수민족에 대한 차별적 고문살해에 연루되어 서방 언론의 주목을 받은 조직이다. 그런데도 정부는 언제나 자이툰의 재건지원

---

[1] 이태호, "노무현, 안보에 귀의하다-노무현 대통령의 파병연장 담화에 부쳐", 인터넷 참여연대 〈통인동窓〉 2007. 10. 26(http://www.peoplepower21.org/article/article_view.php?article_id=20770 참조)

활동이 성공적이라고 국민들을 오도했다.

또 자이툰 부대 임무에 유엔 경호임무를 추가하거나 미국 주도의 지역재건팀(PRT) 합류 등과 같은 중대한 임무변경에 대해 한 번도 국회와 국민에게 정보를 공개하거나 사전협의 절차를 거치지 않았다. 국회에 보고한 자이툰 부대 편성에는 없던 공군수송부대(다이만 부대)를 국회 동의도 거치지 않고 파병해 놓고, 2005년 파병연장 동의안 제출 때 은근슬쩍 공군수송부대를 자이툰 예하부대로 파견했다고 보고하기도 했다. 다이만 부대는 파병동의안이 주둔지로 명시한 아르빌 지역이 아닌 쿠웨이트에 주둔하면서 기존의 목적과는 다른 다국적군 수송업무도 맡고 있는데, 그것이 자이툰의 아르빌 재건지원과 아무런 상관없는 임무임은 너무도 분명하다.

또한 정부는 2007년 쿠르드 지역에 한국 기업진출이 증가하고 있으며, 쿠르드 지방정부와 유전개발 MOU를 체결하는 등 이라크파병으로 경제적 성과를 거둔 것처럼 주장해왔다. 그러나 이는 철군시키겠다는 자이툰 부대를 더 주둔시키기 위한 포석에 불과했다. 정부는 이라크 내 석유를 둘러싼 종족 간 분쟁이 갈수록 악화되고 있고, 이로 인해 석유법 통과가 불투명하다는 우려에도 불구하고 이에 따른 위험성을 고려하기보다는 유전개발 참여를 과장해서 홍보하는 데만 급급했다. 결국 정부의 근시안적인 파병정책은 이라크 정부가 한국에 원유수출 중단을 경고하는 일을 자초했다. 이는 있지도 않은 파병효과를 만들어내기 위해 중앙정부와 갈등관계에 있는 쿠르드 지방정부와 유전개발에 나섰을 때 이미 예견되었던 일이다. 이번 일은 쿠르드 주민을 제외한 이라크 정부나 주민들이 쿠르드 민병대를 훈련시키고 지원하는 한국군의 활동에 대해 한국 정부의 주장과는 전혀 다르게 인식할 수 있으며, 도리어 그것이 부메랑이 될 수 있다는 것을 보여준 사례이다. 그런데도 정부는 지극히 당연한 쿠르드 지역 주민들의 환대만을 강조하면서 파병연장의 필요성을 강변해왔다.

나아가 정부는 다른 국가들이 이라크에서 철군하고 있는 상황에서도 한국군 파병정책을 철저히 미국의 이라크 정책에 종속시켰다. 정부가 미군의 일부 철군 가능성을 염두에 두고 자이툰 부대의 임무종결 얘기를 꺼냈다가, 2007년 들어 부시 행정부가 병력을 증파하는 쪽으로 방향으로 바꾸자 다시 파병연장에 나선 것도 그 때문이다. 한국군의 철수 여부는 전적으로 미국의 이라크 정책에 달려있음을 보여준 것이다. 자국의 병력을 파견하고도 정부 자체의 계획이나 결정은 없었다. 이런 상황을 합리화하기 위해 정부가 하는 일이 거창하게 세계 평화와 이라크 평화를 내세우고, 미미한 파병효과를 과대포장 하는 것이다.

파병에 관한 한 거수기를 자처한 국회

국회 역시 정부 파병안에 대한 최소한의 비판적 검토 없이 철저히 거수기 역할을 해왔다. 국회는 헌법이 부여한 해외파병에 대한 국회동의권은 행사하면서 헌법에 명시된 '국제평화 유지 노력과 침략적 전쟁 부인' 조항은 철저히 무시하였다. 그리고 국회 본연의 정책검증의 임무와 책임도 방기한 채 미국의 입장만을 최우선으로 고려하여 파병연장에 동의해왔다.

2003년 이라크파병 이래 국회는 자체적으로 정부의 파병정책에 대한 공청회나 평가 토론회를 단 한 번도 연 적이 없다. 정부 주장이 허구로 드러나도 국회 본회의 표결 결과는 언제나 압도적인 찬성으로 나타났다. 2006년 말 참여연대가 자이툰 부대가 주둔하고 있는 '아르빌 지역은 언제든지 다국적군이 철수할 수 있는 지역'이라고 밝힌 주이라크 미군보고서를 발표하면서 파병 재연장에 대한 부결을 촉구하였으나, 국회는 2007년 상반기 중 임무종결계획서를 제출하는 것을 전제로 파병연장안을 통과시켰다. 그러나 정부와 국회는 이러한 약속을 지키지 않았고 2008년 국회는 또다시 정부가 제출한 파병연장안에 손을 들어주었다.

그 결과 파병에 관한 제 역할을 한 적이 없는 17대 국회는 정부가 온통 사실왜곡 투성이 파병동의안을 제출해도 문제가 되지 않는 대상으로 전락했다. 매번 부실한 자료를 국회에 제출해 온 정부는 2007년 상반기 중에 임무종결계획서를 제출하라는 국회의 요구도 지키지 않았고, 파병의 성과나 효과를 심각하게 왜곡한 파병연장동의안을 또다시 국회에 제출했다. 정부의 자이툰 부대 임무종결계획서는 "한국군 파병을 계기로 주한미군 기지이전과 방위비 분담 협상에서 한국 측 입장을 최대한 반영할 수 있었고 북핵문제 해결에도 진전을 가져왔다"며 파병의 성과를 아전인수격으로 선전하고 있는데, 국회의 감시와 견제역할에 대한 일말의 경계심이 있었더라면 정부가 이처럼 사실과 동떨어진 주장을 담은 동의안을 버젓이 제출하지는 않았을 것이다. 이는 부실한 자료를 제출해도 제대로 추궁한 적도 없고 파병정책을 평가한 적도 없는 국회가 자초한 일이다.

한국의 대테러전 참전이 낳은 아프간 피랍사태

2002년 이래 계속된 아프간 파병과 격화되고 있는 아프간 상황에 대한 정부의 무사 안일한 태도 그리고 국민들에 대한 조기경보 부재 등은 또 하나의 비극을 낳았다. 수년째 계속되고 있는 이라크와 아프간 전쟁에 국민들의 관심도 멀어지고 있던 터에 2007년 7월 아프간에서 23명의 한국인이 탈레반에게 납치되는 사건이 벌어진 것이다. 아프간 평화를 명분으로 삼아 한국군을 파병해왔던 정부는 정작 피랍된 23명을 무사 귀환시킬 방안이나 채널을 찾지 못해 우왕좌왕하다 결국 2명이 희생되고서야 탈레반과의 직접협상으로 이들을 석방시킬 수 있었다.

국민들에게 악몽과도 같았던 아프간 피랍사태는 정부 파병정책의 문제점과 아프간 상황에 대한 국민들의 인식수준을 확인하는 계기가 되었다. 미국의 요청에 따라 줄곧 군대만 보냈을 뿐, 아프간 사회에 대한 이해도, 정책도 없었던 정부는 아프간 정세가 내전 수준에 이르렀고 2007년 2월 故윤장호 씨가 폭탄테러로 숨지는 일까지 발생했음에도, 아프간의 위험한 상황을 국민들에게 충분히 알리거나 공유하려고 노력하지 않았다. 사건이 발생하기 전인 6월 초 참여연대는 아프간 정세를 다룬 정부의 보고서나 회의자료 공개를 요청했으나, 정부로부터 공개할 수 없다는 답변만 되돌아왔다.

대신 정부는 한국군이 아프간에서 인도적 지원활동을 하고 있으며, 한국에 대한 평판이 좋다는 대국민 홍보에만 열을 올렸다. 그러나 이는 명백한 사실 왜곡이다. 한국군의 아프간 파병은 인도적 지원을 위한 것이 아니라 '국군부대의 대테러전쟁 파견동의안'에 따라 "대테러전쟁의 수행을 위해 참여하는 요원 및 부대에게 필요한 진료제공, 대테러전쟁의 효과적 수행을 지원하기 위해 병력·장비·물자 수송"을 위한 것이었다. 그래서 다산, 동의부대 예산에는 인도지원 예산이 전혀 책정되어 있지 않았다. 바그람 미군기지에 주둔하면서 미군 등 동맹군 지원을 주 임무로 하는 한국군은 탈레반 무장세력에게는 엄연히 교전의 당사자인 것이다. 그것이 지난 2월 故윤장호 하사의 죽음을 불러온 이유이기도 하다. 사실 2006년 말에도 아프간 다산 동의부대는 언제든지 철수할 수 있는 조건을 갖추고 있었다. 그런데도 미국의 파병연장 요구에 다시 주둔을 재연장한 것이다. 2006년에 지체 없이 철군했더라면 윤장호 하사의 죽음은 물론 피랍사태도 미연에 방지할 수 있었을 것이다.

탈레반과의 직접협상을 통해 21명의 피랍자는 무사히 돌아올 수 있었으나 그 과정에서 애꿎게도 오랫동안 그곳에서 인도지원과 평화교육 활동을 하던 모든 민간단체들까지 철수시키는 부당한 소산을 수용해야 했다. 아프간 주민들로부터 환영받지 못하는 군대파견은 연말까지 유지하면서 현지 주민들과 깊은 유대관계를 형성해온 NGO들에게 그 기반을 송두리째 버리게 한 것이다. 게다가 정부는 2007년 12월 14일 다산, 동의부대를 완전 철수시킨 대신, 2008년부터 민과 군으로 이루어진 지역재건팀(PRT)을 바그람 미군기지에서 미군 지휘 하에 활동하도록 할 계획이다. 아프간 PRT 파견이나 이라크파병연장은 정부가 이같은 혹독한 피랍사태로부터 아무런 교훈을 얻지 못했다는 것을 방증한다.

이 사건이 발생하자 TV 등 언론매체들은 아프간 무장세력들의 다소 어설픈 군사훈련 모습이나 그들이 은둔하고 있는 험준한 산악지대를 끊임없이 반복해서 보여주었다. 다국적군의 탈레반 토벌이나 무차별적인 공습, 이로 인해 일상이 되어버린 아프간 주민들의 고통과 상처를 접할 기회는 전혀 없었다. 이러한 상황은 아프간에 대한 시민들의 인식에 지대한 영향을 주었을 것이다. 한국사회가 반대세력들의 저항을 무조건 '테러'로 규정하는 미국의 시각을 무비판적으로 수용하고, 미국이 자행하는 국가테러와 이를 지지, 지원하는 한국의 파병정책의 부당성에 대해서는 인식하지 못하는 중요한 이유이기도 하다.

한국인들의 피랍과 죽음은 이들 테러국가와 테러세력 사이에서 발생한 불행한 일이라고 할 수 있다. 따라서 아프간 피랍사태가 남긴 교훈은 탈레반에 대한 적개심을 불러일으키고 한국이 동참하고 있는 대테러전의 정당성을 확인하는 데 있지 않다. 오히려 미국의 아프간 전쟁이 6년을 경과하면서 왜 아프간 정세가 '제2의 이라크' 상황으로 빠져들고 있는지, 불법구금과 고문 등 인권유린으로 악명높은 바그람 미군기지에 주둔했던 한국군 부대는 진정 아프간 평화를 위해 파병되었던 것인지를 되돌아보아야 한다.

파병반대활동과 한국의 반전평화운동

지난 2003년부터 지금까지 이어지고 있는 파병반대운동은 한반도를 넘어서는 국제 이슈에 대해 시민사회가 관심을 갖고 평화연대의 폭과 평화행동 양식을 확산한 최초의 대중적 반전평화운동이다. 이라크파병 초기 한국의 반전평화운동은 이라크 현지로 달려가 반전평화 캠페인을 전개하거나 전쟁의 참상과 점령군의 부당한 행위를 모니터하는 한편, 국내에서는 시민사회단체들의 연대집회를 여는 방식으로 이루어졌다. 2003년 9월 미국의 추가파병 요청 이후에는 전국의 351개 시민사회단체가 참여한 '이라크파병반대비상국민행동'(이하 파병반대국민행동)이 결성되어 이 기구를 중심으로 지금까지 파병반대운동이 이어지고 있다.

파병반대국민행동은 지난 4년 동안 릴레이 반전선언과 촛불집회, 온-오프라인에서의 시민서명운동 등 다양한 반전평화활동들을 펼쳐왔다. 정책 모니터링 그룹은 2003년 〈이라크파병반대의 논리〉, 2005년과 2006년 〈이라크파병연장 반대의 논리〉를 발간하여 파병의 부당성에 대한 논리적 근거를 다룬 자료집과 의견서를 작성하여 정부와 국회에 전달하기도 하였다. 또한 시민사회단체 대표들과 의회 내 파병반대 의원들과의 간담회를 통해 '반전평화 의원그룹'(50-60명)을 형성하여 유기적으로 협력하기도 하였다. 이들은 원내전략에 대해 시민사회단체들과 협의하였고 철군 결의안을 발의하기도 하였다. 그 밖에 파병반대국민행동은 3.20 국제반전공동행동 등 이라크 전쟁과 점령에 반대하는 국제적 반전행동에 동참하기도 했다.

특히 이들은 집중 모니터활동을 통해 축적한 자료와 정보를 갖고 정부 파병정책의 문제점과 허구성을 적극 공론화하기도 했다. 이라크 현지 상황에 대한 모니터는 물론 아르빌 지역을 치안이양과 다국적군 철수가 가능한 지역으로 분류한 미군보고서 발표, 자이툰 부대의 임무변경과 쿠르드 민병대 훈련, 쿠르드 정보기구에 대한 지원활동, 파병예산 중 실제 재건지원 예산은 전체 10%도 채 되지 않는다는 점 등을 밝히기도 했다.[2]

---

[2] 일례로 참여연대가 자이툰 부대의 쿠르드 민병대 훈련 사실을 주장한 것에 대해 합참이 "사실이 아니다"는 반박 보도자료를 내자, 참여연대는 구체적인 근거자료를 제시하며 위 사실을 재확인한 바 있다. 인터넷 참여연대 "정보공개 거부에 자료조작 그리고 거짓말까지 하는 합참-'자이툰, 쿠르드 민병대 훈련 사실 없다'는 합참 주장에 대한 참여연대 반박"(2007. 10. 26) http://www.peoplepower21.org/article/article_view.php?article_id=20775 참조.

또한 반전평화운동은 일련의 정보공개청구활동을 통해 정부의 사실왜곡과 정보차단 실태를 드러내기도 했다. 한국군 파병은 국민의 생명과 안전에 직결되어 있고 수천억 원의 국민 세금이 투여된 만큼 국민들의 알권리와 정보접근권이 당연히 보장되어야 할 문제이다. 정보공개청구 대상은 주로 이라크와 아프간 정세, 터키 등 주변국 정세에 대한 정부 보고서 및 회의자료, 파병부대의 활동내용, 파병부대 예산의 상세 지출내역 등에 관한 것이었다. 그러나 파병국가로서 국민들에게 이 같은 사항들을 정확하게 알리는 것이 정부의 기본 임무임에도 불구하고, "정보 공개 시 국익을 해칠 수 있다"는 이유를 들어 번번이 정보공개를 거부하였다. 이미 언론에 나와 있는 사실조차 공개를 거부하거나, 기껏 공개한다고 해도 원자료를 공개하는 것이 아니라 매우 부실하게 재작성해서 통보하는 일이 다반사였다.[3] 이는 정부가 국민들에게 파병정책에 대해 냉정하고 합리적으로 평가할 기회를 주겠다는 의지도 계획도 없다는 것을 말해준다.[4]

이라크 파병관련 합참의 정보공개거부 답변 중 일부
(출처: 참여연대)

---

[3] 이라크, 아프간 파병관련 정보공개청구에 대한 정부의 정보공개거부 실태 및 부실한 답변 등은 참여연대가 행정심판위원회에 제출한 의견서에서 확인된다. 인터넷 참여연대 "정보공개청구 파병연장 이해해달라면서 파병관련 정보는 공개할 수 없다?" 2007. 10. 24. http://www.peoplepower21.org/article/article_view.php?article_id=20758 참조

[4] 이라크, 아프간 파병과 관련하여 정부의 정보공개거부처분취소를 요구하는 행정심판과 행정소송이 진행 중이다. 레바논 파병의 경우 정부가 파병 전에 현지를 방문하여 작성한 실태보고서 공개를 거부하자 행정심판을 제기한 바 있다.

새로운 평화행동, '노란리본달기' 그리고 "한잘라를 만나다"

아프간에서 한국인들이 탈레반에게 억류되어 생과 사의 기로에 있을 때, 시민단체들은 이들의 무사귀환을 호소하기 위해 '노란리본달기'라는 새로운 평화행동을 전개하였다. '노란리본달기' 운동은 미국의 대테러전과 한국군 파병 그리고 탈레반의 민간인 납치 행태를 비판하는 한편 아프간인들의 죽음과 고통, 상처에 대한 한국 시민사회의 책임의식과 관심을 촉구하기 위해 시작되었다. 선교목적의 아프간 방문 자체가 피랍의 원인이라는 사회적 비난이 들끓었던 당시, 시민단체들은 이들의 섣부르고 무모한 아프간 방문을 탓하기 전에 탈레반의 아프간 재장악이 가능하게끔 한 미국의 아프간 점령정책과 한국의 대테러전 참전부대 파병 그리고 아프간 정세에 대한 정보공개거부 등 현지의 위험한 상황을 국민들에게 제대로 알리지 않은 정부에게 근본적인 책임이 있음을 알리려고 노력하였다.

이에 평화·여성·환경·종교·문화 분야 78개 시민단체는 기자회견을 열어 한국인들의 조속한 무사귀환을 염원하는 '노란리본달기' 행사 참여를 호소하고, 피랍된 이들이 무사귀환할 때까지 캠페인을 전개하였다. 이들은 호소문을 영문으로 번역해서 유엔 인권고등판무관실과 이슬람계 국제 NGO에 전달하기도 했다. 호소문에서 이들이 강조한 것은 정부의 대테러전 부대 파견을 막지 못한 시민사회의 책임 그리고 아프간의 평화를 말하면서 그곳의 역사는 물론 아프간인들의 죽음과 희생에 대해서 무

아프간에서 피랍된 한국인들의 조속한 무사귀환을 염원하는 시민단체들의 '노란 리본 달기' 캠페인 (사진: 참여연대)

이슬람에 대한 이해와 평화연대를 위한 행사 "한잘라를 만나다" (사진: 참여연대)

관심했고 무지했음에 대한 자성이었다. 한국사회가 지독한 아프간 분쟁의 현실을 제대로 이해하지 못한 채 저항세력들을 무조건 테러리스트라고 규정하거나 또는 그들을 교화시켜야 할 대상이라고 인식하는데 쉽게 동조한 것은 아닌지 되돌아보자는 것이었다.

이러한 평화행동은 이후 이슬람의 평화문제를 진지하게 돌아보는 행사기획으로 이어졌다. 피랍인들의 귀환 이후 12개 평화단체는 '아프간 피랍 사태 이후 다시 만나는 이슬람과 평화, "한잘라를 만나다"' 행사를 개최하였다.[5] 한국군 파병반대에 집중되었던 반전평화운동을 참혹한 전쟁이 계속되고 있는 이라크와

---

[5] '한잘라'란 팔레스타인 난민촌에서 흔히 볼 수 있는 맨발의 꼬맹이를 형상화한 캐릭터로서, 팔레스타인을 대표하는 양심 카투니스트인 나지 알 알리(Naji Al Ali)의 작품에 등장하는 주인공이다. "한잘라를 만나다" 행사에는 참여연대, 평화박물관건립추진위원회, 개척자들, 대학생 정토회 등 12개 평화단체가 공동 기획, 진행하였다.

아프간의 평화문제로 그 관심의 폭을 확대해야 하며, 그러기 위해서 특히 이슬람 사회에 대한 이해와 새로운 인식이 필요하다는 문제의식에서 마련된 것이었다. 이슬람 평화를 기원하는 공연과 퍼포먼스, 이슬람에 대한 시민들의 왜곡된 인식을 담은 동영상 상영, 평화활동가와 무슬림과의 대화마당 그리고 영화 〈관타나모로 가는 길〉 상영으로 진행된 이 날 행사는 새로운 평화행동을 시도하고 그 가능성을 확인한 자리였다.

마무리하며

21세기 국제사회가 목도한 불의의 전쟁에서 노무현 정부와 국회는 단 한 차례의 중단도 없는 한국군 파병을 선택했다. 노무현 정부에 대한 심판의 성격이 컸던 2007년 12월 대선에서 줄곧 정부의 파병연장안을 추인해왔던 여당은 이례적으로 파병연장 반대를 당론으로 채택하기도 했다. 대선에서 국민들의 냉소와 철저한 외면을 경험한 여당이 그 실패에서 교훈을 얻고자 한다면, 국민들에게 약속했던 대로 파병연장동의안을 부결시킬 것이라는 기대가 아예 없었던 것은 아니다. 그러나 결국 여당은 그 당론을 제대로 관철시키지도 못했고, 실상과는 동떨어진 '자원외교'와 고장난 레코드판처럼 한미동맹 강화를 내세우는 한나라당이 파병연장을 주도하면서, 결국 파병의 역사에 종지부를 찍는 것은 실패로 끝나게 되었다.

이라크에서 발을 빼는 나라들의 동향도, 내세울 만한 파병의 성과가 없다는 것도, 부메랑이 되어 돌아오는 파병의 후과(後果)도 문제 되지 않았다. 정부 파병정책에 대한 아무런 검증도 평가도 하지 않으면서, 오로지 미국의 의중만을 고려해 파병연장을 결정하였다. 이런 식이라면 굳이 국회가 국군의 해외파병에 관한 동의권을 가질 이유가 없다. 그것은 권력남용이나 마찬가지다.

틈만 나면 다른 나라를 침략한 적이 없는 '평화애호 국가'라고 말하면서,

21세기를 전쟁으로 장식하는 미국을 마치 숙명적인 운명공동체로 여기는 그들을 국민들은 5년 내내 지켜봐야만 했다. 그리고 이 기간은 그들로부터 어떠한 평화적 비전이나 새로운 대외정책도 기대할 수 없다는 것을 확인했던 시간이기도 하다.

앞으로 평화운동이 가야 할 길은 훨씬 험난할 것이며, 더 많은 인내를 요구할 것이다. 전태일 분신 이후 민주노총이 건설되는 데만 20년이 넘는 세월이 흘러야 했고, 수많은 양심에 따른 병역거부자들의 감옥행이 있고서야 이들에 대한 대체복무제 허용도 가능해졌다. 삼성의 편법 비리 경영권 계승 문제가 겨우 특검에 이르는 데도 8년 이상의 세월이 필요했다. 비록 이라크파병을 막아내지는 못했지만, 파병을 저지하기 위한 반전평화 활동들은 새로운 한국 평화운동의 역사를 열었다. 그것은 앞으로 만개할 평화운동의 소중한 씨앗이 될 것이다.

희망은 길과 같은 것—팔레스타인, 레바논 연대운동

미니 (경계를 넘어 활동가, ifis32@gmail.com)

1. 팔레스타인에 대해 생각하기

"… 총인구 1억 4,000만 명에 달하는 5개 아랍국이 연합하여 고립된 65만 명의 유대인을 상대로 벌인 전쟁이지만 유대인은 부족한 무기로도 두 사람이 총 한 자루를 돌려쓰면서 싸우고 또 싸웠지. 이 처절한 전투가 20일 넘게 계속됐지만 유대인들은 예루살렘, 텔아비브를 끝내 지켜냈고 전 세계는 크게 경악했어"[1]

이스라엘이 자신의 건국과정과 역사의 정당성을 설명하기 위해 내세우는 주장에는 여러 가지가 있다. 예를 들어 '2천 년 동안 떠돌던 민족이 고향으로 돌아왔다', '나치에 의해 학살당한 유대민족에게는 국가가 필요하고 그래서 이스라엘은 건설되었다' 등이다. 그리고 '수억 명의 아랍 민족들에게 둘러싸인 채 위기에 처한 이스라엘' 또는 '아랍의 위협으로부터 자신을 용감히 지켜낸 유대민족'

---

[1] 이원복, 『가로세로 세계사 3-중동』, 김영사, 2007, 191-192쪽

등도 있다.

하지만 위의 인용문에서 말하는 1차 중동전쟁뿐만 아니라 뒤이은 전쟁에서 이스라엘이 이길 수 있었던 것은 주변 아랍 국가들을 제압할 수 있는 강력한 무력을 보유하고 있었기 때문이다. 또한 시오니스트들이 이스라엘을 건국하면서 전쟁을 치렀고 그 과정에서 특정 지역을 차지했다면, 이것은 외부의 침략으로부터 자신의 국가를 지킨 것이 아니라 아랍인들의 생활 터전을 빼앗아 점령한 것이다.

이렇게 우리 주변을 보면 학술, 언론, 교육, 문화 등 여러 방면으로 이스라엘의 팔레스타인 점령을 정당화하는 논리들이 퍼져있다. 심지어 스스로 진보적인 역사의식을 가졌다고 생각하시는 분들도 이스라엘이 팔레스타인인들을 억압하는 것은 잘못된 일이지만 홀로코스트를 당한 유대인들도 어쩔 수 없지 않느냐는 식의 생각을 하곤 한다. 하지만 나치의 학살이 유대인의 대규모 이주에 영향을 주었다고 해도 그것이 곧바로 팔레스타인 점령과 아랍인 학살로 이어져야 할 이유는 없다.

"유일한 해결책은 팔레스타인인들의 완전한 독립국가의 건설이야… 그러나 모든 문제의 실마리는 이스라엘의 존재를 아랍세계가 인정하느냐에 달렸어"
"왜 이스라엘을 인정하지 않는 거죠? 유대인 국가로서 이미 60년이나 된 현실인데…"[2]

역사와 현실에 대한 인식뿐만 아니라 미래의 해결 방안에 대해서도 우리가 생각해 볼 것이 많이 있다. 예를 들어 2006년 팔레스타인 총선에서 하마스가 집권을 하자 미국, 이스라엘, EU 등은 하마스를 테러리스트라고 지목했다. 그리고 하마스 정권을 뒤엎기 위해 경제봉쇄와 군사공격을 감행했고, 이도 모자라 마흐무드 압바스 현 대통령에게 돈과 무기를 지원하여 팔레스타인 내부 쿠데타를

---

[2] 같은 책, 229쪽

시도하기도 했다. 그러면서 그들이 내세웠던 요구 가운데 하나가 이스라엘의 존재를 인정하라는 것이다. '이스라엘의 존재를 인정하라'는 말은 그냥 들으면 너무 당연한 말처럼 여겨진다. 그렇다면 이 말은 어떨까? '이미 수십 년이 지났으니 일본의 조선 지배를 인정하라'

그리고 주변 아랍 국가들이 이스라엘을 인정하지 않고 있는 것이 정말 문제일까? 이집트와 요르단은 자국의 이익과 미국과의 관계를 위해 이스라엘과 협력하고 있다. 뿐만 아니라 아랍의 많은 권력자의 말로는 이스라엘을 비난하고, 팔레스타인을 지원한다고 하지만 사실은 자신의 권력을 어떻게 유지할 것인가에만 정신을 쏟고 있다. 또 하나 중요한 것은 중동 지역에 평화가 오지 않는 것은 아랍 국가들이 이스라엘을 위협하고 있기 때문이 아니라 이스라엘과 미국이 손잡고 그들의 정책에 대항하는 국가와 집단을 공격하고 억압하기 때문이다.

흔히 팔레스타인 문제의 해결 방법이라고 생각하는 팔레스타인의 독립에 대해서도 생각해 볼 것이 있다. 어떤 분들은 1967년 3차 중동전쟁에서 이스라엘이 점령한 서안지구와 가자지구(팔레스타인 전체 영토의 22%)에서 이스라엘이 철수를 하고 팔레스타인 국가를 건설하면 문제가 해결될 거라고 생각한다. 그러면 1948년 1차 중동전쟁에서 점령한 지역(팔레스타인 전체 영토의 78%)은 어떻게 해야 할까? 1948년 점령지에 살고 있는 아랍인들은 어떻게 해야 할까? 또 다른 문제는 팔레스타인 독립이 이스라엘과 미국의 계획일 수도 있다는 것이다. 예를 들어 지금 이스라엘이 아랍인들 거주지역 주변에 콘크리트와 철조망으로 장벽을 쌓고 있는데 이것이 완공되면 서안지구와 가자지구의 아랍인들은 그야말로 감옥에 갇힌 신세가 된다. 장벽 밖의 땅은 또다시 이스라엘이 차지하게 된다. 그리고 서안지구와 가자지구 사이의 통행은 지금도 불가능하다. 이렇게 갈리고, 고립된 상태에서 독립을 한다는 것은 과연 어떤 의미가 있을까? 감옥 속에서 독립만세를 외치는 것이 과연 해법일까?

팔레스타인과 연대하기 위해서는 주어진 말들이나 논리를 다시 생각해 보는 기회가 필요하다. '이스라엘과 팔레스타인 둘이 싸우고 있으니 적당히 양보하고 화해하면 되지 않을까?'라는 생각은 맞을 수도 있지만 현실의 문제를 풀지 못하는 관찰자들의 시각일 수도 있다.

2. 레바논에 대해 생각하기

이스라엘의 레바논 침공은 큰 사건들로만 따져도 1978년, 1982년, 1993년, 1996년 등 여러 차례 있었다. 그 가운데서도 1982년 침공은 레바논과 팔레스타인의 역사에서 빼놓을 수 없는 사건이다. 1982년 6월에 이스라엘은 팔레스타인해방운동을 파괴하기 위해 레바논 베이루트에 폭탄을 쏟아 부었다. 같은 해 9월 이스라엘군은 베이루트에 있는 사브라, 샤틸라 두 팔레스타인 난민촌 외곽을 둘러싼 채 레바논 우파 조직인 팔랑헤가 난민촌 안으로 들어가 수천 명을 학살하도록 했다. 그리고 2006년에는 또다시 레바논을 침공하여 1천 2백여 명을 살해하고 100여만 명을 난민으로 만들었다.

　레바논의 역사를 얘기하다 보면 이스라엘과의 관계뿐만 아니라 내전과 시리아에 관한 이야기도 많이 나온다. 레바논 내전은 1975년 우파인 팔랑헤가 PLO(팔레스타인해방기구)를 공격하면서 시작된다. 그리고 이것은 미국과 이스라엘의 지원을 받는 기독교 우파와 팔레스타인+좌파+무슬림의 전쟁으로 확대됩니다. 시리아도 1976년에 레바논에 군대를 보내 기독교 우파를 지원했는데 이때는 미국과 이스라엘도 이를 환영했다. 그런데 세월이 흘러 2005년에는 시리아군의 주둔에 반대하는 레바논인 그리고 미국과 유엔 등의 압력으로 시리아가 레바논에서 철수한다. 1991년 미국이 이라크를 공격할 때는 시리아가 반대를 하지 않다가 2003년에 다시 공격할 때 시리아가 반대하고 나섰기 때문이다. 이런 역사의 과정을 생각하지 않으면 헤즈볼라와 레바논인들의 대이스라엘 투쟁 또는 미국과 시리아 사이의 공방을 '그저 또 하는 싸움질' 정도로 보게 된다. 그러면 해결 방법은 싸움질을 그만두고 적당히 타협하면 그만인 것이 된다.

그리고 '적당한 타협'보다 더 걱정스러운 것은 한국 정부의 태도이다. 한국 정부는 레바논이나 팔레스타인 등 중동 지역에서 벌어지는 사건에 대해 미국 정부의 입장을 맹목적으로 추종하는 경향을 보여 왔다. 2007년 7월 이루어진 한국군 레바논 파병의 경우도 유엔 안전보장이사회 결의안 1701호를 이행하고, 레바논에 평화를 가져오겠다는 명분으로 이루어졌다. 하지만 1701호는 미국의 요구에 따라 헤즈볼라의 무장해제라는 유엔군이 해서도 안 되고, 할 수도 없는 내용을 담고 있다. 그리고 유엔군이 1978년부터 30년째 레바논에 주둔을 하고 있지만 레바논에 평화를 가져오지 못했다는 것을 한국 정부가 아는지 모르는지 묻고 싶다.

3. 사람 속의 연대와 실천

요즘은 팔레스타인, 레바논, 이라크 등을 주제로 강연을 나갈 일이 있다. 강연을 나가면 주로 사진이나 지도를 보면서 얘기를 나눈다. 강연을 시작하면서 자주 쓰는 사진이 한 장 있는데, 그 사진을 보면서 사람들에게 "이 사진이 어떤 사진인가요?"라고 묻는다. 그러면 대부분의 사람이 "9.11이요"라고 대답한다. 다시 "9.11이 언제 일어났나요?"라고 물으면 "2001년이요"라고 대답한다. 그러고 나면 이 사진 속의 사건이 어느 나라, 어느 도시에서 일어났는지 묻는 것은 멍청한 질문이 되어 버린다. 여기서 필자는 다시 묻는다. "1982년에 레바논에서 어떤 일이 있었나요?" "1991년에 이라크에서 어떤 일이 있었죠?" 그러면 대부분의 사람이 멀뚱멀뚱 필자만 쳐다보기만 한다.

우리가 9.11을 기억하는 이유가 희생자가 많았기 때문이라면 훨씬 더 많은 죽음을 낳았던 1982년의 레바논과 1991년의 이라크를 왜 알지 못할까? 그것은 우리가 이 지역에서 벌어지는 일들을 주로 언론을 통해 접하고, 언론들이 자신의 정치적 입장에 따라 사건을 보도하기 때문이다. 그래서 보수적인 언론들이 반복해서 쏟아내는 이미지들만 가지고는 연대의 방향을 찾기가 쉽지 않다. 2006년 이스라엘의 레바논 침공의 경우도 처음에는 사회단체들이 도대체 무슨 일이, 어떻게 벌어졌는지 판단하는데 어려움이 있었다. 따라서 누군가와 연대를 하기 위해서는 먼저 역사와 현재에 대한 이해가 필요하다. 어떤 사람이 마음의 병을 얻었을 때, 그 사람이 살아온 인생을 되짚어 보는 것이 마음의 병을 치유하는 지름길이 되는 것과 마찬가지다. 또 역사를 알아야 '침공한 이스라엘도 나쁘지만 헤즈볼라도 미사일을 날렸으니 나쁘다'는 식의 논리에서 벗어날 수 있다.

그러면서 안타까운 것 하나는 팔레스타인이고 레바논이고 무슨 큰일이 터지면 잠깐 생각도 하고 집회도 하다가 조금 시간이 지나면 쉽게 잊혀 진다는 것이다. 예를 들어 2000년 9월부터 2007년 중반까지 4천 명이 넘는 팔레스타인인들이 이스라엘 군인들에게 살해되었고, 2007년 9월 현재 약 9천 명의 팔레스타인인들이 이스라엘의 감옥이나 구금 시설에 붙잡혀 있다. 팔레스타인 인구가 한국의 부산시 인구와 비슷한 점을 놓고 보면 사망이나 구금 비율이 얼마나 높은지 알 수 있다. 레바논에서도 2006년 여름 침공당한 이후 집속탄 불발탄 때문에 사상자가 계속 발생하였다. 하지만 이런 일들은 지금 우리 기억 속에 희미하게 자리하고 있다. 왜냐하면 사회운동조차 억눌린 사람의 삶보다 언론 보도의 크기에 따라 자신의 행동 방향을 결정하는 경향을 갖고 있기 때문이다. 또한 한국의 좌파나 우파, 민중운동이나 시민운동 모두의 공통점인 자민족 중심의 사고도 한 몫하고 있기 때문이다.

이와 반대로 팔레스타인이나 레바논 등 전쟁과 점령으로 억눌린 이들과 연대하려는 움직임은 꾸준히 계속되고 있다. 관련 단체의 활동도 늘었고, 정치운동뿐만 아니라 전시회나 공연 또는 토론·강연 등을 통해서 문제에 접근하는 기회가 많아졌다. 현재의 운동 규모가 크냐 작으냐보다 중요한 것은 '얼마나 꾸준히 하느냐'이다.

그리고 꾸준함과 함께 중요한 것은 사람들 속에서 운동이 커지는 것이다. 사회단체들의 활동을 보면 관련 단체들 '끼리' 모여서 의논하고 행동하는 경우가 많다. 무슨 일이 터지면 급하다고 관련 단체들만 모아서 이런저런 일을 하곤 한다. 하지만 이것만으로는 운동이 발전하는데 한계가 있다. 사람들이 직접 행동에 나서지는 못하더라도 운동이 '우리끼리'를 넘어 더 많은 사람과 함께 하기 위해서는 우리의 얘기와 행동이 사람들 속에 있어야 한다. 그래서 집회나 캠페인, 기자회견 등을 통해 각국 정부를 압박하는 것이 중요하다. 하지만 이것만으로는 부족하다. 왜냐하면 이런 것들을 통해 정부에게 우리의 입장을 전하고, 지나가는 사람들과 짧은 얘기를 나눌 수는 있겠지만 꾸준히 만나고 토론하기는 어렵기 때문이다. 꾸준히 만나고 토론하지 않으면 사람의 마음을 얻기는 더 어렵다.

그래서 평소에 사람들의 마음속에 '팔레스타인', '레바논', '연대'와 같은 말들이 남아 있도록 사람들을 찾아가고 만나고 대화를 나눠야 한다. '에이, 사회단체들도 관심 없는데 시민들이라고 관심 있겠어?'라는 생각으로는 사람 속의 운동이 될 수 없다. 사회단체나 사회단체의 활동가들은 이미 주어진 사업이 있고, 자신들의 관심사를 실현시켜 주길 바라는 회원(조합원)들이 있다. 그래서 주어진 일 처리하기도 바쁜데 다른 일에 관심 갖기가 쉽지 않은 경우가 많다. 그에 비해 사회단체의 활동가가 아닌 시민들이 오히려 국제연대운동에 더 많은 관심을 가질 수도 있다.

필자가 경험한 대표적인 사례가 2006년 여름에 있었던 이스라엘의 레바논 침공과 그에 대한 대응이다. 물론 이때도 여러 시위나 집회가 있었다. 그리고 제가 활동하고 있던 단체에서 시민들이 직접 행동하고 자신들의 목소리로 말할 수 있도록 매일 1명씩 2주 동안 이스라엘 대사관 앞에서 1인 시위를 하자고

이스라엘의 레바논, 팔레스타인 군사공격 중단 요구 집회(사진: 경계를 넘어)

의논을 했다. 또 일단 신청자를 날짜별로 받아보고 비는 날짜에는 우리가 직접 하자고 결정했다. 과연 얼마나 많은 시민들이 참여할까 의심스러웠던 거죠. 그런데 결과는 오히려 정반대였다. 1인 시위 신청자를 찾는다는 공지가 나간 지 24시간이 되지 않아 2주일간의 일정이 꽉 찼다. 뿐만 아니라 계속되는 시민들의 참여로 1인 시위는 다시 2주, 또다시 2주 연장되었다. 그리고 매일 1명만 참가하기에는 신청하시는 분이 많아서 하루에 몇 명씩 시간을 바꿔가면서 햇볕 뜨거운 이스라엘 대사관 앞에 섰다.

이 일을 겪으면서 제가 느낀 것은 사회단체의 행동이 시민들의 생각보다 늦었다는 것이다. 이미 많은 분이 무언가를 해야 한다고 느끼고 있었는데 관련 사회단체는 이 일이 될까, 말까 망설이고 있었던 거다. 우리끼리만 하게 될지 모른다는 불안감은 그야말로 우리만의 걱정이었다.

팔레스타인과 레바논은 비행기를 갈아타고도 한참을 가야 하는 먼 곳이다.

그리고 이 지역문제에 대한 사회단체의 행동은 아직 〈조선일보〉보다 느리다. 하지만 지난 몇 년간 운동을 하면서 느낀 것은 '역시 한국사회에서는 어려워'가 아니라 '우리만 잘하면 할 수 있겠구나'하는 것이다. 이 말은 그냥 좋게 생각하자고 하는 말이 아니라 '맨땅에 헤딩하는' 기분으로 국제연대운동에 뛰어든 한 활동가의 경험에서 나온 것이다. 믿음이 없으면 두려움을 갖게 되고, 두려움을 품으면 외로울 수밖에 없다. 가능성에 대한 믿음은 우리 자신에게 용기를 주고 세상을 바꾸는 힘이 될 것이다.

희망은 길과 같은 것이다. 길이란 원래부터 그 자리에 있었던 것이 아니다. 처음 누군가가 걸어가고 자꾸 사람들이 가게 되어 그게 길이 되는 것이다. −루쉰

핵무장과 군사훈련에 반대하는 시민행동

동북아시아 비핵지대 구상과 반핵운동

이준규 (평화네트워크 정책실장, minoritylee@hanmail.net)

1. 한반도 비핵·평화 프로세스와 동북아시아 비핵지대 구상

남북정상회담과 거의 같은 시기에 발표된 6자회담의 '10.3 합의'(9.19 공동성명 이행을 위한 2단계 조치)를 계기로 한반도 평화의 분위기가 무르익고 있다. 6자회담의 경우, 북한 핵의 연내 불능화와 테러지원국 지정 해제를 둘러싼 북미의 입장 차이로 어려움이 예상되었지만 합의문이 도출됨으로써 한반도 비핵화 프로세스도 진전을 보이게 되었다. 이르면 내년에라도 평화협정 체결이 가능하지 않겠냐는 낙관적인 전망도 나오고 있다. 특히, 미국에 의한 북한 테러지원국 지정 해제 과정에서 장애가 되어 왔던 북일 관계 진전도 예상되고 있다는 점은 그와 같은 낙관적 전망을 뒷받침하고 있다. 북미, 남북, 북일 관계가 모든 방면에서 순항의 기류를 타는 국면이 도래한 것이다.

그러나 다른 한편에서는 북미 양자관계가 '종전선언'까지는 급진전을 이룰지 모르지만, 한반도 평화체제의 본격적인 시작을 알리는 평화협정까지는 상당한 시일이 걸릴 수도 있다는 신중한 예측도 존재한다. 가장 관건이 되는 부분은 한반도 비핵화의 최대 관건이라고 할 수 있는 북한이 현재 보유하고 있는 '핵무기'의 폐기 시점과 그 조건이다. 아직까지는 평화협정 체결과 북·미, 북·일 관계 정상화와 맞교환될 가능성이 크다. 그러나 미국은 현존하는 핵 폐기를 요구하고 이에 대한 대응으로 북한은 핵 폐기를 최대한 지연하면서, 더 나아가 핵을 가진 채 미국과의 수교를 추구할 수도 있다. 또한, 이 과정에서 '핵군축 회담'을 요구하면서 미국의 핵우산 철거 및 한국 내 미군기지에 대한 핵사찰을 요구할 수도 있다. 북한과 미국이 '줄다리기 게임'(tug-of-war game)을 벌일 수 있는 여지는 온존하고 있다. 이러한 관점에서 본다면, 동북아시아 차원에서의 비핵화를 지향하는 비핵지대 구상은 큰 의미를 갖는다고 할 수 있다.

뿐만 아니라, 한국사회에서는 그리 조명받지 못했지만 2.13 합의에 따라 구성된 5개의 실무위원회에는 동북아평화안보공동체 실무위원회가 있다. 현실적으로도 그 필요성이 제기되고 있는 것이다. 우리가 대안을 제시하지 못한다면, 또다시 강대국들의 논의에 뒤따라 갈 수밖에 없다. 6자회담을 동북아시아의 다자안보협의체로 발전시킨다는 구상이 제기된 것은 어제오늘의 일이 아니다. 우리에게는 한반도 비핵·평화의 프로세스를 동북아 차원으로 확장시켜가는 구상이 요구되고 있는 것이다. 바로 여기에서도, 동북아시아 비핵지대 구상의 의의가 있다고 할 것이다.

2. '동북아시아 비핵지대' 구상

1) 비핵지대

비핵지대(nuclear-weapon-free zone, NWFZ)란, 핵무기가 완전히 부재하고 핵무

기 사용이 금지된 지역을 말한다. 사실, 영문을 그대로 번역하면 '비핵무기 지대'가 된다. 즉 핵 전반을 금지하는 것은 아니라는 점이다. 그렇기 때문에, 반핵운동의 입장에서는 비핵지대 조약(혹은 운동)의 한계를 지적하는 목소리도 존재한다. 또한, 비핵지대는 즉각적인 핵무기 철폐를 요구하는 운동과도 다르다. 그러나 전 세계적인 차원에서 핵무기 철폐를 완료하는 것은 이상적이기는 하지만, 현실적으로 많은 어려움이 따른다. 비핵지대 운동은 바로 그와 같은 현실적 조건을 고려해 세계 곳곳에 '핵무기로부터 자유로운 지역'을 확장해가는 운동이다. 따라서 점진적인 핵무기 철폐 운동으로 볼 수도 있다. 현재 세계적으로 비핵지대는 다음과 같이 총 5개가 존재한다.[1] 이 5개의 비핵지대에 1998년 유엔총회의 결의로 비핵국가의 지위를 인정받은 몽골과 1980년대 비핵법의 제정을 통해 일국적 차원의 비핵정책을 확립한 뉴질랜드를 포함한다면, 이미 세계의 절반 이상이 비핵지대임을 알 수 있다.

- 틀라텔롤코 조약(중남미 비핵지대, 서명1967.2.14. 발효1968.4.23.)
- 라로통가 조약(남태평양 비핵지대, 서명1985.8.6. 발효1986.12.11.)
- 방콕 조약(동남아시아 비핵지대, 서명1995.12.1)
- 펠린다바 조약(아프리카 비핵지대, 서명1996.4.11.)
- 파라친스크 조약(중앙아시아 비핵지대, 서명2006.9.8.)

비핵지대 조약들은 첫째, 비핵지대 내에서 핵무기 개발, 실험, 제조, 생산, 취득, 소유, 저장, 수송, 배치 등을 금지하고 둘째, 비핵지대에 대한 핵무기 공격과 공격위협을 금지(소극적 안전보장, Negative Security Assurance)하는 기본적

---

[1] 비핵지대에 대한 자세한 설명은 이삼성·우메바야시 히로미치 외 지음, 『동북아시아비핵지대』(서울: 살림출판사, 2005)를 참고하기 바람. 다만, 중앙아시아 비핵지대의 경우 2006년 9월 체결되었기 때문에 이 책에서는 다루지 않고 있다.

인 요소들을 공유하고 있다. 또한, 각각의 조약들은 비핵지대를 유지하기 위한 조약기구들도 두고 있는데, 이를 통해 해당 지역의 다자안보협력의 역사적 경험을 쌓게 되는 효과가 있다.

또한, 비핵지대는 국제법적으로나 국제정치적으로도 그 존재 의미를 인정받고 있다. 물론, 5개의 비핵지대를 만드는데 토대가 된 것은 각각의 비핵지대조약들이다. 그러나 그뿐만 아니라 NPT(핵확산금지조약)회의와 유엔 총회결의를 통해 비핵지대(조약)는 여러 차례 국제법적으로, 국제정치적으로 그 의미와 효력을 보장받아왔다.

2) 동북아시아 비핵지대 구상의 내용과 필요성

동북아시아 비핵지대 구상은 때때로 오해를 불러일으키기도 한다. 미국, 중국, 러시아, 프랑스, 영국 5대 핵 강국 중 3개의 국가가 엄존하는 '동북아시아 전역을 비핵지대화 한다'는 것이 가능하거나 한 얘기냐는 것이다. 사실, 1990년대 중반에 제안되었던 동북아시아 비핵지대 구상들은 그와 같은 발상을 담고 있었다. 미국의 조지공과대학 연구팀이 제시한 원형안(한반도 남북경계선을 중심으로 2천Km 원을 그려 그 안을 비핵지대화하자는 제안), 타원형안(원형안의 수정판으로 대만과 미국의 알래스카 일부를 포함하는 안)이 그것이다.

그러나 이상과 같은 제안들은 현실적인 이유에서 연구자들과 활동가들의 구상에 머물러왔다. 미국, 중국, 러시아와 같은 핵 강대국들이 자국의 영토에서—그것이 영토의 일부분에 해당한다고 하더라도—핵무기를 철거한다든지, 핵무기 배치를 금지하는 조약에 동의할 가능성은 희박하기 때문이었다.

그러나 최근에 한국과 일본 등의 시민사회가 제기하고 있는 동북아시아 비핵지대 구상은 기존의 내용과는 다르다. 이 비핵지대(조약) 구상은 '한국+북한+일본' 3개 국가가 비핵지대로 그리고 '미국+중국+러시아' 3개 핵보유국이

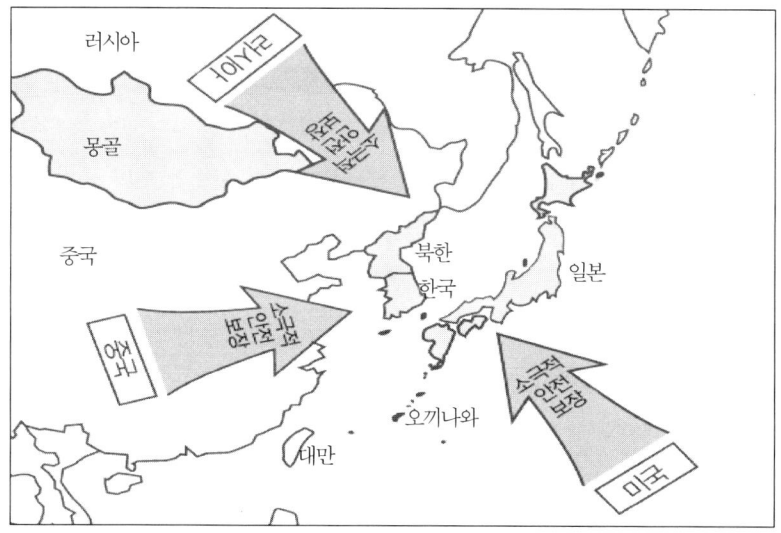

〈그림〉 3+3 동북아시아비핵지대 조약 구상

* 한국, 북한, 일본 3자 간의 조약을 중심으로 하며 미, 중, 러 핵강대국들은 소극적 안전보장(NSA)을 제공.

이에 대해 소극적 안전보장을 공약하는 '3+3'2)의 과정을 기초로 하고 있다(그림 참조). 그 구도만을 두고 본다면, 한반도 비핵화 과정에 일본이 동참하는 형태라고 할 수 있다. 다만, 이 과정에 유엔총회결의로 '비핵무기국가'의 지위를 획득한 몽골공화국과 현재까지 비핵국가인 대만이 포함될 수도 있다.

3+3안은 한반도의 핵문제와 동북아시아 핵무장 도미노의 잠재성(일본과 대만의 핵무장) 등 동북아시아 차원의 비핵지대 조약이 긴급히 필요하다는 요구에 기반을 둔 것이다. 따라서 그와 같은 요구에 부응하면서도 현실성 있는 안을 제시하고자 했던 것이다. 현실성의 측면에서 본다면, 우선 남북한은 우여곡절을

---

2) 대표적으로 일본의 반핵운동단체인 피스데포(Peace Depot, www.peacedepot.org)의 우메바야시 히로미치 대표가 이러한 제안을 하고 있다. 이 구상에 '3+3안'이라는 이름을 붙인 것도 우메바야시 대표다.

겪고 있지만 '한반도 비핵화에 관한 공동선언'에 기반을 둔 비핵화의 과정을 향해 가고 있으며 그에 대한 '공감대'도 형성되어 있다. 핵을 둘러싼 북미 간의 공방 속에서도 관련 당사자들이 원칙적으로 공감하고 있는 것은 '한반도의 비핵지대화'라는 점이다. 또한 일본의 경우, '비핵 3원칙'(「핵무기를 보유, 반입, 제조하지 않는다」)과 같은 비핵화로 갈 수 있는 역사적 성과와 토대가 이미 존재하고 있다. 즉 이러한 역사적 성과들을 토대로 '비핵지대 조약'을 조속히 체결하자는 것이다.

현재 그리고, 향후의 동북아시아 정세를 감안한다면 동북아시아에서 남북한과 일본(+몽골, 대만) 그리고 미, 중, 러가 참가하는 비핵지대 '조약'이 체결되는 국제정치적 의미를 재차 확인할 수 있다. 우선, 잠재적 갈등 요인이 되고 있는 중국과 일본, 미일과 중국의 대결을 사전에 관리, 통제할 수 있는 계기를 마련한다는 것이다. 일본이 중국의 위협을, 중국이 일본의 군사대국화를 빌미로 군비경쟁을 벌이고 있는 것은 익히 알고 있는 사실이다. 비핵지대 조약은 중국의 일본에 대한 소극적 안전보장을 통해 그리고 일본의 비핵국가로서의 지위 유지를 통해 그와 같은 악순환의 고리를 끊는 돌파구를 마련하게 될 것이다. 특히, 비핵지대 조약의 체결 과정은 지역적 차원의 다자안보 협의체 건설을 위한 '학습효과'(learning effect)를 얻게 될 것이다. 이는 한반도 비핵화와 평화체제의 확립과 공고화를 위해서도 필요한 과정이다.

3. 동북아시아 비핵지대 운동의 경과와 과제

'평화네트워크'는 지난 2002년 1월 〈동북아 평화와 비핵지대를 위한 한일 공동회의〉를 계기로 동북아시아 비핵지대 건설을 위한 연대활동을 지속해왔다. 2002년 1월 국제회의에는 일본에서 피스데포, 원수폭금지일본국민회의가 참석했다.

그 이후 일본의 NGO인 피스데포와의 연대를 중심으로 동북아시아 비핵지대를 위한 연대를 계속했다. 2003년에는 평화네트워크와 피스데포 공동으로 인턴십 프로그램을 개발, 평화네트워크에서 일본 쪽에 활동가를 파견하기도 했다. 2004년에 한일 시민단체가 함께 작성한 동북아시아 비핵지대 조약(안)은 그 구체적 성과 중의 하나였다.3)

로카슈무라 핵처리 반대 로그

한편, '무장갈등예방을 위한 글로벌 파트너십 (GPPAC)'는 2005년 2월 일본의 도쿄에서 열린 동북아시아 지역대회에서 채택한 지역행동 의제에서 "동북아시아의 비핵화와 비군사화를 통한 협력적 안보체계의 형성"을 명시했다.4) 이후 매번 국제회의 때마다 동북아시아 비핵지대에 대한 지지와 동북아시아 비핵지대 건설 운동에 대한 점검을 하고 있다. 또한, 2005년부터 진행되고 있는 일본의 로카슈무라 핵 재처리 시설 가동 저지를 위한 한일 반핵운동 단체들의 연대활동은 동북아시아 비핵지대 운동의 관점에서 조명해 볼 필요가 있다.

로카슈무라 핵 재처리 공장의 가동은 크게 두 가지 측면에서 문제가 제기된다. 첫째는 핵확산을 방지하기 위한 국제적 노력에 역행한다는 점이다. 최근 핵확산 방지를 위한 국제적인 현안은 우라늄 농축시설과 플루토늄 재처리시설의 통제와 동결 문제이다5). 두 번째는 동북아시아 비핵지대 과정에도 장애를 초래하게 될 것이라는 점이다. 즉 동북아시아 비핵지대를 건설함에서 가장 큰 쟁점이

---

3) 이 조약안 전문은 앞서 소개한 『동북아시아비핵지대』에 부록으로 실려 있다.
4) 참여연대평화군축센터, 『한반도평화보고서2005』
5) 엘바라데이 IAEA(국제원자력기구) 사무총장이 2005년 5월 개최된 NPT 재검토회의에서 "우라늄 농축 및 플루토늄 재처리시설 건설을 5년간 유예(moratorium)하고 그동안 규제방법을 논의하자"고 주장한 것은 그러한 문제의식을 반영한 것이다.

평화, 환경단체들의 로카슈무라 핵재처리 공장 가동 반대 기자회견 중 (사진: 참여연대)

되는 '핵 이용에서의 일본의 특권적 지위'와 직결된다. 즉 한반도 비핵화가 남북한 공동선언의 수준에서 이루어진다면, 남북한은 공히 농축과 재처리를 할 수 없게 된다. 반면에, 일본은 비핵국가 중에서 유일하게 농축과 재처리가 모두 허용되는 것이다. 이로 인해 야기되는, 남북한과 일본 사이 '핵 잠재력'(nuclear potential)의 심각한 불균형은 비핵지대 논의 자체를 어렵게 할 것이다.

이외에도 '비핵지대 조약 체결'을 위해서는 많은 과제를 극복해야 한다. 우선적으로는 북한 핵문제의 평화적 해결을 진전시켜야 할 것이다. 그동안 동북아시아 비핵지대 구상이 찬밥신세를 면치 못했던 중요한 이유가, 북한 핵문제도 해결하지 못했는데 무슨 동북아시아의 비핵지대냐는 정서였다. 이러한 정서가 급변하게 된 계기는 역설적이게도 작년 북한의 핵실험 강행과 그 이후 벌어진 일본과 한국에서의 핵무장론 대두였다. 특히, 반핵, 환경 단체들을 중심으로 동북아시아 차원의 비핵지대 논의의 시급성을 자각하게 된 것이다. 또한, 핵강대국들의 조약 참여를 독려하는 것도 과제이다. 만약, 대만을 참여시키고자 한다면, 미국뿐만 아니라 중국과의 민감한 이해관계 조정을 어떻게 할 것인가도 과제로 부상할 수 있다.

미국이 한국과 일본에 제공하고 있는 '핵우산'은 가장 큰 쟁점이 될 수도 있다. 그러나 동북아시아 비핵지대 논의는 이와 같은 과제들을 안고 있기 때문에, 더욱 필요한 것이다. 예컨대, 미국의 핵우산의 경우 북한이 그 문제를 제기하든 그렇지 않든 '핵으로부터 자유로운 한반도'를 위해서는 반드시 짚고 넘어가야 할 문제이다. 이 문제는 단순히 북미, 한·미 간의 문제가 아니라 동북아시아 차원의 문제이기도 하다. 동북아시아 비핵지대 논의의 활성화는 바로 이러한 문제들을 동북아시아 차원의 정치적 의제로 설정해 가는 과정이기도 하다.

그러나 지금까지의 동북아시아 비핵지대 운동은 '국가 간 조약 체결 운동'에 집중해 왔던 것이 현실이다. 따라서 몇몇 관심 있는 반핵, 평화단체와 연구자들 중심으로 구상을 제기하고, 내용을 가다듬고, 조약 체결을 의제화하기 위한 국내외 로비활동이 주된 관심사였다. 아래로부터의 실천적 '시민운동'으로 전환하는 데 필요한 구체적인 프로그램도 부족했고, 그 구상도 국가 간의 조약 문제에 국한되어 있었던 것이다.

따라서 앞으로의 동북아시아 비핵지대 운동은 시야의 확장과 발상의 전환을 필요로 하고 있다. 물론, '동북아시아 비핵지대 조약'을 동북아시아 국제정치의 의제 제기하는 것도 중요하지만, 국가와 국가 사이의 관계에 국한되지 않는 발상의 전환과 시야의 확장을 필요로 하고 있는 것이다. 이를 위해, 뉴질랜드나 몽골과 같은 일국적 수준의 비핵지대화 움직임이나, 지방자치단체 수준의 '비핵평화 도시' 운동에 주목해 볼 필요도 있다. 이미 우리 사회에서도 일부 지역의 시민단체들이 이 운동에 주목하고 조금씩 실천에 옮기고 있다.6)

동북아시아 비핵지대 '조약'은 어차피 국가와 국가 사이에 체결될 수밖에 없다. 그렇다면, 동북아시아 비핵지대 구상을 둘러싸고 제기되는 쟁점을 발굴하고,

---

6) 2006년 지자체 선거 당시 광주YMCA가 주도했던 '비핵평화조례 제정 공약' 제기 운동이나 최근 제주도 지역의 시민단체들이 해군기지 건설 반대운동과 함께 평화조례 제정 운동을 하고 있는 것은 대표적인 예이다.

그 내용을 채워가는 것은 시민사회의 몫이다. 한국의 반핵운동이 '동북아시아 비핵지대 운동'을 통해, 앞서 언급했던 '우라늄 농축'과 '플루토늄 재처리' 문제와 같은 동북아시아 차원의 다양한 핵 이슈에 대한 문제제기에 관심을 가져야 하는 이유이기도 하다.

한미동맹 재편과 한미군사훈련 반대운동

오혜란 (평화와 통일을 여는 사람들 평화군축팀장, sparkoh606@hanmail.net)

1. 한미동맹 재편: 방어를 넘어 공격으로, 한반도를 넘어 세계로

한미동맹은 외부의 침략에 대한 방어를 목적으로, 적용범위도 대한민국으로 국한된 한미상호방위조약에 의거해서 형성되었다. 그러나 지금 한·미 당국이 추진하는 동맹재편(신한미동맹)은 방어를 넘어선 공세적 성격을 가지고 있으며, 그 적용범위도 전 지구적 차원으로 확대되고 있다.

　신한미동맹은 대북 체제전복과 선제공격을 1차적 과제로 하고 있으며 동북아에서 미국의 패권 추구를 지향하고 있다. 한·미 양국은 이미 1990년대부터 작계 5027-98과 같은 대북 선제공격용 작계를 수립해왔다. 이러한 작계는 부시 정권 등장과 함께 시작된 한미동맹 재편과정에서 더욱 도발적이고 공세적 성격으로 바뀌었다. 대표적으로 2002년 한미연례안보협의회의(SCM)에서 북한정권 붕괴, 북한군 격멸, 통일여건 조성을 목적으로 한 작계 5027-04 수립을 위한 전략기획지침이 합의되었다. 또 2003년에는 북한의 핵/미사일 전략거점에 대한 선제 정밀타격계획인 작계 5026을 완성하였으며, 2005년에는 전시가 아닌 평시, 즉 북한에서의 정변과 같은 북한 내부 사태에 대해서도 군사적 행동을 가능케 하는 개념계획 5029를 작계수준으로 발전시키기로 합의하였다. 나아가 작전통제권 반환에 대비한 새로운 작계에서는 미 증원군이 도착하기 전에 북한의 주요 거점을 점령하는 좀 더 공세적 내용의 작전계획을 수립할 예정이다.

한편 2006년 1월 19일 한·미 고위전략대화에서 합의된 주한미군의 전략적 유연성 행사는 한미동맹이 지역동맹으로 전환하게 됨을 의미한다. 한미동맹은 이미 아태지역에 결성되어 있는 미일동맹, 미호동맹, 호일동맹과 직/간접으로 결합하게 된다. 그러나 주한미군의 전략적 유연성이 아시아 태평양 지역으로 국한된다는 것은 아니다. 실제 주한미군의 전략적 유연성 허용에 이어 나온 미국의 한국 NATO-GP[1] 참여 제안은 미국이 한미동맹, 미일동맹 등 아태지역 동맹을 나토와 결합시켜 지구적 동맹을 결성하고자 하는 의도에서 나온 것이다.

미국의 의도대로 나토와 아·태 지역의 동맹국이 결합하게 되면 소위 '불안한 활꼴' 지역에 대한 미국과 그 동맹국 및 파트너 국가들의 군사적 지배력은 한층 강화될 것이며, 북한·중국·러시아에 대한 포위 구도가 완성된 형태를 갖추게 될 것이다. 이는 북한·중국·러시아에 대한 포위가 전 지구적 차원에서 전면적·동시적으로 이루어지고, 세계가 크게 두 진영으로 양분되어 세계적 차원의 군사적 대결이 구조화된다는 것을 의미한다.

미국의 구도가 현실화되어 우리 민족과 국가가 지역적, 지구적 차원의 동맹에 중층적으로 편입되어 그 거대한 힘에 이끌릴 때, 우리의 민족이익(국익)은 질식당

---

[1] 나토 글로벌 파트너십(Global Partnership, 나토 GP): 나토에 한국, 일본, 호주, 스웨덴, 핀란드 등의 국가를 참여시켜 나토의 아시아 진출과 지구화를 이루려는 미국 주도의 나토 전략으로 미국은 2005년 4월 불가리아 소피아에서 개최된 나토 외무장관 회의에서 한국의 참여를 공식 제안했다고 한다. 이는 전 세계를 단일 전구화해 나가고 있는 미국의 세계 군사전략에 따른 필연적인 요구로 보인다. 고영대, 『동북아 신냉전 불러오고 한반도 평화체제 역행할 한국의 나토 글로벌 파트너십 참여』, 2006. 12. 18. 1쪽.

하게 될 것이며 한반도 평화체제와 통일 실현의 그날은 기약조차 할 수 없게 된다. 따라서 한미동맹을 와해시켜야만 궁극적인 한반도 및 동북아 평화가 실현될 수 있다.

2. 한층 노골화된 한미연합연습의 대북 공격성

한미연합전시증원 및 독수리 연습(RSOI/FE), 을지포커스렌즈 연습(UFL), 래피드 썬더 연습(RT)은 한미연합사가 주관하는 대표적인 전구급 한미연합연습이다. 이 전구급 주요연습들은 한반도 유사시 한미연합군이 달성할 전쟁목표와 최종상태, 이를 구현한 작전계획에 따라 진행된다.

그런데 앞서 설명한 것처럼 한미동맹 재편과정에서 수립된 연합사/유엔사 작계 5026, 5027, 5029는 모두 김정일 정권 제거를 목적으로 하거나 정권 붕괴를 전제로 하고 있으며, 이에 따라 한미연합연습의 대북 적대적이고 공격적 성격도 한층 노골적으로 드러나고 있다. 한미연합사의 2007-10년 연합연습 시행지침서에 의하면 대량살상무기 반확산 전략이 새롭게 한미연합연습에 포함되었으며 국방부 역시 RSOI, UFL 연습에서 북한의 대량살상무기에 대한 차단작전(PSI)을 포함하고 있다고 밝힌 바 있다. 나아가 합참은 2006년 10월 국회 국정감사에서 한미연합연습에 미사일방어(MD)작전을 포함하고 있다고 밝혔다. MD작전 중 공격작전은 선제공격의 성격이 한층 두드러진다.

전쟁발발과 동시에 북한의 전략거점을 제압하고 전쟁목표를 달성하기 위해 한미연합연습에 동원되는 미 증원전력도 공세적으로 변화되고 있다. 핵항모, 핵잠수함, 이지스구축함, F-117스텔스 전폭기, 고속상륙정 등 전형적인 공격형 무기와 미국의 해외침략 선봉부대인 스트라이커 부대, 오키나와 괌의 미 제3해병 원정대가 동원된다. 이들 병력과 장비를 신속하게 전장으로 투사하기 위해

사전배치 장비와 병참시스템을 현대화하고 고속 수송선을 동원하며, 부산, 진해에서 광양, 목포, 평택 항으로 병참선을 다변화시키고 있다.

3. 평양 점령을 목표로 한 한미연합 만리포 상륙전 훈련

2006년 3월 충남 태안반도 만리포 해안에서 진행된 만리포 상륙전 훈련은 한미연합연습의 대북 공격성을 입증하는 산 증거였다. 당시 상륙훈련에는 한국 해병대 1사단과 미 해병 등 1,100여 명의 참가하에 상륙함, 초계선 외 함정 26척, 수륙양용장갑차 40여 대, K1A1전차, 공기부양상륙정(LCAC), 수송헬기(CH-46) 등이 동원되었다. 현장에 나와 있던 국방부 훈련 통제관은 만리포 상륙훈련이 작계 5027-04의 3단계 2부에 해당하는 시나리오에 따라 진행된다고 밝혔다. 이 중에서 만리포 상륙훈련의 시나리오에 해당하는 3단계 작전의 목적은 공군, 지상군, 해군 및 해병대의 합동 전력으로 공중우세를 장악한 가운데 한미연합해병대가 동·서해안에 상륙해 제2전선을 구축하고 특전부대의 내륙침투를 통해 동시다발적으로 평양을 포위하여 김정일 정권을 붕괴시키는 것이었다. 이와 같이 만리포 상륙전 훈련은 동원되는 전력의 성격과 그 작전목적에서 볼 때 전형적인 대북 공격 연습이었다.

4. 만리포 상륙전 훈련을 둘러싼 법정 공방

2006년 3월 30일 평통사와 범민련은 만리포 상륙전 훈련의 불법성과 반평화성을 규탄하는 기자회견을 현장에서 개최했다. 며칠 후 해병대 사령부는 평통사, 범민련 활동가 7인을 특수공무집행방해와 집시법 위반으로 고발했다. 2007년

만리포에서 RSOI 중단 촉구 기자회견 중 (사진: 평통사)

11월 현재까지 8차례에 걸친 법정 공방을 통해 형성된 쟁점은 '헌법이 허용하는 반격작전의 범위'에 관한 것으로 법정에서 한미연합훈련의 위헌 여부를 다투는 것은 처음 있는 일이다.

평통사/범민련은 평양점령과 무력통일을 노린 만리포 상륙전 훈련은 헌법 전문(평화통일의 사명), 4조(통일지향과 평화적 통일정책 수립 및 추진), 5조(침략전쟁 부인)를 위배하는 것이자 방어를 목적으로 하는 한미상호방위조약에도 어긋나는 불법적인 훈련이므로 '적법한 직무'라고 보기 어렵고 따라서 당시 기자회견을 특수공무집행방해로 보는 것은 부당하다고 주장하고 있다. 반면 검찰과 국방부는 당일 훈련이 적법한 공무라는 전제하에 기자회견은 다중의 위력으로 공무를 방해한 사건이며, 사실관계에 대해서도 합참은 법원이 요구한 사실조회서에서 "만리포 훈련은 특정 지역의 고립 및 침투를 목적으로 실시한 훈련이 아니다"라고 주장하고 있다.

이와 관련하여 2006년 9월 21일 재판부는 증거조사를 실시하고 만리포 사건을 구성하는 사실관계에 대해 "2006년 3월 만리포 훈련은 평양 인근의 북 해안을 상정한 훈련이었다"는 점을 확정하고, 만리포 훈련이 적법한 공무집행인지와 관련한 다툼에 대해서는 헌법이 허용하는 반격작전의 범위에 대한 헌법학자들의 견해 및 연구 자료를 법원에 제출해 줄 것을 요구하였다. 향후 검찰, 국방부, 합참은 만리포 훈련이 평양고립과 점령을 목표로 한 북 서해안 상륙훈련이라는 사실을 인정한다 하더라도 북의 남침에 따른 한반도 전면전 시나리오에 의한 반격작전이므로 합법적이라고 주장할 가능성이 크다.

그런데 북한이 전면 남침하는 상황을 가정하는 것은 비현실적이고 타당성이 없으며, 작계5027-04를 비롯한 한미연합사/유엔사 작계에 포함된 선제공격 개념을 가리기 위한 수사에 불과하다. 북한은 전면 남침할 의사가 없을 뿐만 아니라 북한이 남침할 의사가 있더라도 남한이 북한보다 10배 이상의 군사비를 쓰고 있고, 경제력을 비롯한 총체적 전쟁수행능력에서도 북한을 월등히 앞서있기 때문에 남침이 성공할 가능성은 거의 없기 때문이다. 오히려 한반도 전면전은 북한의 남침이 아니라 북한의 핵과 미사일 시설에 대한 미국의 선제 정밀타격과 북한 내부 사태에 대한 한미연합군의 군사적 개입으로 발발할 가능성이 더욱 높다. 한국군에 대한 작전통제권을 틀어쥐고 한반도 전쟁시나리오 작성을 주도하고 있는 미국은 9.11테러 이후 대북 선제(핵)공격 전략을 공개적으로 천명했으며, 이를 위한 군사교리와 작전계획을 발전시키고 한미연합훈련에 적용해왔기 때문이다.

또한 만리포 상륙전 훈련이 북한의 전면 남침에 따른 반격작전이라는 국방부와 검찰의 주장을 수용한다고 해도 북한 체제붕괴와 무력통일을 전쟁목표로 삼는 것은 어떠한 경우에도 합법화될 수 없다. 헌법에 규정된 국가이익에 의거해 볼 때 설령 북한의 남침에 의해 전면전이 발생한다 해도 공격의 격퇴를 넘어서 김정일 정권의 붕괴와 무력통일 달성을 목표로 하는 작계5027-04는 헌법의 평화통일정책에 명백히 위배된다.

5. 한미연합연습 반대 운동의 방향

한반도 평화체제 수립을 둘러싼 정세가 급변하고 있다. 향후 정세는 한미동맹을 매개로 한반도 평화와 통일과정에 최대한 개입함으로써 자국의 이익과 군사패권을 관철하려는 미국과 이에 대항하여 자주, 평화, 통일이라는 본질적 요구를 관철하려는 우리 민족 사이의 갈등이 더욱 격화될 것으로 보인다.

전쟁의 위협을 근원적으로 제거하는 한반도 평화협정과 북한체제 붕괴를 목표로 추진되는 한미연합전쟁연습은 결코 양립할 수 없는데도 한미군사당국은 내년부터 한미연합연습을 더욱 확대된 규모로, 이름을 바꿔서 치르기로 합의하였다. 평화협정 체결 정세가 진전되고 있는 지금, 대중의 힘으로 정부의 안보전략을 변화시키고, 남북이 상생하는 방어위주의 작계와 전력구조로 전환하도록 해야 한다.

이를 위해 반전평화운동진영은 한미연합연습의 위법성, 반평화성, 반통일성에 대한 국민적 공감대에 기초하여 대북 공세적 작계와 한미연합연습을 폐기시키는 데 힘을 모아야 한다. 아울러 한·미당국이 작성 중에 있는 새로운 작전계획이 방어위주의 전략에 기초해 작성되도록 감시하고 한국군의 연습 역시 방어연습에 국한하여 실시하도록 해야 할 것이다. 나아가 주한미군과 동맹 없는 평화협정체결에 자주통일, 반전평화운동세력의 힘을 집중함으로써 한반도 및 동북아 평화실현에 기여할 수 있어야 한다.

작전통제권 환수계획의 기만성과 전면 환수운동

유영재 (평화와 통일을 여는 사람들 미군문제팀장, swtrn@hanmail.net)

한·미 군사당국이 지난 6월 28일 '전시작전통제권 전환 이행계획'에 합의한 데 이어, 11월 6일 한·미 합참의장 등이 참가하는 한미군사위원회의(MCM)와 7일 한·미 국방장관이 대표로 참가하는 한미연례안보협의회의(SCM)를 열고 전시작전통제권 환수 이행상황 점검 및 '유엔사 책임권한 조정' 문제 등에 대해 협의했다. 한·미 양국 국방장관은 SCM을 통해 "전시작전통제권 전환 이행에 실질적인 진전과 성과가 있었다"고 평가하고, "합의된 과제와 추진일정을 준수" 하기로 했다고 한다. 또 미국은 "한국이 충분한 자주적 방위역량을 갖출 때까지 상당한 지원전력을 지속적으로 제공"하기로 하고 "새로운 한국주도-미국지원의 지휘관계에 기초한 새로운 작전계획을 발전시키고, 확고한 준비태세 유지를 위한 연합연습계획을 강력히 추진해 나가기로 하였다"고 밝혔다.

작전통제권 환수에 대해 노무현 정부는 '군사주권의 회복'이라고 자랑해왔다. 그런데 그 실상을 들여다보면, 작전통제권 환수는 속 빈 강정에 불과하다. 이 글에서는 작전통제권 환수의 기만성과 작전통제권 전면 환수 및 유엔사 해체의 필요성 그리고 관련된 투쟁에 대해 간략히 살펴보기로 하겠다.

1. 작전통제권 환수의 기만성

1) **전략과 작전에 대한 미국 주도, 공격적 작전계획과 미군 전력지원을 전제로 한 작전통제권 환수는 근본적 한계를 가질 수밖에 없다!**

한·미 당국은 SCM과 MCM을 그대로 유지하면서 이 기구에서 합의한 전략과 작전에 따라 한·미가 공동작전을 수행하겠다는 입장이다. 그런데 작전통제권은 작전계획이나 작전명령상에 명시된 특정 과업을 수행하기 위해 지휘관에게 주어진 권한으로서 전략과 작전에 의해 규정된다. 전략과 작전에 대해 한·미가 '합의'한다는 것도 말이 '합의'이지 군사적 대미 종속성이나 군사적 능력의 차이로 볼 때, 이제까지와 마찬가지로 미국이 이를 주도할 것은 명백하다. 따라서 전략과 작전을 미국이 주도하는 한 작전통제권 환수는 근본적 한계를 가질 수밖에 없다.

한·미 양국은 작전통제권 환수 이후 작전계획의 공격성을 더욱 강화하고 이를 뒷받침하기 위해 미국의 첨단 전력지원을 보장하기로 했다. 이럴 경우 미국은 전력 지원을 빌미로 작전통제권에 개입하려 할 것이다. 또 SCM 공동성명에서 밝힌 '한국 주도-미국지원'의 지휘관계를 수립한다는 것도 한국군이 작전통제권을 전반적으로 행사하고 미국이 이를 지원·보조한다는 뜻이 아니다. 이는 미군 교리상 '지원-피지원'의 지휘관계를 의미하는 것으로 이 관계를 설정하는 것은 지원 사령관의 상급 지휘관의 권한에 속하는 문제다. 실상이 이러함에도 한·미 군사당국이 이 개념을 자꾸 사용하는 것은 한국군이 작전통제권을 주도적으로 행사하는 것처럼 국민을 기만하여 미국의 작전통제권 재장악 음모를 숨기려는 데 그 의도가 있다고 보아야 할 것이다.

2) 미국은 각급 군사협조기구를 통해 한국군의 작전통제권을 실질적으로 장악할 것이다!

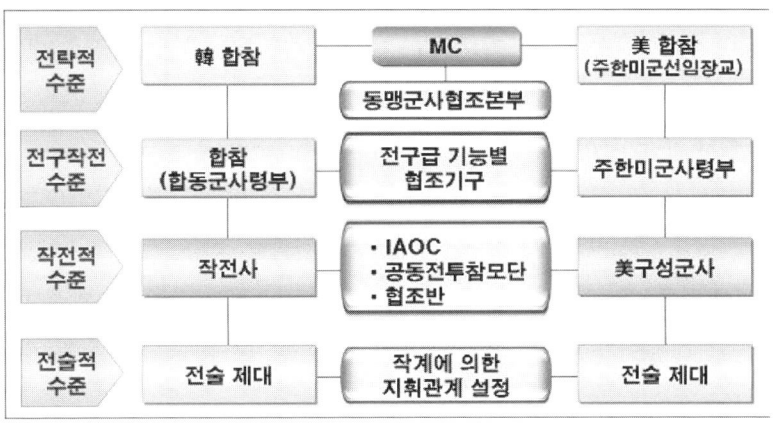

한·미 당국은 한미군사위원회(MC)를 실질적으로 상설화하는 MC 보좌기구인 '동맹군사협조본부(AMCC)'와 평시작전통제권 환수 때 한미연합사령관에게 위임했던 연합권한위임사항(CODA)과 유사한 정보, 작전, 전술지휘통제체계(C4I) 등의 내용을 다루는 '전구급 기능별 협조기구', 작전사급 차원에서 통합항공우주작전센터(IAOC), 공동전투참모단, 협조반 등 각급의 군사협조기구를 설치하기로 했다. 한국군의 뿌리 깊은 대미 종속성이나 전략과 작전 능력의 격차를 고려해 볼 때, 미국은 이 기구들을 통해 한국군의 작전통제권을 실질적으로 장악하게 될 것이다.

3) 현대전의 핵심인 공군의 작전통제권은 아예 환수계획조차 없고, 주한미공군사령관이 한·미 공군을 통합 운용하도록 하고 있다!

더욱이 합참 자료와 최근 원혜영 국회의원이 국정감사 질의에서 제시한 자료에 따르면 공군은 '한·미 간 통합운용체제를 구축하기 위해 통합항공우주작전센터

(IAOC)와 통합참모조직(IAOC-Staff)을 설치하고, 이를 주한미공군사령관이 주도하여 동맹의 모든 항공자산과 능력을 통합관리'하기로 하였다. 이는 공군의 작전통제권 환수는 이정표조차 없고, 2012년 이후에도 미국이 공군에 대한 작전통제권을 계속 행사한다는 뜻이다.

전시 작전임무의 핵심 분야인 종심작전(縱深作戰)(아군 전투력을 보존하면서 적 전투력 및 전투 의지를 약화시키기 위해 적 후방에 아군 전투력을 집중하는 개념으로서 적지 결전을 추구하는 작전)을 공군이 주도하고, 통합된 한·미공군을 주한미공군사령관이 지휘한다는 점에서 미군은 한국의 공군뿐만 아니라 육군과 해군의 종심전투 자산과 나아가 한국군 전반에 대한 영향력을 행사하게 된다.

4) 미국은 유엔군사령부마저 부활시켜 작전통제권을 다시 장악하려 하고 있다!

나아가 미국은 이미 1975년 유엔 총회에서 해체가 결의되고, 현재 아무런 임무도 수행하지 않고 있어서 유령이나 다름없는 유엔군사령부마저 강화하려 하고 있다. 미국이 유엔군사령부를 강화하려는 이유는 유사시 북한에 대한 선제공격과 반격작전, 점령통치를 합법화하고, 일본에 있는 7개의 유엔사 후방기지 이용 권한을 확보하며, 평화협정 체결 이후에도 유엔사 존립과 주한미군 주둔 근거를 마련하려는 데 있다. 이를 위해 미국은 위기관리권(위기발생 예방, 위기 시 통제 및 전쟁 확대 방지 등을 위해 구축해 놓은 제도적 장치 및 절차를 운용하는 권한) 등 전·평시 작전통제권을 다시 장악하려 하고 있다. 국방부도 위기관리 권한에 대한 한·미 간 합의가 이루어지지 않았다고 밝힌 바 있다.

한·미 당국이 이미 합의했던 '한반도 전구 작전사령부(합동군 사령부)' 창설 계획도 실종되었다. 이로써 한미연합사 해체 이후 한국군이 독자적인 작전통제권을 행사할 합참의장이 사령관이 되는 한반도 전구작전사령부가 없어지게 되었다. 작전통제권은 돌려받는데 정작 전투작전을 총괄적으로 지휘할 전투작전사령부는 사라지게 된 것이다. 이는 유엔사를 침략억제 및 전시지원사령부로 강화하겠다는 입장을 강력히 주장하면서 한국 측에 위기관리 및 조치권한을 요구해온 벨 사령관의 압력이 작용한 결과로 볼 수밖에 없다.

이번 회담에서 양 장관은 "(유엔사와 한국군 간) 정전관리 책임 조정을 위한 로드맵에 합의하고, 이를 2012년 전시 작전통제권 전환 이전에 완료하기로" 합의했다. 이와 관련하여 정부 관계자는 "유엔사가 존속하는 한 유엔안보리에 한반도 상황을 정기적으로 보고하는 등 정전 유지와 관련한 전반적인 사항은 유엔사가 맡게 되지만 행정적인 업무 대부분은 한국군이 수행하는 방향으로 협의가 진행 중"이라고 말함으로써 정전 유지기능조차 온전히 한국군으로 넘어오는 것이 아님을 분명히 했다. 이는 정전 유지 기능과 관련한 법적, 정치적 권한은 여전히 유엔사가 갖게 된다는 것을 의미하는 것으로 보인다.

하지만 유엔사와 관련한 더욱 민감한 문제인 "유엔사를 침략억제 및 한반도 전쟁 발발 시 전투작전지원사령부로 존속하도록 보장하는 것이 미국의 목표"(벨 사령관의 2007년 3월 7일, 하원 군사위원회 및 4월 24일 상원 군사위원회 청문회 보고)라는 내용에 대해서는 이번 SCM 결과 보도에서 밝혀진 것이 없다. 그런데 이번 SCM 직후 열린 공동기자회견에서 게이츠 장관은 "전작권 전환 과정이나 그 이후에 유엔사와 관련한 사항이 대단히 중요하다는데 인식을 같이 했다"고 말했다. 이는 미국이 작전통제권 환수 이후 유엔사의 존속과 역할을 매우 중요하고 민감하게 생각하고 있음을 드러내 준다.

벨 주한미군사령관이 "위기는 어떻게 관리되고 누가 위기 대응 결심을 내릴 것인가"를 묻고, "한미연합사가 해체되면 정전에서 전시로 전환될 때 지휘관계에서 하나의 통합이 필요하다"는 주장을 해왔던 점에 비추어 볼 때, 우리는 미국이 유엔사를 강화하여 작전통제권 환수 이후에 위기조치권이나 전쟁개시권 등 작전통제권의 핵심 권한을 사실상 장악하려는 야욕을 품고 있다는 의심을 갖지 않을 수 없다. 이처럼 미국은 작전통제권 이후, 나아가서는 평화협정 체결 이후에도 유엔사를 존속·강화하려는 의도를 품고 있는 것으로 보인다.

2. 작전통제권 기만적 환수의 문제점

작전통제권이 이렇듯 기만적으로 환수되면 미국의 군사적 통제가 계속되어 현재의 대미 군사적 예속과 군사주권의 상실이 지속된다. 또한 한국은 한반도 평화협정 체결과 평화군축 과정에서 당당한 주체로 나설 수 없게 되고, 미국은 한반도 평화협정 체결 과정에서 작전통제권을 무기로 경계선 설정이나 평화관리기구 설치 등에 개입하여 자국의 패권적 이익을 최대한 챙기려 할 것이다.

또, 작전통제권이 기만적으로 환수되면 '북정권 제거'를 목적으로 한 현행 작전계획도 그대로 유지되어 한반도 평화체제 구축과 우리 민족의 통일을 위협하게 된다. 나아가 이라크, 아프가니스탄의 경우에서 보는 바와 같이 세계 곳곳에서 침략전쟁을 자행하는 미군을 따라 한국군도 수시로 침략전쟁에 투입되게 된다. 작전통제권이 기만적으로 환수되면 미국의 첨단 무기 강매 요구와 작전통제권 환수를 핑계로 한 군 간부 증원 요구 등으로 우리 국민은 2020년까지 1가구당 5천만 원의 세금을 국방비로 내야 한다.

3. 작전통제권 전면 환수와 유엔군사령부 해체 필요성

군사주권을 온전히 회복하고 명실상부한 한반도 평화협정 체결을 위해서는 작전통제권을 즉각 전면 환수해야 한다. 유엔사는 늦어도 평화협정 체결과 함께 완전히 해체해야 한다. 또한 작전통제권 환수와 함께 북한 체제 붕괴를 상정한 전쟁목표와 대북 공세적 전략과 작전을 폐기해야 한다. 대신 방어적 전략과 작전을 수립하고 무기체계도 방어적 무기체계로 전환해야 한다. 작전통제권 환수시기도 미국과의 재협상을 통해 최대한 빠른 시일 내 환수되어야 평화협정 체결 정세에 제대로 대응해나갈 수 있다.

4. 작전통제권 전면 환수 및 유엔사 해체 투쟁

작전통제권의 올바른 환수와 유엔사 해체 문제는 군사주권 회복과 한반도 평화협정 체결과 직결되는 중대한 문제임에도 불구하고 한·미 당국의 기만적 행태에 대한 정치권, 언론, 사회단체, 지식인 사회의 관심과 이해는 아주 낮은 상태에 있었다. 이는 작전통제권의 기만적 환수와 유엔사 강화의 문제점을 널리 알리는 일이 우선 중요하다는 것을 보여준다.

이에 평통사는 이 문제에 대한 시민사회의 관심과 이해를 높이고 이에 대한 문제의식을 확산하기 위해 한·미 당국의 '전시작전통제권 전환 이행계획' 발표에 맞추어 7월 6일 '작전통제권 전면 환수 및 유엔사 해체 촉구 1천인 선언'을 하고 이를 신문광고에 실었다. 이를 토대로 하여 39차 SCM에 즈음하여 '작전통제권 완전 환수, 유엔사 해체, 주한미군 없는 평화협정 체결 촉구' 1만인 선언을 조직하고 이를 신문 전면광고로 실었다. 내용의 생소함과 난해함에 비추어 1만 명이 넘는 각계각층 인사가 이 선언에 참가했다는 것은 작전통제권의 온전한 환수와 유엔사 해체의 정당성과 함께 이 투쟁의 가능성을 보여주는 것으로 평가된다.

이와 함께 39차 SCM 대응 기자회견과 농성, 신문기고, 로버트 게이츠 미국 국방부장관 방한 반대 그림자 시위 등을 통해 작전통제권과 유엔사 문제를 알려 나가는 데 주력하였다. 특히, 미국 국방장관 숙소인 신라호텔에서 게이츠 장관과 조우하여 작전통제권 전면 환수와 유엔사 해체 요구를 담은 서한 전달을 시도함으로써 이에 대한 우리의 강력한 의지를 과시하였다.

이번 투쟁을 통해 진보적 사회단체 사이에 이 문제에 대한 공감대와 동의는 상당부분 확산된 것으로 평가된다. 앞으로 이를 바탕으로 한반도 평화협정 체결 정세 속에서 작전통제권 전면 환수와 유엔사 완전 해체 문제를 대중적으로 확산해 내는 과제가 우리에게 주어져 있다고 본다.

갈등해결과 평화교육

'갈등해결과 평화' 교육의 평가와 과제

박수선 (평화를만드는여성회 갈등해결센터 소장, bss88@chol.com)

1. 시작하면서

2003년 6월, 필리핀 민다나오에 3주간 머물렀던 적이 있다. MPI(Mindanao Peacebuilding Institute)에서 개최하는 평화교육 프로그램에 참여하기 위해서다. 3주간의 트레이닝 프로그램으로 셋째 주에는 현장을 방문해서 주민과 평화교육 운영 주체들과의 대화하는 시간을 갖기도 했다. 우리는 민다나오의 대표적 분쟁지역인 카타바토 시(Catabato City)로 가서 다양한 평화교육의 현장, 평화를 만들려고 노력하는 공동체를 돌아보았다. 민다나오에서의 만남과 경험은 내게 평화교육과 평화로운 사회로의 변화를 위한 큰 밑그림을 그릴 수 있게 해주었다.

그전까지 나는 평화에 대해 머리로 이해하고 있었다고 해도 과언이 아니었다. 공존, 화해, 평화는 어쩌면 분단 상황에 있는 우리 사회에서 가장 보편적으로 인식해야 하는 생존의 가치라고 이해하면서도 '생존의 가치'로서 없으면 안 되는 것이라는 절박함은 없었던 것 같다. 그저 지향해야 하는 것 이상의 구체성은 갖지 못했다고 생각된다.

분쟁이 계속되지 않도록 하기 위한 필리핀 민다나오 사람들의 목숨을 건 평화교육의 노력—전쟁과도 같은 상황에서 가톨릭, 무슬림 측이 통합 유치원을 만들고, 원생들을 모집하러 다니는 것은 목숨을 건 일이기도 하다—을 보고 인류의 희망과 미래를 발견하기도 했다. 그들은 당장의 분쟁을 종식시키는 일도 매우 중요하지만, 30년이 넘는 세월동안 지속되어온 분쟁에서 생겨난 희생자들의 복수의 사슬을 끊지 않고서는 민다나오에 평화를 가져올 수 없다는, 이 세대가 아니더라도 내 다음 세대에라도 평화는 꼭 이룰 수 있다는 믿음으로 평화의 씨앗을 뿌리고 있었다.

전쟁의 근원을 제대로 이해하기 위한 역사교육, 침묵의 문화를 '전복의 문화'로 바꾸어가는 교육, 종교 간 대화의 노력, 학교에서의 또래 조정(peer mediation) 훈련을 통해 당장 사람이 죽고, 내 친구, 내 가족이 죽는 순간에 그 복수의 칼날을 용서와 평화의 마음으로 폭력의 악순환을 끊어내고자 노력하는 것은 정말로 큰 용기이고 힘이다. 남들이 보기에는 무기력하고 보잘 것 없을지라도 그 작은 노력은 웬만한 용기와 의지가 아니고서는 하기 어려운 일이라 생각되었다.

우리는 평화를 이야기하면 전쟁이나 폭력이 없는 상태를 떠올린다. 평화교육에서 지향하는 평화의 개념은 단순히 전쟁이나 직접적 폭력의 부재가 아니라, 권력과 자원의 불평등한 분배로 드러나는 구조적[1] 혹은 간접적 폭력의 극복을 의미한다. 그리고 평화문화 운동은 평화로운 미래를 위한 의식적 선택과 지속적 노력을 요구하는 사회적 전환(social transformation) 과정을 의미한다. 그 가운데

---

[1] 구조적 폭력(structural violence): 노르웨이의 평화연구가 요한 갈퉁(Johan Galtung)의 개념: "인간이나 인간집단의 신체적 혹은 정신적인 자기실현의 현상(actual realization)이 그 사람들의 잠재적인 실현가능성(potential realization) 이하로 억압당하는 영향을 받고 있는데, 여기에 폭력이 작용한다." 즉 폭력이란 실현가능성과 현실의 격차를 확대하고 이 격차의 축소를 방해하도록 작용하는 것이라 한다. 참고, 요한갈퉁, 『평화적 수단에 의한 평화』, 들녘, 2002.

하나가 평화를 위한 교육이다.[2] 민다나오에서의 경험은 사회적 전환의 필요성과 이를 위해 평화의 힘을 만들어나가는 것의 중요성을 몸으로 깨닫는 계기가 되었다.

평화교육의 궁극적 목적은 한마디로 말하면 평화적인 문제해결을 위해 사람들의 태도와 행동을 변화시키는 데 있다. 평화교육의 목적은 첫째, 사람들로 하여금 평화의 근원뿐 아니라 반평화의 문제와 그 원인에 대해서도 비판적으로 인식하도록 하고, 둘째, 평화문화가 형성되도록 사람들에게 행위나 기술을 가르치는 것이다. 즉 평화교육은 평화에 관한 지식, 기술, 가치와 일치된 방식으로 행동할 수 있도록 비판적으로 사고하고, 관심을 갖도록 하며 헌신하도록 하는 것을 지향한다.

2. 평화여성회 '갈등해결과 평화' 교육 배경과 내용

평화여성회가 평화교육, 특히 갈등해결을 주제로 한 평화교육에 관심을 갖게 된 것은 두 가지 문제의식에서였다. 우선 동서독 통일의 예에서 보듯이 정치적 통일로서는 평화를 이루기 어려운 상황에서 정치적 통일뿐 아니라 공존과 화해를 통해 사회적 통합을 이루어야 하는데 서로 다른 가치관과 체제가 공존할 수 있는 방법이 무얼까 하는 관심이다. 또 하나는 1990년대 이후 사회가 다원화되면서 이익갈등도 커지는데, 다양한 이해관계가 부딪치면서 발생하는 갈등의 파괴적 영향도 매우 증가하였다. 이에 갈등문제에 대한 새로운 접근이 필요하다는 문제의식이 있었다.

---

[2] 평화를만드는여성회(2003), 『함께 만드는 평화, 공존의 갈등해결 교육』, 민주화운동기념사업회 용역과제 참조.

특히 갈등해결(Conflict Resolution)에 관심을 갖고 학습하면서 가장 반갑게 받아들이고 이해한 것은, 그간의 '평화를 위한 활동'이 대개 지식 중심이거나 사회변화에 대한 관심과 활동, 정책과 제도의 변화를 꾀하는 활동이 중심이었던 데 반해, '갈등해결'이라는 방법론을 통해 평화의 근본가치를 생활 속에서 실현하고 체화할 수 있다는 것이다. 평화의 가치와 기술은 평화로운 사회와 문화를 만들어가는 기초가 된다. 일상에서 나와 다른 사람과의 대화와 협력, 공존과 관용의 실현, 자기를 긍정하고 존중하는 의사소통은 평화적 삶의 본질적 요소이다. 이러한 가치와 기술은 머리로 이해한다고 바로 자신의 삶의 양식으로 습득되는 것이 아니라, 구체적인 교육과 훈련을 통해 이해되고 습득할 수 있는 것이다.

그렇다고 갈등해결교육을 단지 기술적 측면으로만 이해해서는 곤란하다. 갈등해결교육은 행동의 변화를 꾀하는 구체적 방법을 습득함으로써 태도의 변화를 꾀하고, 태도의 변화는 궁극적으로 가치관의 변화, 평화의 가치관을 형성하는 방향으로 나아간다. 평화여성회에서 진행하고 있는 '갈등해결과 평화' 교육 프로그램은 힘과 폭력, 법과 규율에 의존하는 갈등 해결의 문화를 넘어 대화와 협력, 상호 존중 그리고 갈등 당사자들 스스로의 문제해결을 지향하고 있다.

평화여성회는 '갈등해결과 평화' 교육의 중요성을 인식하고 1999년부터 학습해 온 것을 기초로 2001년 처음 갈등해결워크숍을 개최했다. 2001년 여름, 처음 추진했던 2박3일의 갈등해결 워크숍은 여교사를 대상으로 계획했는데, 학교에서 갈등을 평화적으로 다루는 관점과 방법을 익힌다면 장기적으로 우리 사회의 평화문화 형성에 도움이 되리라는 생각에서였다. 그래서 아이들에게 가장 영향을 미칠 수 있는 교사를 대상으로 첫 워크숍을 기획했다. 그 후 평화여성회는 학교에서의 평화문화 형성을 목표로 다양한 학교 주체를 대상으로 교육해 왔다. 교장, 교감선생님, 일선의 선생님, 생활지도부장 선생님, 학부모 등이 그 대상이었다. 2002년부터는 학생을 대상으로 직접 CA나 창의재량 시간에

수업을 진행하기도 하였다. 2007년도에 진행된, 또는 계획된 학생 대상 교육은 학교, 공부방을 합쳐 30여 군데가 넘고 그 횟수만도 250여 차가 된다.

또한 NGO활동가를 대상으로 하는 '민주적 조직운영을 위한 갈등해결워크숍', 사회갈등의 예방과 해결을 주제로 하는 '지역사회 통합을 위한 갈등해결워크숍', 통일을 주제로 한 '남남갈등 해소를

청소년캠프에서 참여한 아이들이 갈등해결과 평화를 주제로 낱말 맞추기를 하고 있다.(사진: 평화를만드는여성회)

위한 갈등해결워크숍', '남북한 사회통합을 위한 갈등해결워크숍' 등의 프로그램을 기획, 운영해 왔다. '갈등해결과 평화' 교육 진행자를 키우기 위한 '갈등해결과 평화 강사트레이닝'은 2003년부터 올해까지 5기(80여 시간)를 배출하였고, 조정전문가 훈련 프로그램(기본과정 포함 92시간)과 진행 전문가 훈련 프로그램(기본과정 포함 92시간)을 심화 프로그램으로 진행하고 있다.

처음 워크숍을 기획할 때만 해도 '갈등해결'이라는 개념 자체가 매우 생소해서 실제 교육진행자가 어떤 내용으로 할 것인지, 어떤 효과를 거둘 수 있는지에 대해 고민이 많았다. '갈등해결교육'이란 이런 것이라는 안내와 홍보에도 많은 시간과 노력을 기울여야 했다. 평화문화를 형성하기 위한 평화교육의 길은 앞으로도 많은 노력과 안내, 준비와 성찰을 필요로 하지만, 처음 시도했던 그때와 비교해보면 지금은 인지도도 높아졌고, 자발적인 요구도 많아져 몇 년 사이 우리의 활동이 작은 씨앗이 되었음을 확인하기도 한다.

이러한 교육이 확산될 수 있었던 것은 2003년도부터 진행한 '갈등해결과 평화교육 강사트레이닝'을 통해 진행자들을 배출하고 있기 때문이다. 이 자체가

갈등해결센터에서 매우 중요하게 여기는 평화의 씨앗을 만드는 과정이었다. 매년 80여 시간에 해당하는 긴 과정을 매우 열심히 참여했던 참가자들은 강사트레이닝 과정을 마친 후 교육팀원으로, 사회갈등 분석팀으로, 조정팀으로 활동하며 교육진행자로서, 조정전문가로서, 진행전문가로서의 역량을 키워왔다. 강사트레이닝의 경우 전체적으로는 70여 명이 수료했으며 평화여성회 갈등해결센터에서 교육활동을 함께 하고 있는 활동가는 20여 명에 이른다.

또 한 가지, 2005년 이후 '갈등해결과 평화' 교육에 지역 참가자들이 참여하면서 지역에서의 적용을 모색하게 되었는데, 자신의 조직이나 기관에서 다양한 형태의 프로그램들을 개발하거나 갈등해결센터에서 프로그램을 기획하고 진행하면서 지역으로도 확산되었다. 2006년의 경우 부산범죄피해자지원센터 '햇살'에서 '갈등해결과 평화 강사트레이닝'을 3일 프로그램으로 진행했고, 광명교육연대에서 2006년과 2007년 강사양성과정을 각각 36시간, 10시간, 제주여성인권연대 여성상담소 주최로 '갈등해결과 평화 강사트레이닝'(프로그램)을 3일간 2회씩 진행했으며, 그 외에도 충북여성민우회에서 30시간, 울산여성회에서 20여 시간, 과천 학교평화만들기에서 2005년부터 올해로 3년째 프로그램을 진행하고 있다.

이렇듯 관심사는 달라도—평화, 공공갈등, 조직 내 갈등, 통일문제에 대한 관심 등—평화여성회가 진행한 다양한 '갈등해결과 평화교육 워크숍'은 각 지역과 영역에서 나로부터 출발해 어떻게 평화로운 세상을 만들어갈 수 있는지 그 구체성을 고민하고 적용하는 계기가 되었다. 그리고 평화문화를 형성하기 위한 구체적인 실천방식을 훈련한다는 점에서 서로 다른 것에 대해 배타와 경쟁이 아닌 협력과 공존의 문화를 만들어가는 씨앗이 되고 있다고 생각한다.

3. 평화문화 확산을 위한 '갈등해결과 평화교육' 과제

1) 평화의 통합적 가치 추구

평화교육의 과제가 '개인, 공동체, 국가, 지역, 세계적 차원의 폭력과 갈등의 근원을 어떻게 인식하도록 할 것인가?(통합적 인식), 어떻게 동시에 평화적인 태도와 가치관을 배양하도록 교육할 것인가?, 어떻게 개인의 변화와 사회의 변화를 함께 추구할 것인가?'라고 할 때, 현재 진행되고 있는 평화여성회의 '갈등해결과 평화' 교육이 그 과제를 제대로 실천하고 있는지에 대해 물음표를 던져 볼 필요가 있다. 이는 평화적 갈등해결을 방법 혹은 기술 측면에서 접근하는 경향이 많은 특히 어린이, 청소년 대상 교육진행자들이 늘 고민하는 내용이기도 하다. 우리 실정에 맞는 통합적 인식을 추구하기 위해 교육 내용에 대한 더 많은 연구가 필요하다.

2) 전문 진행자의 양적 확대

앞서 이야기한 평화교육의 통합적 인식을 위해서는 특히 형식과 내용이 일치하는 교육자와 진행자가 준비가 되었을 때 실현가능하다. 그런 의미에서 프로그램의 내용도 중요하지만, 그 내용을 전달하는 방식, 즉 진행방식도 매우 중요하다 할 수 있겠다. 그렇기 때문에 내용과 형식을 일치시키는 전문가 훈련 프로그램이 중요하다.

또한 모든 것이 그렇듯이 교육이 확대되기 위해서는 그 씨앗이라 할 수 있는 교육진행자의 양적 확대도 필수적이다. 평화여성회의 경우 2003년부터 2007년까지 5기에 걸쳐 연 80-90시간 정도의 강사트레이닝을 진행해 왔는데, 그럼에도 불구하고 일선 학교의 교육 요구에도 못 미치는 활동을 하고 있다.

'갈등해결과 평화' 교육이 우리 사회에 더 널리 확산되려면 평화여성회뿐 아니라 다양한 기관, 단체에서 전문 강사트레이닝 프로그램을 진행해야 한다.

3) 지속적 관심과 활동, 재교육 훈련 프로그램 필요

모든 교육이 그렇겠지만 특히 평화, 갈등해결교육은 지속성이 매우 중요하다. 생활 속에서 실천하고 그것이 궁극적으로 습관이나 문화로서 자리 잡으려면 지속적으로 관심을 갖고 목적의식적으로 노력하는 것이 필수적이다. 아는 것으로 되는 것이 아니라 몸에 배야 하기 때문이다.

현재 평화여성회에서는 교육 AS제도를 운영한다. 어떤 프로그램이라도 한 번 프로그램에 참여한 적이 있으면 그 이후 재수강하는 경우 교육 참가비를 받지 않는다. 이 AS제도를 통해 같은 교육훈련프로그램에 서너 번은 참여하는 경우도 있다. 그것은 참가자가 그만큼 의지를 가져야 가능한 일인데, 지속적으로 교육에 참여하면 활동을 더 적극적으로 할 수 있고 그만큼 자신의 태도, 가치관의 변화에 기여하는 장점이 있다.

또한 활동가들의 참여가 확대되면서 평화여성회는 좀 더 심화된, 전문화된 프로그램을 통한 재교육훈련의 필요성을 느끼고 있다. 2007년에 세 가지 영역의 전문가훈련 프로그램을 개발하여 진행하고 있지만, 앞으로 더 질적으로 높아진 재교육 훈련 프로그램을 요구받을 것이다. 다양한 형태와 내용의 재교육 훈련 프로그램을 더 많이 개발해야 하는 과제가 남아 있다.

4) 교육내용 교류와 개발을 위한 네트워크 형성

평화활동가들 사이에 평화교육 내용을 교류하기 위한 여러 단위의 모임이 만들어지고 운영되고 있으나 활발하지는 못하다. 특히 평화여성회 갈등해결센터의 경우 교육 프로그램을 개발하고 진행하는 것 그리고 자체적으로 평화교육 진행자를 확보하는 것에 대해 집중하다 보니, 평화교육을 지향하고 또 실제 진행하고 있는 타 단체 및 기관과의 교류가 활발하지 못했다. 관련 단체들과 정보를 교류하고 공통의 내용을 개발하는 한편 '갈등해결과 평화' 교육을 기획하고 진행했던 경험이 있는 지역의 단체들과 지속적으로 협력하여 교육의 양적, 질적 확산을 도모해야 할 것이다.

동아시아 역사 갈등과 화해를 위한 시민행동

양미강 (전 아시아평화와역사교육연대 상임운영위원장, yangmk00@empal.com)

1. 동아시아 역사 갈등과 정부 및 시민단체의 대응

1) 한중 역사 갈등과 대응

동북공정을 둘러싼 한·중 간의 갈등은 2003년에 시작되었다. 한국의 주요 일간지 중 하나가 동북공정에 관한 보도를 시작하면서 일파만파 확대되었다. 본격적으로 중국의 동북공정문제가 대두되면서 한국 시민단체와 학계는 동북공정의 심각성에 대해 우려를 제기하고 대응도 시작하였다. 한국 정부는 북한의 고구려 유적을 유네스코 세계문화유산에 등재하기 위한 남북공조를 진행하였고, 외교 채널을 통해 중국에 항의하였다. 또한 2004년 고구려연구재단을 출범해 학문 연구를 병행하는 방안을 채택하기도 하였다. 이 같이 긴장관계가 심각해지자 중국 외교부가 홈페이지에 올라가 있는 한국 고대사 서술을 삭제하기에 이르렀다. 한국 여론도 급속도로 나빠지자 중국 정부는 사태의 확대를 우려하면서

2004년 중국의 우다웨이 외교부부장이 급히 방한하여 5개 항목의 양해사항을 구두로 합의하면서 중국이 중앙 및 지방 정부 수준에서 고구려사 관련 기술에 필요한 조치를 취하고 문제를 복잡하게 하지 않을 것을 합의했다.[1] 법적인 구속력이 없는 구두 양해로 문제를 정치적으로 해결한 것이다.

이렇게 한·중 간의 역사 갈등이 일단락되는 것 같았으나 2006년 9월 동북공정 문제가 또다시 뜨거운 감자로 떠오르게 되었다. 동북공정이 마무리되는 시점에서 연구물들이 출판되고 있었고, 이것으로 인해 언론의 집중보도로 여론의 관심이 높아진 것이다. 그러자 대통령까지 나서 우려를 표시했고, 결국 중국은 연구물을 출판하지 않겠다고 말함으로써 다시 갈등국면은 잠복기에 들어갔다. 이렇게 역사 갈등문제는 원천적으로 해결되지 못한 채 계속 반복되고 있었는데, 이는 국가 간의 정치적이고 외교적인 맥락에서 문제를 단순히 봉합하려한 데서 오는 한계였다.

한국 정부는 판단의 마지노선을 중국의 역사교과서에서 '지방정권' 내지는 '소수민족정권'으로서 고구려를 기술하는지로 보는 듯하다. 하지만 동북아의 정치적 안정을 필요로 하는 중국 정부의 입장에서 보면 문제를 부추기는 기술을 교과서에 반영하지 않을 것이 자명하다. 중국 교육부 입장에서 보면 교과서에 고구려를 기술하느냐의 여부는 매우 작은 형식에 불과하다. 중국역사에 관해 학생들에게 가르쳐야 할 것이 많은 중국 교육부로서는 고구려사가 변방의 역사 가운데 극히 일부에 지나지 않기 때문이다. 중국의 역사교과서 기술의 지침이 되는 〈과정표준〉(課程標準)을 만들고 교과서 기술을 검토하는 사람들은 이미

---

1) 구두 양해사항의 개요는 다음과 같다. 1) 중국 정부는 고구려사문제가 양국 간 중대현안으로 대두된 데 유념하고, 2) 역사문제로 한중 우호협력 관계의 손상 방지와 전면적 협력 동반자관계 발전에 노력하며, 3) 고구려사문제의 공정한 해결을 도모하고 필요한 조치를 취해 정지문제화하는 것을 방지하고, 4) 중국 측은 중앙 및 지방 정부 차원에서의 고구려사 관련 기술에 대한 한국 측의 관심에 이해를 표명하고 필요한 조치를 취해나감으로써 문제가 복잡해지는 것을 방지하며, 5) 학술교류의 조속한 개최를 통해 해결한다(《연합뉴스》, 2006. 9. 6).

고구려가 중국의 '소수민족정권'이고 '지방정권'이라는 역사관에 입각하여 역사교육정책을 이끌고 있다.[2] 또한 중등학교 교과서의 경우에는 양해각서의 합의가 지켜진다 하더라도 대학의 역사교재 대부분이 중국의 논리를 그대로 따르고 있는 것을 어떻게 보아야 할 것인가?[3]

그러면 한국의 시민사회는 어떻게 대응해왔는가? 한중 역사 갈등에 대응하는 한국 시민사회의 활동의 역사는 그리 오래되지 않았다.[4] 대부분 고대사 관련한 학회들은 고구려, 백제, 고조선문제를 연구하면서 학술적 차원에서 대응해왔다. 2003년 이후 고구려문제를 주요 의제로 설정하는 시민단체가 생겨나기 시작했으나 그 역사가 짧은 관계로 전문적인 역량을 가지기 힘들었고, 또한 그 시각도 민족주의적으로 흐르는 경우가 많았다. 최근 중국 학자들과의 네트워크를 통해 한·중 간의 대화를 시도하는 시민단체도 생기고 있으나 양국 간에 상당한 의견 차이를 내포하고 있어 앞으로 가야할 길은 험난할 것으로 보인다. 반면 중국의 경우 이 같은 문제에 대응하는 시민단체가 없다. 그것은 중국의 시민사회가 발전되지 않았고 1995년 북경 여성대회 이후에야 비로소 시민사회에 관심을 돌리고 있는 수준이기 때문이다. 따라서 한·중 간의 시민사회 차원의 대화로 발전하기가 매우 어려운 실정이다.

---

2) 신주백, 동아시아형 교과서대화의 본격적인 모색과 협력모델 찾기(1993-2006), 역사교육 101집, 역사교육연구회, 2007-3
3) 유용태, 동아시아 역사분쟁의 논리와 그 연원: 소통을 위한 성찰, 국가주의와 보편주의 심포지엄자료집, 2007, 동북아역사재단, 동북아시대위원회, 74-75 참조.
4) 그동안 중국이 동북공정을 하게 된 이유 중의 하나로 한국의 일부 단체들이 중국에서 '간도는 우리땅, 고구려는 우리역사'라고 소란을 피우면서 중국을 자극하는 행동을 했다고 비판하기도 한다.

2) 한일 역사 갈등과 대응

한일 역사문제가 본격적으로 국가 간의 갈등으로 표출된 것은 1982년이었다. 한국과 중국 등 동아시아의 여러 국가는 일본의 역사교과서 서술에 대해 대단히 비판적인 태도를 취하였다. 한국 정부는 국사편찬위원회에서 분석한 24개 항목 가운데 19개 항목을 일본 정부가 시정하도록 요구하였다. 그해 9월 미야자와 관방장관이 '근린제국조항'을 교과서 검정의 기준으로 새로 추가하겠다고 밝히며 사태는 일단 마무리되었다. 일본 정부 스스로 국제사회에 약속한 것이다. 하지만 일본 정부는 한국 정부의 요구에 대해 15개 항목의 시정약속과 4개 항목의 보류를 통보해왔지만 시정해야 할 15개 항목은 1983년과 1984년 그리고 이후 검정을 통과한 교과서에 반영되지 않았다.5) 결국 1982년 일본 역사교과서문제는 처음부터 끝까지 두 나라 정치 지도자들과 외교기관이 정치, 외교적으로 봉합함으로써 일단락되었다.

이후 한·일 간의 역사대화는 1995년 무라야마 총리의 '전후 50년 담화' 이후 활발하게 진행되는 것처럼 보였다. 한일 양국 정상들은 학자들의 역사공동연구를 지원하는 프로젝트에 합의하였다. 민간차원의 자유로운 대화와 연구를 통해 역사문제를 해결하고자 하는 실효성 있는 조치로 생각되나,6) 정권이 바뀌면서 정책적 의지가 뒷받침되지 않아 흐지부지한 결과를 가져오게 되었다. 한국 역시 대통령자문기구인 세계화추진위원회가 한일 간 역사마찰을 해소하기 위한 제안을 제출하였는데 그중의 하나가 현대사 연구소를 설립하고 한일역사공동연구를 지원하는 것이었다. 그러나 이 역시 아무런 성과도 없이 막을 내렸다. 한·일 간의 충분한 공감대 없이 시작한 역사대화는 역시 한·일 간의 외교적

---

5) 국사편찬위원회에서 분석한 내용 등에 대해서는 박성수 엮음, 1982년도 검정교과서의 韓國史歪曲, 일본교과서와 韓國史의 歪曲, 1982, 民知社 참조; 신주백, 위의 글, 6-11 참조.
6) 아라이 신이치, 『역사화해는 가능한 것인가?』(김태웅 역), 미래M&B, 2006, 58-60참조.

성과라는 미명하에 본질적인 문제를 해결하지 못한 채 봉합되었다.

2001년 '새 역사 교과서를 만드는 모임'(새역모)의 후소샤 교과서가 출현하면서 한일 양국정부가 봉합한 문제는 매번 비슷한 양상으로 전개되어 왔다. 2001년에 이어 2005년 검정을 통과한 새역모 교과서의 서술은 다른 교과서에까지 영향을 미쳐 식민지 가해 사실을 더욱 교묘하게 은폐하거나 누락하고 있었다. 특히 역사교과서뿐 아니라 공민교과서에서 독도가 일본의 영토라는 점을 더욱 강조하여 기술하려는 경향이 나타났다. 일본 정부가 나서서 '국제법적으로나 역사적으로 일본의 고유영토인 독도'라는 표현을 적극 기술하도록 검정 지도를 했던 것이다. 이러한 상황은 한국민의 감정을 최고로 악화시켰으며, 이를 해결하기 위해 한일 양국정부는 2002년 한일역사공동연구위원회를 출범시켰다.

그러나 이런 방식은 이미 한 차례 시도된 적이 있는, 전혀 새로운 방식은 아니었다. 이 위원회는 3년의 세월을 통해 한일 역사 공동연구보고서를 제출하였다. 처음부터 한계를 갖고 있던 위원회는 교과서문제로 출범하였으나 정작 교과서 문제는 접근하지 못한 채 양국 간의 역사인식의 차이를 확인하는 보고서를 제출하는 것으로 마무리되었다. 이후 한일 양국은 2기 위원회를 출범하기로 결정하고 교과서분과를 추가하는 등 이전과는 다른 모습을 보이고 있다. 한국 정부는 2006년 일본 교과서문제와 독도문제를 계기로 기존의 고구려연구재단을 흡수하는 동북아역사재단을 출범시켜 동북아 역사 갈등에 종합적으로 대응하도록 하고 있다.

일본 시민사회의 대응을 보면 일본 정치가 보수화됨에 따라 심화되고 있는 일본 우익들의 활동에 비해 일본의 진보진영은 그 동력을 상실하고 있다. '전후 민주주의'의 근간인 평화헌법 9조의 개정을 둘러싼 다툼은 사실 진보진영의 생존과도 관련되어 있다. 일본의 진보진영은 한국의 민주화운동을 지원하는 데 있어 중요한 역할을 담당해왔고, 1990년대 이후 일본군 '위안부' 문제를 쟁점화하는 데도 결정적인 역할을 했다. 그러나 2000년대 들어서면서 역사왜곡

제5회 한중일 청소년 역사체험 캠프에 참가한 학생의 모습
("오키나와로부터 아시아의 평화로!", 2006. 8.)(사진: 아시아평화역사교육연대)

문제에 대한 대응은 역으로 한국의 시민단체의 지원이 있기 때문에 가능한 일이었다.

　한일 역사 갈등문제에 대응하는 한일 시민네트워크는 비교적 오랜 역사를 갖고 있고 전국적으로 다양한 단체들이 활동하고 있다. 일제 피해자(위안부, 강제동원, 원폭 등)를 지원하는 단체부터 야스쿠니문제, 역사인식문제를 중심으로 활동하는 단체에 이르기까지 비교적 각 분야 단체들이 골고루 포진해 있다. 한일 시민단체들 간의 연대활동은 2001년과 2005년 일본의 전 지역을 대상으로 한 활동에서 새역모의 교과서 채택을 무력화시키는 성과를 거두었다. 일본의 풀뿌리 시민단체와 한국의 시민단체가 연대하여 채택률을—2001년 0.039%, 2005년 0.4% 등—매우 저조하게 하여 학교현장에서 후소샤 교과서가 사용되는 것을 막았다. 이러한 활동 이외에도 한일 시민단체의 연대는 공동의 교과서

출판, 정기적인 포럼개최, 한·중·일 청소년들을 위한 역사캠프 개최 등 다양한 형태로 이루어지고 있다.7)

2. 동아시아 시민사회와 역사화해를 위한 노력

2001년 일본의 후소샤 교과서의 출현은 아이러니하게도 한일, 한·중·일 시민연대를 강화하는 계기가 되었다. 물론 한·중·일 시민사회의 주어진 조건이 모두 다르지만, 적어도 일본의 역사왜곡에 대응하는 노력은 내용 면에서나 방식 면에서 갈수록 질적으로 발전하고 있다. 그동안 대부분의 활동이 한일을 중심으로 한 양자간 연대가 중심이었으나 2000년 이후에는 한·중·일을 중심으로 한 다자간 연대활동을 통해 국제연대의 도약을 이루어왔다.

2000년 이전에는 교류차원에서 전개되었던 연대활동이 공동의 의제를 설정하고 공동행동을 전개하며 공동의 결과물을 만들어내는 방식으로 발전해 온 것이다. 협력의 내용 역시 직접적인 대응방식인 후소샤 교과서의 채택을 막는 불채택운동부터, 장기적인 대안을 마련하고 동북아시아 공동의 역사인식을 만드는 과정으로서 한·중·일 공동근현대사 교과서『미래를 여는 역사』를 공동 출판하였다.

역사대화 중 가장 강력한 방식은 공동교과서를 출판하는 것이다. 공동의 교과서를 만드는 일은 우선 상이한 역사인식을 조율하고 조정하는 수많은 시간을 필요로 하고, 그것이 조율된 이후에나 책이 출판되기 때문에 그 어떤 협력방식보다도 강력하다. 한·중·일이 함께 만든『미래를 여는 역사』가 출판되기까지

---

7) 양미강, '2005년 한국교과서운동의 성과와 남은 과제들', 일본 후소샤 교과서 불채택운동 평가심포지엄, 2005 참조; 양미강, '역사대화를 위한 한일시민협력 어떻게 할 것인가?', 역사대화를 위한 한일 시민협력 과제와 전망 심포지엄, 2006 참조; 이기호, 양미강, 임성모, '동북아 사회문화교류 활성화를 위한 시민사회 발전방안과 모델', 2006 경제사회인문연구회 참조

한·중·일 3국공동역사편찬위원회가 발간한 공동근현대사 교과서 『미래를 여는 역사』

4년의 시간이 필요했으며, 13번에 걸친 국제회의와 40여 차례에 걸친 국내회의 이외에 수많은 토론의 결과물들이 모여 한 권의 책으로 만들어졌다는 것이 그것을 반증한다. 이 외에도 대구와 히로시마의 교사들이 중심이 된 『조선통신사』, 한국과 일본 교사들이 함께 만든 근대 이전의 공동교서 『마주보는 한일사』, 한일 여성학자들이 중심이 된 『여성의 눈으로 본 한일 근현대사』, 한일 교수와 교사들이 함께 쓴 『한일 교류의 역사』 등이 출판되었다. 이 모든 것은 시민사회가 적극적으로 역사 갈등을 해결하고 공동의 역사인식을 만들어 가기 위한 귀중한 성과였다.

『미래를 여는 역사』의 가장 주요한 성과는 시민사회 차원에서 한·중·일 공동의 역사인식에 도달했다는 점이다. 평화와 인권이라는 보편적 가치를 지향하면서, 과거의 갈등을 넘어 평화로운 미래로 나아가기 위해 19세기 중엽 이후 침략과 전쟁으로 얼룩졌던 과거의 역사를 깊이 반성하고 평화와 인권, 민주주의가 보장되는 동북아시아의 미래를 지향하려는 염원이 그 속에 담겨있다. 그것은 동북아시아 3국의 연대활동이 직접 역사를 공동으로 서술하고 이를 교육에 반영하고자 하는 적극적인 의지에 기반을 두고 있었기 때문에 가능한 일이었다. 또한 폐쇄적인 국수주의에서 벗어나 열린 시야로 역사를 바라보면서 서로를 존중하는 미래지향적 역사의식을 가졌기에 가능한 일이었다. 무엇보다 승자와 강자의 역사가 아니라 억눌렸던 여성, 소수자, 민중의 시각에서 역사를 바라보고자 했다.[8]

---

[8] 아시아평화와역사교육연대, 한·중·일 3국 간의 역사 갈등 해결을 위한 심층보고, 2006 참조.

『미래를 여는 역사』는 교과서협력의 틀을 넘어서 한·중·일 3국의 역사와 문화에 대한 이해를 심화시켰다. 연구자들 간의 협력을 통해 3국의 축적된 연구의 깊이와 내용 그리고 연구방법의 차이를 알게 되었으며, 또한 상대국의 역사에 대해 얼마나 무지한지를 깨닫는 계기가 되었다. 또한 만 4년간의 협력 작업은 언어, 문화, 생활방식의 차이 등 연구 협력 이외에 생활상의 차이를 몸으로 깨닫는 시간이었다. 이러한 차이를 인식하는 것이 바로 상호신뢰의 기본을 형성하는 일로써 상호신뢰야말로 그 무엇보다도 귀중한 협력의 산물이다. 이 신뢰를 바탕으로 『미래를 여는 역사』 제2기 작업을 진행하고 있다.

이러한 시민사회의 노력은 2006년 동북아역사재단이 설립되면서 민관협력으로 이어지고 있다. 이 역시 역사 갈등이라는 첨예한 문제에 대응하는 민과 관의 공동의 목표가 일치했기 때문에 가능했다. 21개국에서 약 5,000명이 참여했던 2007년 제1회 역사NGO 세계대회는 시민사회와 동북아역사재단이 공동주최했던 민관협력의 사례이다.9) 이 대회는 다양한 영역의 역사 갈등문제에 대해 어떻게 역사화해를 이끌어낼 것인지 그리고 우리 안에 내재된 걸림돌은 무엇인지를 본격적으로 토론한 장이었다. 이 같은 세계대회를 개최할 수 있었던 배경에는 동북아 공동의 위협요인을 인식하고 있었고, 한국의 역동성과 특수성이 작동했기 때문이다.

3. 동아시아 역사화해를 위한 제안

역사화해는 국가차원의 정치적 화해뿐만 아니라 국민과 국민 사이의 사회문화적

---

9) 2007 역사NGO 세계대회 조직위원회, 21세기 역사화해를 향한 시민사회의 역할, 행사자료집, 2007 참조.

화해 역시 중요하다. 사회문화적 화해를 위해 시급한 것은 한·중·일 3국의 시민사회의 불균형을 극복하는 것이다. 3국의 시민사회는 각기 다른 조건과 환경으로 균형적으로 발전하지 못했고 시민사회를 구성하고 있는 층이나 활동의 범위도 다르다.[10] 이러한 상황에서 3국의 시민사회의 효과적인 연대활동은 매우 중요한 의미가 있다. 그런 측면에서 2001년과 2005년 일본 역사교과서문제에 대해 국가 간 갈등관계를 이완시키고, 갈등보다는 협력이라는 측면에서 다양한 활동을 전개해온 한·중·일 3국의 시민사회의 역할은 지대한 것이었다. 필요한 경우 정부보다는 시민사회가 전면에 나서는 것이 정부간 긴장을 완화시킬 수 있고 화해를 조성하는 기반이 된다.

그렇다면 역사화해를 위해 어떤 내용이 강조되어야 할까? 그것은 시민들의 역사인식을 높이는 것이어야 한다. 현재 갈등이 증폭되는 것은 각국의 민족주의가 서로 충돌하고 있기 때문이다. 자국중심의 민족주의를 극복하고 함께 공존할 수 있는 길을 만들어가는 일은 역사교육 없이는 불가능하다. 그동안의 역사교육이 자국중심주의를 이데올로기적으로 학생들에게 주입시키는 교육이었다면, 앞으로 이루어질 역사교육은 평화교육의 측면에서 상호인식의 차이를 실제로 좁히고 상호 간의 이해를 증대시키는 교육이어야 한다. 그런 점에서 학교교육이나 사회교육 모두 머리와 지식이 아닌 몸으로 느끼는 프로그램, 역사와 문화를 접목하고 감성과 이성을 연결하는 방법론을 개발하고 적용하는 일이 필요하다.

---

10) 한·중·일 시민사회의 불균형성에 대한 내용은 이기호 외, 위의 글 참조.

동북아시아 갈등예방을 위한 시민협력

박정은 (참여연대 평화군축센터 팀장, jjepark@pspd.org)

1. '나'의 군사력은 '평화'를 위한 것이지만,
   '너'의 군사력은 '나'에게 위협이다.

최소한 근대국가 형성 이후 동북아 국가들은 평화적 수단을 통해 공존하는 것을 경험한 적도, 시도해 본 적도 없다. 그만큼 6자회담 틀에서 한반도와 동북아의 평화를 논의한다는 것은 지금껏 가보지 않은 새로운 길을 개척하는 험난한 일로써 공동의 노력과 새로운 상상력이 요구된다.

그러나 이러한 노력과 상상력을 가로막는 것은 다른 장에서 지적하고 있는 공동의 역사인식의 부재만이 아니다. 상호협력과 신뢰구축을 통해 평화롭게 공존하는 메커니즘을 창출하는데 가장 큰 걸림돌이 되는 것은 바로 군사력을 이용한 공포와 위협이 동북아를 지배하고 있고 이로써 위태로운 균형이 유지되고 있다는 것이다. '나'의 군사력은 '평화'를 위한 것이지만 상대의 군사력은 '나'에게 위협이라는 논리가 작동하여 군비경쟁의 악순환이 지속되고 있는 곳이 바로

동북아다.[1]

구체적인 현실은 '테러와의 전쟁'을 벌이고 있는 부시 행정부가 일본, 한국, 호주와의 군사동맹을 강화하고 인도와 전략적 관계 유지, 동아시아와 중앙아시아 주요 거점에 군사기지를 확보하는 것 등을 통해 중국을 포위하는 것으로 나타나고 있다. 이에 중국도 군사력 증강을 꾀하고 있고 이러한 중국의 군비증강은 일본의 군사력 확대의 근거가 되고 있다. 미국의 군사변환에 보조를 맞추고 있는 한국도 치열한 군비경쟁에 뛰어들었다. 군사력을 뒷받침할 경제력을 갖지 못한 북한은 핵무기와 미사일 개발을 선택하여 현격한 비대칭 상황을 돌파하고자 안간힘을 쓰고 있다. 그러나 북한의 이러한 행위는 또다시 미국과 일본의 미사일 방어(MD) 체제 구축을 가속화하고 한국의 군사력 증강의 명분이 되고 있다.[2]

---

[1] 다음과 같은 발언들은 이러한 인식과 논리들을 보여준다. "중국 군사력의 확대가 동아시아의 군사적 균형을 변화시키는 주요 요인이 되고 있다"(미 국방부, 2007. 5. '중국 군사력 연례 보고서'), "동아시아에서 중국을 억지하는 사명이 미국의 해공군 전력의 현대화를 추동하는 일차적인 동기로 작용하고 있다"(미 랜드연구소, 2007), "오늘날 중국의 군사적 위협은 전 세계의 일상 주제가 됐다. 2010년 상하이 엑스포가 끝나면 중국은 비평화적으로 부상할 수 있다. 대만이 완전히 중국 세력 아래에 들어가면 다음 차례는 일본이 될 것"(일본 자민당의 나가가와 쇼이치 정조회장, 2007. 2), "미국이야말로 세계 각지에 1,000여개의 군사기지를 보유한 세계 최대의 지주(地主), 군사비 지출도 투명하지 않다"(중국 신화통신, 2007. 3), "중국은 미국과 일본이 추진 중인 미사일방어 시스템(MD)에 당연히 관심이 많다. 다만 이 시스템이 아시아 평화를 깨지 않을까 우려된다. 미국이 중국의 군사력을 과대평가함으로써 중국 위협론을 불러일으키고 있다"(중국 인민해방군 총참모장, 2007. 6. 5), "우리의 핵무기는 어디까지나 자위적 핵 억제력으로 남아 있을 것이다. 오늘의 현실은 강력한 힘만이 정의를 지키고 진리를 고수할 수 있다는 것을 보여주고 있다(2005. 2. 북한 외무성). "우리의 미사일 개발과 시험, 생산 및 배비는 동북아시아 지역에서 힘의 균형을 보장하고 평화와 안정을 보장하는 주되는 요인이 되고 있다"(조선중앙통신, 2006. 7), "동북아시아에서 멈추지 않는 군비경쟁이 있기 때문에 우리도 구경만 하고 있을 수는 없다"(노무현 대통령, 2007. 5. 25 세종대왕함 진수식), "무장과 평화가 같이 있는 게 잘못이 아니다. 무장으로 평화가 깨지는 게 문제다. 안심할 수 없을지 모르는 평화를 위해서도 무장을 가질 수 있는 것이다"(노무현 대통령, 2007년 6월 22일 제주 평화포럼)

[2] SIPRI(2007년 군비 군축 및 국제안보 연감)에 따르면 동북아 지역은 세계 군사비 지출 총액의 65% 정도를 차지하고 군사비 증가율도 8% 이상에 달해 세계 평균 3-4%보다 훨씬 높다. 동북아

더욱이 동북아에는 해결되지 않은 일본 식민지 유산을 둘러싼 갈등, 양안 갈등, 역사왜곡, 영토분쟁 및 해양자원 개발 분쟁 가능성 등 여러 현안이 존재한다. 더불어 동북아 국가들의 국가주의, 군사주의 강화 움직임도 두드러지고 있다. 선군정치를 앞세우는 북한과 국가주도성이 확고한 중국, 특히 일본의 보통국가 논리는 국가주의 강화로 이어지고 있다. 일본의 움직임이 평화국가에서의 반동움직임이라면 평택폭력진압과 양심적 병역거부자에 대한 사회적 배제, 최근 국기에 대한 경례 시행령 조치 등에서 확인되는 한국의 국가주의, 군사주의는 이미 그 뿌리가 매우 깊다.

이러한 상황을 동북아 시민사회가 공동으로 대처하기에 각국의 시민사회는 균형 있게 발전하지 않았을 뿐만 아니라 국가와 민족의 경계에 갇혀 있는 경향이 매우 높다. 국가-비정부 기구 간의 파트너십 수준도 현격히 다를 수밖에 없다. 시민사회가 '국가'와 '민족주의'에 지배되고 있는 상황은 국경을 넘어서는 비정부 기구들의 협력관계를 어렵게 하는 요인이 되고 있다.

2. 동북아 평화연대를 위한 조건

이런 가운데 6자회담 참가국들은 "동북아시아의 항구적인 평화와 안정을 위해 공동 노력할 것을 공약하면서 직접 관련 당사국들은 적절한 별도 포럼에서 한반도의 영구적 평화체제에 관한 협상을 가질 것"이라고 합의하였다. 이에 따라 1996년 시작한 '4자회담'과 페리프로세스 종료 이후 다시 한반도 평화체제 구축을 위한 논의 틀이 마련되었다. 한반도 평화체제와 동북아 평화구축을 논의하는 메커니즘을 창출하기 위한 동북아 시민사회 차원의 공동의 전략과 행동의제를

국가들의 군비경쟁은 해공군뿐만 아니라 우주공간까지 확장되고 있다.

모으는 것은 더 이상 늦출 수 없는 과제가 되었다.

이는 단순히 정부 간 협상 틀인 6자회담을 기계적으로 지지, 지원하는 것을 의미하는 것이 아니다. 동북아 군비경쟁과 군사동맹 강화에 따른 신냉전 구도가 재연될 가능성이 크다는 점에서 시민사회는 대안적 동북아 평화질서를 구상하고 제시해야 한다. 대안적인 동북아 구상은 군사력으로 지속가능한 평화를 보장할 수 없으며, 국가 간 힘의 균형과 군사적 동맹에 근거한 '안보 패러다임'이 아니라 국가와 시민사회 간 상호의존과 협력에 근거한 '평화패러다임'이 필요하다는 생각을 그 축으로 하고 있다. 또한 한반도 정전체제 해소가 동북아 냉전 극복과 평화형성의 일부이자 중요한 경로라는 인식을 전제로 하고 있다. 이는 각국의 시민사회 운동이 자국의 지리적, 민족적 경계를 뛰어넘어 동북아 시민사회를 인식해야 한다는 것을 의미한다. 동북아 평화에 대한 독립적인 구상과 역할을 모색하고 국경을 넘는 시민사회운동 진영 간의 파트너십 확장은 한반도와 동북아 평화체제 실현을 위한 토대라고 할 수 있다.

이를 위해 한국 시민사회의 인식전환도 요구된다. 한반도문제는 역사적 특수성이 있지만 민족성에 기반을 둔 배타적인 인식이나 한반도에 공히 존재하는 국가와 사회의 폭력을 예외 없이 특수성만으로 설명하려는 것을 경계해야 한다. 통일, 민족문제로 포괄될 수 없는 다양한 문제들, 즉 반전반핵, 반군사주의, 반인종주의, 반가부장제, 인권, 여성, 생태와 같은 중요한 가치들이 존재하는 데 이러한 가치들과 충돌하거나 인식의 격차가 발생하는 것을 한반도의 특수성이라는 이유만으로 이해를 구하려고 해서는 안 된다.

다행스러운 것은 위협과 공포의 조작으로 유지되고 있는 군사절대주의에 도전하고 시민의 평화적 생존권을 중시하며 다양한 가치들을 수용하는 새로운 평화운동의 흐름이 대두하고 있다는 것이다. 이들은 일부 국가에 편중된 시민사회 교류를 폭넓게 다변화시키고 있을 뿐만 아니라 국가성격과 정체성을 '평화국가'로 변화시키기 위해 새로운 인식공동체를 형성하는 것을 매우 중요한 과제로 삼고 있다.

3. 무장갈등예방을 위한 글로벌 파트너십(GPPAC)

각국 시민사회의 국경을 넘는 평화연대의 대표적인 사례로 GPPAC(Global Partnership for the Prevention of Armed Conflict 무장갈등예방을 위한 글로벌 파트너십)의 활동을 들 수 있다. GPPAC은 갈등예방과 평화구축을 위해 노력하는 시민사회단체들의 국제 네트워크이다. 2001년 갈등예방에 대한 시민사회의 참여를 촉구하는 코피아난 당시 유엔 사무총장의 권고에 따라 조직된 GPPAC은 동북아를 포함하여 전 세계 15개 지역에 구성되어 있으며, 2005년 7월 유엔 회의에서 평화구축을 위한 지구적 의제를 채택한 바 있다. 지구적 행동의제에는 동북아 지역의 특수성이 반영되어 갈등예방을 위한 탈군사화, 군축과 무기통제 등이 포함되어 있으며 일본 평화헌법 9조 역시 비폭력적인 갈등해결과 지역의 신뢰구축과 안정을 위한 중요한 수단으로 인용되고 있다.[3]

이 중 GPPAC 동북아시아 네트워크는 베이징, 홍콩, 서울, 상하이, 타이페이, 도쿄, 교토, 울란바토르 그리고 블라디보스토크에서 활동하는 시민사회단체들로 구성되어 있어 있다. GPPAC 동북아는 2005년 동경에서 개최된 회의에서 당면한 한반도 핵위기와 미국의 군사패권에 주목하여 핵 갈등 해결과 동북아시아 비핵화의 실현, 군축과 동북아시아의 비무장 촉진, 동북아시아 평화를 위한 지역협력 강화, 갈등예방을 위한 비군사적, 비폭력적 개입, 평화교육을 통한 예방 문화의 촉진 등을 주요 행동의제로 채택하였다. 이에 따라 GPPAC 동북아는 2005년과 2006년 일본 평화헌법 9조 개악반대 공동행동, 일본역사왜곡 해결을 위한 국제연대 성명, 북한 핵실험에 대한 공동 입장 등을 발표하기도 하였다. 그리고 2006년 금강산에서 열린 GPPAC 동북아 지역회의에서는 민간 6자회담 개최, 일본

---

[3] 갈등에 대한 사후대응이 아닌 갈등예방을 강조하는 GPPAC은 대화와 중재, 평화교육, 조기경보와 조기대응 시스템, 시민사회와 지역 및 유엔기구와의 교류, 거버넌스와 민주화, 군축, 탈군사화 그리고 무기통제 등을 우선과제로 삼고 있다.

2007년 몽골에서 열린 GPPAC 동북아지역 회의(사진: 참여연대)

평화헌법 9조 국제 캠페인 동참, 9.17 북일 관계 정상화 촉구 캠페인, 동북아 비핵화 관련 연구 및 세미나 개최 등을 추진하기로 하였다.

몽골 울란바토르에서 열린 2007년 GPPAC 동북아 회의는 끝내 북한 측이 참석하지 못한 가운데 열렸지만, 동북아 평화체제 구축의 메커니즘으로서 6자회담을 지지하는 한편 북한의 핵개발뿐만 아니라 한국과 일본이 의존하고 있는 미국의 핵우산 역시 비핵지대화의 커다란 도전임을 확인하고 핵 공격과 핵무기의 이동과 배치 등을 근본적으로 불가능하게 하는 동북아비핵지대화로 나가야 한다는 공동의 입장을 발표하였다.[4] 그리고 2007년 6월에는 GPPAC 아시아-태

---

[4] 2007 GPPAC 동북아 지역회의(몽골 울란바토르) 요지는 "6자회담은 한반도 위기 해결뿐만 아니라 동북아 비핵지대화를 추구하는 이 지역의 평화프로세스로 발전되어야 함. 동북아 비핵지대화는 이 지역의 핵군축과 갈등예방을 촉진하는 구체적인 조치임. 이를 위해 일본과 한국에 대한 미국의 핵우산은 철거되어야 하며 핵국가들의 실질적인 군축과 안전보장조치가 이루어져야 함. 동북아 지역의 평화 프로세스는 군사안보문제를 넘어 환경 그리고 에너지와 같은 인간안보문제를 다루는 협력적 기구로 발전되어야 함"(http://eng.peoplepower21.org/article/article_view.

평양 지역포럼 (GPPAC Asia Pacific Inter-Regional Forum)에 17개 국가의 활동가들이 참가하여 지역 간 파트너십을 강화하고 2008년 5월 일본평화헌법 9조 지지를 위한 국제대회에서 차기 회의를 갖기로 하였다.5)

GPPAC 동북아 네트워크는 향후 동북아협력안보체를 형성하는데 시민사회가 수행해야 할 역할과 과제를 모색하는 중요한 틀이 될 것이다. 실제 GPPAC 동북아 네트워크는 지역의 시민사회가 주요 안보현안에 대해 협의하고 공동의 해결방안을 모색하는 등 다자주의를 실험하고 동북아 협력안보구상을 구체화하는 민간포럼의 성격을 갖고 있다. 또한 이들은 북일, 북미관계 정상화, 동북아 협력안보를 교량하고 촉매하는 역할을 자임하고 있다. 그러기 위해 GPPAC 회의에 북한의 대표가 참여하도록 하는 노력이 계속되어야 할 것으로 보인다.

4. 동북아 평화를 위한 주요의제

당면한 한반도와 동북아 정세에 대한 시민사회의 대응방향이자 GPPAC을 통한 평화연대 활동의 합의된 주요 의제는 다음과 같이 정리할 수 있다.

1) 동북아 비핵지대화

비핵지대는 △ 역내에선 어떠한 형태의 핵개발, 제조, 생산, 보유, 획득, 비축,

---

php?article_id=19961 참고) 몽골 GPPAC 회의에서는 엘바라데이 IAEA 사무총장이 핵 비확산체제의 위기를 극복하기 위해 "핵무기는 보편적으로 금지되어야 하는 것은 물론 도덕적으로 혐오스러운 대상이어야 하며, 그 자체로 무가치하다"는 성명을 낸 것에 대한 지지성명을 내기도 하였다 (http://eng.peoplepower21.org/article/article_view.php?article_id=19960 참고).

5) http://eng.peoplepower21.org/article/article_view.php?article_id=20041

운송(육로 및 내륙 수운을 통한)이 금지되며(핵무기 비개발 및 비확산) △ 역내 국가 및 지역에 대한 핵무기 사용 및 사용 위협을 금하고(소극적 안전보장, Negative Security Assurance(NSA)) △ 조약 이행 여부를 감시하기 위한 상설기구를 창설 등을 핵심내용으로 한다. 비핵지대는 핵무기만 존재하지 않는 것이 아니라 핵무기의 위협이나 핵무기 사용이 금지된 지역을 의미한다.

한반도 핵 갈등 해소가 동북아 평화군축으로 이어지기 위해서는 북한의 핵 포기뿐만 아니라 핵무기 사용가능성을 내포하고 있는 한국과 일본에 대한 미국의 핵우산도 폐기되어야 한다. 그리고 동북아가 비핵지대가 되기 위해서는 미국, 중국, 러시아의 핵 군축과 폐기가 이루어져야 한다. 물론 이미 핵확산금지조약(NPT) 조약에 따라 핵 국가들은 핵 군축과 폐기를 이행해야 하며, 비핵국가들에게 소극적 안전보장을 제공해야 하는 것이 마땅하지만, 현실은 그렇지 못한 것이 사실이다.

이에 한일 시민사회는 동북아 차원의 비핵지대를 지향하면서 우선 한반도와 일본 혹은 대만까지 포함하는 비핵지대를 이루고 주변의 핵 국가들의 핵 군축과 폐기를 요구해야 한다고 주장하고 있다. 동북아 핵 국가들의 핵 포기 가능성이 작다는 의견이 지배적이지만 동북아 비핵지대화는 이 지역의 긴장완화와 신뢰구축을 도모할 수 있는 매우 구체적인 조치이다. 비핵지대 창설조약에 따라 한국과 일본의 핵개발 여부를 검증할 수 있으며, 핵 국가들의 비핵국가들에 대한 구속력 있는 안전보장조치를 확보할 수 있다. 또한 조약이행문제를 다루는 협의기구에서 지역의 안보현안들도 협의하도록 하여 새로운 지역협력 기구의 창출을 꾀할 수도 있다.

이를 위해 한일 시민사회는 각국 정부에 핵물질 생산 및 이동 등을 금지하는 비핵지대 선언을 촉구하고, 지자체의 비핵평화도시 선언 및 평화조례 제정을 지원하는 활동을 할 필요가 있다. 미국, 중국, 러시아의 핵무기 감축 및 철폐를 촉구하며 핵관련 예산 삭감을 위해 관련 시민사회단체들과 공조해야 한다.

2) 동북아 군축과 군산복합체 감시운동

앞서 서술한 대로 지난 몇 년 동안 한미동맹, 미일동맹을 주축으로 하는 군비증강과 이에 대응하는 중국 측의 전력증강 움직임은 동북아를 최대 무기고로 만들고 있다. 이러한 추세라면 한반도 평화체제나 동북아 다자안보협력을 제도화하는 것은 요원할 수밖에 없다. 6자회담이 동북아 다자안보협력체로 발전할 수 있는 가능성이 있지만 비등해지고 있는 군사력 증강 움직임이 이 가능성을 좌초시키거나 실질적인 협력안보를 불가능하게 할 수 있기 때문이다. 또한 배타적이고 일방적인 동맹관계를 유지하면서 다자간협력안보를 추구하는 것도 양립하기 어렵다. 자국에 대한 방어를 이유로 꾀하는 군사력 증강이 상대국가에게는 위협이 되어 군비경쟁의 악순환을 낳는 안보딜레마가 한반도와 동북아 평화체제 구축에 커다란 걸림돌로 작용하는 것이다. 이러한 악순환을 끊는 길은 평화인권 외교를 원칙으로 한 균형 있는 대외관계를 추구하면서 능동적이고 주도적으로 군비통제를 실시하는 것이다. 치명적인 군비경쟁이 진행되고 있는 동북아에서 이것은 정치적 의지와 결단에 달려 있는 문제이다.

따라서 시민사회는 동북아 군비경쟁의 위험성을 경고하고 각국의 국방정책을 공동으로 모니터링 하는 한편 무기거래와 도입에 대한 감시활동을 폭넓게 전개할 필요가 있다. 일각의 지적처럼 군축이 세계적 군산복합체와 이에 부응하는 세력들 때문에 더 어려울 수 있다는 점에서 이들 군산복합체에 대한 감시활동을 본격화해야 한다.

3) 제주도를 동북아 평화의 거점으로

제주 군사기지 건설은 동북아 군비경쟁에 한국이 가세하고 있으며, 한국이 동북아 국가들과 어떤 관계를 지향하는지를 보여주는 상징적 사례라고 할 수 있다.

하지만 역사적으로 중국과 일본이 군사적 패권확장을 위해 전략기지로 이용했던 제주도는 20세기 이념갈등과 전쟁, 대량학살의 상처를 고스란히 안고 있는 곳이다. 이러한 고통의 기억을 승화시켜 동북아 평화, 인권, 연대의 거점으로 자리매김할 수 있는 상징적인 지역이기도 하다.

그러나 정부는 제주를 평화의 섬으로 선포하고도 "군사력 없이 평화는 없다"며 남방 해양수송로 보호를 명분으로 해군기지 건설을 강행하고 있다. 제주에 기지가 세워지지 않으면 안 될 만큼 긴박하거나 잠재적인 위협이 존재하는 것도 아니다. 도리어 '대양해군'을 앞세워 해군기지가 건설되면 제주는 군사기지화 될 가능성이 농후하며, 남방지역에 벌어지고 있는 중국과 일본 사이의 치열한 각축전에 휩쓸리거나 미국의 해상공동훈련과 작전활동에 이용될 가능성도 크다. 이는 곧 제주도가 중국을 견제하는 군사동맹의 보루가 된다는 의미이자 제주 남방지역문제에 한국 정부가 개입할 수 있음을 보여주는 것으로 불필요한 군사적 긴장을 불러올 수 있다. 무장으로 평화를 해치는 경우가 될 수 있는 것이다.

오히려 제주도를 평화의 섬으로 온존시켜 비무장 지대로 남기는 것이 동북아 국가들에게 던지는 함의가 크다. 제주도는 이미 세계와 동북아 그리고 한반도의 평화를 논하는 상징적인 섬으로 자리 잡고 있다. 희생의 역사와 상처를 안고 있으면서 일본 미군기지의 대부분이 몰려있는 오키나와도 마찬가지이다. 따라서 제주도와 오키나와가 동북아 평화지대, 평화의 섬으로 자리매김하도록 하기 위한 시민사회의 노력이 요구된다. 제주 해군기지 건설을 막아내는 한편 대만해협의 군사적 긴장완화와 오키나와의 군사기지 철폐를 위한 운동도 함께 연대해야 할 것이다.

4) 일본 헌법 9조 개정 저지

일본 헌법 9조는 분쟁해결 수단으로서 전쟁을 영구히 포기하고 군대도 보유하지 않겠다는 내용을 담고 있다. 교전권과 군대보유를 금함으로써 침략전쟁뿐만 아니라 군사력을 이용한 분쟁개입 가능성을 원천적으로 차단하겠다는 것이다. 이 조항은 더 이상 일본의 무력침공으로 고통받는 일도, 일본군의 해외활동으로 다른 나라를 자극하는 일이 없을 것이라는 아시아 국가들에 대한 일본의 약속이라고 할 수 있다. 이에 헌법 9조는 일본의 군사적 팽창을 막고 이를 통해 동북아 지역의 군사적 대립이 급격히 악화되는 것을 그나마 완화시킬 수 있었던 요인 중 하나였다.

그러나 최근 몇 년 동안 일본은 헌법 9조 개정을 시도해왔다. 이 움직임은 방위청의 방위성 격상과 애국심 고취를 위한 교육기본법 개정과 깊이 연계되어 있다. 평화헌법에 따라 1991년 걸프전 당시 재정지원에 그쳤던 일본이 1997년 미일 방위 가이드라인을 새로 작성하고 미일동맹을 한층 강화하면서 급기야 미국의 이라크 침공을 지원하기 위해 자위대를 파병했던 것도 헌법 9조 개정 의도와 맞물려 있다. 일본은 '보통국가화'라고 하지만 헌법 9조를 개정하려는 일련의 시도는 동북아의 군사적 긴장과 갈등을 초래하는 새로운 요인이 되고 있다.

헌법 9조는 일본만이 아니라 모든 국가들이 지켜야 할 보편적 가치이자 원칙이다. 9조가 함축하고 있는 의미는 전쟁이나 군사적 동원을 분쟁해결의 수단으로 삼지 않고 군사력에 쓰이는 자원을 평화와 인권, 지속가능한 개발 등에 사용하자는 것으로 동북아와 세계 평화를 만들어가는 기본 원리를 담고 있다고 할 수 있다. 따라서 동북아 시민사회는 일본 내 호헌운동을 강력히 지지하는 한편, 각국의 헌법이 9조와 같은 평화적 소망을 담도록 하고 헌법의 평화주의를 정부가 준수하고 이행할 것을 촉구하는 활동들이 필요하다.

평화 감수성과 일상에서의 평화

주진우 (평화박물관건립추진위원회 기획실장, neruda1126@hanmail.net)

1. 평화에 대한 감수성

2007년은 10.4 남북공동선언과 10.3 6자회담 합의로 한반도와 동아시아의 정세가 어느 때보다 화창해졌다. 긴장의 연속이었던 지난 몇 년 동안의 불안감이 일순 희망과 기대로 뒤바뀌고 있다. 최근 이라크파병에서부터 북핵 위기, 김선일씨 피살, 아프가니스탄 피랍사건 등 심상치 않은 사건들이 줄을 이었던 것을 떠올려보면 지금은 그야말로 태풍이 빠져나간 고요한 아침과도 같다.

하지만 불안감은 좀처럼 사라지지 않는다. 이번 남북공동선언에서 합의한 한반도 평화체제의 안착까지는 아직도 갈 길이 멀고, 미국과 북한, 일본을 포함한 주변국의 여러 정치적 이해관계로 화해무드로 가고 있는 현재의 상황이 또 언제 요동칠지 알 수 없기 때문만은 아니다. 평화를 만들기 위한 근본적인 토대들이 변화하고 있는가라는 물음에 그렇다고 대답할 자신이 없기 때문이다.

근본적인 토대라면 꼭 정치·사회적 조건만을 의미하지는 않는다. 정치적인 조건이야 시간과 공간에 따라 얼마든지 변해왔고, 평화조약을 맺었다가도 또 아무렇지도 않게 야만의 전쟁을 일으켜온 것이 인간 역사이기 때문이다.

역시 중요한 것은 사람이 변하고 있는가 하는 점일 것이다. 이런 점에서는 여전히 갈 길이 멀다고 해야 할 것이다. 남북의 화해와 협력에 지지를 보내면서도 이 과정을 통해서 좀 더 '힘이 더 세진' 나라를 만들어갈 수 있다는 기대가 저변에 깔려 있다던가, 남북의 평화에 적극적인 정부가 이라크파병을 연장한다든가, 전쟁으로 피폐해진 다른 나라 사람들의 고통에 대해서는 무관심하다던가, 국내에 들어와 있는 이주노동자와 그 가족에 대해 배타성을 숨기지 않는 일들이 여전히 공존하고 있기 때문이다.

바로 이런 현실 때문에라도 평화에 대한 감수성은 매우 중요하다. 감수성에 주목한다는 것은, 좀 더 '문화적'인 방식, 즉 '부드러운'인 방식으로 접근해서 평화운동의 대중화를 기하자는 접근과는 구별된다. 평화에 대한 감수성이라면 그것은 무엇보다 자기가 아닌 것들이 내는 (고통과 슬픔의) 소리를 들을 수 있는 능력이다.[1] 또한 어떤 반평화적인 정책에 대한 입장을 세우는 데 그치는 것이 아니라, 평화의 문제를 우리의 일상적 삶의 변화로, 궁극적으로는 '몸'의 변화로 접근하는 것이다. "몸의 변화 없는 의식의 변화는 언제든지 '변절'이 가능"[2]하기 때문이다. 삶의 철학, 혹은 태도의 근본적인 변화와 그 정치로서의 평화 운동을 '상상'해보자는 것이다.

평화박물관건립추진위원회의 활동은 우리 사회가 전쟁과 폭력, 차별과 배제로부터 평화와 이해, 사회적 정의와 인권의 존중으로 나아가야 한다는 평화운동의 가치를 그 기반으로 하되, 전시를 비롯한 문화, 예술적 방식을 통한 평화감수성의 소통을 자신의 주요한 과제로 삼고 있다. 하지만 너무나 당연하게도 우리가

---

1) 서경식은 "현대인에게 요구되는 교양이란 한마디로 타자에 대한 상상력"이라고 말했다(서경식, 『시대를 건너는 법』, 2007. 한겨레출판).
2) 정희진, 『페미니즘의 도전』, 교양인, 2005.

이러한 과제를 현재 온전히 감당하고 있는 것은 아니다. 지금으로선 미명 속에서 촉수를 이리저리 돌려 보고 있는 정도이다. 여기에서는 이러한 시도 가운데 전시 공간의 운영과 어린이 평화책 전시회 등을 중심으로 고민을 나눠보려 한다.

2. 전시와 함께 한 평화 돌아보기

평화박물관건립추진위원회는 2006년 5월 전시 공간인 '평화공간 SPACE* PEACE'를 정식으로 개관한 뒤 평화와 인권과 관련된 일련의 전시회를 열어왔다. '건물'로서의 박물관이 아니라, 감수성 소통의 '내용'으로서의 평화박물관을 준비하기 위해서였다. 또한 박제된 과거 유물을 전시하는 '죽어있는 공간'으로서의 박물관이 아니라, 살아있는 현재의 소통을 욕망했기 때문이었다. 물론 여기에는 기억투쟁, 즉 폭력수행자로서의 국가와 지배 집단으로부터 강제되고 왜곡된 과거의 사건이나 의식 때문에 고통을 당했던 사람들의 입장에서 재규정하려는 노력도 포함되어 있다.

2006년에는 당시의 현실을 반영한 전시회가 주로 열렸다. 〈안녕, 국가보안법〉展은 남북 화해와 협력의 시대에도 여전히 건재한 국가보안법 폐지를 공론화하기 위해 기획한 전시회이다. 금서, 만화, 연루된 사람들, 역사라는 4개의 소재를 바탕으로 '감옥에 갇힌 금서들의 이야기', '시사만화, 국가보안법을 꼬집다', '100개의 얼굴, 100개의 망가', '할퀸 흔적, 오래된 현재' 4개의 연작 전시회를 열었다. 정치적 공방으로서의 국가보안법에서 평범한 사람들의 일상의 삶을 일그러뜨리는 폭력으로서의 접근을 시도했다.

미군기지 공여를 위해 국가폭력에 의해 자신의 오랜 삶터를 빼앗긴 평택 대추리 주민들의 이야기인 〈평택, 들이 운다〉展과 〈조국의 산하〉展도 열렸다.

대추리 투쟁 기간 동안 주민들과 함께 현장에서 예술운동을 하던 작가의 작품들이 전시장에 걸렸다. 여러 작가가 모판에 그린 대추리 주민들의 얼굴들은 이 사건이 무엇보다 삶의 터전을 뿌리째 뽑아 버린 국가 폭력이란 사실을 절절하게 증언한다. '이라크 전쟁'의 현장과 '평택 대추리 사람들'이 남긴 흔적들을 통해 사람들의 일상을 파괴하고 삶의 뿌리를 잘라내는 전쟁과 국가폭력의 문제를 아프게 성찰하는 이종구 선생의 〈두개의 방: 대추리_바그다드〉展도 열렸다.

그 밖에도 군부독재의 폭정을 피해서 태국의 정글 속으로 이주해온 버마 난민촌의 모습과 아이들의 그림과 글을 전시한 〈버마, 희망을 말하다〉展, 일본 원폭 피해 2세로, 한국인 원폭 피해자 문제의 공론화와 사회적 대응을 촉구하는 활동을 활발히 전개하다 2005년에 사망한 김형률 씨를 조명한 〈고 김형률 1주기 추모전〉, 일제 때 징용으로 끌려갔다가 살아온 땅에서 쫓겨날 운명에 처한 일본 내 조선인 마을 우토로 마을을 다룬 〈우토로 사진전〉, 동남아에서 국제결혼으로 이주한 동남아 여성들을 대하는 한국사회의 천박성과 폭력적 배타성을 다룬 〈미세스 사이공〉展 등이 열렸다.

2007년 들어서도 〈전.쟁.표.면.〉展과 〈나지 알 알리〉展 등이 이어졌다. 〈전.쟁.표.면.〉展은 실크로드를 따라 형성된 문명의 배후에 깔린 파괴와 약탈의 흔적에서부터 6.25전쟁 당시 학살된 무고한 양민의 유해 발굴현장, 5.18 민주항쟁 희생자들의 일그러진 영정, 민족 갈등으로 전장이 되어버린 동구의 모습에 이르기까지 "각기 상이한 방식으로 역사의 결에 스며있는 폭력의 상처를 드러내는"[3] 이상엽, 이성은, 노순택, 성남훈 4인의 사진전이다.[4]

20년 전에 암살당한 팔레스타인 카투니스트 나지 알 알리의 작품을 조명한 〈팔레스타인의 양심, 나지 알 알리〉展은 아프가니스탄 한국인 인질 피랍 사건을

---

3) 박평종, 〈속죄의 윤리〉, '전.쟁.표.면.'전시 총론, 2007.5
4) 4인의 사진전의 작가별 부제는 Made in Man(성남훈) 고대 전쟁의 흔적, 생태 혹은 문명 사이에서(이상엽) 경산 코발트 폐광 대원골 유해 발굴 현장 2005(이성은), 망각 기계(노순택)이다.

계기로 파병이나 선교, 상품팔기, 혹은 무관심으로 첫 관계를 맺고 있는 아랍권을 제대로 이해하고, 바른 관계 맺기를 고민해보자는 취지로 준비되었다. 특히 팔레스타인의 비극과 그 땅에 사는 사람들의 고통과 눈물, 희망을 향해 온몸을 던지는 투쟁을 고스란히 몸에 새겼던 그의 카툰들은 그 자체가 하나의 숭고한 삶의 철학으로 서늘한 성찰을 가져다주었다.

전시에 따라서 사람들이 많은 관심을 보이는 전시도 있었고 그렇지 못한 전시도 있었다. 하지만 전시공간을 찾은 사람들이 작가의 예민한 감수성이 포착한 '타자'의 아픔에 공감하거나 등골이 오싹해지는 서늘함을 느끼면서 삶의 태도로서의 평화를 상상하는 계기를 마련하지 않았을까.

2007년 들어서서는 전시와 함께 관람객과 소통하는 프로그램도 강화되었다. '작가와의 대화'나 해당 문제와 관련된 활동가나 전문가와 함께하는 강연 등 작가의 작품세계나 역사적, 사회적 배경을 보다 잘 이해하기 위한 프로그램도 진행되었고, 초·중·고등학교의 학생활동과 연계하여 전시작품을 감상하고 감상 느낌을 나누는 시간도 전시마다 이루어졌다. 〈전쟁표면〉展의 경우 한 고등학교의 서클이 참석하여, '전쟁은 불가피한가'라는 주제로 작품을 보고 찬반토론이 벌어지기도 했다.

3. 어린이 평화책 순회 전시회

전시공간에서의 전시는 전시 기획과 작품에 따라서 좀 더 높은 수준의 감수성의 소통이 이루어지는 것도 있고, 그렇지 못한 것도 있다. 하지만 어느 경우이거나 그것은 제한적인 것이 사실이다. 이러한 공간과 작품을 접하려면 '소문'을 듣고, 서울 시내이긴 하지만 후미진 골목길을 찾아 들어와야 하기 때문이다. 장기적으로는 이처럼 평화 감수성을 나누는 공간들이 전국 각지의 작은 지역과 마을에 많이 생기는 것이 대안일 것이다.

우리의 고민은 그런 조건이 아직 만들어지지 않은 상태에서 어떻게 하면 사람들의 일상적인 삶의 공간에서 소통할 수 있을까 하는 점이었다. 그렇게 해서 준비된 것이 "어린이 평화책 순회전시회"이다. 어린이와 평화 그리고 책은 나름 매력적인 조합이라 생각했다. 몸의 문화가 형성되기 시작하는 어린이들과 함께하는 평화의 소통은 매우 중요하다고 판단했고, 어린이 도서관 운동이 활발해지고 있는 조건과 결합해 '책을 매개로 하는 평화이야기'로서 평화책 전시회가 준비된 것이다.

2006년에는 "모르는 척 하지마"란 이름으로 수도권 5개 어린이도서관과 함께 했고, 2007년에는 "우리 얘길 들려줄게"란 이름으로 전국 20개 어린이도서관과 문화공간 등에서 진행하고 있다. 두 해째를 맞이하면서 평화책으로 선정된 책도 좀 더 알차졌고, 규모도 전국으로 확대되었다. 아이들과 함께하는 참여프로그램도 풍성해졌다.

우선 평화책은 동화작가, 현장 교사, 어린이도서관 담당자와 평화활동가들이 포함된 선정위원회에서 매년 100종씩 선정했다.[5] 2006년에는 전쟁의 비참함과 평화의 필요성을 중심으로 선정되었다면 2007년에는 한국을 포함해 세계에서 벌어지는 전쟁으로 고통받는 사람들의 이야기뿐만 아니라 이주노동자, 비정규노동자, 장애인, 아동인권, 미혼모 가정의 아이들 등을 다룬 책들 그리고 학교폭력과 왕따 문제를 다룬 책들로 확대되었다. 무엇보다 아이들이 자기 생활 속에서 자기와 다른 것들이 내는 목소리에 귀 기울일 수 있도록 울림이 있는 책들, 어른들이 정해놓은 고정관념을 다르게 생각해보는 상상력이 담긴 책들을 선정하려고 노력했다.

---

[5] 2007년 기준으로 선정위원은 김중미, 이현(이상 동화작가), 배성호(서울당산초등학교 교사), 이재란(어린이책 문화활동가), 임영신(평화활동가), 정지영(서울혜화초등학교 사서교사), 최지혜(부평기적의도서관 관장), 윤석연, 주진우(이상 평화박물관건립추진위원회) 9명이다.

2007 어린이 평화책 순회 전시회 "우리 얘길 들려줄게" (2007. 8. 8.~10. 31.)

　책을 읽고 "평화는 신발이 없는 친구에게 신발을 빌려주는 거예요"라던가 "평화는 모자이크다"라고 적은 아이들의 평화의 메시지는 그래서 소중하다. 아이들뿐 아니라, 아이 손을 잡고 함께 책을 읽게 되는 부모들에게도 이런 기회는 마찬가지로 소중하다. "어린이 평화책 전시회를 보았습니다. 『도토리의 집』이라는 만화책이 있었습니다. 장애아동에 관한 이야기였습니다. 감동과 감사, 배려와 열정, 함께 사는 방법에 대해 생각하게 되었습니다. 딸아이와 같은 반 지체장애 친구 이야기를 나누었습니다. 읽고 나면 왜 이 책이 전쟁에 관한 이야기가 아닌데 평화책 전시회에 있었는지 알게 된답니다. 전쟁이 없는 상태만이 평화가 아닌 것을 새삼 깨닫습니다."(cafe.daum.net/ipssak) 전시회에 갔다 온 한 어머니가 인터넷 카페에 올린 글이다.

2007년에는 책 전시와 함께, 아이들이 좀 더 흥미를 가지고 전시회에 접근할 수 있는 전시물이 추가되었다. "열어 보렴"이라는 제목이 붙은 36개의 서랍장이다. 서랍장 안에는 안대나 귀마개, 점자로 된 평화책 문구들, 씨앗이 담긴 병, 거울, 평화를 위해 작은 보탬이 될 수 있는 단체의 인터넷 사이트 주소들, 히로시마 원폭투하 때 타버린 아이 자전거 전시 사진 등 평화나 평화책 관련된 소품들이 들어가 있다. 아이들은 서랍장을 열어 만져보고 체험하며 평화에 대한 작은 상상들을 할 수 있다.

전시만 진행되는 것은 아니다. 도서관에서 주관하는 다양한 어린이 참여프로그램은 평화에 대한 생각들을 서로 나눠보고 심화시킬 수 있도록 짜여졌다. 공통프로그램으로는 타일에 평화 느낌 그리기를 했고, 그 밖에도 영상슬라이드로 책 읽어주기, 평화 메시지 만들기, 평화 놀이, 평화다짐 선언 등 책 전시를 매개로 자신들이 생각하는 평화의 느낌을 나누고, 자기 생활에서 평화적 삶을 살기 위한 작은 실천들을 찾아보는 프로그램을 진행했다.

어린이 평화책 전시회는 도서관들 사이에서는 제법 인기가 있어서 20개 공간 이외에도 초등학교와 어린이도서관 시민단체 등에서 전시 참여 문의가 많았고, 10여 군데에는 평화책을 대여해주었다. 순회전시회가 끝나는 11월에는 일반 미술관(경기도 미술관)에도 초청을 받은 상태이다.

4. 일상적 삶의 공간과 만나는 평화를 위하여

앞서도 언급한 대로 우리는 지금 평화감수성 소통의 초보적인 시도를 하고 있다. 보통사람들의 일상적 삶의 공간으로 찾아가는 방법이 절실하게 요구된다. 진행되었던 전시와 전시프로그램을 통해 과연 어떤 소통이 이루어졌는지도 엄중하게 평가하고 소통의 질을 높이는 것도 중요하다.

앞으로도 전시공간에서 열리는 전시는 계속될 것이다. 이러한 전시에는 좀 더 농도 짙은 소통이 가능하도록 기획과정을 충실히 하고, 특히 반전을 넘어서는 일상 속에서의 평화와 관련된 주제에 집중할 계획이다. 여성, 비정규직, 이주노동자, 장애인 등 우리 사회의 소수자나 사회적 약자의 목소리와 평화와의 관계를 진지하게 묻는 기획 등이 필요하다고 보고 있다.

전시와 연관된 프로그램을 충실하게 기획하는 것도 중요하다. 특히 감상을 통해 얻은 감동과 성찰을 구체화하고 남들과 나누는 자리로서 참여프로그램의 의의는 막중하다고 생각한다. 이러한 과정에서 예술가나 문화활동가와의 교류와 네트워크 구축도 절실하다. 작품을 생산하는 사람의 의식이나 감수성을 제대로 흡수하는 것이야말로 좋은 소통을 담보할 것이기 때문이다.

하지만 무엇보다 가장 집중해야 할 주제는 역시 사람들의 일상적 삶의 공간과 함께하는 것이다. 어린이 평화책 전시회도 더욱 충실하게, 지속적으로 진행해나갈 예정이고, 마을 단위의 삶의 공간에서 주민들과 호흡하면서 평화를 찾는 이른바 공공미술, 혹은 공동체 미술과의 협력도 강화해나갈 것이다.

어린이 평화책 전시회에 선정된 책 가운데 『힘센 사람이 이기는 건 이제 끝』, 『평화는 힘이 세다』와 같은 제목의 책들이 포함되어 있다. 책 내용이야 썩 괜찮았지만, 이 제목들은 사실, 모순적이다. 힘 약한 사람이 '이기는' 것이 평화운동인가, 힘이 세지는 것이 평화인가, 사실은 반대이다. 이기는 것, 힘센 것 자체를 의문시하는 것이 평화운동 아닌가 하는 자각은 참으로 괴로운 일이다.

어떤 도서관에서 평화엽서 띄우기 행사를 했는데, 마침 그 대상이 이라크에 파병되어 있는 자이툰 부대 아저씨들이었다. 아이들이 엽서에 쓴 글들은 국군 아저씨 멀리서 우리나라를 지키기 위해서 애써주셔서 감사합니다, 뭐 대충 이런 공식을 따른 것이 많았다. 하지만 씁쓸하더라도 이런 과정을 피해갈 수는 없다고 생각한다.

평화 감수성의 소통 과정에서는 이처럼 현실과 만나서 고통과 좌절을 겪는다.

하지만 아이의 일생 중 어떤 한순간에 그때 보았던 책의 한 문구나 그림의 한 장면이 가슴에 남아 뭔가 그의 몸에 충격을 주고 그것이 그의 인생에 한 화두가 되었으면 좋겠다는 바람을 갖는다. 이것이 우리가 품은 소박하지만 엄청난 희망이다.

부록 1
주요 선언문, 합의문

부록 1. 주요 합의 및 선언 – 6자회담 공동성명 (1)

제4차 6자회담 공동성명

(2005. 9. 19, 베이징)

　제4차 6자회담이 베이징에서 중화인민공화국, 조선민주주의인민공화국, 일본, 대한민국, 러시아연방, 미합중국이 참석한 가운데 2005년 7월 26일부터 8월 7일까지 그리고 9월 13일부터 19일까지 개최되었다.

　우다웨이 중화인민공화국 외교부 부부장, 김계관 조선민주주의인민공화국 외무성 부상, 사사에 켄이치로 일본 외무성 아시아대양주 국장, 송민순 대한민국 외교통상부 차관보, 알렉세예프 러시아 외무부 차관 그리고 크리스토퍼 힐 미합중국 국무부 동아태 차관보가 각 대표단의 수석대표로 동 회담에 참석하였다.

　우다웨이 부부장은 동 회담의 의장을 맡았다.

　한반도와 동북아시아 전반의 평화와 안정이라는 대의를 위해, 6자는 상호 존중과 평등의 정신하에, 지난 3회에 걸친 회담에서 이루어진 공동의 이해를 기반으로, 한반도의 비핵화에 대해 진지하면서도 실질적인 회담을 가졌으며, 이러한 맥락에서 다음과 같이 합의하였다.

1. 6자는 6자회담의 목표가 한반도의 검증가능한 비핵화를 평화적인 방법으로 달성하는 것임을 만장일치로 재확인하였다.

　조선민주주의인민공화국은 모든 핵무기와 현존하는 핵 계획을 포기할 것과, 조속한 시일 내에 핵확산금지조약(NPT)과 국제원자력기구(IAEA)의 안전조치에 복귀할 것을 공약하였다.

미합중국은 한반도에 핵무기를 갖고 있지 않으며, 핵무기 또는 재래식 무기로 조선민주주의인민공화국을 공격 또는 침공할 의사가 없다는 것을 확인하였다.

대한민국은 자국 영토 내에 핵무기가 존재하지 않는다는 것을 확인하면서, 1992년도 「한반도의 비핵화에 관한 남·북 공동선언」에 따라, 핵무기를 접수 또는 배비하지 않겠다는 공약을 재확인하였다.

1992년도 「한반도의 비핵화에 관한 남·북 공동선언」은 준수, 이행되어야 한다.

조선민주주의인민공화국은 핵에너지의 평화적 이용에 관한 권리를 가지고 있다고 밝혔다. 여타 당사국들은 이에 대한 존중을 표명하였고, 적절한 시기에 조선민주주의인민공화국에 대한 경수로 제공 문제에 대해 논의하는데 동의하였다.

2. 6자는 상호 관계에 있어 국제연합헌장의 목적과 원칙 및 국제관계에서 인정된 규범을 준수할 것을 약속하였다.

조선민주주의인민공화국과 미합중국은 상호 주권을 존중하고, 평화적으로 공존하며, 각자의 정책에 따라 관계정상화를 위한 조치를 취할 것을 약속하였다.

조선민주주의인민공화국과 일본은 평양선언에 따라, 불행했던 과거와 현안사항의 해결을 기초로 하여 관계 정상화를 위한 조치를 취할 것을 약속하였다.

3. 6자는 에너지, 교역 및 투자 분야에서의 경제협력을 양자 및 다자적으로 증진시킬 것을 약속하였다.

중화인민공화국, 일본, 대한민국, 러시아연방 및 미합중국은 조선민주주의인민공화국에 대해 에너지 지원을 제공할 용의를 표명하였다.

대한민국은 조선민주주의인민공화국에 대한 2백만 킬로와트의 전력공급에 관한 2005.7.12자 제안을 재확인하였다.

4. 6자는 동북아시아의 항구적인 평화와 안정을 위해 공동 노력할 것을 공약하였다.

직접 관련 당사국들은 적절한 별도 포럼에서 한반도의 항구적 평화체제에 관한 협상을 가질 것이다.

6자는 동북아시아에서의 안보협력 증진을 위한 방안과 수단을 모색하기로 합의하였다.

5. 6자는 '공약 대 공약', '행동 대 행동' 원칙에 입각하여 단계적 방식으로 상기 합의의 이행을 위해 상호조율된 조치를 취할 것을 합의하였다.

6. 6자는 제5차 6자회담을 11월 초 북경에서 협의를 통해 결정되는 일자에 개최하기로 합의하였다.

Joint Statement of the Fourth Round of the Six-Party Talks

(Beijing, 19 September, 2005)

The Fourth Round of the Six-Party Talks was held in Beijing, China among the People's Republic of China, the Democratic People's Republic of Korea, Japan, the Republic of Korea, the Russian Federation, and the United States of America from July 26th to August 7th, and from September 13th to 19th, 2005.

Mr. Wu Dawei, Vice Minister of Foreign Affairs of the PRC, Mr. Kim Gye Gwan, Vice Minister of Foreign Affairs of the DPRK; Mr. Kenichiro Sasae, Director-General for Asian and Oceanian Affairs, Ministry of Foreign Affairs of Japan; Mr. Song Min-soon, Deputy Minister of Foreign Affairs and Trade of the ROK; Mr. Alexandr Alekseyev, Deputy Minister of Foreign Affairs of the Russian Federation; and Mr. Christopher Hill, Assistant Secretary of State for East Asian and Pacific Affairs of the United States attended the talks as heads of their respective delegations.

Vice Foreign Minister Wu Dawei chaired the talks.

For the cause of peace and stability on the Korean Peninsula and in Northeast Asia at large, the Six Parties held, in the spirit of mutual respect and equality, serious and practical talks concerning the denuclearization of the Korean Peninsula on the basis of the common understanding of the previous three rounds of talks, and agreed, in this context, to the following:

1. The Six Parties unanimously reaffirmed that the goal of the Six-Party Talks is the verifiable denuclearization of the Korean Peninsula in a peaceful manner.

The DPRK committed to abandoning all nuclear weapons and existing nuclear programs and returning, at an early date, to the Treaty on the Non-Proliferation of Nuclear Weapons and to IAEA safeguards.

The United States affirmed that it has no nuclear weapons on the Korean Peninsula and has no intention to attack or invade the DPRK with nuclear or conventional weapons.

The ROK reaffirmed its commitment not to receive or deploy nuclear weapons in accordance with the 1992 Joint Declaration of the Denuclearization of the Korean Peninsula, while affirming that there exist no nuclear weapons within its territory.

The 1992 Joint Declaration of the Denuclearization of the Korean Peninsula should be observed and implemented.

The DPRK stated that it has the right to peaceful uses of nuclear energy. The other parties expressed their respect and agreed to discuss, at an appropriate time, the subject of the provision of light water reactor to the DPRK.

2. The Six Parties undertook, in their relations, to abide by the purposes and principles of the Charter of the United Nations and recognized norms of international relations.

The DPRK and the United States undertook to respect each other's sovereignty, exist peacefully together, and take steps to normalize their relations subject to their respective bilateral policies.

The DPRK and Japan undertook to take steps to normalize their relations in accordance with the Pyongyang Declaration, on the basis of the settlement of unfortunate past and the outstanding issues of concern.

3. The Six Parties undertook to promote economic cooperation in the fields of energy, trade and investment, bilaterally and/or multilaterally.

China, Japan, ROK, Russia and the US stated their willingness to provide energy assistance to the DPRK.

The ROK reaffirmed its proposal of July 12th 2005 concerning the provision of 2 million kilowatts of electric power to the DPRK.

4. The Six Parties committed to joint efforts for lasting peace and stability in Northeast Asia.

The directly related parties will negotiate a permanent peace regime on the Korean Peninsula at an appropriate separate forum.

The Six Parties agreed to explore ways and means for promoting security cooperation in Northeast Asia.

5. The Six Parties agreed to take coordinated steps to implement the afore-mentioned consensus in a phased manner in line with the principle of "commitment for commitment, action for action".

6. The Six Parties agreed to hold the Fifth Round of the Six-Party Talks in Beijing in early November 2005 at a date to be determined through consultations.

부록 1. 주요 합의 및 선언 – 6자회담 공동성명 (2)

9.19 공동성명 이행을 위한 초기조치(전문)

(2007. 2. 13. 베이징)

제5차 6자회담 3단계회의가 베이징에서 중화인민공화국, 조선민주주의인민공화국, 일본, 대한민국, 러시아연방, 미합중국이 참석한 가운데, 2007년 2월 8일부터 13일까지 개최되었다.

우다웨이 중화인민공화국 외교부 부부장, 김계관 조선민주주의인민공화국 외무성 부상, 사사에 켄이치로 일본 외무성 아시아대양주 국장, 천영우 대한민국 외교통상부 한반도평화교섭본부장, 알렉산더 로슈코프 러시아 외무부 차관 그리고 크리스토퍼 힐 미합중국 국무부 동아태 차관보가 각 대표단의 수석대표로 동 회담에 참석하였다.

I. 참가국들은 2005년 9월 19일 공동성명의 이행을 위해 초기단계에서 각국이 취해야 할 조치에 관하여 진지하고 생산적인 협의를 하였다. 참가국들은 한반도 비핵화를 조기에 평화적으로 달성하기 위한 공동의 목표와 의지를 재확인하였으며, 공동성명상의 공약을 성실히 이행할 것이라는 점을 재확인하였다. 참가국들은 '행동 대 행동'의 원칙에 따라 단계적으로 공동성명을 이행하기 위해 상호 조율된 조치를 취하기로 합의하였다.

II. 참가국들은 초기단계에서 다음과 같은 조치를 병렬적으로 취하기로 합의하였다.

1. 조선민주주의인민공화국은 궁극적인 포기를 목적으로 재처리 시설을 포함한 영변 핵시설을 폐쇄·봉인하고 IAEA와의 합의에 따라 모든 필요한 감시 및 검증 활동을 수행하기 위해 IAEA 요원을 복귀토록 초청한다.
2. 조선민주주의인민공화국은 9.19 공동성명에 따라 포기하도록 되어있는, 사용 후

연료봉으로부터 추출된 플루토늄을 포함한 공동성명에 명기된 모든 핵 프로그램의 목록을 여타 참가국들과 협의한다.
3. 조선민주주의인민공화국과 미합중국은 양자 간 현안을 해결하고 전면적인 외교관계로 나아가기 위한 양자대화를 개시한다. 미합중국은 조선민주주의인민공화국을 테러지원국 지정으로부터 해제하기 위한 과정을 개시하고, 조선민주주의인민공화국에 대한 대적성국 교역법 적용을 종료시키기 위한 과정을 진전시켜 나간다.
4. 조선민주주의인민공화국과 일본은 불행한 과거와 미결 관심 사안의 해결을 기반으로, 평양선언에 따라 양국관계 정상화를 취해 나가는 것을 목표로 양자대화를 개시한다.
5. 참가국들은 2005년 9월 19일 공동성명의 1조와 3조를 상기하면서, 조선민주주의인민공화국에 대한 경제·에너지·인도적 지원에 협력하기로 하였다. 이와 관련, 참가국들은 초기단계에서 조선민주주의인민공화국에 긴급 에너지 지원을 제공하기로 합의하였다. 중유 5만 톤 상당의 긴급 에너지 지원의 최초 운송은 60일 이내에 개시된다.

참가국들은 상기 초기 조치들이 향후 60일 이내에 이행되며, 이러한 목표를 향하여 상호 조율된 조치를 취한다는데 합의하였다.

III. 참가국들은 초기조치를 이행하고 공동성명의 완전한 이행을 목표로 다음과 같은 실무그룹(W/G)을 설치하는데 합의하였다.

1. 한반도 비핵화
2. 미·북 관계정상화
3. 일·북 관계정상화
4. 경제 및 에너지 협력
5. 동북아 평화·안보 체제

실무그룹들은 각자의 분야에서 9.19 공동성명의 이행을 위한 구체적 계획을 협의하고 수립한다. 실무그룹들은 각각의 작업 진전에 관해 6자회담 수석대표 회의에 보고한다. 원칙적으로 한 실무그룹의 진전은 다른 실무그룹의 진전에 영향을 주지 않는다. 5개 실무그룹에서 만들어진 계획은 상호 조율된 방식으로 전체적으로 이행될 것이다.

참가국들은 모든 실무그룹 회의를 향후 30일 이내에 개최하는데 합의하였다.

IV. 초기조치 기간 및 조선민주주의인민공화국의 모든 핵 프로그램에 대한 완전한 신고와 흑연감속로 및 재처리 시설을 포함하는 모든 현존하는 핵시설의 불능화를 포함하는 다음 단계 기간 중, 조선민주주의인민공화국에 최초 선적분인 중유 5만 톤 상당의 지원을 포함한 중유 100만 톤 상당의 경제·에너지·인도적 지원이 제공된다.

상기 지원에 대한 세부 사항은 경제 및 에너지 협력 실무그룹의 협의와 적절한 평가를 통해 결정된다.

V. 초기조치가 이해되는 대로 6자는 9.19 공동성명의 이행을 확인하고 동북아 안보협력 증진방안 모색을 위한 장관급 회담을 신속하게 개최한다.

VI. 참가국들은 상호신뢰를 증진시키기 위한 긍정적인 조치를 취하고 동북아에서의 지속적인 평화와 안정을 위한 공동노력을 할 것을 재확인하였다. 직접 관련 당사국들은 적절한 별도 포럼에서 한반도의 항구적 평화체제에 관한 협상을 갖는다.

VII. 참가국들은 실무그룹의 보고를 청취하고 다음 단계 행동에 관한 협의를 위해 제6차 6자회담을 2007년 3월 19일에 개최하기로 합의하였다.

<대북 지원부담의 분담에 관한 합의 의사록>

중화인민공화국, 미합중국, 러시아연방, 대한민국은 각국 정부의 결정에 따라, II조 5항 및 IV조에 규정된 조선민주주의인민공화국에 대한 지원 부담을 평등과 형평의 원칙에 기초하여 분담할 것에 합의하고, 일본이 자국의 우려사항이 다루어지는 대로 동일한 원칙에 따라 참여하기를 기대하며, 또 이 과정에서 국제사회의 참여를 환영한다.

Initial Actions for the Implementation of the Joint Statement

(Beijing, 13 February, 2007)

The Third Session of the Fifth Round of the Six-Party Talks was held in Beijing among the People's Republic of China, the Democratic People's Republic of Korea, Japan, the Republic of Korea, the Russian Federation and the United States of America from 8 to 13 February 2007.

Mr. Wu Dawei, Vice Minister of Foreign Affairs of the PRC, Mr. Kim Gye Gwan, Vice Minister of Foreign Affairs of the DPRK; Mr. Kenichiro Sasae, Director-General for Asian and Oceanian Affairs, Ministry of Foreign Affairs of Japan; Mr. Chun Yung-woo, Special Representative for Korean Peninsula Peace and Security Affairs of the ROK Ministry of Foreign Affairs and Trade; Mr. Alexander Losyukov, Deputy Minister of Foreign Affairs of the Russian Federation; and Mr. Christopher Hill, Assistant Secretary for East Asian and Pacific Affairs of the Department of State of the United States attended the talks as heads of their respective delegations.

Vice Foreign Minister Wu Dawei chaired the talks.

I. The Parties held serious and productive discussions on the actions each party will take in the initial phase for the implementation of the Joint Statement of 19 September 2005. The Parties reaffirmed their common goal and will to achieve early denuclearization of the Korean Peninsula in a peaceful manner and reiterated that they would earnestly fulfill their commitments in the Joint Statement. The

Parties agreed to take coordinated steps to implement the Joint Statement in a phased manner in line with the principle of "action for action".

II. The Parties agreed to take the following actions in parallel in the initial phase:

The DPRK will shut down and seal for the purpose of eventual abandonment the Yongbyon nuclear facility, including the reprocessing facility and invite back IAEA personnel to conduct all necessary monitoring and verifications as agreed between IAEA and the DPRK.

The DPRK will discuss with other parties a list of all its nuclear programs as described in the Joint Statement, including plutonium extracted from used fuel rods, that would be abandoned pursuant to the Joint Statement.

The DPRK and the US will start bilateral talks aimed at resolving pending bilateral issues and moving toward full diplomatic relations. The US will begin the process of removing the designation of the DPRK as a state-sponsor of terrorism and advance the process of terminating the application of the Trading with the Enemy Act with respect to the DPRK.

The DPRK and Japan will start bilateral talks aimed at taking steps to normalize their relations in accordance with the Pyongyang Declaration, on the basis of the settlement of unfortunate past and the outstanding issues of concern.

Recalling Section 1 and 3 of the Joint Statement of 19 September 2005, the Parties agreed to cooperate in economic, energy and humanitarian assistance to the DPRK. In this regard, the Parties agreed to the provision of emergency energy assistance to the DPRK in the initial phase. The initial shipment of emergency energy assistance equivalent to 50,000 tons of heavy fuel oil (HFO) will commence within next 60 days.

The Parties agreed that the above-mentioned initial actions will be implemented within next 60 days and that they will take coordinated steps toward this goal.

III. The Parties agreed on the establishment of the following Working Groups (WG) in order to carry out the initial actions and for the purpose of full implementation of the Joint Statement:

Denuclearization of the Korean Peninsula
Normalization of DPRK-US relations
Normalization of DPRK-Japan relations
Economy and Energy Cooperation
Northeast Asia Peace and Security Mechanism

The WGs will discuss and formulate specific plans for the implementation of the Joint Statement in their respective areas. The WGs shall report to the Six-Party Heads of Delegation Meeting on the progress of their work. In principle, progress in one WG shall not affect progress in other WGs. Plans made by the five WGs will be implemented as a whole in a coordinated manner.

The Parties agreed that all WGs will meet within next 30 days.

IV. During the period of the Initial Actions phase and the next phase -which includes provision by the DPRK of a complete declaration of all nuclear programs and disablement of all existing nuclear facilities, including graphite-moderated reactors and reprocessing plant- economic, energy and humanitarian assistance up to the equivalent of 1 million tons of heavy fuel oil (HFO), including the initial shipment equivalent to 50,000 tons of HFO, will be provided to the DPRK.

The detailed modalities of the said assistance will be determined through consultations and appropriate assessments in the Working Group on Economic and Energy Cooperation.

V. Once the initial actions are implemented, the Six Parties will promptly hold a ministerial meeting to confirm implementation of the Joint Statement and explore ways and means for promoting security cooperation in Northeast Asia.

VI. The Parties reaffirmed that they will take positive steps to increase mutual trust, and will make joint efforts for lasting peace and stability in Northeast Asia. The directly related parties will negotiate a permanent peace regime on the Korean Peninsula at an appropriate separate forum.

VII. The Parties agreed to hold the Sixth Round of the Six-Party Talks on 19 March 2007 to hear reports of WGs and discuss on actions for the next phase.

부록 1. 주요 합의 및 선언 – 6자회담 공동성명 (3)

제6차 6자회담 수석대표 회의 언론 발표문

(2007.7.20, 베이징)

I. 제6차 6자회담 수석대표 회의가 베이징에서 2007년 7월 18일부터 20일까지 개최되었다. 우다웨이 중화인민공화국 외교부 부부장, 김계관 조선민주주의인민공화국 외무성 부상, 사사에 켄이치로 일본 외무성 아시아대양주 국장, 천영우 대한민국 외교통상부 한반도평화교섭본부장, 크리스토퍼 힐 미합중국 국무부 동아태 차관보 그리고 블라디미르 라흐마닌 러시아 외무부 본부대사가 각 대표단의 수석대표로 동 회담에 참석하였다. 우다웨이 부부장은 동 회담의 의장을 맡았다.

II. 참가국들은 제6차 6자회담 1단계회의 이후의 조치와 진전을 검토하고, 6자회담 과정의 진전을 위한 모든 참가국들의 건설적 노력에 만족을 표명하였으며, 상호 신뢰증진 및 상호 관계개선을 위해 생산적인 양자 협의와 조율이 이루어진 점을 환영하였다.

III. 한반도 비핵화, 관련국 간 관계정상화, 동북아의 항구적 평화와 안정을 위해, 6자는 다음 단계 기간 중 조치에 대해 솔직하고 실질적인 토의를 가졌으며 아래와 같은 공동의 컨센서스에 도달하였다.

   1. 참가국들은 2005.9.19 공동성명과 2007.2.13 합의상의 공약을 성실히 이행할 것임을 재확인하였다.
   2. 조선민주주의인민공화국 측은 모든 핵 프로그램의 완전한 신고와 모든 현존하는 핵시설의 불능화에 대한 공약을 성실히 이행할 것임을 재확인하였다.

3. 중유 95만 톤 상당의 경제·에너지·인도적 지원이 조선민주주의인민공화국에 제공될 것이다.
4. 모든 참가국들은, '행동 대 행동'의 원칙에 따라, 9.19 공동성명과 2.13 합의에 명시된 각자의 의무사항을 이행할 것을 약속하였다.

IV. 상기 공동의 컨센서스를 이행하기 위해, 참가국들은 아래 조치를 취하기로 결정하였다.

1. 8월 말 이전, 한반도 비핵화, 미·북 관계정상화, 일·북 관계정상화, 경제·에너지 협력, 동북아 평화·안보 체제 실무그룹 회의를 각각 개최하고, 공동의 컨센서스를 이행하기 위한 방안을 협의한다.
2. 9월 초, 참가국들은 제6차 6자회담 2단계회의를 북경에서 개최하여, 모든 실무그룹의 보고를 청취하고 공동의 컨센서스를 이행하기 위한 로드맵을 작성한다.
3. 제6차 6자회담 2단계회의에 이어, 참가국들은 9.19 공동성명, 2.13 합의 및 공동의 컨센서스의 이행을 확인하고 촉진하며, 또 동북아 안보협력을 증진하기 위한 방안을 모색하기 위해 가능한 빠른 시일 내 북경에서 장관급회의를 개최할 것이다.

부록 1. 주요 합의 및 선언 – 6자회담 공동성명 (4)

9.19 공동성명 이행을 위한 제2단계 조치

(2007. 10. 3, 베이징)

제6차 6자회담 2단계회의가 베이징에서 중화인민공화국, 조선민주주의인민공화국, 일본, 대한민국, 러시아연방, 미합중국이 참석한 가운데, 2007년 9월 27일부터 30일까지 개최되었다.

우다웨이 중화인민공화국 외교부 부부장, 김계관 조선민주주의인민공화국 외무성 부상, 사사에 켄이치로 일본 외무성 아시아대양주국장, 천영우 대한민국 외교통상부 한반도평화교섭본부장, 알렉산더 로슈코프 러시아 외무부 차관 그리고 크리스토퍼 힐 미합중국 국무부 동아태 차관보가 각 대표단의 수석대표로 동 회담에 참석하였다.

우다웨이 부부장은 동 회담의 의장을 맡았다.

참가국들은 5개 실무그룹의 보고를 청취, 승인하였으며, 2.13 합의상의 초기조치 이행을 확인하였고, 실무그룹회의에서 도달한 컨센서스에 따라 6자회담 과정을 진전시켜 나가기로 합의하였으며, 또한 평화적인 방법에 의한 한반도의 검증가능한 비핵화를 목표로 하는 9.19 공동성명의 이행을 위한 제2단계 조치에 관한 합의에 도달하였다.

I. 한반도 비핵화

1. 조선민주주의인민공화국은 9.19 공동성명과 2.13 합의에 따라 포기하기로 되어 있는 모든 현존하는 핵시설을 불능화하기로 합의하였다.

    영변의 5MWe 실험용 원자로, 재처리시설(방사화학실험실) 및 핵연료봉 제조시설의 불능화는 2007년 12월 31일까지 완료될 것이다. 전문가 그룹이 권고하는 구체 조치들은, 모든 참가국들에게 수용 가능하고, 과학적이고, 안전하고, 검증가능하며, 또한 국제적 기준에 부합되어야 한다는 원칙들에 따라 수석대표들에 의해 채택될 것이다. 여타 참가국들의 요청에 따라, 미합중국은 불능화 활동을 주도하고, 이러한 활동을 위한 초기 자금을 제공할 것이다. 첫 번째 조치로서, 미합중국 측은 불능화를 준비하기 위해 향후 2주 내에 조선민주주의인민공화국을 방문할 전문가 그룹을 이끌 것이다.
2. 조선민주주의인민공화국은 2.13 합의에 따라 모든 자국의 핵 프로그램에 대해 완전하고 정확한 신고를 2007년 12월 31일까지 제공하기로 합의하였다.
3. 조선민주주의인민공화국은 핵 물질, 기술 또는 노하우를 이전하지 않는다는 공약을 재확인하였다.

II. 관련국 간 관계정상화

1. 조선민주주의인민공화국과 미합중국은 양자관계를 개선하고 전면적 외교관계로 나아간다는 공약을 유지한다. 양측은 양자 간 교류를 증대하고, 상호 신뢰를 증진시킬 것이다. 조선민주주의인민공화국을 테러지원국 지정으로부터 해제하기 위한 과정을 개시하고 또 조선민주주의인민공화국에 대한 대적성국 교역법 적용을 종료시키기 위한 과정을 진전시켜나간다는 공약을 상기하면서, 미합중국은 미·북 관계정상화 실무그룹 회의를 통해 도달한 컨센서스에 기초하여, 조선민주주의인민공화국의 조치들과 병렬적으로 조선민주주의인민공화국에 대한 공약을 완수할 것이다.
2. 조선민주주의인민공화국과 일본은 불행한 과거 및 미결 관심사안의 해결을 기반으로, 평양선언에 따라 양국관계를 신속하게 정상화하기 위해 진지한 노력을 할 것이다. 조선민주주의인민공화국과 일본은 양측 간의 집중적인 협의를 통해, 이러한 목적 달성을 위한 구체적인 조치를 취해 나갈 것을 공약하였다.

III. 조선민주주의인민공화국에 대한 경제 및 에너지 지원

2.13 합의에 따라, 중유 100만 톤 상당의 경제·에너지·인도적 지원(기전달된 중유 10만 톤 포함)이 조선민주주의인민공화국에 제공될 것이다. 구체 사항은 경제

및 에너지협력 실무그룹에서의 논의를 통해 최종 결정될 것이다.

IV. 6자 외교장관회담

　　참가국들은 적절한 시기에 북경에서 6자 외교장관회담이 개최될 것임을 재확인하였다.

　　참가국들은 외교장관회담 이전에 동 회담의 의제를 협의하기 위해 수석대표회의를 개최하기로 합의하였다.

Second-Phase Actions for the Implementation of the Joint Statement

(3 October, 2007)

The Second Session of the Sixth Round of the Six-Party Talks was held in Beijing among the People's Republic of China, the Democratic People's Republic of Korea, Japan, the Republic of Korea, the Russian Federation and the United States of America from 27 to 30 September 2007.

Mr. Wu Dawei, Vice Minister of Foreign Affairs of the PRC; Mr. Kim Gye Gwan, Vice Minister of Foreign Affairs of the DPRK; Mr. Kenichiro Sasae, Director-General for Asian and Oceanian Affairs, Ministry of Foreign Affairs of Japan; Mr. Chun Yung-woo, Special Representative for Korean Peninsula Peace and Security Affairs of the ROK Ministry of Foreign Affairs and Trade; Mr. Alexander Losyukov, Deputy Minister of Foreign Affairs of the Russian Federation; and Mr. Christopher Hill, Assistant Secretary for East Asian and Pacific Affairs of the Department of State of the United States attended the talks as heads of their respective delegations.

Vice Foreign Minister Wu Dawei chaired the talks.

The Parties listened to and endorsed the reports of the five Working Groups, confirmed the implementation of the initial actions provided for in the February 13 agreement, agreed to push forward the Six-Party Talks process in accordance with the consensus reached at the meetings of the Working Groups and reached agreement on second-phase actions for the implementation of the Joint Statement of 19 September 2005, the goal of which is the verifiable denuclearization of the Korean Peninsula in a peaceful manner.

I. On Denuclearization of the Korean Peninsula

1. The DPRK agreed to disable all existing nuclear facilities subject to abandonment under the September 2005 Joint Statement and the February 13 agreement. The disablement of the 5 megawatt Experimental Reactor at Yongbyon, the Reprocessing Plant (Radiochemical Laboratory) at Yongbyon and the Nuclear Fuel Rod Fabrication Facility at Yongbyon will be completed by 31 December 2007. Specific measures recommended by the expert group will be adopted by heads of delegation in line with the principles of being acceptable to all Parties, scientific, safe, verifiable, and consistent with international standards. At the request of the other Parties, the United States will lead disablement activities and provide the initial funding for those activities. As a first step, the US side will lead the expert group to the DPRK within the next two weeks to prepare for disablement.

2. The DPRK agreed to provide a complete and correct declaration of all its nuclear programs in accordance with the February 13 agreement by 31 December 2007.

3. The DPRK reaffirmed its commitment not to transfer nuclear materials, technology, or know-how.

II. On Normalization of Relations between Relevant Countries

1. The DPRK and the United States remain committed to improving their bilateral relations and moving towards a full diplomatic relationship. The two sides will increase bilateral exchanges and enhance mutual trust. Recalling the commitments to begin the process of removing the designation of the DPRK as a state sponsor of terrorism and advance the process of terminating the application of the Trading with the Enemy Act with respect to the DPRK,

the United States will fulfill its commitments to the DPRK in parallel with the DPRK's actions based on consensus reached at the meetings of the Working Group on Normalization of DPRK-U.S. Relations.

2. The DPRK and Japan will make sincere efforts to normalize their relations expeditiously in accordance with the Pyongyang Declaration, on the basis of the settlement of the unfortunate past and the outstanding issues of concern. The DPRK and Japan committed themselves to taking specific actions toward this end through intensive consultations between them.

III. On Economic and Energy Assistance to the DPRK

In accordance with the February 13 agreement, economic, energy and humanitarian assistance up to the equivalent of one million tons of HFO (inclusive of the 100,000 tons of HFO already delivered) will be provided to the DPRK. Specific modalities will be finalized through discussion by the Working Group on Economy and Energy Cooperation.

IV. On the Six-Party Ministerial Meeting

The Parties reiterated that the Six-Party Ministerial Meeting will be held in Beijing at an appropriate time.

The Parties agreed to hold a heads of delegation meeting prior to the Ministerial Meeting to discuss the agenda for the Meeting.

부록 1. 주요 합의 및 선언—한·미군사 현안 관련 (1)

제1차 한·미 장관급 전략회의 공동성명
(2006. 1. 19. 워싱턴)

제1차 한·미 '동맹 동반자 관계를 위한 전략 대화'가 2006.1.19 워싱턴에서 개최됐다. 장관급 전략대화를 출범시키기로 한 결정은 2005.11월 경주 한·미 정상회담에서 이루어졌으며, 이는 대한민국과 미합중국 간 동반자 관계의 지평과 열망이 확대되고 있음을 잘 보여준다.

한·미 동맹은 전장에서 맺어졌으며, 냉전의 오랜 세월을 견뎌냈다. 오늘날 양국 간의 동맹은 동북아 안정의 보루로 계속 남아 있으며, 양국 간의 안보협력은 경제적인 유대관계의 발전과 성장 그리고 민주주의와 인권 및 법치주의에 대한 존중을 공유하는데 뿌리를 두고 있는 공동의 가치를 증진시키고 보호하기 위한 틀을 제공해 오고 있다.

반기문 외교장관과 라이스 국무장관은 한·미 동반자관계가 광범위한 이익과 목표를 포괄한다는 데 의견을 같이했다. 동맹 동반자 관계를 위한 전략대화는 정례적인 고위급(장관급) 회동과 이를 보완하는 차관급 대화를 통해, 양국 사회가 각기 갖고 있는 저력을 모으고 집중해, 지역 및 범세계적으로 당면한 도전을 극복하는 것을 지향하고 있다.

반기문 외교장관과 라이스 국무장관은 전략대화의 틀 내에서 앞으로 논의할 역동적인 의제를 설정했다. 양 장관은 구체적 결과를 도출하면서 양국의 협력을 부각시킬 수 있는 창의적 조치들을 강조했다. 핵심적인 조치들은 아래 내용을 포함한다.

- 이라크와 아프가니스탄에서 한·미 양국이 성공적인 공동의 노력을 통해 보여준 것과 같이, 전 세계에 개방되고 민주적인 제도 및 인권을 증진시키고자 하는 노력에 있어서의 협력과 조정
- 테러와의 전쟁에 있어서의 협력 강화 및 대량살상무기와 그 운반수단의 확산을

방지하기 위한 국제 안보 협력체제의 준수와 이행을 위한 공동 노력 경주
- 초국가적 전염병퇴치에 관한 포괄적인 국제적 전략 개발을 위한 노력의 조정과 결합
- 동북아시아의 평화와 안정에 기여하며 궁극적으로 지역 다자안보협력체제로 이어질 가능성이 있는 강력한 한미동맹관계 유지
- 다자 차원의 평화유지 활동과, 위기 대응 및 재해관리에 관한 협력을 향상시켜 평화와 안정을 강화하기 위한 공동의 접근방법 개발

이러한 조치들은 유명환 외교통상부 차관과 니콜라스 번즈 국무부 차관을 각각 수석대표로 하여 서울에서 개최될 예정인 차관급 전략대화의 핵심 의제가 될 것이다.

반기문 장관과 라이스 장관은 주한미군의 전략적 유연성 문제에 관해 양국 정부의 양해 사항을 아래와 같이 확인했다.

한국은 동맹국으로서 미국의 세계 군사전략 변화의 논리를 충분히 이해하고, 주한미군의 전략적 유연성의 필요성을 존중한다. 전략적 유연성의 이행에 있어서, 미국은 한국이 한국민의 의지와 관계없이 동북아 지역 분쟁에 개입되는 일은 없을 것이라는 한국의 입장을 존중한다.

양 장관은 공히 한반도에서의 항구적 평화체제를 위한 기반이 북한 핵문제의 해결과정에서 모색될 수 있기를 희망하였다. 반 장관과 라이스 장관은 한반도에 평화체제를 구축하기 위한 노력이 한미동맹을 근간으로 한다는 점을 재확인하였다.

양 장관은 북한의 핵무기와 핵 프로그램으로부터 오는 위협을 종식시키기 위해 양국이 함께 취할 수 있는 조치에 대해 논의했다. 양 장관은 북한이 6자회담에 조속히 복귀해야 하며, 북경에서의 향후 논의는 9.19 공동성명의 이행을 위한 조치에 집중되어야 한다는데 의견을 같이했다.

양 장관은 한·미 통상관계에 있어서의 최근의 진전을 환영했으며, 양자 경제 협력관계를 보다 심화시키기 위한 방안들을 논의했다.

반기문 장관과 라이스 장관은 '동맹 동반자관계를 위한 전략대화'가 한·미 관계의 강화에 중요한 기여를 하는 것으로 보면서, 그 출범을 환영했다. 양 장관은 금년 후반에 있을 추가적인 대화를 통해 후속 협의를 유지하기로 했다.

Joint United States-Republic of Korea statement on the launch of the Strategic Consultation for Allied Partnership

(Washington, DC. January 19, 2006)

The first session of the U.S.-ROK Strategic Consultation for Allied Partnership was held January 19, 2006, in Washington, D.C. The decision to launch a ministerial-level strategic consultative process was made at the Gyeongju Summit in November 2005 and signifies the growing reach and ambitions of the partnership between the United States and the Republic of Korea.

The U.S.-ROK alliance was forged in battle and tested through the long years of the Cold War. Today, our alliance remains a bulwark of stability in Northeast Asia and our security cooperation has provided a framework for the development and growth of our economic ties and the nurturing and protection of common values rooted in shared respect for democracy, human rights and the rule of law.

Secretary of State Condoleezza Rice and Foreign Minister Ban Ki-Moon agreed that the U.S.-ROK partnership encompasses a broad range of interests and goals. The Strategic Consultation for Allied Partnership aspires through regular high-level meetings supported by senior-level discussions to harness and focus the respective strengths of our societies to resolve pressing regional and global challenges.

Secretary Rice and Foreign Minister Ban set out a dynamic agenda for future discussions within the framework of the Strategic Consultations. Their emphasis is on creative initiatives producing concrete results and highlighting cooperation between the two countries. Key initiatives include:

- Cooperation and coordination of efforts to promote freedom, democratic institutions and human rights worldwide, demonstrated by their successful shared effort in Iraq and Afghanistan;
- Strengthened cooperation on fighting terrorism, and exerting common efforts for the observance and implementation of international security cooperation regimes for the prevention of proliferation of Weapons of Mass Destruction and their delivery means;
- Coordination and combination of efforts to develop comprehensive international strategies to fight transnational pandemic disease;
- Maintaining a strong U.S.-ROK alliance to contribute to peace and stability in Northeast Asia, leading possibly to an eventual regional multinational mechanism for security cooperation;
- Developing common approaches to reinforcing peace and stability through multilateral peacekeeping and improved collaboration on crisis response and disaster management.

These initiatives will form the core of the agenda for a U.S.-ROK sub-Ministerial dialogue chaired by Under Secretary Nicholas Burns and his counterpart, Vice Foreign Minister Yu Myung-Hwan, in Seoul.

Regarding the issue of strategic flexibility of U.S. forces in the ROK, Secretary Rice and Foreign Minister Ban confirmed the understanding of both governments as follows: The ROK, as an ally, fully understands the rationale for the transformation of the U.S. global military strategy, and respects the necessity for strategic flexibility of the U.S. forces in the ROK. In the implementation of strategic flexibility, the U.S. respects the ROK position that it shall not be involved in a regional conflict in Northeast Asia against the will of the Korean people.

Together, the Ministers expressed hope that a basis for a permanent peace regime on the Korean Peninsula can be explored in the course of resolving the North

Korean nuclear issue. Secretary Rice and Minister Ban reaffirmed that efforts to establish a peace regime on the Korean Peninsula will be based on the U.S.-ROK alliance.

The two Ministers discussed steps the two countries can take together to end the threat from the DPRK's nuclear weapons and programs. They agreed that the DPRK must return promptly to the Six-Party Talks and that the focus of future discussions in Beijing must be on steps to implement the September 19 Joint Statement.

The two Ministers welcomed recent progress in U.S.-Korea trade relations, and discussed ways to further deepen bilateral economic cooperation.

Secretary Rice and Minister Ban welcomed the inauguration of the Strategic Consultation for Allied Partnership, viewing it as an important contribution to the strength of the bilateral relationship. They pledged sustained follow up through further discussions later in the year.

부록 1. 주요 합의 및 선언 — 한·미군사 현안 관련 (2)

한·미 공동 언론 발표문

(2007. 2. 24, 국방부)

- 대한민국 국방부장관 김장수와 미 합중국 국방장관 로버트 게이츠는 2007년 2월 23일 워싱턴에서 회동하였다. 게이츠 장관은 의장대 사열로 김장수 장관의 미 국방부 방문을 환영하고 김 장관과의 단독회담 및 오찬을 겸한 확대회담을 주관했다. 90분간 진행된 회담에서 김 장관과 게이츠 장관은 동맹의 기본적 원칙을 재확인하고, 모든 동맹관리 현안에 대한 미래지향적 접근의 중요성을 포함, 동맹 변혁에 관한 근본적인 이해를 재확인하였다.
- 김 장관과 게이츠 장관은 북한의 재래식, 핵 및 미사일 위협에 대응하기 위한 연합준비태세의 중요성을 논의하고, 한미동맹은 북한에 의해 제기되는 어떠한 도전에도 대응할 능력이 있다고 평가하였다. 양 장관은 고도의 연합 전투수행 능력 유지를 위한 훈련 및 연습의 중요성에 공감하였다.
- 양측이 2006년 10월 안보협의회의(SCM)에서 미래지휘관계 구조에 합의하였음에 주목하면서, 김 장관과 게이츠 장관은 2012년 4월 17일에 한·미 연합군 사령부를 해체하고, 이와 동시에 미군과 한국군 간 새로운 지원-주도 지휘관계로 전환하기로 합의하였다. 이러한 맥락에서 게이츠 장관과 김 장관은 전시 작전통제권 전환 "로드맵"의 이행을 2007년 7월 "로드맵"의 합의 이후 즉시 개시하여 2012년 3월 검증연습을 통해 완결시키기로 합의하였다.
- 2007년 2월 7일부터 8일까지 개최된 성공적인 한·미 안보정책구상회의(SPI)에 이어, 김 장관과 게이츠 장관은 주한미군 부대 및 시설의 재배치 그리고 용산재배치계획(Yongsan Relocation Plan)과 연합토지관리계획(Land Partnership Plan)의 이행을 촉진시키기 위해 긴밀히 협력할 것을 재확인 하였다. 게이츠 장관은

이들 사안에 대한 김 장관의 노력에 사의를 표명하고, 귀중한 토지를 한국 국민에게 반환하는 것을 포함하여 주한미군 재배치 사업이 양국을 위해 중요한 진전임을 언급하였다. 이러한 맥락에서 양측은 한·미 행정협정(SOFA)에 의거하여 주한미군 시설의 반환을 조속히 완료하려는 용의를 표명하였다.
- 마지막으로, 게이츠 장관은 한국군의 이라크 및 아프가니스탄에서의 기여와 범세계적 대테러전(GWOT)에서 한국이 중요한 파트너로서 노력하고 있는데 대해 사의를 표시하였다.

부록 1. 주요 합의 및 선언—남북관계 (1)

남북관계 발전과 평화번영을 위한 선언

(2007. 10. 4. 평양)

대한민국 노무현 대통령과 조선민주주의인민공화국 김정일 국방위원장 사이의 합의에 따라 노무현 대통령이 2007년 10월 2일부터 4일까지 평양을 방문하였다.

방문기간 중 역사적인 상봉과 회담들이 있었다.

상봉과 회담에서는 6.15 공동선언의 정신을 재확인하고 남북관계발전과 한반도 평화, 민족공동의 번영과 통일을 실현하는 데 따른 제반 문제들을 허심탄회하게 협의하였다.

쌍방은 우리 민족끼리 뜻과 힘을 합치면 민족번영의 시대, 자주통일의 새 시대를 열어나갈 수 있다는 확신을 표명하면서 6.15 공동선언에 기초하여 남북관계를 확대·발전시켜 나가기 위하여 다음과 같이 선언한다.

1. 남과 북은 6.15 공동선언을 고수하고 적극 구현해 나간다.

    남과 북은 우리 민족끼리 정신에 따라 통일문제를 자주적으로 해결해 나가며 민족의 존엄과 이익을 중시하고 모든 것을 이에 지향시켜 나가기로 하였다.

    남과 북은 6.15 공동선언을 변함없이 이행해 나가려는 의지를 반영하여 6월 15일을 기념하는 방안을 강구하기로 하였다.

2. 남과 북은 사상과 제도의 차이를 초월하여 남북관계를 상호존중과 신뢰 관계로 확고히 전환시켜 나가기로 하였다.

    남과 북은 내부문제에 간섭하지 않으며 남북관계 문제들을 화해와 협력, 통일에 부합되게 해결해 나가기로 하였다.

    남과 북은 남북관계를 통일 지향적으로 발전시켜 나가기 위하여 각기 법률적·

제도적 장치들을 정비해 나가기로 하였다.

　　　남과 북은 남북관계 확대와 발전을 위한 문제들을 민족의 염원에 맞게 해결하기 위해 양측 의회 등 각 분야의 대화와 접촉을 적극 추진해 나가기로 하였다.

3. 남과 북은 군사적 적대관계를 종식시키고 한반도에서 긴장완화와 평화를 보장하기 위해 긴밀히 협력하기로 하였다.

　　　남과 북은 서로 적대시하지 않고 군사적 긴장을 완화하며 분쟁문제들을 대화와 협상을 통하여 해결하기로 하였다.

　　　남과 북은 한반도에서 어떤 전쟁도 반대하며 불가침의무를 확고히 준수하기로 하였다.

　　　남과 북은 서해에서의 우발적 충돌방지를 위해 공동어로수역을 지정하고 이 수역을 평화수역으로 만들기 위한 방안과 각종 협력사업에 대한 군사적 보장조치 문제 등 군사적 신뢰구축조치를 협의하기 위하여 남측 국방부 장관과 북측 인민무력부 부장 간 회담을 금년 11월중에 평양에서 개최하기로 하였다.

4. 남과 북은 현 정전체제를 종식시키고 항구적인 평화체제를 구축해 나가야 한다는데 인식을 같이하고 직접 관련된 3자 또는 4자 정상들이 한반도 지역에서 만나 종전을 선언하는 문제를 추진하기 위해 협력해 나가기로 하였다.

　　　남과 북은 한반도 핵문제 해결을 위해 6자회담 9.19 공동성명과 2.13 합의가 순조롭게 이행되도록 공동으로 노력하기로 하였다.

5. 남과 북은 민족경제의 균형적 발전과 공동의 번영을 위해 경제협력사업을 공리공영과 유무상통의 원칙에서 적극 활성화하고 지속적으로 확대·발전시켜 나가기로 하였다.

　　　남과 북은 경제협력을 위한 투자를 장려하고 기반시설 확충과 자원개발을 적극 추진하며 민족 내부협력사업의 특수성에 맞게 각종 우대조건과 특혜를 우선적으로 부여하기로 하였다.

　　　남과 북은 해주 지역과 주변해역을 포괄하는 서해평화협력 특별지대를 설치하고 공동어로구역과 평화수역 설정, 경제특구건설과 해주항 활용, 민간선박의 해주직항로 통과, 한강하구 공동이용 등을 적극 추진해 나가기로 하였다.

　　남과 북은 개성공업지구 1단계 건설을 빠른 시일 안에 완공하고 2단계 개발에 착수하며 문산-봉동 간 철도화물수송을 시작하고, 통행, 통신, 통관 문제를 비롯한 제반 제도적 보장조치들을 조속히 완비해 나가기로 하였다.

　　남과 북은 개성-신의주 철도와 개성-평양 고속도로를 공동으로 이용하기 위해 개보수 문제를 협의·추진해 가기로 하였다.

　　남과 북은 안변과 남포에 조선협력단지를 건설하며 농업, 보건의료, 환경보호 등 여러 분야에서의 협력사업을 진행해 나가기로 하였다.

　　남과 북은 남북 경제협력사업의 원활한 추진을 위해 현재의 남북경제협력추진위원회를 부총리급 남북경제협력공동위원회로 격상하기로 하였다.

6. 남과 북은 민족의 유구한 역사와 우수한 문화를 빛내기 위해 역사, 언어, 교육, 과학기술, 문화예술, 체육 등 사회문화 분야의 교류와 협력을 발전시켜 나가기로 하였다.

　　남과 북은 백두산관광을 실시하며 이를 위해 백두산-서울 직항로를 개설하기로 하였다.

　　남과 북은 2008년 북경 올림픽경기대회에 남북응원단이 경의선 열차를 처음으로 이용하여 참가하기로 하였다.

7. 남과 북은 인도주의 협력사업을 적극 추진해 나가기로 하였다.

　　남과 북은 흩어진 가족과 친척들의 상봉을 확대하며 영상편지 교환사업을 추진하기로 하였다.

　　이를 위해 금강산면회소가 완공되는데 따라 쌍방 대표를 상주시키고 흩어진 가족과 친척의 상봉을 상시적으로 진행하기로 하였다.

　　남과 북은 자연재해를 비롯하여 재난이 발생하는 경우 동포애와 인도주의, 상부상조의 원칙에 따라 적극 협력해 나가기로 하였다.

8. 남과 북은 국제무대에서 민족의 이익과 해외 동포들의 권리와 이익을 위한 협력을

강화해 나가기로 하였다.

    남과 북은 이 선언의 이행을 위하여 남북총리회담을 개최하기로 하고, 제1차 회의를 금년 11월중 서울에서 갖기로 하였다.

    남과 북은 남북관계 발전을 위해 정상들이 수시로 만나 현안 문제들을 협의하기로 하였다.

2007년 10월 4일

대한민국 대통령　　노무현

조선민주주의인민공화국 국방위원장　　김정일

부록 1. 주요 합의 및 선언—남북관계 (2)

'남북관계 발전과 평화번영을 위한 선언' 이행에 관한 제1차 남북총리회담 합의서

(2007. 11. 16. 서울)

2007년 10월 평양에서 진행된 역사적인 남북정상회담에서 채택된 '남북관계 발전과 평화번영을 위한 선언'에 따라 그 이행을 위한 제1차 남북총리회담이 11월 14일부터 16일까지 서울에서 진행되었다.

남과 북은 남북관계 발전과 평화번영을 위한 선언이 남북관계를 보다 높은 단계로 발전시키며 한반도 평화와 민족공동의 번영과 통일을 실현하기 위한 새로운 국면을 열어나가는 데서 중대한 의의를 가진다는데 인식을 같이하고 이를 성실히 이행하기 위해 다음과 같이 합의하였다.

제1조 남과 북은 6.15 공동선언의 우리 민족끼리 정신에 따라 남북관계를 상호 존중과 신뢰의 관계로 확고히 전환시키며 통일지향적으로 발전시켜 나가기 위한 조치들을 적극 취해나가기로 하였다.
① 남과 북은 매년 6월 15일을 화해와 평화번영, 통일의 시대를 열어나가는 민족공동의 기념일로 하기 위해 각기 내부절차를 거쳐 필요한 조치를 취하기로 하였다.
② 남과 북은 내년 6.15 공동선언 발표 8주년 기념 남북공동행사를 당국과 민간의 참가하에 서울에서 진행하기로 하였다.
③ 남과 북은 남북관계를 통일지향적으로 발전시켜 나가기 위하여 각기 법률·제도적 장치들을 정비해 나가는 문제 등을 협의해 나가기로 하였다.
④ 남과 북은 양측 의회를 비롯한 각 분야의 대화와 접촉을 활성화해 나가며 쌍방 당국은 남북 국회회담을 적극 지원하기로 하였다.

제2조 남과 북은 서해 지역의 평화와 공동의 이익을 위하여 서해평화협력 특별지대를 설치하기로 하였다.

 ① 남과 북은 서해상에서 공동어로 및 민간선박의 운항과 해상수송을 보장하기 위하여 서해상의 일정한 수역을 평화수역으로 지정하고 관리해 나가기로 하였다.

 ② 남과 북은 평화수역과 공동어로구역의 대상지역과 범위를 호혜의 정신에 따라 별도로 협의하여 확정하고 2008년 상반기 안으로 공동어로사업에 착수하기로 하였다.

 ③ 남과 북은 공동어로구역의 효율적 운영과 수산분야에서의 협력문제를 12월중 서해평화협력 특별지대추진위원회 산하의 분과위원회를 통해 협의 해결하기로 하였다.

 ④ 남과 북은 해주 지역에 경제협력 특별구역(해주경제특구)을 건설하고 개성공단과의 연계를 통해 점차 발전시켜 나가기로 하였다.

 ⑤ 남과 북은 해주경제특구 건설에 따른 해상물동량의 원활한 처리를 위해 해주항을 민족공동의 이익에 부합되게 활용하기로 하였다.

 ⑥ 남과 북은 해주경제특구와 해주항 개발을 위한 실무접촉과 현지조사를 금년 중에 실시하며 2008년 안으로 구체적인 사업계획을 협의 확정하기로 하였다.

 ⑦ 남과 북은 한강하구에서 2008년 안으로 골재채취사업에 착수하기로 하고 빠른 시일 안에 실무접촉과 현지공동조사를 실시하기로 하였다.

 ⑧ 남과 북은 민간선박의 해주직항로 이용과 관련한 항로대 설정, 통항절차 등의 문제를 12월중에 남북경제협력공동위원회 산하의 남북 조선 및 해운협력분과위원회를 개최하여 협의 해결하기로 하였다.

 ⑨ 남과 북은 해주경제특구 건설에 따라 이 지역에 대한 출입, 체류, 통신, 통관, 검역, 자금유통 등 법률·제도적 장치를 마련하는 문제를 협의해 나가기로 하였다.

 ⑩ 남과 북은 장관급을 위원장으로 하는 서해평화협력 특별지대추진위원회를 구성하기로 하고 서해평화협력 특별지대추진위원회 구성·운영에 관한 합의서를 채택하였다.

남과 북은 서해평화협력 특별지대추진위원회 제1차 회의를 12월중 개성에서 개최하기로 하였다.

제3조 남과 북은 민족경제의 균형적 발전과 공동번영을 위한 경제협력을 적극 추진하기로 하였다.

1) 도로 및 철도분야 협력
   ① 남과 북은 경의선 도로와 철도의 공동이용과 물류유통의 활성화를 위해 2008년부터 개성-평양 고속도로와 개성-신의주 철도 개보수에 착수하기로 하고, 이를 위한 현지조사를 금년 중에 실시하기로 하였다.
   ② 남과 북은 개성-평양 고속도로 개보수를 위한 실무접촉을 11월 28일부터 29일까지, 개성-신의주 철도 개보수를 위한 실무접촉을 11월 20일부터 21일까지 개성에서 진행하기로 하였다.
   ③ 남과 북은 2008년 베이징올림픽경기대회 남북 응원단의 경의선 열차 이용을 위한 철길보수를 진행하기로 하였다.
   ④ 남과 북은 개성-평양 고속도로, 개성-신의주 철도의 개보수와 공동이용에 필요한 설계, 설비, 자재, 인력 등을 적기에 보장하기로 하였다.
   ⑤ 남과 북은 남북경제협력공동위원회 산하에 남북도로협력분과위원회와 남북철도협력분과위원회를 구성하기로 하였다.

2) 조선협력단지 건설
   ① 남과 북은 안변 지역에 선박블록공장 건설을 2008년 상반기 안에 착수하며 단계적으로 선박건조능력을 확대하기로 하였다.
   ② 남과 북은 남포의 영남배수리공장에 대한 설비현대화와 기술협력사업, 선박블록공장 건설 등을 가까운 시일 안에 적극 추진하기로 하였다.
   ③ 남과 북은 안변과 남포 지역에 대한 제2차 현지조사를 12월 중에 실시하기로 하였다.
   ④ 남과 북은 조선협력단지 건설에 따라 안변과 남포 지역에 대한 출입, 체류, 통신, 통관, 검역, 자금유통 등 법률제도적 장치를 마련하는 문제를 협의 해결하기

　　　　로 하였다.

　　⑤ 남과 북은 남북경제협력공동위원회 산하에 남북 조선 및 해운협력분과위원회를 구성·운영하며 제1차 회의를 12월중에 부산에서 개최하여 조선협력단지 건설과 운영을 위한 구체적인 협의를 진행하기로 하였다.

3) 개성공단 건설

　　① 남과 북은 개성공단 활성화를 위해 1단계 건설을 빠른 시일 안에 완공하고 2단계 개발에 필요한 측량·지질조사를 금년 12월중에 진행하며 2008년 안에 2단계 건설에 착수하기로 하였다.

　　② 남과 북은 개성공단 1단계 사업의 활성화를 위해 필요한 근로인력을 적기에 보장하고 근로자들의 숙소건설 등에 협력해 나가기로 하였다.

　　③ 남과 북은 개성공단 근로자들의 출퇴근을 위한 도로 건설 및 열차운행 문제를 협의·추진해 나가기로 하였다.

　　④ 남과 북은 금년 12월 11일부터 문산-봉동 간 철도화물 수송을 시작하며, 이를 위한 판문역 임시 컨테이너 야적장과 화물작업장 건설, 신호·통신·전력체계 및 철도연결구간 마감공사를 조속히 추진하기로 하였다.

　　⑤ 남과 북은 문산-봉동 간 화물열차운행을 위해 11월 20일부터 21일까지 개성에서 남북철도 실무접촉을 개최하고 남북 사이의 열차운행에 관한 기본합의서의 부속서를 채택하며, 남북철도운영공동위원회 제1차 회의를 12월 초에 개성에서 진행하기로 하였다.

　　⑥ 남과 북은 남측 인원들과 차량들이 07시부터 22시까지 개성공단에 편리하게 출입할 수 있도록 금년 내에 통행절차를 개선하고, 2008년부터 인터넷, 유무선전화 서비스를 시작하기 위한 1만 회선 능력의 통신센터를 금년 내에 착공하며, 통관사업의 신속성과 과학성을 보장하기 위한 물자하차장 건설 등을 추진하는 문제를 협의해 나가기로 하였다.

　　⑦ 남과 북은 개성공단 건설을 적극 추진하며, 통행·통신·통관 문제와 관련한 합의사항을 이행하기 위해 개성공단건설 실무접촉을 12월 초에 개성에서 진행하기로 하였다.

⑧ 남과 북은 남북경제협력공동위원회 산하에 개성공단협력분과위원회를 구성 운영하기로 하였다.

4) 자원개발, 농업, 보건의료 등 분야별 협력
① 남과 북은 이미 합의한 단천지구광산 투자 등 지하자원개발협력과 관련하여 제3차 현지조사를 12월중에 진행하며 2008년 상반기 안으로 구체적인 사업계획을 협의 확정하기로 하였다.
② 남과 북은 이미 합의한 농업분야의 협력사업들을 구체적으로 이행하며 종자생산 및 가공시설, 유전자원 저장고건설 등을 금년 중에 착수하기로 하였다.
③ 남과 북은 병원, 의료기구, 제약공장 현대화 및 건설, 원료지원 등을 추진하고 전염병 통제와 한의학 발전을 위해 적극 협력하기로 하였다.
④ 남과 북은 쌍방이 관심하는 수역에서의 수산물생산과 가공, 유통 등을 위해 서로 협력하기로 하였다.
⑤ 남과 북은 산림녹화 및 병해충방제, 환경오염방지를 위한 협력사업을 추진하기로 하였다.
⑥ 남과 북은 지하자원개발, 농업, 보건의료, 수산, 환경보호 분야의 협력을 위해 남북경제협력공동위원회 산하에 분과위원회들을 구성·운영하기로 하였다.

5) 남북경제협력공동위원회 구성·운영
① 남과 북은 경제협력사업의 원활한 추진을 위해 남북총리회담 산하에 부총리급을 위원장으로 하는 남북경제협력공동위원회를 구성하기로 하고 남북경제협력공동위원회 구성 운영에 관한 합의서를 채택하였다.
② 남과 북은 남북경제협력공동위원회 제1차 회의를 12월 4일부터 6일까지 서울에서 개최하기로 하였다.

제4조 남과 북은 역사, 언어, 교육, 문화예술, 과학기술, 체육 등 사회문화분야의 교류와 협력을 발전시키기 위한 조치를 취하기로 하였다.
① 남과 북은 장관급을 위원장으로 하는 남북사회문화협력추진위원회를 구성하기로

하고 역사유적과 사료발굴 및 보존, 겨레말큰사전 공동편찬, 교육기자재와 학교시설 현대화, 공동문화행사, 과학기술인력양성, 과학기술협력센터 건설, 기상정보 교환 및 관측장비 지원, 2008년 베이징올림픽경기대회 공동응원을 비롯한 사회문화협력사업들을 협의 추진하기로 하였다.

② 남과 북은 백두산과 개성관광사업이 원만히 진행될 수 있도록 적극 협력하며 서울-백두산 직항로 개설을 위한 실무접촉을 12월 초에 개성에서 진행하기로 하였다.

③ 남과 북은 2008년 베이징올림픽경기대회에 남북응원단이 경의선 열차를 이용하여 참가하는 문제와 관련한 실무접촉을 12월중에 진행하기로 하였다.

④ 남과 북은 남북사회문화협력추진위원회를 2008년 상반기 중에 개최하고, 기상정보교환과 관측장비지원 등 기상협력을 위한 실무접촉을 금년 12월중에 진행하기로 하였다.

제5조 남과 북은 민족의 화해와 단합을 도모하는 견지에서 인도주의분야의 협력사업을 적극 추진하기로 하였다.

① 남과 북은 12월 7일 금강산면회소의 쌍방 사무소 준공식을 진행하며 2008년 새해를 맞으며 흩어진 가족과 친척들의 영상편지를 시범적으로 교환하기로 하였다.

② 남과 북은 11월 28일부터 30일까지 금강산에서 제9차 남북적십자회담을 개최하고 흩어진 가족과 친척들의 상봉확대 및 상시상봉, 쌍방 대표들의 금강산면회소 상주, 전쟁시기와 그 이후 소식을 알 수 없게 된 사람들의 문제 등을 협의하기로 하였다.

제6조 남과 북은 자연재해가 발생하는 경우 상호 통보 및 피해확대 방지를 위한 조치를 신속히 취하며 동포애와 상부상조의 원칙에서 피해복구 등에 적극 협력하기로 하였다.

제7조 남과 북은 남북총리회담을 6개월에 1회 진행하며, 제2차 회담을 2008년 상반기에

평양에서 개최하기로 하였다.

제8조 수정 및 발효
① 이 합의서는 쌍방의 합의에 의해 수정보충할 수 있다.
② 이 합의서는 남과 북이 각기 발효에 필요한 절차를 거쳐 문본을 교환한 날부터 효력을 발생한다.

2007년 11월 16일

남북 총리회담 남측 수석대표
대한민국 국무총리 한덕수

북남 총리회담 북측 단장
조선민주주의인민공화국 내각총리 김영일

부록 2
성명, 논평

부록 2. 시민사회의 주요 입장문 (1)

전략적 유연성, 미군기지 재배치 합의 철회하고
'미래 한미동맹 비전' 논의 중단해야

(2006. 3. 9. 141개 시민단체 기자회견문)

　　참여정부 출범 이후 지난 3년간 한미동맹은 중대한 변화를 보여 왔다. 2003년 5월 노무현 대통령과 조지 W. 부시 대통령이 한미동맹을 강화하기로 합의한 이후, 2004년에는 용산기지 이전 협정과 연합토지관리계획(LPP) 개정안에 서명함에 따라, 용산기지와 2사단을 평택으로 이전하기로 합의했다. 또한 2005년 11월 한·미정상회담에서는 한미동맹의 지역적 역할 강화를 골자로 하는 '한미동맹과 한반도 평화 공동선언'이 채택되었고, 2006년 1월 한·미 간의 첫 전략대화에서는 주한미군의 전략적 유연성에 대한 합의가 이루어졌다. 지난 3년간의 변화가 과거 50년의 변화를 능가하고 있다고 해도 과언이 아니다.

　　그런데 이러한 변화는 시대적 흐름이나 국민적 요구에 배치되는 방향으로 이루어지고 있다. 탈냉전과 남북한 화해협력에 걸맞게 성숙하고 평등한 한미동맹으로 나아가야 함에도 불구하고, 오늘날의 한미동맹은 미국 패권주의의 도구로 전락하고 있다. 또한 이 과정에서 발생하고 있는 비용도 한국이 거의 전적으로 부담하고 있다. 한미동맹 재편은 한반도와 동북아에 심각한 안보우려를 야기하면서, 양극화 해소 등 국민들의 복지와 삶의 질 개선에 사용되어야 할 소중한 예산의 낭비를 초래하고 있다.

　　더구나 대등하고 합리적인 한미동맹을 지향하셨다던 참여정부는 비밀주의와 부실로 얼룩진 대미 협상 태도를 보여줌으로써, 국민들의 실망과 분노를 자아내고 있다. 정부는 한미동맹의 중대한 성격 전환에 대해 국민들에게 이해를 구하거나 충분히 설명한 바가 없다. 도리어 지난 3년 동안 철저하게 비공개로 진행된 협상과정에서 협상 담당자들이 취했던 부적절한 정책판단과 협상자세 때문에 엄청난 국가 손실이 발생했으며 동북아 협력안보의 기회도 사라지고 말았다.

우리는 주한미군의 전략적 유연성과 기지 재배치 그리고 오염된 반환기지 정화 문제 등에서 나타나고 있는 지난 3년간의 한미동맹 재편의 문제점과 부실과 기만으로 점철된 정부의 대미협상 과정을 낱낱이 고발하기 위해 이 자리에 모였다. 우리는 한·미 양국이 전략적 유연성과 기지 재배치를 전면 재검토할 것을 강력히 촉구한다. 만일 한·미 양국이 굴절된 한미동맹을 바로잡기 위한 노력을 하지 않는다면, 대한민국 국민은 주한미군은 물론 한미동맹의 존재 이유에 대해 근본적인 의문을 품지 않을 수 없다. 우리는 이 점을 엄중 경고하면서, 다음과 같이 우리의 입장과 요구를 밝힌다.

첫째, 정부는 지난 3년간 이루어진 한미동맹 재편 협상 결과를 전면 무효화하고 재협상에 나서야 한다. 또한 부실 협상 책임자들을 문책하고, 용산기지와 2사단의 평택 이전에 대한 합의 및 전략적 유연성에 대한 합의를 전면 취소해야 하며, 미국과의 합의에 앞서 국민적 합의부터 추진해야 할 것이다.

둘째, 정부는 '미래 한미동맹 비전'을 채택하려는 움직임을 즉각 중단해야 한다. '미래 한미동맹 비전'은 한반도는 물론 동북아 평화와도 직결된 중차대한 사안이다. 이는 미국과의 협상에 앞서 국민적 공론화와 합의가 필요하다는 것을 의미한다.

셋째, 한·미 양국 정부는 방위비 분담금 협정을 즉각 폐기하고, 토지의 무상 제공을 규정한 SOFA를 전면 개정하라. 한국이 무상으로 미군에게 기지를 제공하고 방위비를 분담하는 이유는 주한미군의 대북 억제 및 한국 방어 역할을 돕기 위한 것이다. 그런데 주한미군이 한국 밖으로 빠져나가 다른 임무를 수행하고 대중국 포위 및 대북 선제 군사 행동을 취할 목적으로 주한미군을 재편하고 있다면, 한국이 연간 20억 달러에 달하는 직·간접적인 비용을 주한미군에 제공할 하등의 이유가 없다.

넷째, 국회는 정부의 부실협상 결과들을 무비판적으로 추인함으로써 국민여론과 무관한 방향으로 한미동맹 재편이 이루어지게 한 책임이 크다. 국민의 대의기구이자 정부의 감시 및 견제 기능을 갖고 있는 국회가 온갖 의혹과 부실로 가득한 한미동맹 협상을 바로잡으려고 노력하지 않는 것은 직무유기와 다름 아니다. 국회는 즉각 청문회를 개최하여 부실협상을 바로잡아야 할 것이다. 또한 감사원은 즉각 정책감사를 실시하여 제기되고 있는 정부의 대미협상을 둘러싼 의혹들을 밝혀야 할 것이다.

마지막으로 우리는 한미동맹이 미국의 군사 패권주의의 수단으로 변질되는 것을 결코 좌시하지 않을 것임을 분명히 밝혀두는 바이다. 아울러 한미동맹이 더 이상 한반도 평화를 위한 수단이 아니라 한반도 주민들의 평화적 생존권을 위협하고 비용부담마저 강요하는 것이라면, 국민들은 한미동맹의 존재와 주한미군의 주둔이유에 대해 근본적인 문제제기에 나서지 않을 수 없게 될 것이라는 점을 재차 밝혀두는 바이다.

(기자회견 참가단체)
KYC(한국청년연합회)/강남서초환경운동연합/강동송파환경운동연합/강서양천환경운동연합/강원민주언론운동시민연합/거제환경운동연합/경기민주언론운동시민연합/경기북부참여연대/경남민주언론운동시민연합/경주환경운동연합/고양환경운동연합/공주녹색연합/과천환경운동연합/광주녹색연합/광주인권운동센터/광주전남민주언론운동시민연합/광주참여자치21/광주환경운동연합/국립공원을지키는시민의모임/군산환경운동연합/기독교환경운동연대/남해환경운동연합/녹색미래/녹색연합/다산인권센터/당진환경운동연합/대구경북녹색연합/대구참여연대/대구환경운동연합/대전참여자치시민연대/대전참여자치연대/대전충남녹색연합/대전충남민주언론운동시민연합/대전환경운동연합/마산창원환경운동연합/마창진참여자치시민연대/매비우스/목포환경운동연합/문화연대/민족문제연구소/민족민주열사추모(기념)단체연대회의/민주사회를위한변호사모임/민주언론운동시민연합/민주주의법학연구회/민주화를위한전국교수협의회/민주화실천가족운동협의회/보성환경운동연합/부산녹색연합/부산민주언론운동시민연합/부산여성회/부산참여자치시민연대/부산환경운동연합/비폭력평화물결/빈곤과차별에저항하는인권운동연대/사천환경운동연합/사회진보연대/서산태안환경운동연합/서울환경운동연합/서천환경운동연합/설악녹색연합/성남참여자치시민연대/성남환경운동연합/속초고성양양환경운동연합/수원환경운동센터/수원환경운동연합/순천환경운동연합/시민환경연구소/시흥환경운동연합/안산환경운동연합/안양군포의왕환경운동연합/여성환경연대/여수시민협/여주환경운동연합/역사문제연구소/역사학연구소/오산환경운동연합/울산여성회/울산참여연대/울산환경운동연합/원불교인권위원회/원주녹색연합/원주환경운동연합/의문사유가족대책협의회/의정부양주동두천환경운동연합/이천환경운동연합/익산환경운동연합/인권운동사랑방/인천녹색연합/인천참여자치연대/인천환경운동연합/장애우권익문제연구소/장흥환경운동연합/전국교수노동조합/전국언론노동조합/전국장애인차별철폐연대(준)/전국철거민협의회중앙회/전북민주언론운동시민연합/전북평화와인권연대/전주환경운동연합/제주참여환경연대/

제주환경운동연합/제천환경운동연합/주한미군범죄근절운동본부/진주환경운동연합/참여연대/참여와자치를위한춘천시민연대/참여자치전북시민연대/창녕환경운동연합/천안아산환경운동연합/천주교인권위원회/청주환경운동연합/춘천환경운동연합/충남참여자치지역운동연대/충북민주언론운동시민연합/충북참여자치시민연대/충주환경운동연합/통영환경운동연합/파주환경운동연합/평택참여자치시민연대/평화네트워크/평화를만드는여성회/평화와참여로가는인천연대/평화인권연대/포항환경운동연합/한국아나뱁티스트센터/한국농어촌사회연구소/한국독립애니메이션협회/한국독립영화협회/한국민족예술인총연합/한국사회경제학회/한국여성단체연합/한국여성의전화연합/한국전쟁전후민간인학살진상규명범국민위원회/한국정치연구회/한국철학사상연구회/한국YMCA전국연맹/화성환경운동연합/환경운동연합/환경정의/횡성환경운동연합/홍사단 민족통일운동본부 (총 141개 단체)

부록 2. 시민사회의 주요 입장문 (2)

〈평택미군기지 이전에 관한 정부의 주장 vs 진실 10가지〉 발표
— 주한미군 기지이전 및 전략적 유연성 합의에 대한 정부 논리, 주장 반박

(2006. 4. 27. 참여연대 평화군축센터)

참여연대 평화군축센터(소장: 박순성 동국대 교수)는 오늘(4월 27일) 〈평택미군기지 이전에 관한 정부의 주장 vs 진실 10가지〉를 발표하였다. 참여연대 평화군축센터는 이 보고서를 통해 2003년 미군기지 이전 협상에서부터 지난 1월 19일 주한미군 전략적 유연성 합의에 이르기까지 한국 정부가 주한미군재편을 수용하면서 내세웠던 주장들을 반박하였다. 주요 내용은 다음 10가지 정부 주장에 관한 것이다.

1. 용산기지 이전은 주한미군 재배치와 관계없다?
2. 용산기지 이전은 한국 측 요구에 의한 것이기 때문에 전액 부담한다?
3. 주한미군 재배치는 '신속기동군화' 등 역할변화와 관계없다?
4. 기지이전에 대한 추가비용 부담은 절대로 없다?
5. 반환기지 환경치유는 미국 측이 부담한다?
6. 이전비용 총액 제출은 불가능할 뿐만 아니라 오히려 손해다?
7. 기지이전협정 비준, 더 시간 끌 수 없다. 연내처리하지 않으면 안 된다?
8. 주한미군이 동북아 분쟁에 개입하지 않도록 안전장치를 마련했다?
9. 주한미군 전략적 유연성은 한미상호방위조약에 위배되지 않는다?
10. 한·미 간 협의과정 최대한 투명하게 공개하겠다?

참여연대 평화군축센터는 결론을 통해 용산기지 이전협상은 미국의 역할변경을 수용하고 이른바 '전략적 유연성'을 실현할 동북아 전초기지를 제공하기 위한 협상이었으며,

국민을 호도한 밀실 협상, 국민의 평화적 생존권을 심각히 훼손하고 중대한 재정적, 사회적 비용을 초래한 부실 졸속 협상이라고 주장하였다.

따라서 평화군축센터는 국회와 감사원이 협상에 대한 재검증에 착수해야 하며, 부실협상에 대한 철저한 검증이 이루어지기 전에 평택지역에 대한 강제토지수용은 중단되어야 하며, 군사시설보호구역 지정 시도, 군대 투입 계획도 철회해야 한다고 주장하였다. 다음은 보고서 요약문이다.

〈보고서 요약〉

- 지난 3년 동안 진행된 한·미 간 동맹재편 협상을 통해 정부는 주한미군 기지이전과 주한미군의 전략적 유연성 등 미국의 요구를 대부분 수용했음. 미국이 변화된 군사전략을 주한미군에 적용시키기 위해 시도되었던 동맹 재편 협상에서 미국의 요구는 대부분 관철되었음. 이러한 협상의 결과 주한미군의 역할이 확대 변화되었고 한미동맹 성격도 근본적으로 바뀌고 있음.
- 이러한 동맹 재편 협상의 결과들은 한반도 평화와 국민들의 안위에 직접적인 영향을 끼칠 뿐만 아니라 엄청난 재정 부담을 요구하고 있는 중대한 사안들임. 따라서 동맹재편 협상 과정에서 정부가 내세웠던 핵심 주장과 논리들이 타당했는지, 지금도 유효한지 그리고 정부가 협상과정과 결과에 대해 정직하게 설명하고 일관된 입장을 취했는지 확인할 필요가 있음.
- 2003년 미군기지 이전 협상에서부터 지난 1월 19일 주한미군 전략적 유연성 합의에 이르기까지 한국 정부가 주한미군재편을 수용하고 지원하기로 하면서 국민들에게 내세웠던 논리와 주장들은 많은 부분 사실과 다르거나 타당하지 않았음. 또한 정부는 협상결과에 대한 자의적인 평가와 기대를 협상의 성과로 부풀리거나, 문제가 되는 부분은 축소, 왜곡하기도 했음.
- 특히 다음 10가지의 정부 주장은 많은 문제점을 갖고 있음.

1. 용산기지 이전은 주한미군 재배치와 관계없다?

- 2004년 당시 정부는 용산기지 이전과 주한미군 재배치가 무관하다고 주장했지만 미국은

용산기지 이전을 주한미군 재배치 계획 일환으로 보았음. 실제 미국 내 해외미군 기지이전 관련한 보고서는 주한미군 재배치와 용산기지 이전을 구분하고 있지 않음. 또한 용산기지 이전협상은 미 2사단과 LPP(연합토지관리계획) 관련 기지이전 협상과 동시에 진행되었고 현재 추진되고 있음.

- 정부는 '아직 개념만 있는 해외미군재배치계획(GPR)과 용산기지 이전을 연계할 수 없다'고 주장하면서도 미 2사단, LPP 관련 미군기지 이전이 GPR에 의해 추진되고 있다는 점은 인정하였고 서둘러 주한미군 재배치에 합의해야 한다고 주장하였음. 그러면서 GPR에 따른 미군기지 이전과 같은 시기, 같은 곳으로 옮겨가는 용산기지의 이전을 연계하려는 어떤 시도도 하지 않았음.
- 그러나 정부 스스로 '동맹의 하드웨어인 주한미군의 기지 이전과 소프트웨어인 전략적 유연성이 합의되었다'고 설명하고 있음. 이는 용산기지 이전이 2사단, LPP 관련 기지이전과 같은 맥락에서 추진되어왔음을 확인하는 것임.
- 결국 정부가 용산기지 이전을 주한미군 재배치의 일환으로 보기를 애써 회피한 것으로밖에 볼 수 없음. 용산기지 이전이 주한미군 재배치와 관계없다는 정부 주장은 한국 측이 이전 비용을 전액 부담해야 하는 2004년 용산기지이전협상 결과에 대한 비난을 피하기 위한 주장이라고 볼 수 있음.

※ 관련 자료: 4개년 국방계획검토(QDR)(미 국방부, 2001), Defense Infrastructure(GAO (미 회계 감사원) 보고서, 2003. 7. 15), Review of Comprehensive Master Plan for overseas Military Facilities(GAO(미 회계 감사원) 보고서, 2004. 4), Defense Infrastructure(GAO(미 회계 감사원) 보고서, 2004. 6. 15), 리처드 롤리스 미 국방부 부차관보, 조선일보 인터뷰(2004. 6. 9), 〈용산기지 이전협정, 바로알고 논의하자〉(2004. 10. 19 조약국장 정해웅), 외교통상부 언론해명자료(2004. 3. 24), 김숙, 외통부 북미국장 국회 통외통위 공청회 발언(2004. 12. 6), 차영구, FOTA 한국 측 협상대표 국회 통외통위 공청회 발언(2004. 12. 6), 최영진, 외교부 차관 국회 통외통위 상임위 답변(2004. 12. 7), 〈용산기지 이전 협상 평가 결과 보고〉(청와대 공직기강비서관실, 2003. 11. 18), '주한미군 전략적 유연성' 설명자료(NSC, 2006. 1. 31), 이종석 통일부 장관 후보 인사청문

회(2006. 2. 6)

2. 용산기지 이전은 한국 측 요구에 의한 것이기 때문에 전액 부담한다?

- 2004년 당시 정부는 용산기지 이전이 한국 측 요구에 의한 것이기 때문에 한국 측이 전적으로 비용을 부담한다고 주장했지만, 주한미군 재배치와 용산기지 이전은 무관하지 않을 뿐만 아니라 미국도 GPR을 추진하고 있는 만큼 한국 측이 이전비용을 전액 부담할 이유가 없었음. 그러나 정부는 미국의 GPR과 같은 협상의 변수를 활용할 의지가 없었음. 단 한 차례의 비용분담 요구도 하지 않은 채 미국의 비용전액 부담 요구를 그대로 수용하였음.
- 이러한 용산기지 이전협상의 결과를 두고 2004년 미 국무부는 '목표를 초과달성한 협상'이라고 평가하고 있음. 정부 주장대로 용산기지 이전이 주한미군 재배치와 관계없거나, 미국 측이 용산기지에 계속 주둔하기를 고집했다면 이러한 평가는 나올 수 없음.

※ 관련 자료: 김숙 북미국장 MBC 라디오 인터뷰(2004. 10. 21), 〈용산기지 이전 협상 평가 결과 보고〉(청와대 공직기강비서관실, 2003. 11. 18), 국회 통외통위 검토보고서 (2004. 11. 26), FY 2004 Performance and Accountability Report(미 국무부, 2004), '용산기지 감사청구 유보 방침'(한겨레, 2004. 8. 10)

3. 주한미군 재배치는 '신속기동군화' 등 역할변화와 관계없다?

- 2004년 당시 정부는 주한미군이 평택에서 같은 임무와 기능을 수행하기 때문에 주한미군의 '신속기동군화'의 우려는 없다고 주장했으나 이는 사실로 전혀 다름. 미국이 불분명한 위협에 신속하게 대처하기 위해 중무장한 붙박이식 주한미군을 경량화, 첨단화, 기동력 있는 '신속기동군'으로 전환시키고, 이를 위해 기지이전과 주한미군의 전략적 유연성을 요구했다는 것은 주지의 사실임(2003년 FOTA 회의, 2003년 SCM). 이미 미 2사단은 미군기지 이전협상이 진행 중이던 2004년 하반기부터 개편되어 세계 최초의 '신속기동군'으로 탈바꿈되었음.

- 그러나 정부는 미군기지의 평택으로의 이전이 주한미군의 역할 확대, 즉 붙박이 군에서 동북아 신속기동군으로 전환하고 전략적 유연성을 확보하기 위한 것이라는 시민단체의 주장을 일축하였고 미군이 재배치되더라도 주한미군의 '지역방위군화', '동북아 기동군화'에 대한 우려는 없다고 주장하였음. 하지만 정부가 주한미군의 재배치가 미군의 역할변화를 위한 조치라는 것을 몰랐다고 보기 어려움.

※ 관련 자료: 용산기지이전협정 해설(외교통상부, 2004), 김수권 외교통상부 북미3과장(국정브리핑 2004. 8. 19), 주한 미2사단 한반도 '붙박이'로 기능(연합뉴스, 2004. 8. 20), 김수권/외교통상부 북미3과장(프레시안, 2004. 11. 9), '한미동맹 재편 논의 관련 질의서'(참여연대 평화군축센터, 2005. 10. 25), 미 2사단 미래형 사단으로 개편 완료(국방부 뉴스, 2005. 7. 11), "'전략적 유연성'은 미래 한미동맹 발전의 핵심"(차두현, 국정브리핑, 2006. 1. 24), 리언 라포트 전 주한미군 사령관 인터뷰(중앙일보, 2006. 4. 3), 주한미군 이미 '유동군' 탈바꿈(조선일보, 2006. 1. 21)

4. 기지이전에 대한 추가비용 부담은 절대로 없다?

- 정부는 2004년 용산기지이전협정과 LPP 개정협정에 따른 이전비용 총액을 제출하지 않은 채 국회 비준동의를 요구하면서 기지이전에 따른 추가비용부담은 절대 없을 것이라고 주장하였음. 그러나 현재까지 정부 측 발표나 미군 장성들의 발언에서 확인되는 이전비용은 계속 증액되고 있는 추세임.
- 실제 주한미군 기지이전을 위해 한국 측이 부담하는 비용은 용산기지이전비용(35~55억)과 미 2사단과 LPP에 따른 기지이전비용 1조 5,132억 원(최소 16억 달러 이상(2004년 국방부 국회제출 자료), 이전비용으로 쓰일 수 있는 방위비 분담금 17억 달러(국방부 추산) 등을 포함하여 최소 68억 달러에서 88억 달러에 이를 수 있음. 뿐만 아니라 미군 측이 오염된 반환기지를 제대로 복구하지 않을 경우 국내법에 따라 기지를 사용하기 위해 최소 5천억 원에서 수조 원에 달하는 환경복구 비용이 투입될 수 있으며, 평택기지에 대한 성토비용도 추가될 가능성이 있음.

※ 관련 자료: 국회 통일외교통상위원회 상임위 회의록(2004. 12. 7), 국방부 국회보고 자료 (2004년), 미군기지 이전비 80억弗 중 "美는 6%만 부담"(한국일보, 2006. 1. 26), 이종석 통일부 장관 후보 인사청문회(2006. 2. 6), "주한美軍 재배치 비용 한국이 68억 달러 부담"(조선일보, 2006. 3. 10), 2006년 3월 미군기지이전사업관련 사업관리(Program Management) 입찰참가자격요청서(RFQ), 〈용산기지 이전협정, 바로알고 논의하자〉 (조약국장 정해웅, 2004. 10. 19)

5. 반환기지 환경치유는 미국 측이 부담한다?

- 정부가 지난 2004년 용산기지 이전협상의 성과로 내세웠던 것 중의 하나가 바로 반환기지 환경 치유책임이 미국 측에 있다는 것이었음. 그러나 미 국방부의 입장은 달랐음. 미국 측은 '환경보호 특별양해각서'를 근거로 인간 건강에 급박하고 실질적인 위험을 초래하는 환경오염(KISE)의 경우 말고 통상적인 기지오염 비용은 부담할 수 없다는 입장을 보이고 있음. 이러한 미국 측의 입장은 지난 2005년 미 회계감사원(GAO) 보고서에서도 확인되고 있음.

- 정부는 '반환기지 환경치유는 미국 측이 부담한다'고 국민들에게 홍보해왔으나, 실제 용산기지이전협정에는 'SOFA 및 관련 합의에 따라 처리한다'고 규정하고 있음. 그러나 SOFA 규정이나 환경절차 합의서는 미군 측에 실질적인 환경치유를 강제할 수 없는 조항이 없음. 2004년 협상 당시 이러한 우려가 되었음에도 불구하고 정부는 '협정체결로 미국 측의 오염치유 의무가 강화되었다'고 주장하였음.

- 결과적으로 심각하게 오염된 주한미군의 반환기지의 환경치유는 미국 측의 부담이 아닌 한국 측 부담으로 떠넘겨질 가능성이 농후함. 정부 역시 환경복구 요구를 관철시키기 보다는 기존의 주장을 스스로 철회하고 있는 형편임. 이는 지난 2004년 협상 정부가 반환기지에 대한 미국 측의 치유책임을 호언장담했던 것과는 전혀 다른 결과임.

※ 관련 자료: 용산기지이전협정 해설(외교통상부, 2004), 〈문답으로 본 용산기지 이전 및 LPP개정 협정〉(국방부, 2004. 7. 24), 김동기, SOFA 합동위 용산기지이전 분과위원장

(국정브리핑, 2004. 8. 24), '용산기지이전협정은 조속히 발효시켜야 한다'(정해웅, 외통부 조약국장, 2004. 11. 11, 토론회 "용산기지이전협정, 무엇이 문제인가"), 주한미군 기지, 오염 치유 후 반환(국방부 홍보관리관실, 2005. 10. 11), Defense Infrastructure(미 회계감사원(GAO) 보고서, 2005. 6. 27), 〈용산기지 이전 협상 평가 결과 보고〉(청와대 공직기강비서관실, 2003. 11. 18), 한국·독일 미군기지 이전협상 다른 점(세계일보, 2004. 11. 21)

6. 이전비용 총액 제출은 불가능할 뿐만 아니라 오히려 손해다?

- 정부는 2004년 협상 당시 미군기지 이전 협정에 대한 국회 비준동의 없이 총액을 제출하는 것은 가능하지 않으며, 총액을 제시하는 것이 오히려 손해라고 주장하였음. 그러나 지금껏 최종 종합시설계획(MP)이 나오지 않은 상태에서 기지이전사업이 진행되어 왔으며 이러한 가운데 이전비용은 오히려 증가하고 있음.
- 정부는 매년 국회가 예산 승인권을 통해 기지이전비용을 통제할 수 있을 것이라는 주장하고 있으나, 국회가 한·미 간 합의사항에 제동을 걸기 어렵고, 국회의 예산수정 요구가 있을 시 MP를 수정할 수 있다는 근거도 없음. 국회의 실질적인 비용 통제는 기대하기 어려움.
- 막대한 이전비용이 투여되고 정부 또한 비용의 최소화에 노력했다고 주장했던 만큼 MP 등을 작성하여 소요예산에 대한 국회 검토를 거친 후에 기지이전사업을 추진하는 것은 불가능하거나 손해 보는 일이 아닐 것임. 비용을 최소화하겠다는 의지만 있으면 정부가 할 수 있는 일일 것임. 그러나 정부는 비용을 최대한 절감할 수 있는 방향에서 신중하게 미군기지이전을 추진하기보다는 미군기지의 조속한 이전에 합의해주는데 급급하였음.

※ 관련 자료: 〈용산기지 이전협정, 바로알고 논의하자〉(2004. 10. 19 외통부 조약국장 정해웅), 최영진 외통부 차관 국회 통일외교통상위원회 진술(2004. 12. 7)

7. 기지이전협정 비준, 더 시간 끌 수 없다. 연내처리하지 않으면 안 된다?

- 2004년 정부는 주한미군 기지이전은 서두를수록 좋다며 미군기지 이전협정을 서둘러 통과시켜버렸음. 그 결과 해외주둔 미군 중 주한미군 재배치가 가장 먼저 타결되었으며, 이는 미국이 해외미군 재배치를 추진하는 데 있어 가장 '성공적인' 시범 케이스가 되었음.
- 그러나 한국 측이 이전비용을 대폭 지원하면서까지 기지이전에 시급히 합의해줘야 할 이유가 없었음. 반면 주일미군 재편 협상은 미국 측의 과도한 비용부담 요구로 오랫동안 난항을 겪었으며, 최근에서야 미일은 주일미군 재편 최종안에 대한 합의에 이르렀음. 앞서 확인한 대로 이러한 주한미군기지이전 협상 결과에 대해 미국은 '목표 초과달성'한 협상이라고 평가하고 있음.

※ 관련 자료: 최영진 외통부 차관 국회 통일외교통상위원회 진술(2004. 12. 7), 미 의회 예산처(CBO) 보고서(2004. 5)

8. 주한미군이 동북아 분쟁에 개입하지 않도록 안전장치를 마련했다?

- 지난 1월 19일 발표된 '주한미군의 전략적 유연성' 공동성명에 대해 정부는 주한미군이 동북아 분쟁에 개입하지 않도록 하는 안전장치라고 주장하고 있음. 그러나 그러한 평가는 자의적인 기대에 불과하며 실제 주한미군의 동북아 분쟁 개입을 제어할 장치는 없음. 주한미군의 입출을 제어할 수 있는 실질적인 수단이 없다는 문제제기에 대해 정부는 공동성명을 통해 그 가능성을 차단했다고 자평하고 있으나 미국이 주한미군의 동북아 분쟁 개입 반대라는 한국 측의 입장에 명시적으로 동의한 적이 없음. 또한 정부 주장과는 달리 이번 성명이 주한미군 이동에 대한 한국 측의 동의를 구하는 것으로 볼 근거도 없음.

※ 관련 자료: 위성락, "외교각서에 대통령 지침 철저히 반영했다"(프레시안, 2006. 2. 22), 국회 통일외교통상위원회 회의록(2004. 7. 7), 국정브리핑(2005. 2. 3), 이종석 통일부 장관 후보 인사청문회(2006. 2. 6), 마이클 그린 전 백악관 국가안보회의(NSC) 선임보좌관 인터뷰(연합뉴스, 2006. 2. 16)

9. 주한미군 전략적 유연성은 한미상호방위조약에 위배되지 않는다?

- 주한미군의 전략적 유연성을 인정한 1.19 공동성명은 주한미군의 주둔목적과 활동범위를 규정한 한미상호방위조약에 정면으로 위배되는 것임. 미군이 한반도에 주둔할 수 있는 근거인 한미상호방위조약은 한·미 양국에 대한 무력 공격이 있을 경우에 공동으로 대처한다는 것을 그 내용으로 하고 있음. 따라서 주한미군이 한반도 이외 지역으로 드나드는 것 자체로도 조약에 어긋나며, 주한미군이 한반도 방어 목적이 아닌 한반도 이외 지역에 대한 군사적 개입을 위해 주둔하는 것 역시 한미상호방위조약에 위배되는 것임.
- 따라서 1.19 공동성명이 법적 기속력이 없는 정치적 선언이기 때문에 그리고 이라크 사례처럼 주한미군이 동북아 이외 지역에 나가더라도 동북아 분쟁에 개입하지 않는다면 한미상호방위조약에 위배되지 않는다는 정부의 주장은 터무니없는 주장임.

※ 관련 자료: 이종석 통일부 장관 후보 인사청문회(2006. 2. 6), 한미상호방위조약(1953년 체결), NSC 상임위 회의록(2005. 12. 29)

10. 한·미 간 협의과정 최대한 투명하게 공개 하겠다?

- 정부는 주한미군 재조정에 관한 한·미 간 협의 과정을 최대한 투명하게 공개하겠다고 했으나 실제 지난 3년 동안 진행되었던 한미동맹 재편 협상 내내 정부는 철저히 비밀주의, 정보통제 태도로 일관하였음. 특히 주한미군 전략적 유연성 관련하여 정부는 협의과정을 일절 공개하지 않다가 느닷없이 전략적 유연성 합의 결과를 국민들에게 통보하였음. 이는 협싱 과정에서 논란이 일고 반대 여론이 형싱되는 것을 아예 원천봉쇄하고자 하는 의도임.
- 지난 3년간 대미협상 과정에서 보여준 정부의 태도는 투명성과 책임성과는 너무나도 거리가 멀었으며 밀실협상 결과를 통보하면 국민들은 이해하고 따라오라는 식의 시대착오적인 태도를 보여 왔음.

※ 관련 자료: 반기문 외교부 장관 국회 통일외교통상위원회 발언(2004. 7. 7), 주한미군 전략적 유연성 논의 신속히 진행(연합뉴스, 2005. 2. 3), 軍-외교-對北 기밀 국회제출 거부…알권리 침해 논란예상(동아일보, 2005. 1. 12), 최재천, "참여정부, 독재시절 '대미 맹종형 밀실외교' 답습"(오마이뉴스 2006. 2. 3), 정부는 왜 국민과 야당 대표들에게 숨겼을까(오마이뉴스, 2006. 4. 20)

(결론)

- 용산기지 이전협상은 미군의 역할변경을 수용하고 이른바 '전략적 유연성'을 실현할 동북아 전초기지를 제공하는 것으로, 헌법과 한미상호방위조약을 초월한 불법 협상, 국민을 호도한 밀실 협상, 국민의 평화적 생존권을 심각히 훼손하고 중대한 재정적, 사회적 비용을 초래한 부실 졸속 협상이다.
- 정부는 주한미국의 역할변경과 자체 군사혁신에 따른 기지 제공 요구를 마치 한국 측 요구에 의한 것처럼 호도하고, 이에 대한 사회적 합의와 비용에 대한 철저한 검토 없이 서둘러 처리하는 것이 우리의 국익에 부합하는 것처럼 강변하였음.
- 이 과정에서 국회의 예산심의권을 훼손하고 국민의 알권리를 침해하고, 나아가 국민의 평화적 생존권마저 위태롭게 만들고 있음.
- 그 결과 평택에 새로 만들어지게 될 기지는 한미상호방위조약과 헌법을 초월한 전 세계를 향한 미군의 전초기지가 되게 되었고, 기지이전 비용 예상치의 증가, 오염기지 환경치유 책임 회피 등 적지 않은 추가비용도 수반하게 되었음.
- 이 모든 예고되지 않은 결과들에 대한 책임은 전적으로 밀실에서 협상을 추진한 정부와 이를 무책임하게 비준한 국회에게 있음.
- 국회와 감사원은 목적을 벗어난 기지협상의 결과와 절차적 하자 그리고 비용부담의 적정성 등에 대한 재검증 작업에 나서야 한다.
- 부실, 졸속협상들은 전면 재검토되어야 함. 협상의 문제점이 속속 드러나고 있음에도 불구하고 기지이전을 강행하는 것은 있을 수 없는 일임.
- 국회는 2004년 기지이전협정안 비준 동의 당시 약속했던 국회 청문회를 열어 지난 3년간의 협상 전반에 대해 철저히 검증해야 함. 특히 기지 이전의 목적 변경―예컨대

전략적 유연성 보장, 주한미군 2사단의 신속기동군화와 상당수 병력의 해외 대기 등 사정변경—의 문제점과 협상과정의 절차적 하자, 비용부담의 적정성 등에 대한 철저한 검증을 시작해야 할 것임.
- 한편, 감사원은 참여연대가 지난 2006년 2월 16일 제출한 '정부의 졸속·부실 대미협상 관련한 감사원 정책감사요청'에 대해 전면적인 정책감사로 답해야 할 것임. 이미 두 달이 지나고 있음에도 불구하고 이에 대해 적절한 응답을 미루고 있는 것은 이해할 수 없음.
- 합당한 근거 없이 주민의 평화적 생존권을 박탈하는 강제토지수용은 즉각 중단되어야 한다.
- 평택기지 확장을 위해 토지를 강제 수용당할 처지에 있는 주민들은 과거 정부의 미군기지 확장으로 이미 한 차례 이상 토지를 수용당했던 주민들임. 이미 국가로부터 자신의 정당한 권리를 제한받았던 아픈 경험을 가진 이들에게 정부는 또다시 평화적 생존권과 행복추구권을 박탈하는 조치를 강요하고 있음.
- 게다가 정부는 거듭되는 주민들의 권리침해에 대해 적절한 대화와 납득할 만한 보상 및 배상책을 제시하지 않은 채 대개가 노인인 이들을 삶의 터전에서 쫓아내려 하고 있음.
- 특히 정부가 주한미군의 전략적 유연성을 인정함으로써 평택기지 확장은 헌법과 한미상호 방위조약에도 저촉되는 것임. 따라서 공권력을 발동할 적법한 근거도 없음.
- 군사시설보호구역 지정 시도 중단하고 군대 투입 계획 철회해야 한다.
- 국방부가 주민들이 평화롭게 생활하고 있는 토지와 주거지에 추진하는 군사시설 보호구역을 지정하는 것은 있을 수 없는 일임. 설사 국방부의 계획에 따라 이 지역에 군 기지가 건설될 '예정'이라 하더라도 그 같은 시도가 적법성을 갖는 것은 아님.
- 더욱이 군부대에게 곤봉을 지급하고 진압훈련을 시키고 있다는 제보는 충격적인 것으로서, 이 역시 군사시설 보호의 명목으로도 절대로 용인될 수 없는 위험천만한 위헌적 발상임.

부록 2. 시민사회의 주요 입장문 (3)

평택 미군기지 확장을 둘러싼 갈등에 대한 시민사회 각계인사 긴급 기자회견문
(2006. 5. 10. 시민사회 각계인사 92인)

　　우리는 최근 평택 미군기지 확장을 둘러싼 극단적 대립과 갈등 상황에 깊은 우려를 표하며, 이 갈등을 해결하기 위한 정부와 시민사회의 합리적이고 현명한 판단과 건설적 노력을 촉구하고자 한다.

　　평택 미군기지 확장을 둘러싼 논란이 경찰과 용역업체, 군인을 동원한 행정대집행과 이에 저항하는 주민 및 시민사회 단체 활동가들 간의 물리적 충돌로 이어진 것은 매우 불행한 일이다. 특히 정부가 해당 지역을 군사시설보호구역으로 무리하게 지정하면서까지 직접 군인을 투입하여 민·군 마찰로 확대되고 있는 점에 대해 심각한 우려를 표명한다. 최근의 충돌로 갈등상황이 종료되거나 해결된 것이 아니다. 오히려 갈수록 더욱 극한 대립과 마찰로 치달아 결국 국가 공권력과 주민 모두를 패배자로 만들 우려가 크다. 합리적 해결 대안과 좀 더 명확한 사회적 합의 과정이 절실하다.

　　먼저 우리는 평택 미군기지 확장 문제가 평택 주민들의 문제인 동시에 시민사회 전체와 연결된 국가적인 문제라는 점에 주목한다. 이 점에서 정부가 그동안 평택에 조성될 미군기지의 용도와 목적·비용 등에 대해 필요한 사회적 합의를 도출했는지 돌아보아야 한다.

　　정부는 평택 미군기지의 용도와 목적이 용산기지의 단순한 이전 그리고 미군으로부터 반환될 토지에 대한 대체부지의 제공을 위한 것이라고 국민을 설득해 왔고 국회에도 그렇게 보고했으나, 이 기지가 한반도 방위 이외의 목적, 예컨대 이른바 주한미군의 '전략적 유연성과 지역적-지구적 역할 확대', '중국 견제' 등의 확대된 목적에 사용될 것이라는 점이 분명해 지고 있다. 이 점에 대해 정부가 넓게는 국민, 좁게는 평택주민들에게 충분히 설명하고 이해를 구했는지 의문이다.

　　정부는 또한 기지이전과 관련된 비용 문제, 반환될 기지의 환경오염 치유 문제 등 미국과의 협상 내용을 상세히 공개하지 않고 있다. 이 문제들은 협상이 아직 완결되지 않았거나 애초의 합의에 대해 한·미 간 이견이 발생하고 있는 사안들이다. 이 같은 주요 현안들이 매듭 되지 않았고, 그 실태가 국민들에게 공개되지도 않고 있는 마당에 평택기지 확장을 위한 토지수용만 시간을 다투어 강행하는 정부의 태도도 설득력을 잃고 있다.

주한미군이 당장 철수해야 한다고 믿는 이들은 현재 많지 않다. 하지만, 우리의 장기적 이익과 배치됨에도 불구하고 맹목적이고 일방적으로 미국의 요구를 수용해야 한다고 생각하는 이들도 많지 않다. 정부는 이 점을 명심하고 제기된 질문들에 투명하게 답해야 한다.

정부의 공권력 행사에 대해 물리적인 방식에 의한 저항에는 한계가 있으며, 목적을 달성하는 궁극적이고도 유효한 수단이 될 수도 없다. 그러나 마찬가지로 주민들이 평화적 생존권과 주거권을 포기하고 수십 년간 스스로 개척해온 삶의 터전을 떠나는 문제는 단순한 '보상' 차원의 문제만은 아니다. 정부가 공권력 행사 이전에 그 타당한 근거를 설득하고 합의할 때 비로소 가능한 일이다. 이 점에서 정부가 토지의 협의매수를 거부하고 있는 주민들의 행동을 '보상을 더 받기 위한 전술'로 매도한 것은 신중치 못한 처신이었고 공권력에 대한 불신을 가중시키는 결과를 초래하고 있다.

이 같은 상황을 종합해 볼 때, 평택 미군기지 확장을 둘러싼 갈등을 예방하고 해결하는 과정에서 충분한 사회적 논의와 진지하고 성실한 협의가 매우 부족하였다. 노무현 정부는 참여정부를 표방하고 갈등분쟁 예방과 해결을 위한 입법도 추진해 왔으나 정작 평택 미군기지 확정 과정에서는 사회적 갈등의 한 장본인이자 당사자가 되어 왔고, 이 문제를 해결할 사회적 자원을 동원하는데 매우 인색하고 소극적이었다. 그 결과 평택 미군기지 확장을 둘러싼 건설적 논의를 전개할 수도 있었던 지난 3년간을 충분히 활용하지 못한 채 허비했고 강압적인 공권력 투입에 의존하여 오늘의 극단적 충돌을 초래하게 되었다.

이에 우리는 다음의 사항을 신중히 제안하고자 한다.

첫째, 정부는 평택 미군기지의 용도와 목적 그리고 비용과 관련해 시민사회의 문제제기와 질문에 분명한 답변을 내놔야 한다. 한·미 간 아직 타결되지 않은 비용 및 환경부담책임 문제를 어떻게 해결할 것인지 명확한 입장을 밝혀야 한다. 또한 전략적 유연성과 관련된 주한미군의 동북아 분쟁에 대한 통제장치 등에 대한 의문에도 답해야 한다.

국회는 기지이전협정 비준 당시 후일 청문회를 통해 검증키로 약속한 기지의 용도,

부담책임과 비용 등에 대한 검증작업에 착수해야 한다. 또한 정부와 국회는 수십 년간 처절한 고통 가운데서 대를 이어 일궈온 삶의 터전으로부터 강제로 쫓겨나기를 거부하는 주민들의 주장과 절규에 답해야 한다.

둘째, 평택 기지 확장을 둘러싼 현안에 대한 정부의 입장과 주민들의 목소리를 공론의 장에서 검증하고 사회적 합의를 도출할 수 있는 협의기구가 우선적으로 필요하다. 정부는 충분한 대국민 및 대주민 설득 없는 공권력 행사가 갈등의 한 원인이 되었음을 겸허히 인정해야 한다. 이에 평택 기지 확장과 관련하여 당사자들의 의견을 충실히 반영하고 각계의 의견을 수렴할 수 있는 중립적 협의기구 구성을 제안한다.

셋째, 이러한 최소한의 국민적 협의가 진행되는 동안 평택기지 확장을 위한 강제집행을 중단함으로써 물리적 충돌의 악순환을 예방하고 공권력의 위신과 신뢰를 회복해야 한다.

우리는 이러한 입장과 제언을 공론화하기 위해 우리가 할 수 있는 일들을 진행할 것이다. 정부와 평택지역주민의 입장을 진지하게 청취하기 위해 국무총리와 평택주민 면담 등을 추진하는 한편, 정부와 주민, 국방부와 민간전문가들이 참여하는 공청회도 개최할 것이다. 아울러 평택 미군기지 확장의 주된 쟁점인 기지의 용도와 목적, 비용 등에 대한 시민사회 차원의 검증노력도 지속할 것이다.

평택 미군기지 확장을 둘러싼 갈등을 평화적으로 해결하고 건설적인 사회적 합의를 도출하는 일은 우리 사회의 소통 능력과 대안 도출 역량 그리고 정부와 정치권의 민주적 리더십을 시험하고 있다. 정부와 국회 시민사회 각계각층의 진지한 성찰과 노력을 촉구한다. 특히 정부가 진정한 의미의 협치(governance)의 지혜를 발휘하기를 기대한다.

(기자회견 참가자)

강명구 시민환경정보센터 소장/권미혁 한국여성민우회 공동대표/김규복 대전충남녹색연합 대표/김기식 참여연대 사무처장/김동민 민언련 공동대표/김두현 평화통일대구시민연대 사무처장/김상근 6.15민족공동위원회 공동대표/김숙임 평화여성회 상임대표/김승무 인권실천시민행동 대표/김용태 민예총 회장/김정수 평화여성회 공동대표/김정자 녹색사회연구소 이사장/김정헌 문화연대 공동대표/김제선 대전참여자치시민연대 사무처장/김철규 환경운동연합 정책위원/김형선 부산녹색연합 대표/김혜정 환경운동연합 사무총장/나지현 전국여성노동조합 위원장/남윤인순 여성연합 공동대표/박그림 설악녹색연합 대표/박순성 참여연대 평화군축센터 소장/박영숙 여성재단 이사장/박영신 녹색연합 상임대표/박오순 환경소송센터 대표/박원순 희망제작소 상임이사/박재묵 환경운동연합 정책위원/박지극 평화통일대구시민연대 상임대표/박진섭 생태지평 부소장/박태연 부천여성노동자회 회장/박형규 목사/백승대 대구시민단체연대회의 상임대표/손혁재 참여연대 운영위원장/송상용 환경교육센터 이사장/송학선 환경운동연합 에너지기후변화위원장/신경림 시인/신태섭 민언련 공동대표/심영희 한양대학교 사회과학부 학장/안병옥 가톨릭대 사회학과 교수/안이정선 대구시민단체연대회의 공동대표/양길승 녹색병원 원장/양병이 녹색사회연구소 소장/여영학 환경법률센터 소장/여운 민족미술협의회 대표/오충일 국정원과거사진상규명위원회 위원장/이학영 한국YMCA사무총장/유경희 한국여성민우회 상임대표/유원규 한국기독교기회협의회 인권위원장/윤선구 서울대 철학사상연구소 책임연구원/윤정숙 아름다운재단 상임이사/윤준하 환경운동연합 공동대표/이대영 평화통일대구시민연대 운영위원장/이덕희 환경운동연합 국제협력위원장/이돈명 변호사/이석태 민변 회장/이송평 평화통일대구시민연대 집행위원장/이수호 선린인터넷고등학교 교사/이승환 민화협 정책위원장/이시재 가톨릭대 사회학과 교수/이중원 환경운동연합 정책위원/이창현 환경운동연합 정책위원/이필상 함께하는시민행동 공동대표/이형모 시민의신문 이사장/임옥상 문화우리 대표/임종대 참여연대 공동대표/임종철 평화와통일을여는사람들 공동대표/장재연 시민환경연구소 소장/전영 광주전남녹색연합 대표/전형수 대구시민단체연대회의 공동대표/정대화 서울시민포럼 대표/정욱식 평화네트워크 대표/정지용 평화박물관건립준비위원회 공동대표/정현백 여성연합 공동대표/정형곤 민화협 사무처장/정희성 민족작가회의 이사장/조광진 대구시민단체연대회의 공동대표/조성우 민화협 상임의장/지은희 덕성여대 총장/차병직 참여연대 집행위원장/최열 환경재단 대표/최명숙 한국여성민우회 공동대표/최민희 민언련 상임대표/최상임 전국여성노동조합 위원장/최재석 원주녹색연합 대표/최주영 경기환경연합 공동대표/최철호 생명평화연대 대표/하승창 함께하는시민행동 상임운영위원/한상희 건국대학교 교수/하경구 환경운동연합 정책위원장/한국연 정대협 공동대표/한정숙 서울대 서양사학과 교수/한홍구 평화박물관건립추진위원회 상임이사/함세웅 민주화운동기념사업회 이사장/홍성태 참여연대 정책위원장 (총 92명)

부록 2. 시민사회의 주요 입장문 (4)

북측의 일방적인 열차시험운행 취소 유감
― 예정일 하루 앞둔 취소 통보는 남북대화의 신뢰성 훼손하는 조치

(2006. 5. 24. 참여연대 평화군축센터)

　오늘(5월 24일) 북측이 내일로 예정된 경의선, 동해선 열차시험운행을 취소하겠다는 입장을 통보해 온 것으로 알려졌다. 참여연대 평화군축센터(소장 박순성, 동국대)는 열차시험운행을 하루 앞두고 북측이 이 같이 갑작스럽게 통보한 것에 대해 깊은 유감을 표하지 않을 수 없다.

　내일로 예정되었던 남북 간 열차시험운행은 남북 간의 교류협력을 진전시켜 한반도 평화를 정착시키겠다는 남북한의 의지를 상징한다고 할 수 있다. 더욱이 6자회담이 교착상태에 빠져 있고, 북미갈등의 골이 더욱 깊어지고 있는 상태에서 이번 열차시험운행이 갖는 역사적 의미는 더욱 중대하다. 북측 또한 민족공조를 통해 이러한 상황을 타개할 것을 수차례 강조해왔음은 주지의 사실이다. 이러한 가운데 남북이 합의한 열차시험운행을 느닷없이 취소를 통보한 것은 남북 간의 대화와 합의에 대한 신뢰성을 훼손하는 조치이다.

　우리는 북측이 열차시험운행을 무산시킨 이유가 그 무엇이든지 간에 예정일을 하루 앞두고 일방적으로 취소하는 북측의 태도를 납득할 수 없다. 또한 남북 간의 합의사항을 북측이 일방적으로 무산시키는 사례가 반복되고 있는 것 역시 남북 간 대화와 합의에 대한 신뢰를 쌓는데 장애가 될 수 있음을 우려하지 않을 수 없다. 이는 대북포용정책을 둘러싼 남한 사회 내 갈등을 심화시키는 것은 물론 남북교류협력을 적극 지지해온 남측 시민사회의 입지를 약화시키는 것으로 이어질 수 있다. 이에 우리는 북측이 이 같은 결정이 남북관계 개선에 전혀 도움이 되지 않는다는 것을 인식하고 조속한 시일 내 열차시험운행이 이루어지도록 전향적인 조치를 취할 것을 촉구하는 바이다.

부록 2. 시민사회의 주요 입장문 (5)

한반도 주민 안전을 볼모로 한 북한의 핵실험을 강력히 규탄한다
― 북 핵실험은 한반도 비핵화 선언과 6.15 정신을 심각하게 훼손하는 행위

(2006. 10. 9. 참여연대 평화군축센터)

　　북한이 결국 오늘(10월 9일) 핵실험을 강행한 것으로 보도되고 있다. 우리는 북한이 한반도 주민들의 안전과 생명을 위험에 빠뜨릴지도 모르는 핵실험을 강행한 데 대해 강력히 규탄한다.

　　북한 중앙통신은 "지하 핵시험을 안전하게 진행했다"고 보도하고 이로써 "강력한 자위적 국방력"을 가지게 되었고 "핵시험이 조선반도와 주변지역의 평화와 안정을 수호하는 데 이바지할 것"이라고 주장하고 있다. 그러나 북의 핵실험은 한반도 주민들을 치명적인 핵위협의 볼모로 삼고 있다는 점에서 한반도와 주변지역의 평화와 안정에 정면으로 배치되는 일이며, 남북이 서로 합의한 한반도 비핵화선언과 6.15 공동선언의 정신을 심각하게 훼손하고 있다. 또한 북의 '핵시험'은 한반도와 주변지역에 심각하고도 중대한 정치군사적 긴장대결 국면을 새롭게 조성하고 있다. 그들 자신이 강조해 마지않는 자위력 혹은 억제력 확보라는 자의적 소망과는 정반대의 결과를 초래하고 있는 것이다. 우리는 이러한 북한의 태도가 주변국들의 군비증강을 부추기는 빌미가 되어 오히려 북한뿐만 아니라 한반도 전체의 안전을 위협하는 역효과를 낳을 수 있음을 강력히 경고한다.

　　우리는 한반도 주민의 인잔을 볼모로 삼아 백해무익한 핵무장을 실현하고 이를 협상수단을 이용하려는 북한 당국의 군사적 모험주의에 반대하며 이를 강력히 규탄한다. 북한의 핵무장은 결코 용납될 수 없다. 북은 핵무기를 즉각 폐기해야 한다.

　　한편, 북의 핵실험은 현 상황이 북의 핵보유를 더 이상 무시하거나 간과할 수 없는 국면으로 접어들었음을 의미한다. 이 점에서 북한에 대한 악의적 무시, 배제와 무대응의 결과가 북의 '핵보유 시위'의 빌미와 근거를 제공했음을 직시해야 한다. 미국을 필두로

하는 이러한 악의적 무시가 계속될 경우, 북의 선택은 더욱 높은 단계의 긴장국면을 유발하는 것으로 나아갈 수 있음을 그간의 과정이 보여주고 있다. 이러한 과정이 반복된다면 한반도는 예측하기 힘든 위기 국면으로 나아갈 것이다.

    한반도 위기와 갈등의 심화는 6자회담 관련국들과 국제사회를 패배자로 만들 것이며, 특히 그 직접적 피해는 한반도 주민에게 미칠 수 있다. 따라서 새로운 국면을 맞은 한반도 위기의 해법에 대한 냉정하고도 철저한 점검이 필요하다. 이 위기의 실질적이고 평화적인 관리와 한반도 핵문제, 나아가 한반도 정전체제의 근본적인 해법에 대해 길고도 인내심을 요하는 진지한 논의를 시작해야 한다. 특히 이 위기의 해결책임은 북한과 미국 그리고 남한을 비롯한 6자회담 당사국들 공동의 책임임을 자각해야 한다. 핵보유를 선언한 북한의 핵 폐기와 한반도·동북아의 항구적인 평화정착 역시 어느 일방이 아닌 공동의 노력에 의해서만 이루어질 수 있다는 사실도 명심해야 한다.

부록 2. 시민사회의 주요 입장문 (6)

대북제재로 북 핵 폐기 실패한 부시 대북정책 답습하자는 것인가
- 무력충돌 야기할 PSI 참가는 절대로 안 돼
- 북 핵실험은 북미갈등의 산물, 대북 화해협력정책에 책임 전가 온당치 못해

(2006. 10. 12. 참여연대 평화군축센터)

핵실험을 강행한 북한에 대한 제재 논의가 한창이다. 정부는 유엔안보리 결의안에 금융제재가 포함되면 이에 동참할 것이며, 북한을 겨냥하고 있는 대량살상무기확산방지구상(PSI)에 대한 참여를 확대하겠다는 입장도 밝히고 있다. 나아가 정부의 대북 화해협력정책이 북한의 무모한 핵실험이 가능하게 했다며 이를 폐기해야 한다는 주장도 나오고 있다. 위기와 적대의 상승곡선이 가져올 파국을 가늠하는 냉정함은 뒷전이고 해결이 아닌 대결과 긴장을 가속화시키고 있는 형국이다.

그러나 지금 우리 앞에 놓인 절체절명의 과제는 지금의 핵위기를 안정적으로 관리하고 북한의 핵 폐기와 한반도 비핵화를 이뤄내는 것이다. 물론 체제유지와 국가운명을 핵무기에 거는 북한의 무모한 태도는 그 자체로 깊은 분노를 낳기에 충분한 것이다. 핵실험으로 국제사회로부터의 고립이 더욱 심화되면서 북한 주민들의 생존권은 더욱 위협받게 되었고 북한이 그토록 강조했던 '우리 민족끼리' 정신도 스스로 훼손시켰음은 물론이다. 그러나 지금 정부와 국회가 중지(衆智)를 모아야 하는 것은 섣불리 감정적인 제재방안을 내놓는 것이 아니라 지금의 위기상황을 악화시키지 않으면서 지금까지의 한·미 양국의 대북정책 실패를 평가하고 북한의 핵 폐기를 가능하게 하기 위한 유효한 방안을 찾는 일이다.

이러한 측면에서 정부가 대북 화해협력정책 재검토와 대북 금융제재와 PSI 참여 등의 입장을 밝힌 것은 매우 우려스러운 일이다. 이는 강압적인 대북정책을 고수해 온 부시 행정부의 정책과 궤를 같이하는 것이나 다름없다. 그러나 부시 행정부의 대북정책은 핵 폐기를 유도하기보다는 북한의 핵무장이라는 치명적인 정책실패를 낳았을 뿐이다.

이는 부시 행정부의 핵확산 방지 정책의 실패이자 대북 적대정책의 실패를 의미한다. 미국 내부에서도 북한과의 직접대화를 해야 한다는 목소리가 높아지고 있는 마당에 실패한 부시 행정부의 대북정책을 답습하자는 것이 과연 북한의 핵 폐기와 한반도 긴장완화에 어떤 도움이 되겠는가. 그럼에도 일각에서 북한 핵무장의 원인이 된 부시 행정부의 대북정책에 대해서는 무비판으로 일관하면서 맹목적으로 대북 포용정책을 문제 삼는 태도는 문제해결과는 무관한 정치적 공세로밖에 볼 수 없다.

정부가 PSI에 확대 참여하겠다는 것은 북한과의 무력충돌을 야기할 수 있는 위험천만한 발상이 아닐 수 없다. 북한 선박을 해상에서 검문, 나포하는 것은 그 자체로 한반도 주변의 군사적 긴장을 고조시키고 무력충돌 가능성도 배제할 수 없는 문제이다. 이미 북한은 이러한 행위를 선전포고로 간주하겠다는 입장을 여러 차례 밝힌 바 있어 무력충돌 가능성은 더욱 높다. 남북관계 역시 되돌릴 수 없는 상태로 악화될 수 있다. 따라서 정부는 북미 간의 갈등이 낳은 지금의 위기가 한반도 주변에 군사적 대결과 대치로 이어지는 것을 막는데 주력해야 한다. 그런데도 위기를 더욱 악화시키는 조치에 참가하는 것은 있을 수 없는 일이다. 정부는 PSI에 대한 참여방침을 철회해야 한다.

금강산 관광사업 및 개성공단 사업 역시 절대로 중단해서는 안 된다. 한반도가 직면한 위기를 대처하는 데 있어 남북 간의 대화와 교류의 끈을 유지하는 것이 절대적으로 중요하다. 금강산 관광과 개성공단 사업은 6.15선언에 따라 추진된 것으로 이 사업의 중단은 6.15선언의 폐기로 인식될 것이다. 정부와 정치권은 과거 남북 간의 갈등과 경색 국면에서도 남북교류협력을 일관되게 지속한 것이 남북긴장완화에 기여했다는 점을 분명히 인식해야 한다. 또한 북한이 금강산 관광과 개성공단 사업을 위해 군사시설을 후방배치하고 있다는 점도 기억해야 한다. 공단과 관광시설 대신 북한의 군대가 그 자리를 채우는 것은 명백한 역사의 후퇴이다. 더욱이 경협은 관련기업들의 자율적인 판단에 맡길 문제이지 정부가 나서서 중단을 요구하고 말 문제가 아니다. 더불어 수해지원 등 인도적 지원은 현재 직면한 정치군사적 난관으로 북한 주민들에게 미칠 인도적 위기를 고려해서라도 중단 없이 지원되어야 한다.

북한이 핵실험을 했기 때문에 대북포용과 화해협력 정책을 철회하거나 수정해야 한다는 주장이 나오는 것은 대북포용 정책의 본질을 제대로 이해하지 못한 소치이다. 화해협력 정책은 냉전 대결의 반세기를 뛰어넘어 한반도 평화를 정착시키고 통일과정에서 직면할 복잡다단한 난관과 위기에 대응하기 위해 불가피하게 선택한 기본 노선이자 생존 전략이다.

게다가 북한의 핵실험은 극단적인 북미 갈등의 산물이며 미국의 적대적 무시 정책에 대한 반발이지 화해협력정책 때문이라 할 수 없다. 오히려 국면의 변화에 따라 태도를 달리하여 정책적 일관성을 잃어버린 노무현 정부의 대북 정책의 일관성 부재가 북에 대한 지렛대를 잃게 만들었다고 할 수 있다. 무엇보다 노무현 정부는 새로운 동북아 안보체제에 대한 구상 없이 한미동맹과 군비증강에만 경도된 외교안보정책으로 한반도와 동북아의 군사적 불균형을 심화시키는데 일조해 왔고 결과적으로 북의 불안감을 가중시키는 결과를 초래했다. 이 점에서 노무현 정부가 진정한 의미의 '대북포용'정책을 펼쳐왔는지에 대해서는 의문의 여지가 있다.

참여연대가 일관되게 강조해 왔듯이 북한의 핵무장은 결단코 용납할 수 없는 일이다. 동시에 모든 형태의 핵무기 역시 용납되어서는 안 된다. 이 점에서 북한의 핵무장에 대해서 뿐만 아니라 세계적인 핵 불균형의 문제, 특히 최대 핵무장 국가인 미국에 대한 전 세계인의 경고와 항의도 북의 핵문제와 함께 진지하게 논의되어야 한다.

다시 강조하건대, 위기해결은 흥분을 통해서가 아니라 차분한 평화 원칙에 의거해야 한다. 정부는 핵위기가 파국으로 치닫지 않도록 안정적으로 관리하고 궁극적으로 북한의 핵 폐기와 한반도 비핵화를 위한 합리적이고 실질적인 조치들을 모색해야 한다. 그 시작은 왜 북한이 핵무기를 보유하려고 하는지 그 원인을 제대로 진단하고 이에 걸맞은 해결방안을 찾는 일이다. PSI 참가와 대북 금융제재, 남북교류협력 중단과 같은 대북제재는 결코 그 해법이 될 수 없다.

부록 2. 시민사회의 주요 입장문 (7)

한반도 평화 위협하는 제주 해군기지 건설 반대한다

(2006. 12. 1. 제주 해군기지 건설에 반대하는 전국 평화활동가 성명)

지난 12월 1일 제주에서 개최된 '2006 한국 평화활동가 워크숍'에 참가한 전국의 평화활동가들은 '평화의 섬' 제주도에 해·공군기지를 건설하고자 하는 국방부의 계획에 대해 단호히 반대하며 다음과 같이 성명서를 발표하였다.

정부는 평화를 사랑하는 제주도민의 뜻을 모아 제주도를 평화의 섬으로 지정한 바 있다. 이 비전은 우리 근현대사에서 제주도와 도민이 겪었던 폭력과 고통의 기억을 치유하고 나아가 이를 평화를 이끌어가는 힘으로 승화시킬 창조적 대안으로 인식되었다. 또한 제주도를 통해 우리나라가 분단과 냉전의 역사를 딛고 동아시아 공동체 건설을 위한 상생의 교량, 평화의 징검다리로 나아갈 수 있을지를 실험할 수 있다는 점에서 평화의 섬 비전은 제주도민만이 아닌 국민 전체에게 제시된 하나의 가능성으로 인식되어왔다.

한마디로 평화의 섬 구상은 제주도민의 미래이자 한반도 주민의 미래이다. 그러나 국방부가 제주도 해·공군 기지 건설을 추진함에 따라 제주도는 주변국과 해양패권을 다투는 군사기지 혹은 해양요새로 변질될 위험에 직면하게 되었고, 평화의 섬 제주가 가진 가능성과 창조적 비전도 더불어 좌절될 위기 앞에 놓이게 되었다. 우리는 제주도 해·공군기지 건설로 발생할 다음의 숱한 문제들에 대해 우려와 경고의 목소리를 높이지 않을 수 없다.

첫째, 해군기지 건설은 제주도 군사기지화의 일부일 뿐이다. 단지 해군기지에 머물지 않고 공군기지 그리고 탄약고와 무기고를 위한 병참기지의 건설로 이어질 수 있다. 이지스함이나 중형 잠수함이 정박하는 전략해군기지를 보호하기 위해서는 이들 공군기지, 병참기지의 건설이 불가피할 것이다. 특히 주변국들에 비해 상대적으로 군사적인 면에서 열세인 한국군은 본토와 멀리 떨어진 제주해군기지의 군사적 약점을 만회하기 위해 이를 보호할 군사시설을 현지화할 가능성이 크다.

둘째, 해군기지는 결국 미국의 해양패권을 위한 군사적 발판으로 이용될 것이다. 제주해군기지에는 미 전략 함대도 수시로 드나들게 될 것이다. 해군은 해양수송로 보호 등을 기지건설 명분으로 내세우고 있으나, 한국해군 단독으로 원양과 공해상에 7,000톤급 규모의 이지스구축함(KDX-3)과 대형수송함(LPX) 그리고 전략(중형)잠수함을 급파할 상황이란 거의 존재하지 않는다. 이러한 작전은 미국과 함께 이루어질 수밖에 없고 그 대상은 주로 중국이 될 가능성이 크다. '해양수송로 보호론'은 명백한 과장이며 '대양해군론' 역시 미군의 해양패권을 좇아 미군과 한국해군의 공동작전 범위를 더욱 늘리려는 위험천만한 공세적 구상이다.

셋째, 제주도 해군기지는 중국을 겨냥한 미사일 방어체제 전진기지로 이용될 위험이 매우 높다. 중국은 유사시 미국의 MD기지부터 공격한다는 대응전략을 가지고 있다. 이는 제주 해군기지가 한-중, 미-중 군사갈등의 거점 혹은 표적이 됨을 의미한다. 현재 한국 정부는 미사일 방어체제 참여 가능성에 대해 강하게 부인하고 있으나 이지스함에는 MD체계에 이용되는 스탠다드 미사일(SM-2Ⅳ)이 탑재된다. 주한미군의 패트리어트 미사일, 한국육군의 SAM-X 역시도 MD에 사용될 수 있는 장비이다. 더구나 제주기지에 미 해군의 MD관련 선박이 기항하지 않으리라는 보장이 전혀 없다는 사실만으로도 제주도는 주변국 군사갈등에 연루되게 될 위험이 높다.

넷째, 제주해군기지는 다른 모든 해양기지와 마찬가지로 심각한 환경피해를 낳을 수 있다. 제주해군기지 건설 및 운영과정에서 유류 등의 유출로 인한 환경오염, 준설과 항만시설로 인한 환경파괴 등에서 안전하지 않다. 나아가 해군기지와 더불어 단계적으로 전개될 가능성이 큰 공군 기지와 병참기지-탄약고와 유류고 등으로 인한 추가적인 환경오염과 자연 훼손이 없다고 단언할 수 없다. 대규모 해군기지 주변에서 이런 피해가 없는 경우가 오히려 예외적이라는 사실을 결코 간과해선 안 된다.

다섯째, 해군기지는 수려한 자연경관은 물론 평화의 섬 제주도의 이미지를 결정적으로 해침으로써 제주도의 조화로운 발전에 큰 장애물로 작용할 것이다. 해군기지 건설이 경제적 발전을 가져온다는 '속설'은 검증된 바 없다. 군사기지 주변에 외지인 중심의 향락산업이 더러 발전하기도 하나, 이는 장기적으로 건설적 지역이미지에 장애물로 작용하거나 그 결실 역시 선주민 혹은 현지인들에게 고루 주어지지 않는 것이 대다수 기지의 현실이다.

그럼에도 불구하고 국방부는 제주도민과 국민들에게 충분하고도 설득력 있는 정보와 계획을 제시하지 않고 있을 뿐만 아니라 도리어 도민여론을 참칭하여 기지건설을 정당화하려 하고 있다. 국방부의 이 같은 밀어붙이기식 기지건설로 인해 기지 예정지 주민들의 평화적 생존권이 직접적인 피해를 입게 된 것은 물론, 제주도민 전체의 평화로운 발전의 지향 역시도 심각하게 훼손당하기에 이르렀다.

정부는 더 이상 '모호한 안보위협'을 내세우거나 '기지의 군사적 경제적 효과를 신비화'해서는 안 된다. 평화의 섬과 군사기지가 양립할 수 있는 것처럼 호도해서도 안 된다. 평화의 섬은 평화적인 발전수단을 통해서만 유지될 수 있다. 제주도 해군기지 건설은 즉각 중단되어야 한다. 우리는 평화적 생존권과 평화의 섬 제주의 꿈을 지키기 위해 투쟁하는 제주도민들과 굳건히 연대할 것이다. 이는 국민 모두의 평화로운 미래를 위한 의무이기도 하다.

부록 2. 시민사회의 주요 입장문 (8)

미군주둔경비지원금(방위비 분담금) 관련 감사원 감사청구
— 주한미군의 역할변화와 병력 감축 상황에서 근거없는 지원금 증액 조사되어야
— 정부가 지원금의 소요 및 집행 내역 통제, 검증하고 있는지 철저한 조사 필요

(2007. 3. 23. 참여연대 평화군축센터)

주한미군이 2002년부터 한국이 제공한 주한미군 주둔경비지원금(일명 '방위비 분담금') 8천억 원을 금융권에 예치하고 있다는 것이 밝혀져 논란이 일고 있는 가운데 오늘(3월 23일) 참여연대 평화군축센터는(소장, 이대훈) 주한미군 주둔경비지원금 협상에 대한 감사청구서를 감사원에 제출하였다.

참여연대는 주한미군 역할변화와 병력감축에도 불구하고 주한미군 주둔경비지원금이 증액된 것이 타당한지, 미국 측의 요구에 따른 기지이전비용은 미국 측이 부담한다는 연합토지관리계획(LPP)협정과는 달리 한국 측이 제공하는 지원금이 미군기지건설비용으로 쓰이는 것이 적법한지 감사원이 조사해야 한다고 주장하였다. 또한 참여연대는 주한미군의 '8천억 원 축적' 보도에서 확인되었듯이 정부가 미국 측의 지원금 소요와 집행에 대해 제대로 파악하거나 통제하지 못하면서 지원금만 증액시키고 있는 것에 대해 철저한 조사가 이루어져야 한다고 지적하였다.

구체적으로 참여연대가 밝힌 감사요청사항은 1) SOFA 협정과의 위배 여부 2) 3) 주한미군 역할변화, 병력감축 불구 지원금 승액 결정의 타낭성 4) 미군기시이선비용 선용에 대한 적법성 5) 6) 지원금 규모의 적정성, 산출방식의 타당성 7) 소요 및 집행에 관한 한국 정부의 검증 및 통제 여부 8) 정부 협상단의 정책판단 및 협상태도 등이다.

다음은 참여연대가 제출한 주한미군 주둔경비지원금(방위비 분담금) 관련 감사청구서 전문이다.

감사 요청사항

1. SOFA 협정에 위배되는 주한미군 주둔경비지원금(방위비 분담금) 협정 체결의 적법성 여부
2. 주한미군 역할변화에도 불구하고 미군주둔경비지원금 증액하는 것이 타당한지 여부
3. 주한미군 병력 감축에도 불구하고 주한미군 주둔경비지원금 증액하는 것이 타당한지 여부
4. 주한미군 주둔경비지원금이 평택미군기지 건설비용으로 쓰이는 것이 적법한지 여부
5. 주한미군 주둔경비지원금 규모의 적정성 및 타당성 여부
6. 주한미군 주둔경비지원금 산출방식의 타당성 여부
7. 주한미군 주둔경비지원금 소요 및 집행에 관한 한국 정부의 검증 및 통제 여부
8. 주한미군 주둔경비지원금 협상 관련 정부 협상단의 정책판단 및 협상태도의 문제점

감사 청구이유

지난 1989년부터 지금까지 한국 정부는 주한미군 주둔경비지원금을 '방위비 분담금'이라는 명목으로 총 64억 달러를 지불해왔습니다. 그동안 한국 국민들이 이처럼 많은 주한미군 주둔경비를 지원한 것은 주한미군이 대북방어를 위해 주둔하고 있다고 믿고 있기 때문입니다. 그러나 주한미군의 대북방어 역할은 변경되었고 주둔 병력도 2008년까지 대폭 감축될 예정입니다. 그런데도 한국 정부는 또다시 주한미군 주둔경비지원금을 증액하기로 미국 측과 합의하였습니다. 그러나 정부는 꾸준히 증액되어온 지원금이 제대로 집행되는지 잘 파악하지 못하고 있는 실정입니다. 더욱 심각한 문제는 미국 측이 부담하기로 한 미군기지이전비용을 한국 측이 제공한 지원금으로 충당한다는 것입니다.

이처럼 많은 문제점을 안고 있는 주한미군 주둔경비지원금 협상에 대하여 철저한 조사가 필요하다고 판단하여, 상기 사항에 대해 감사원이 감사에 나서줄 것을 요청합니다.

1. SOFA 협정에 위배되는 주한미군 주둔경비지원금(방위비 분담금) 협정 체결의

적법성 여부

주한미군 주둔경비지원금의 법적 근거는 "대한민국과 아메리카합중국 간의 상호방위조약 제4조에 의한 시설과 구역 및 대한민국에서의 합중국 군대의 지위에 관한 협정 제5조에 대한 특별조치에 관한 대한민국과 미합중국 간의 협정"입니다. 그러나 한국이 주한미군에게 무상으로 시설과 구역을 제공하기로 한 것은 미국 측이 운영유지비를 자체 부담하는 것을 전제로 한 것입니다. 실제 한·미 SOFA 5조 1항은 '주한미군의 유지에 따르는 모든 경비는 미국 측이 부담한다'고 명시되어 있습니다. 그러나 한·미 양국은 지난 1991년부터 주한미군 주둔경비지원협정을 맺어 한국 측이 주한미군 주둔경비를 지원해오고 있습니다. 지원금 협정이 SOFA 조항을 사문화하고 있는 것입니다.

따라서 한·미 SOFA 관련 조항을 폐기한 것도 아니고, 개정하지도 않은 상태에서 SOFA 협정에 위배되는 미군주둔경비지원금 협정을 체결하는 것이 적법한지 조사되어야 합니다.

2. 주한미군 역할변화에도 불구하고 미군 주둔경비지원금 증액하는 것이 타당한지 여부

지난 2003년부터 본격화된 한미동맹 재조정의 일환으로 한국군은 대북방어 임무를 미국 측으로부터 이양받았고, 대신 주한미군은 동북아를 포함한 세계분쟁에 개입하는 신속기동군으로 변모하였습니다. 특히 지난 2006년 1월 한·미 외무장관 회담에서 주한미군의 전략적 유연성을 인정함으로써 주한미군의 역할과 활동범위 확대를 공식화한 바 있습니다. 이는 주한미군이 더 이상 대북방어를 위해 주둔하는 것이 아니며, 주한미군에게 제공되는 주둔경비지원금의 근거도 존재하지 않는다는 것을 의미합니다. 그럼에도 불구하고 지난해 한·미 간 협상을 통해 정부는 지원금을 또다시 증액하기로 하였습니다.

따라서 주한미군의 역할이 변화하였음에도 지원금을 지속적으로 제공하고, 나아가 증액하는 것이 타당한지 조사되어야 합니다.

3. 주한미군 병력 감축에도 불구하고 주한미군 주둔경비지원금 증액하는 것이 타당한지 여부

한·미 양국은 2003년 37,500명의 주한미군을 단계적으로 감축하여 2008년까지 총 12,500명을 감축하기로 한 바 있습니다. 주둔병력 감축에 따라 지원금도 당연히 축소되어야 합니다. 그러나 정부는 지원금의 증액을 요구하는 미국 측의 주장을 받아들여 2006년보다 541억 원 증액된 7,256억 원을 올해 부담하기로 하였습니다. 2008년에는 2007년보다 더 많은 비용을 부담해야 합니다. 지원금이 부족하다며 매번 증액을 요구해온 주한미군은 한국이 제공한 지원금을 8,000억 원이나 금융권에 예치해둔 것으로 알려지고 있습니다. 주한미군의 역할변화나 병역감축뿐만 아니라 이런 이유 때문이라도 한국 측의 지원금 증액은 근거도 없고 부당한 것입니다.

따라서 주둔경비지원금 증액에 대한 근거는 무엇인지, 그것은 타당한지 반드시 조사되어야 합니다.

4. 주한미군 주둔경비지원금이 평택 미군기지 건설비용으로 쓰이는 것이 적법한지 여부

주한미군 주둔경비지원금 협정은 평택 미군기지이전 협정, 특히 2002년 제정되고 2004년 개정된 연합토지관리계획(LPP)협정과는 별개의 협정입니다. 그러나 주한미군 측은 2002년부터 한국이 제공했던 미군주둔지원금 중 8,000억 원을 축적해 이 중 4,000억 원을 평택 미군기지 건설비용으로 쓸 예정인 것으로 알려지고 있으며, 지난 2월 버웰 벨 주한미군 사령관도 "지원금의 50%를 평택기지건설사업에 사용할 것"이라고 발언한 바 있습니다.

그러나 연합토지관리계획(LPP)협정에 따르면 미국 측이 이전을 요구한 2사단의 이전비용은 미국 측이 부담하기로 되어 있습니다. 한국 정부 역시 미국 측의 요구에 따른 기지이전비용은 미국 측 부담이라고 줄곧 주장해왔습니다. 그러나 2002년부터 주한미군이 지원금을 기지이전비용으로 축적해 놓았다는 것은 처음부터 미국 측이 지불해야 할 이전비용조차 한국 측 부담으로 충당할 계획이었음을 의미합니다. 이러한 사실을 한국 정부도 잘 알고 있었던 것으로 알려지고 있습니다. 그러나 한국 정부는 미군에게 제공되는 지원금은 미국 측 예산이라고 주장하면서, 최근 미군기지이전사업 시설종합계획(MP)을 발표하면서 한국 측 비용부담액에서도 미군주둔경비지원금을 제외하고 있습니다.

주한미군 주둔경비지원금을 미군기지건설비용으로 쓴다는 것은 LPP협정에 위배될 뿐만 아니라 미군기지이전비용을 한국 측이 대부분 부담하게 하는 것으로 매우 부당한 일입니다. 따라서 미군주둔경비지원금이 미군기지건설비용으로 쓰이는 것이 과연 적법하고 정당한 것인지 조사되어야 합니다.

5. 주한미군 주둔경비지원금 규모의 적정성 및 타당성 여부

미국이 자국의 재정악화를 이유로 주둔비용 분담을 요청하면서 시작된 주한미군 주둔경비지원금 협정은 91년 처음 체결된 후 2-3년 간격으로 한시적인 협정을 맺어왔습니다. 이에 따른 분담금 규모는 96년부터 3년 동안 매년 10%씩, 2002-04년까지는 12.8%씩 증가되는 등 급격히 증액되어왔습니다. 그 결과 91년부터 2003년까지의 국방비 증가율은 135%인데 반해 같은 기간 중 주한미군 주둔경비지원금 증가율은 686%에 달하는 등 지원금 증액이 국방비 부담을 가중시켜왔습니다. 2007년만 하더라도 2006년에 비해 541억 원이 증액되어 7천억 원 이상을 지원해야 합니다. 이는 한국보다 경제수준이 높은 일본이나 독일보다 훨씬 높은 비율의 부담입니다.

이 외에도 한국 정부는 주한미군에게 토지를 무상으로 공여하고 있고 각종 면세혜택을 부여하는 등 엄청난 간접지원비용을 지불하고 있습니다. 더군다나 한국 국민들은 11조 원에 달하는 미군기지이전비용 중 대부분을 부담해야 하며, 미국의 대테러전을 지원하기 위해 이라크에 파병하여 그 비용까지 부담하고 있습니다. 이렇듯 한국 국민들은 이미 주한미군 주둔을 위해 과도한 비용을 부담하고 있습니다.

따라서 감사원은 그동안 한국 정부가 제공했고 앞으로 제공해야 하는 주한미군 주둔경비지원금 규모의 적정성과 타당성에 대해 철저히 조사해야 합니다.

6. 주한미군 주둔경비지원금 산출방식의 타당성 여부

주한미군 주둔경비지원금이 지속적으로 증액된 이유 중 하나는 산출방식에 있습니다. 협상 때마다 산출방식을 바꿔왔지만 주로 높은 고정인상률에 종합물가상승률을 더하는 방식으로 지원금을 산출하면서 한국 측 비용부담을 가중시켰던 것입니다. 2006년의 경우

1년간 단기협정을 맺으면서 원화기준으로 지원금이 일부 감액되었지만 주한미군 감축규모에 비하면 결코 성과라 할 수 없는 수준이었습니다.

좀 더 근본적인 문제는 한·미 양국이 미국 측이 제시하는 '소요에 기초한 자금지원'에 따라 협상을 진행하며, 총 분담금 규모를 먼저 결정한 후에 각 항목별로 예산을 배분하는 방식을 채택하고 있는 것입니다. 게다가 한국 정부는 총 주둔비용의 구체적 항목별 액수 및 산출근거를 미군 측으로부터 제공받지 못하고 있어 미국 측이 요구하는 지원금 규모가 타당성이 있는지 판단하지 못하고 있습니다. 이런 식으로는 결코 합리적인 협상결과를 기대하기 어렵습니다.

따라서 이처럼 왜곡된 주한미군 주둔경비지원금의 산출방식이 국민들 부담을 가중시킨 것은 아닌지 집중적인 조사가 있어야 합니다.

7. 주한미군 주둔경비지원금 소요 및 집행에 관한 한국 정부의 검증 및 통제 여부

그동안 한국 정부가 주한미군에게 제공한 주둔경비지원금은 총 64억 달러에 달하지만 정부는 그것이 실제 필수적인 소요인지, 제대로 집행되었는지 파악하지 못하고 있는 것으로 보입니다. 국회 예산정책처가 지적한 바대로 한국 정부는 주한미군의 총 주둔비용의 구체적 항목별 액수 및 산출근거를 미군 측으로부터 제공받지 못하고 있는 실정입니다. 최근 《신동아》(2007. 4)가 보도한 것에 따르면 주한미군은 2002년부터 한국이 제공하는 지원금을 축적해 금융권에 대략 8천억 원을 예치하고 있는데도 국방부는 '2005 회계연도 결산주요사업 설명서'를 통해 주한미군이 단지 980억 원을 이월한 것으로 보고하고 있습니다. 이는 국민들 세금으로 미군주둔경비를 지원하고 있음에도 불구하고 국방부가 그 집행 내역이나 결산을 제대로 알지 못하고 있음을 보여주는 것입니다.

더욱 놀라운 것은 국방부가 "방위비분담금은 미국에 일단 준 돈이니만큼, 미국 계정에서 지출되는 것이다"라고 말하고 있는 것입니다. 이런 기이한 논리를 들어 정부는 미군기지이전 비용 중 한국 측이 부담하는 비용에서 미군주둔경비지원금을 제외하고 있습니다. 최근 정부는 "단순한 현금 지원보다는 실제 수요에 입각한 합리적이고 체계적인 지원방법을 고려하겠다"는 입장을 밝힌 바 있는데, 이것은 정부가 그동안 주한미군 주둔경비지원을 주먹구구식으로 지원했었음을 인정하는 말이기도 합니다.

따라서 주한미군 주둔경비지원금의 소요와 집행이 합리적 근거에 의한 것이었는지, 한국 정부가 이를 제대로 파악하고 검증하고 있는지 철저히 조사할 필요가 있습니다.

8. 주한미군 주둔경비지원금 협상 관련 정부 협상단의 정책판단 및 협상태도의 문제점

그동안 한·미 간 협상이 한국 국민들 부담을 가중시키는 방향으로 귀결된 것은 한국 협상단의 맹목적인 동맹의존적 인식과 협상태도에서 기인합니다. 주한미군의 역할변화와 병력감축에도 불구하고 미국 측이 '동맹 저해' 운운하며 지원금 증액을 압박하는 것은 그 자체로 매우 부당함에도 불구하고 한국 측은 이를 '방위비 분담금'이라는 명목으로 미국 측의 요구를 수용해 온 것입니다. 심지어 국방부는 국민세금에서 지출되는 미군주둔경비지원금을 아예 미국 측 예산이라고 말하고 있기도 합니다. 지난해 연말 정부가 국회 비준동의사항인 협정안을 국회에 제출하기도 전에 미리 예산으로 책정해놓은 것도 미국 측과 합의한 것에 대해서는 수정의 여지가 없으며, 국회 절차보다 우선한다는 잘못된 인식이 있었기 때문에 가능한 일이었습니다.

따라서 감사원은 잘못된 협상 결과를 초래한 것과 관련하여 정부 협상단의 정책판단과 협상태도가 협상결과에 어떤 부정적인 영향을 끼쳤는지 조사하고 그 책임을 물어야 합니다.

결론

주한미군 주둔경비지원금은 엄연히 국민세금으로 지원되는 만큼 지원에 대한 근거가 충분히 타당해야 하며, 그 집행도 투명하게 이루어져야 합니다. 그러나 91년 협정을 시작할 때부터 지금까지 국회와 시민사회로부터 주한미군 주둔경비지원금 협상에 대한 많은 문제점이 지적되었음에도 불구하고 전혀 시정되지 않고 있습니다. 감사원의 감사가 이러한 문제점들을 해결할 수 있는 기회가 되기를 기대하며 조속히 감사에 착수해주실 것을 요청합니다.

부록 2. 시민사회의 주요 입장문 (9)

평화의 섬 제주를 군사요새로 전락시키려 하는가
─ 제주 군사기지화 불러오는 해군기지 건설 계획 즉각 철회하라

(2007. 5. 9. 50개 시민사회단체 기자회견문)

　국방부와 제주도가 강행하고 있는 제주 해군기지 건설이 결국 제주도의 군사기지화로 이어질 것이라는 우려가 현실화되고 있다. 어제(5월 8일) 제주도를 방문한 민주노동당 노회찬 의원은 "제주에 공군 전투기 대대가 배치될 예정이며, 이를 위해 국방부와 제주도가 이미 30만 평을 제공하기 위한 협상을 벌이고 있다"고 주장하였다. 실로 놀라운 사실이 아닐 수 없다.

　제주도가 동북아 평화의 가교 역할을 할 수 있는 평화의 섬으로 온존하기를 염원해 온 우리는 제주도에 해군기지가 들어서는 것 자체가 불필요한 일이며, 해군기지가 건설될 경우 이를 방어한다는 목적으로 육상전력과 공군전력이 추가로 투입될 수 있다는 우려를 줄곧 제기해왔다. 이는 곧 제주도의 군사기지화를 의미하기 때문이다.

　지금껏 국방부는 공군 탐색구조부대가 제주도에 배치되는 것은 단지 해양조난 등에 대처하기 위한 것이라고 주장해왔다. 그렇다면 공군 전투기 대대가 여기에 포함될 이유가 없으며, 장거리 항공작전 능력신장과 영토분쟁과 같은 국지적 분쟁에 대한 개입 및 작전수행 등을 부대 임무로 둘 이유는 더욱 없다. 제주도에 공군기지를 건설하겠다는 국방중기계획만 하더라도 여전히 유효한 상태이다. 따라서 제주도에 남부탐색구조부대를 배치하는 것은 향후 공군기지 조성을 위한 사전포석이며 지금 강행하고 있는 해군기지 건설 움직임은 제주도를 군사기지화하기 위한 시도라고 밖에 볼 수 없다.

　또한 우리는 제주 해군기지가 미국의 해양패권 유지를 위한 활동에 한국군이 동참하기 위한 용도로 이용될 수 있다는 점을 우려한다. 이는 해군이 단독으로 원거리 공해상에 7,000천 톤급 이지스함이나 대형수송함(LPX), 잠수함 등을 급파해야 하는 상황을 예상하기

어려운 반면에 미군과 공동으로 해상작전에 참여할 가능성은 크기 때문이다. 주지하듯이 미국은 해상에서 대테러전을 수행하기 위해 PSI(대량살상무기확산방지구상), CSI(컨테이너안보구상)에 이어 불법무기나 전략물자 수송을 차단하기 위한 RMSI(지역해상안보구상)에 대한 한국군의 참여를 집요하게 요구해왔다. 우리가 미국의 해상작전에 한국군이 참여할 가능성과 함께 미군의 제주 해군기지 사용 가능성을 제기하는 것도 이 때문이다. 이는 중국의 해상작전이나 군사훈련 시 주요 타깃이 되는 등 제주도가 불필요한 군사적 긴장 한가운데 놓일 수 있다는 것을 의미한다.

그럼에도 불구하고 국방부와 제주도는 미래의 불확실한 안보위협과 모호한 지역 경제 활성화를 내세우며 해군기지 건설을 밀어붙이고 있다. 그 과정에서 해군기지 건설과 관련된 군사적, 경제적 타당성을 심도 깊게 검토하거나 주민들의 의사를 합리적으로 수렴하려는 노력은 실종되어 버렸다. 국방부는 해군기지 건설을 제주도민들의 동의하에 추진하겠다고 하면서도 실제 도민들의 의사를 직접 묻는 것에는 반대하고 있으며 해당 주민의사와는 관계없이 국방부가 기지 후보지를 결정하겠다는 입장까지 밝히고 있다. 또한 기지 후보지를 화순에서 위미로 이후에는 강정마을로 옮겨가며 거론하는 등 해당 주민들을 우롱하고 불신을 가중시키는 행태를 보여 주었다. 뿐만 아니라 해군기지가 건설되면 제주 도민들에게 장밋빛 미래가 보장될 것처럼 자의적이고 주관적인 평가를 대단한 경제적 실익인 양 포장하는데 급급해하고 있다.

군사기지와 같이 주민 생존권과 직결된 사안을 도 차원의 충분한 토론과 검증 노력 없이 여론조사를 통해 결정하겠다는 제주도지사의 발상 역시 큰 문제가 아닐 수 없다. 특히 공군기지용으로 30만 평 제공하는 문제를 주민들에게 숨긴 채 국방부와 협의해왔다는 사실은 제주도가 군사기지 건설을 전제로 여론조사를 진행하고 있다는 것을 방증하는 것이기도 하다.

이러한 국방부와 제주도의 기지건설 강행을 독려하는 것이 바로 청와대이다. 노무현 대통령은 2002년 대선 후보시절 제주 해군기지 건설에 대한 도민들의 동의를 강조하며 기지건설 재검토 입장을 밝히고 당선 이후에는 제주도를 평화의 섬으로 천명한 장본인이다. 그러나 지금 청와대는 제주 평화의 섬 기획을 제대로 추진하기보다는 군사기지 건설에 앞장서고 있다. 대통령 스스로 제주 평화의 섬 기획을 한갓 해프닝으로 전락시키고 있는 것이다. 이는 입으로는 평화번영을 외치면서 끊임없이 군비증강을 추구해온 노무현 정부의 평화에 대한 인식 부재를 다시금 확인시켜주는 것이라고 할 수 있다.

따라서 지금 군사기지 건설을 둘러싸고 벌어지고 있는 주민들 사이의 갈등과 반목의 책임은 해군기지 건설을 강행하려는 청와대, 국방부, 제주특별자치도 모두에게 있다. 이들에 대한 지역주민들의 불신이 가중되고 있음은 물론이다.

이에 오늘 이 자리에 모인 우리는 국방부가 제주 해군기지 건설 강행을 중단할 것을 강력히 요구한다. 또한 제주도 공군기지 건설 계획을 포함하고 있는 국방중기계획도 즉각 폐기되어야 할 것이다. 주민들 의사는 묻지 않은 채 공군기지 건설을 구체화하는 것이나 기지건설을 전제로 한 여론조사를 진행하는 것은 그 자체로 정당하지 않고 용납될 수 없는 일이다.

마지막으로 우리는 동북아 군비경쟁에 편승하여 해군기지를 건설하고 나아가 제주도의 군사기지화를 추구하는 것은 한반도나 동북아 평화를 지키는 힘으로 작용하는 것이 아니라 주변 위협과 군사적 긴장을 자초하는 길이라는 점을 강조하고자 한다. 그것은 군사기지의 존재가 오히려 제주도를 위험에 빠뜨렸던 과거 역사에서 배워야 하는 교훈이기도 하다. 제주도가 명실상부한 '평화의 섬'으로 바로 서도록 하는 것이 제주 주민들의 삶과 한반도의 비전에도 부합하는 길이다.

(기자회견 참가단체)
21세기코리아연구소/6.15공동선언실천청년학생연대/경기연대(준)/경남진보연합/광주전남진보연대/기독교사회선교연대회의/남북공동선언실천연대/노동인권회관/녹색연합/다산인권센터/민가협양심수후원회/민변미군문제연구위원회/민족문제연구소/민족민주열사희생자추모단체연대회의/민족자주평화통일중앙회의/민족화합운동연합(사)/민주노동당/민주노동자전국회의/민주화를위한전국교수협의회/민주화실천가족운동협의회/백범정신실천겨레연합/불교평화연대/비폭력평화물결/우리민족련방제통일추진회의/인권운동사랑방/전국농민회총연맹/전국대학신문기자연합/전국민주노동조합총연맹/전국민주화운동유가족협의회(사)/전국빈민연합/전국여성연대(준)/전쟁없는세상/조국통일범민족연합남측본부/조국통일범민족청년학생연합남측본부/참여연대/천주교정의구현전국연합/통일광장/평화공감/평화네트워크/평화를만드는여성회/평화박물관건립추진위원회/평화와통일을여는사람들/평화인권연대/평화재향군인회/한국가톨릭농민회/한국노동사회연구소/한국

대학총학생회연합/한국청년단체협의회/한민족생활문화연구회/환경운동연합 (이상 총 50개 단체)

부록 2. 시민사회의 주요 입장문 (10)

국회 반환기지 청문회에서 밝혀야 할 7가지
― 환경주권 되찾기 바라는 국민들 기대에 부응해야 한다

(2007. 6. 5. 반환미군기지 환경정화 재협상 촉구를 위한 긴급행동)

국회 환경노동위원회는 6월 말 반환 미군기지 환경문제에 관한 청문회를 의결하였다. 국회에서 미군 관련 사안에 관한 청문회를 하는 것은 건국 이래 처음이다. 이는 반환 미군기지 환경문제가 우리의 환경 주권을 직접적으로 위협함에도 불구하고 한미동맹의 특수성을 이유로 불평등과 불합리로 점철된 것에 대한 국회차원의 경고이다. 시민사회단체는 국회가 청문회를 통해 그동안 숨겨왔던 협상 과정과 결과에 대한 명확한 규명을 할 것을 기대한다.

정부, 국민을 속였나, 정말 몰랐나

2003년 미군기지 반환 절차 합의서(환경정보공유 및 접근절차 부속서 A)를 통해 미군기지를 반환받을 때 환경오염조사, 정화, 사후 관리 방안을 협의하는 과정을 만들었다. 하지만 서명 당시부터 줄곧 환경오염 정화 기준이 없는 등 미군에 대한 구속력 자체가 의심되었다. 그러나 정부는 미군이 환경오염 치유를 모두 할 것이라는 주장을 되풀이했다. 그러나 지금 현실은 정반대로 반환된 23개 미군기지 환경정화 비용을 한국이 모두 부담하게 되었다.

해외주둔 미군은 기지를 반환할 때 환경정화 비용은 미군이 보상받는 시설가치 비용을 넘지 않는다는 철칙을 가지고 있다. 우리의 경우, 시설가치를 인정하지 않는 점을 고려할

때 이미 미군이 정화 비용을 지불하지 않을 것이라고 예상할 수 있었다. 한국 환경법을 오염정화 기준으로 제시한 한국과 달리 미군이 KISE(Known, Imminent and Substantial Endangerment)를 제시해 정부가 양측 주장의 차이를 인지한 시점이 언제인지를 규명해야 한다. 차이를 인지한 이후에도 정부가 계속 미군이 정화할 것이라고 밝혀왔다면 국민들을 속인 것이다.

- 2003년 국정감사 외통부 "반환 미군기지의 환경치유는 모두 미국이 부담할 것이다."
- 2003년 아리랑택시 부지 반환 당시 국방부 "반환 미군기지 환경치유는 모두 미국이 할 것이다."
- 2006년 윤광웅 전 국방부 장관 "미군이 성의를 보여주고 있다."

청문회에서 밝혀야 할 7가지

1. 23개의 기지의 오염 실태는 얼마나 심각한가?
   지금까지 정부가 비공개하고 있는 미군기지의 오염조사 결과 전체를 공개해서 현황을 밝히고 환경부의 검증 결과를 공개해야 한다.
2. 미국은 반환된 미군기지의 오염 치유를 위해 무엇을 했나?
   반환된 23개 기지별로 미군이 취한 내역을 전체 공개하고 얼마나 정화 효과가 있었는지 판단해야 할 것이다.
3. 23개의 기지를 반환받는 데 오염 정화나 검증 없는 반환절차에 누가 서명하기로 결정했는가?
   미군기지 반환 절차에 관여한 정부 당국자와 결정권자를 공개하고 책임 규명해야 한다.
4. 2001년 1월 SOFA 개정, 2003년 5월 환경조사와 오염치유 절차합의서 작성 당시, 미군이 반환기지를 한국법에 따라 정화하지 않을 것이라는 사실을 협상 관계자는 알고 있었나?
   그동안 국민들은 미군기지의 오염은 미국이 치유한다고 알고 있었다. 왜냐하면 2001년 SOFA 환경조항신설 당시 정부의 설명을 믿었기 때문이다. 그런데 지금 벌어진 상황은 미국 측은 '선의의 조치'라는 8개 항목만 조치하고 그조차 검증 없이 반환하였다. 오염 치유 기준이 합의되지 않았고 미국 측이 제대로 오염을 치유하지 않을 거라는 사실을 정부 협상 관계자가 인지하고 있었는지, 인지했다면 그럼에도 불구하고 국회나 국민들에게 제대로 보고하지 않은 이유는 무엇인지 밝혀야 한다.

5. 2004년 미2사단 재배치와 용산기지 이전에 따른 협정 국회 비준 당시, 환경정화 비용 보고는 왜 누락되었나?

 2004년 미2사단 재배치와 용산기지 이전에 따른 협정 비준안을 국회에 제출할 당시 환경조사 비용은 예산에 반영하였으나 정화비용은 책정되지 않았다. 이것은 협상 관계자들이 반환기지 환경정화를 미국 측이 모두 부담해, 특별히 한국이 부담할 비용이 없다고 여긴 것인지 아니면 정화비용을 보고하였다가 문제될 것을 우려하여 일부러 누락시킨 것인지 밝혀야 할 것이다. 국민부담을 가중시키는 협정의 비준에는 국회가 기본이다. 이 절차가 빠진 것이 의도적이었는지, 고의였는지는 중요한 문제다.

6. 과연 미군기지 오염 정화 얼마나 들까?

 정부는 반환기지의 판도라상자를 영원히 감추려 한다. 국방부는 14개 기지의 관리권을 넘겨받고도 기지에 관한 일체의 정보를 감추고 있다. 환경부 역시 14개 기지의 관리권이 한국 정부에게 넘어왔음에도 불구하고 오염에 대한 정밀한 조사를 방기하고 있다. 반환기지의 관계자들은 모두들 오염 자체를 은폐하고 숨기려 하고 있다. 환경부의 정화 비용 추산에서 지하수 오염 정화는 제외하고 있다.

 우리는 독일의 통독과정에서 동독 지역의 구소련기지의 토양오염 등 환경오염에 수십조 이상의 예산을 쏟아 부은 사실을 알고 있다. 감당하기 어려운 예산이 들더라도 오염과 정화의 길을 가야 한다. 그것이 정부가 국민에게 사죄하는 길이다. 국회가 이런 역할을 끌어내야 한다.

7. 향후 반환될 미군기지의 오염 정화는 누가 어떻게 할 것인가?

 앞으로 2011년까지 45개 이상의 기지가 반환될 예정이다. 23개 기지와 같은 방식을 밟을 것인지, 아니면 정부는 새로운 협상을 통해 지금보다 나은 오염 정화 조치를 미국 측에 요구할 것인지 정부의 입장을 정확히 확인해야 한다.

앞으로 반환될 기지 협상을 위해 SOFA 개정 필요

지적된 문제를 해결하고 앞으로 반환될 45개 이상의 기지 환경정화 협상에서 미군에 환경정화를 요구하기 위해서는 다음과 같은 점이 개선되어야 할 것이다.

첫째, 독단적 권력을 행사하는 SOFA 합동위원회에 대해 국회 차원의 견제 장치 마련되어야 한다.

반환절차 서명 전 한·미 환경분과위, 시설구역분과위, 합동위원회에서 협의된 내용에 대한 국회 보고하도록 하며, 국민부담을 가중시키는 한미합동위원회 합의 결과에 대해 국회가 재협상을 요구할 수 있도록 해야 한다.

둘째, SOFA 개정을 통해 미군의 환경정화 책임 명시해야 한다.

환경정화 기준 마련, 환경오염조사 기간의 연장, 사후관리방안 마련 등을 명시하도록 SOFA 개정을 요구해야 할 것이다. 최근 미군기지 반환처럼 미군이 일방적으로 열쇠를 던지고 힘으로 밀어붙일 수 있는 것은 SOFA 절차에 애매모호한 구절이 많기 때문이다. 양국의 정치 상황과 힘의 관계에 따라 좌우지될 수 있는 '존중'과 '협의' 같은 말보다는 구체이고 세세한 과정을 명시해야 한다.

2006년 한 여론조사에서 국민의 80%가 오염자 부담원칙을 지지하고, 주한미군이 환경정화 책임을 져야 한다고 밝혔다. 이번 국회 청문회는 이런 국민적 지지를 바탕으로 반환 미군기지 환경정화에 관한 모든 의혹을 밝히고 앞으로 반환될 기지들에 적용될 새로운 전략 수립에 기여해야 한다.

정부는 관련 자료 공개를 여전히 미루고 있다. 반환 전에는 "협상 진행 중"이기 때문에 안 된다더니 반환 후에는 "여전히 SOFA 문서"라고 주장하고 있다. 지난 6월 1일, 9개 기지 반환 발표에서 보여준 국방부 등 정부 부처의 성의 없는 모습은 많은 비판을 받고 있다. 정부는 국회법에 따라 진행되는 청문회에 성실하게 임하며 즉각 관련 자료를 공개해야 한다. 만약 계속 자료를 비공개한다면 국회법 위반으로 관계자 처벌이 가능하다는 것을 명심해야 할 것이다. 국민의 생명권과 건강권을 위협하고 국회의 정상적 임무 수행을 방해하면서까지 지켜져야 하는 한·미 간 합의가 무슨 의미가 있는가. 상대방인 주한미군이 원할 때는 언제든지 깨지는 합의를 한국 정부가 앞장서서 지킬 이유는 없다.

이제 반환기지의 의혹을 밝히고 복원을 염원하는 국민들의 눈과 귀가 국회로 쏠릴 것이다.

〈반환 미군기지 환경정화 재협상 촉구를 위한 긴급행동〉

그린훼밀리운동연합/국립공원을지키는시민의모임/경기북부지역미군기지문제해결범시민대책위원회/기독교환경운동연대/녹색교통운동/녹색미래/녹색연합/매향리평화마을건립추진위원회/문화유산연대/문화연대/민주화사회를위한변호사모임/환경위원회/한국진보연대(준)〈기독교사회선교연대회의, 조국통일범민족연합남측본부, 남북공동선언실천연대, 조국통일범민족청년학생연합남측본부, 노동인권회관, 천주교정의구현전국연합, 민족문제연구소, 통일광장, 민족민주열사·희생자추모단체연대회의, 평화재향군인회, 민족자주평화통일중앙회의, 한국가톨릭농민회, 민족화합운동연합(사), 한국대학총학생회연합, 민주노동당, 한국청년단체협의회, 민주노동자전국회의, 21세기코리아연구소, 민주화실천가족운동협의회, 경남진보연합, 민가협양심수후원회, 광주전남진보연대, 백범정신실천겨레연합, 불교평화연대, 6.15공동선언실천청년학생연합, 전국농민회총연맹, 경기연대(준), 전국대학신문기자연합, 우리민족련방제통일추진회의, 전국민주노동조합총연맹, 한민족생활문화연구회, 전국민주화운동유가족협의회(사)〉생태보전시민모임/생태지평/여성민우회/여성환경연대/제주참여환경연대/주한미군범죄근절운동본부/참여연대/천주교환경문화원/평화와통일을여는사람들/한국자원재생재활용연합회/환경과공해연구회/환경과생명을지키는전국교사모임/환경정의/환경운동연합/효순미선촛불자주평화사업회 (총 28개 단체)

부록 2. 시민사회의 주요 입장문 (11)

군비경쟁 군사대결 해소하고 한반도 비핵평화체제를 구축하자
—정전협정 54주년을 맞는 한국 시민사회 평화선언

(2007. 7. 27. 7월 평화의 달 네트워크)

오늘 우리는 정전협정 54주년을 맞았다. 가장 첨예한 군사적 대결지대인 한반도, 세계 유일의 냉전의 섬이었던 한반도에 평화체제를 구축하기 위한 논의가 본격화되는 가운데 맞는 정전협정일이라서 더욱 감회가 깊을 수밖에 없다.

이런 상황의 진전은 한반도와 동아시아, 나아가 세계의 평화를 염원하여 왔던 이 땅의 주민들과 세계 평화세력에게는 더 없이 반가운 일이다. 한국전쟁 이후 반세기 이상 지속되어온 군사적 적대행위와 전쟁위협이 사라지고, 냉전적 군사동맹과 소모적 군비경쟁이 평화적이고 창조적인 상생의 관계로 대체된다는 것은 상상만으로도 가슴 벅찬 일이다. 50여 년 만에 주어진 전환의 기회를 맞아 정전체제를 항구적인 평화체제로 변화시키고 나아가 한반도와 동아시아를 세계 평화를 선도하는 평화지대로 거듭나도록 하는데 우리가 가진 모든 평화적 지혜와 역량을 남김없이 발휘해야 한다. 이는 고난의 역사를 살아온 한반도 주민 모두의 염원이자 권리이며, 우리에게 맡겨진 사명이기도 하다.

그렇지만 한반도 평화체제의 한 축인 2.13합의의 이행도 결코 장담할 수 없는 상황이다. 한반도와 동아시아의 진정한 평화체제는 설사 북이 핵개발을 중단하고 한반도 전쟁 종식이 선언된다 하더라도 결코 완성된 것이라 할 수 없다. 정전협정을 대체할 평화협정 문서를 주고받고도 군비경쟁과 냉전시대의 군사적 대결관계가 지속된다면 이는 냉전분단시대의 질곡을 다른 형태로 재생산하는 새로운 군사체제이지 이를 평화체제라 할 수는 없는 것이다. 특히 최근 한반도 핵위기의 해결 논의와는 다른 맥락에서 동북아시아에서 고조되고 있는 새로운 군비경쟁과 군사동맹체제의 재편은 우리의 우려가 단지 기우가 아님을 보여주고 있다.

그 가운데서도 미국의 군사패권전략은 탈냉전기를 맞는 동북아시아에 새로운 군사적 대결과 군비경쟁을 심화시키는 핵심적인 요인이다. 미국은 9.11사건 이후 대테러 전쟁이라는 이름으로 전 세계적으로 군사력을 통한 단일 패권 유지에 전력을 기울이고 있다. 동북아시아에서 미국은 기존의 미일, 한·미 군사동맹을 새로운 대중국 지역동맹으로 재편하려 하고 있어 이에 따라 군사시설을 일본과 한국에 집중적으로 재배치하고 있다. 이에 대응하여 중국도 국비증강을 서두르고 있어 동북아는 냉전시대에 이어 다시금 세계 최대의 군비경쟁지대가 되고 있다. 미국이 단일 패권유지를 위해 일본과 한국의 군사주의를 부추기는 것이 동아시아 전체의 군비경쟁의 근본원인이자 지역적 불안정의 근원이다.

특히 주한미군은 양국의 합의에 따라 소위 '전략적 유연성'이라는 이름으로 한반도 외에도 동아시아 분쟁과 세계 모든 곳의 군사적 분쟁에 간여할 수 있게 되었다. 한국 정부는 미국의 대중국, 대세계 전략을 위해 평택 미군기지, 군산 미군기지를 확장하여 미국에 제공하고, 이러한 패권정책에 편승할 목적으로 제주해군기지를 건설하고 있을 뿐만 아니라 이라크와 아프간에 군대를 파견하여 미국의 전쟁을 직접적으로 돕고 있다. 이 모든 군사적 행동들은 '장래의 불확실한 위협'을 대비한다는 이름 아래 일종의 조작된 공포정치의 일환으로 강행되고 있다. 그 과정에서 진정한 평화를 염원하는 시민들과 지역주민들의 구체적이고도 현실적인 민주적 권리들은 도리어 묵살되고 있다.

지금이야말로 국민들, 한반도 주민들 그리고 동아시아 시민들의 평화적 생존권과 자기결정권을 진정으로 보장할 새로운 평화운동이 시작되어야 할 때이다. 냉전과 분단의 시대가 이 땅에 강요될 때처럼 '군사주의'와 '패권편승' 외에 다른 대안이 없는 것처럼 순응하고 받아들여서는 안 된다. 그로 인한 고통이 지난 반세기 동안 이어져 온 것 아닌가?

이제 단호히 선언해야 한다. 한반도의 평화, 나아가 동북아, 아시아의 평화는 군사적인 방법으로는 이룰 수 없다. 윤리적 권위를 상실한 강대국 패권에 편승해서도 이룰 수 없다. 힘의 대결에 의한 일촉즉발의 긴장상태를 50여 년간 경험하였던 우리는 '공포의 균형'을 추구하는 소모적 대결정책은 도리어 전쟁의 위험을 가중시키고 민주적 공동체의 발전을 질곡하며 결과적으로 실질적인 삶의 질과 안전을 후퇴시킨다는 점을 충분히 확인해왔다. 따라서 한반도, 나아가 동아시아에서 평화체제 구축은 비군사적인 방법으로, 호혜평등한 관계를 통해서, 군사적 대결 요소를 제거하는 방향으로 진행되어야 한다. 국내적으로나 국제적으로나 평화적 수단에 의한 평화, 민주주의에 기초한 평화만이 항구적 평화를 가져다

줄 수 있다. 새로운 평화체제는 이 원칙에 기초하여 건설되어야 한다.

이에 한반도 동아시아에 진정한 평화체제를 형성하기 위한 우리의 입장을 밝힌다.

북한의 핵무기 폐기와 더불어 진정한 동북아비핵지대화가 추진되어야 한다.

핵무기는 그 존재만으로도 인류에게 돌이킬 수 없는 불행을 초래한다. 북한이 핵무기를 폐기하는 과정을 밟기 시작하였음은 한반도 평화체제 논의의 청신호다. 그렇지만 북한만 핵무기를 폐기하는 것은 지속가능한 대안이 아니다. 핵확산금지조약(NPT)에서 합의한 대로 핵보유국의 핵무기 폐기, 핵위협 제거 노력이 지금 당장 시작되지 않으면 안 된다. 따라서 북한의 핵무기 폐기와 함께 한반도에 대한 핵우산 정책도 폐기되어야 한다. 한반도의 비핵화를 넘어 동아시아 전역이 비핵지대화되어야 한다. 우선 한국 정부는 핵무기의 국내반입을 금지함으로써 이를 대외적으로 확인해야 한다. 중국, 미국, 러시아 등 핵보유국은 역내 핵 감축을 위한 구체적 논의를 시작해야 하며, 핵무기에 버금가는 열화우라늄탄, 우주무기, MD 등의 대량살상무기의 군비경쟁을 가중시키는 각종 무기의 개발을 중단 폐기해야 한다.

군사동맹 해소에 기초한 새로운 한반도 동북아 평화유지 방안이 마련되어야 한다.

군사동맹은 냉전시대의 산물이다. 새로운 평화체제는 동북아시아 나아가 동아시아에 상생의 평화협력체제를 만드는 것을 통해서 가능하며, 냉전시대의 배타적 편 가르기를 통해서는 절대로 이룩될 수 없다. 따라서 한미동맹은 한반도 평화협정 체결과 그 이행과정에서 해소의 전망을 찾아야 한다. 전시작전통제권 환수와 한미연합사 해체는 당연한 일이다. 그런데 해체되는 한미연합사를 대신하여 유엔사를 강화하고, 그를 통해 미국이 실질적인 전시작전통제권을 행사하는 등 과거의 종속적 군사동맹을 변칙적으로 지속하기 위한 시도들이 진행되고 있다. 평화협정 체결과 함께 유엔사는 해체되어야 하며, 한국 스스로의 동아시아 평화정책에 기반을 두어 독자적인 방어위주의 작전계획을 확보해야 한다. 이로써 동맹을 민주화하고 이기 조속한 시일 내에 새로운 건설적 관계로 대체하기 위한 작업에 박차를 가해야 한다. 특히 나라의 주권을 포기하고, 국민들의 평화적 생존권도 무시하면서 일방적으로 미국의 군사적 이익의 보장을 위해 체결된 한미군사동맹과 관련된 각종 협정 등은 평화체제 논의와 함께 폐기되어야 한다.

군비경쟁을 중단하고, 남한의 주도적 군비축소에 기초한 군축논의가 시작되어야 한다.

재래식 군비경쟁이 지속되는 한 대량살상무기 개발보유의 유혹은 커져갈 수밖에 없다.

냉전식 군사동맹의 논리, '공포의 균형' 논리에서 자유로워지지 않는 한 소모적 군비경쟁을 막을 수 없다. 동북아시아의 새로운 냉전은 한반도 주민들은 물론 각국의 시민들 모두를 패배자로 만들 것이다. 특히 한반도 주민들은 냉전시대에 이어 가장 큰 피해자가 될 것이다. 따라서 동북아시아 군축은 한국 정부와 시민이 주도해야 한다. 한국 스스로 미국의 대중국 패권전략에 편승하여 각종 최첨단 무기를 구매하고 군사 장비를 현대화하는 이른바 '협력적 자주국방'의 정책을 새로운 평화정책으로 전환해야 한다. 남한이 군비를 현대화하면서 어떻게 그보다 1/10의 군사비를 지출하는 북에게 미사일 개발 중단을 요구할 수 있겠는가? 한국이 대중국 군사기지를 제공하고 미국과 해양군사협력을 강화하면서 어떻게 동아시아 평화공동체를 말할 수 있겠는가? 따라서 가장 평화를 필요로 하는 한국이 스스로 평화정책을 대내외에 천명하고 주도적으로 군축을 실시해야 한다. 이를 바탕으로 좀 더 독립적인 입장에서 미일동맹의 강화와 일본의 재무장화, 중국과의 패권적 대결을 막기 위한 동아시아 평화논의의 중재자적 위치를 확보해야 한다.

대테러전쟁 협력을 중단하고 분쟁을 가중시키는 해외 파병은 중단해야 한다.

우리의 평화가 중요하다면 세계 모든 민족과 공동체의 평화도 중요하다. 패권전쟁, 침략전쟁에 군대를 파견하여 경제적 이권을 도모하는 나라가 자국 주변의 평화를 호소할 수 있겠는가? 한국 정부는 미국의 패권을 도와 이라크와 아프간에 군대를 보내놓고 마치 인도적 지원을 위해 파병한 것처럼 국민 기만과 정보 조작을 지속해왔다. 그러나 이번 아프간 피랍사태는 정부가 국민들에게 해당지역에서 한국의 군사활동이 인도적 활동으로 존중받고 있다고 말한 것이 얼마나 어처구니없는 자의적 주장인지를 단적으로 보여주고 있다.

더 이상 미국의 용병 역할을 계속해서는 안 된다. 이라크에 파병한 자이툰 부대는 즉각 철군해야 하며, 아프간의 동의다산부대도 지체 없이 철수해야 한다. 유엔 평화유지군 파병 역시 국제평화유지활동에 대한 정부의 원칙과 자세가 교정되기 전까지 일체 중단하여야 한다. 평화를 원한다면 군대부터 보낼 것이 아니라 분쟁지역에 대한 평화정책을 먼저 수립하고, 이를 위한 외교적 노력과 인도적인 지원을 강화해야 한다. 정부는 국제평화유지를 빌미로 전 세계에 군대를 손쉽게 파견하기 위한 PKO법 제정을 중단해야 한다. 한국에게 필요한 것은 해외에 보낼 군대가 아니다. 한 번도 제대로 가져보지 못한 국제평화정책이다.

반평화적이고 냉전적인 법과 제도는 개폐해야 한다.

특히 국가보안법은 평화체제 구축 논의의 한 상대인 북한을 적으로 규정하면서 국가안보와 관련된 논의들을 봉쇄하여 소수 관료들의 수중에 국가안보를 독점시키는 장치로 작동하고 있다. 국가안보에 대한 독점주의, 비밀주의는 평화운동의 발전을 가로막는 해악이다. 따라서 우리는 반평화적이고 냉전적인 국가보안법의 폐지를 비롯하여 국가안보에 대한 소수 관료들의 독점을 보장하는 각종 법과 제도를 개폐할 것을 요구한다. 더불어 대테러전쟁 협력을 위해 정부가 추진하는 각종 반인권적 법제들, 테러방지법, 테러자금조달금지법, 통신비밀보호법 등의 제개정 역시 즉각 중단해야 한다. 이 법제들은 '테러'라는 정치적 편견이 섞인 불명확한 개념을 바탕으로 국민을 위협하여 각종 인권침해를 감내하도록 강요하고 있다. 사실 이른바 테러의 위협으로 말하면, 정부가 미국의 패권전쟁인 대테러전쟁에 대한 정당치 못한 지원을 철회하면 상당히 개선될 수 있는 것이다.

평화는 연대와 신뢰 속에만 이루어진다. 이러한 연대와 신뢰의 형성은 정부만이 아닌 시민사회의 협력을 통해 가장 튼튼하게 형성될 수 있다. 우리는 남과 북의 평화세력 그리고 아시아와 전 세계의 평화세력과 연대하여 한반도 그리고 동아시아의 항구적인 평화체제의 구축을 위해 노력할 것이다. 사회적 합의와 시민사회의 적극적인 개입에 의해서만 냉전적, 군사주의적 대결구도가 청산되고, 진정으로 평화가 대세가 되는 평화체제 구축이 가능하다. 평화적인 수단에 의한, 민주적인 과정에 의한 평화만이 되돌릴 수 없는 진정한 평화를 가져올 수 있다. 협소한 국경을 넘어 배타심과 공포의 경계를 넘어, 이미 지나가버린 냉전의 사고방식을 넘어, 새로운 시민 주도의 평화를 만들어내자. 전쟁과 학살의 땅에서, 가장 첨예한 군사적 대결이 수십 년간 지속된 냉전의 땅에서 세계를 향해 평화의 바람을 불러일으키자.

부록 2. 시민사회의 주요 입장문 (12)

아프간 피랍자들의 무사귀환을 위한 한국 시민단체의 호소문

(2007. 8. 7. 평화·여성·환경·종교, 문화 분야 78개 시민단체)

오늘 우리는 차마 말할 수 없이 참담하고 비통한 심정으로 이 자리에 섰습니다. 아프간에 한국인들이 피랍된 지 스무날에 이르고 있지만 아프간에서 쓰러져간 故 배형규, 심성민 씨의 죽음을 제대로 애도하지도 못한 채 한국인 인질 21명의 생명이 바람 앞의 촛불처럼 생사의 기로에 있기 때문입니다.

아프간에서 벌어진 이 재앙과도 같은 상황은 우리 시대가 당면한 비극이 아닐 수 없습니다. 탈레반 무장세력이 한국 민간인의 생명을 협상의 수단으로 삼고 있는 가운데, 아프간 평화재건을 위해 군대를 파견했다고 주장하는 한국 정부는 정작 자국민을 석방시킬 수 있는 수단을 갖지 못하고 있고, 대테러전이라는 이름으로 아프간에서 전쟁을 벌이고 한국군의 참전을 요구했던 미국 정부는 이 사태를 방관하고 있기 때문입니다. 폭력의 악순환 속에서 더 이상의 희생자가 생기지 않기를 바랄 수밖에 없는 이 비극 앞에서 우리는 간절히 호소합니다.

탈레반 무장단체에 인질 석방을 재차 촉구합니다.

민간인 생명을 살상하는 행위는 그 목적이 무엇이든 결코 정당한 저항의 수단이 아닙니다. 점령세력의 민간인 살상에 분노하면서 스스로 민간인들을 위해 하는 것은 당신들이 싸우고 저항하는 이들의 행위와 결코 다르지 않습니다. 그러한 행위는 또 다른 폭력과 분쟁을 불러올 수 있습니다. 그리고 한국인들에게 깊은 슬픔과 고통을 안겨주는 것은 물론입니다. 우리는 인질로 삼고 있는 21명의 한국인을 조속히 풀어주기를 재차 촉구합니다.

미국과 아프간 정부 그리고 국제사회에 촉구합니다.

미국의 대테러전과 아프간 점령은 수많은 아프간 민간인들을 죽음과 고통 속으로 몰아넣고 있고 이것이 아프간에서 외국인들에 대한 증오와 보복으로 나타나고 있습니다.

이러한 폭력의 악순환 속에서 한국인 피랍사태가 발생했음을 미국 정부가 충분히 인식해야 합니다. 따라서 우리는 피랍자들의 무사귀환을 위해 그 누구보다 직접적인 당사자인 미국 정부의 전향적인 태도와 적극적인 노력을 촉구합니다. 또한 미국과 나토군 그리고 아프간 정부가 피랍자들의 구출을 포기하는 것과 다름없는 위험천만한 군사행동을 결코 해서는 안 된다는 점을 분명히 강조합니다.

그리고 유엔과 국제사회 양심적 세력에게 호소합니다. 아프간에서 벌어지고 있는 폭력의 악순환에 한국인 피랍자들이 희생되지 않도록 할 수 있는 지원과 노력을 아끼지 말 것을 희망합니다. 특히 탈레반 무장단체와 아프간 정부 그리고 미국 정부의 입장 변화를 촉구하고 나아가 아프간 분쟁의 평화적 해결을 촉구하는 활동에 나서 주길 바랍니다.

아프간 전쟁과 점령, 수많은 죽음에 대한 한국 정부와 시민들의 무관심을 돌아봅니다.

한국인 인질들에 대한 무사귀환을 호소하면서 지금의 참혹한 아프간 상황에 책임이 있는 한국 정부와 시민사회를 돌아봅니다. 한국 정부는 미국의 대테러전과 아프간 점령을 지원하기 위해 군대를 파견하고 그 악명 높은 바그람 기지에 주둔시켜 왔으면서 마치 아프간 재건지원을 위해 파병한 것처럼 사실을 왜곡해왔습니다. 한국군이 엄연히 미국의 대테러전 수행을 지원하기 위해 그곳에 주둔하고 있다는 이 분명한 사실을 한국사회는 제대로 인식하지 못하고 있지만 아프간인들은 잘 알고 있습니다. 한국 정부가 미국의 아프간 침공과 점령을 적극 지원하였기 때문에 그로 인한 수많은 아프간인들의 살상에 더불어 책임을 져야 할 당사자가 되었습니다. 오늘날 이 사태를 맞아 한국 정부의 대테러전 부대 파견을 막지 못한 우리들의 책임을 다시 한 번 확인하면서 무고히 희생되고 고통받고 있는 아프간 주민들에게 깊이 사과합니다.

또한 우리는 아프간의 평화를 말하면서 그곳의 역사는 물론 아프간인들의 죽음과 고통에 대해서는 너무도 무관심했던 것에 대해 자성해봅니다. 미국이 아프간을 침공했던 단 두 날 동안 천 명의 아프간 민간인들이 죽음으로 내던져졌는데도, 지난 6년 동안의 점령으로 수만 명의 아프간인들이 숨져갔으며, 탈레반뿐만 아니라 수많은 민간인들이 바그람 기지와 관타나모 기지 등에 불법 구금되고 고문을 당하고 있는데도 한국사회는 이러한 아프간인들의 고통과 아픔에 너무도 무지하거나 무관심했습니다. 어쩌면 지난 2월 바그람 기지 앞에서 숨져간 당시 윤장호 병장의 죽음이 오늘날의 인질사태를 예고해준 것이라고 할 수 있습니다.

따라서 한국인 인질 무사귀환을 기원하는 우리는 동시에 전쟁과 분쟁으로 죽어간 수많은 아프간인과 그 가족들의 슬픔과 고통을 기억해야 합니다. 아프간을 비롯하여 국제사회에 진정한 평화와 생명의 메시지를 전달하지 못하고, 오히려 불의의 전쟁과 점령에 동참하고 세계의 고통 받는 이들의 목소리에 귀 기울이지 못한 것을 반성해야 합니다. 아프간 분쟁의 지독한 현실에 대한 이해 없이 저항세력들의 행위들을 무조건 미국의 눈으로 보면서 테러라고 비난하거나 또는 그들을 교화시키려는데 너무 쉽게 동조한 것은 아닌지 반성해야 합니다.

피랍자들의 무사귀환을 염원하는 노란리본을 달아주십시오.

그러기에 호소합니다. 피랍자들의 무사귀환을 염원하는 노란 리본을 달아주십시오. 한국 시민들이 이들의 무사귀환을 얼마나 간절히 원하는지 국제사회가 알 수 있게 해주십시오. 그리고 하얀 리본을 달아주십시오. 한국군의 아프간 파병과 점령지원 그리고 우리의 무관심으로 아프간 국민들 또한 얼마나 힘들었을지 그리고 우리가 얼마나 미안해하는지 국제 사회가 알 수 있게 해주십시오. 이런 우리의 마음이 조금이라도 탈레반과 국제사회에 전해져 피랍자들의 무사귀환을 위해 그리고 아프간의 분쟁해결을 위해 국제사회가 적극 나설 수 있도록 해야 합니다. 특히 이번 사태를 해결하기 위해 미국이 직접협상에 나서줄 것을 촉구해주십시오.

우리들의 호소에 동의하신다면 언제, 어디에서든 관계없이 나서 주십시오. 광화문 가로수에 걸어둔 줄에 달아주서도 좋습니다. 집 앞 창문에 달아주서도 좋습니다. 자동차 장식걸이에 걸어주서도 좋습니다. 매고 다니시는 가방에 걸어주서도 좋습니다. 꺼져갈 것만 같은 21명의 목숨을 위해 그리고 우리가 절대 잊어서는 안 될 가치인 평화와 생명, 관용의 가치를 위해 '노란 리본 달기'에 나서 주십시오.

21명의 생명이 경각에 달려있는 지금, 이념적, 종교적, 정치적 고려를 떠나서 피랍자의 생명과 안전이 가장 중요합니다. 이들의 행보를 둘러싼 논쟁은 그들이 살아 돌아온 후에 해도 늦지 않습니다. 수해소식에 여름휴가도 기꺼이 반납하고 수해복구 지역으로 달려갔듯이 우리 시민들이 감당할 수 없는 고통에 처해있는 이들의 무사귀환을 위해 적극 나서야 할 때입니다.

우리의 반성을 담아 생명을 구하는데 나서 주십시오. 피랍자들의 무사귀환과 무고하게 죽어간 아프간인들을 추모하는 뜻에서 노란색, 하얀색이 넘치는 거리를 만들어주시길

간절히 호소합니다.

(사)한국불교종단협의회/인권위원회/KYC(한국청년연합회)/NCC 정의평화위원회/경기민주언론시민연합/경기여성단체연합/경남여성단체연합/경남여성회/광주전남여성단체연합/기독교사회선교연대회의/기독교환경연대/기독여민회/녹색교통운동/녹색미래/녹색연합/다산인권센터/대구경북여성단체연합/대구여성회/대전여민회/문화연대/민주노총수원오산용인화성지구협의회/민주사회를위한변호사모임/민주언론시민연합/부산성폭력상담소/부산여성단체연합/부산여성사회교육원/불교환경연대/비폭력평화물결/삶터/새세상천주교여성공동체/새움터/생태지평연구소/성매매문제해결을위한전국연대/수원민예총/수원여성회/수원일하는여성회/수원지역목회자연대/수원청년회/수원환경운동센터/수원환경운동연합/안양여성회/에너지나눔과평화/에코붓다/여성사회교육원/우리민족서로돕기운동 평화나눔센터/울산여성회/원불교개벽교무단/이매진피스/전북여성단체연합/정토회/제주여민회/제주여성인권연대/참여연대/천주교정의구현전국연합/청년평화센터 푸름/초록정치연대/충북여성민우회/평화공감/평화네트워크/평화를만드는여성회/평화박물관준비위/포항여성회/한국성폭력상담소/한국아나뱁티스트센터/한국여성노동자회/한국여성단체연합/한국여성민우회/한국여성연구소/한국여성의전화연합/한국여성장애인연합/한국여신학자협의회/한국이주여성인권센터/한국정신대문제대책협의회/한국YMCA전국연맹/함께하는시민행동/함께하는주부모임/행동연대/환경운동연합/환경정의(이상 78개 단체)

부록 2. 시민사회의 주요 입장문 (13)

대테러전 참전의 혹독한 대가와 교훈
— 아프간 피랍자 석방 환영, 무분별한 한국군 파병정책 재검토하는 계기되어야

(2007. 8. 29. 참여연대 평화군축센터)

한국인 23명이 탈레반 무장 세력에게 피랍된 지 41일 만에 남은 피랍자 19명의 전원 석방 소식이 전해졌다. 피랍자들이 가족의 품으로 무사히 돌아오게 되어 진심으로 다행스럽게 여기며 환영한다. 더불어 앞서 싸늘한 주검으로 돌아온 故배형규, 故심성민 씨와 그 유가족들에게 안타까운 심정으로 다시 한 번 애도의 뜻을 표한다.

피랍자들을 무사석방 시키기 위한 정부의 노력은 충분히 평가받을 부분이 있다. 하지만 우리는 피랍자들이 석방되었다 하여 온 국민에게 충격과 슬픔을 주었던 이번 사태에 대한 정부의 책임이 무마되는 것이 아님을 분명히 지적하고자 한다. 아프간의 갈등과 분쟁을 더욱 조장하는 전쟁에 한국이 무책임하게 참전한 결과가 어떤 대가를 치르게 했는지 이번 사태가 똑똑히 보여주었기 때문이다. 이번 사태에서도 확인되듯 아프간과 이라크 정세에 대한 정보조차 차단하고 대테러전을 지원하는 한국군의 역할을 국민들에게 제대로 설명하지 않았던 정부의 책임은 매우 크다. 아프간과 이라크 평화에 대한 진지한 성찰이 없는 대테러전 참전정책과 국민들에 대한 의도된 정보왜곡은 정부가 철저히 반성해야 할 일이다.

피랍된 한국인들이 무사 귀환하게 된 것은 천만다행이나 이것이 아프간 비극의 종식을 의미하지는 않는다. 미국이 아프간에서 치르고 있는 대테러전이 7년째로 접어들고 있는 지금 수많은 아프간 민간인들이 군사작전과 폭탄 테러로 목숨을 잃는 일이 비일비재하게 벌어지고 있다. 이라크 상황 역시 마찬가지이다. 이제라도 정부는 이번 사태를 교훈 삼아 아프간과 이라크에서의 점령 종식과 평화정착을 위한 노력에 힘써야 한다. 군대 파견이 아니고도 국제평화에 실질적으로 기여하는 방안은 얼마든지 있다. 그중에서 반드시 해야

할 일이 바로 아프간뿐만 아니라 이라크파병부대를 즉각 철군시키고 나아가 분쟁 확산에 공조하는 해외 파병정책을 전면 재검토하는 것이다.

부록 2. 시민사회의 주요 입장문 (14)

남북정상회담, 서로를 겨냥한 군사태세 거두고 군축을 논의하는 계기되어야

(2007. 9. 28. 2007년 남북정상회담 즈음한 시민사회단체 선언문)

내달 10월 2일 역사적인 2007년 남북정상회담이 평양에서 열린다. 한반도 평화체제에 대한 본격적인 논의를 앞두고 남북 정상이 한 자리에 만나게 된 것은 뒤늦은 감이 있지만 매우 다행스러운 일이 아닐 수 없다. 더욱이 최근 한반도 주변 정세의 변화는 반세기 이상 한반도 주민들을 옥죄어 왔던 정전체제를 종식시킬 수 있는 더없이 좋은 기회가 되고 있다. 우리는 이러한 안보환경의 변화를 바탕으로 남북이 한반도 평화논의를 주도해야 하며, 그런 의미에서 이번 남북정상회담은 한반도 평화체제 논의를 급진전시키는 분수령이 되어야 한다고 믿는다.

이에 우리는 남북정상회담 개최를 앞두고 남-북 관계 개선 및 남-북 정상회담에서 다음과 같은 원칙이 일관되게 적용되어야 함을 주장한다.

정상회담 전 과정에서 남북의 평화공존과 번영을 위한 공동노력, 평화체계 구축을 위한 장단기 로드맵과 이후의 프로세스에 대한 예측 가능성 확대, 사회적 공감대 형성을 위한 투명성, 시민사회를 포함한 사회 각계각층의 참여, 정상회담을 전후로 한 상호 신뢰조치의 조속한 실행 등의 원칙이 지켜져야 할 것이다.

우리는 이러한 원칙에 기초하여 주요한 의제와 관련하여 다음과 같이 선언하는 바이다.

첫째, 이번 정상회담은 남북의 평화공존과 협력증대를 통해 한반도 평화공동체로 나가는 계기가 되어야 한다. 한반도 평화공동체는 사실상 통일로 진입하기 위해 남북의 공존공영을 제도화하는 것이다. 2000년 역사적인 6.15 선언 이래 남북 화해와 교류협력은 한반도 긴장완화에 크게 기여를 한 것이 사실이지만 주변 정세에 따라 부침을 거듭하면서 남북관계의 획기적인 진전을 이루지 못한 것도 사실이다.

이제는 남북협력의 범위와 질을 한층 확대해 남북이 공동으로 번영하는 상호의존과 호혜의 평화공동체로 전환되어야 한다. 서로를 적대시하는 낡고 시대착오적인 냉전적 법제들도 과감히 폐기될 필요가 있다. 그 속에서 자연스럽게 평화를 지향하는 통일이 이루어지게 해야 한다.

그러기 위해서라도 남북 정상은 이번 정상회담을 통해 한반도 평화문제를 적극적으로 해결해 나갈 의지가 있음을 국제사회에 보여주어야 한다. 이는 한반도 평화와 통일의 문제를 해결하는 데에 남북이 대외적으로 일정한 자율성을 확보하는 것과 동시에 한반도 평화정착과 통일을 넘어 동북아 평화협력에 기여하겠다는 의지를 보여주는 것이기도 하다.

따라서 남북 정상은 이번 정상회담을 통해 정전체제의 종결과 평화체제로의 이행 의지를 대내외에 확인하고, 공동의 번영과 발전을 통한 한반도 평화정책과 동북아 평화협력에 기여하겠다는 의지를 담아내는 평화선언의 결실을 달성해야 한다. 또한 향후 평화체계 구축을 위한 정상회담의 정례화와 남북 상호 대표부의 신설 등을 구체적인 실천과제로 추진하여야 할 것이다.

둘째, 이번 정상회담에서 남북 정상은 한반도 평화증진을 위한 군사 분야의 협력을 진지하게 논의해야 한다. 그 내용은 한반도 비핵화에 대한 의지를 재확인하는 한편 초보적인 군사적 신뢰조치를 이행하고 향후 본격적인 한반도 군축을 모색하는 것이어야 한다. 특히 우리는 남북 정상이 북한의 핵 폐기에만 만족하지 않고 한반도가 근원적으로 핵무기 위협으로부터 자유로울 수 있도록 한반도 비핵지대화를 검토하기를 기대한다.

무엇보다 우리는 이번 정상회담이 군사적 신뢰조치를 통해 서로를 겨냥했던 공격적인 군사태세를 거두고, 나아가 한반도 군축을 논의하는 계기가 되기를 바란다. 남북 간의 군사적 대결이 군비경쟁의 악순환을 불러왔고 그것이 도리어 한반도 주민들의 안전과 복지를 위협하고 있음을 인정하고 이제부터 과도하게 집중된 군사력을 줄여나가도록 해야 한다. 이러한 시도 없이 한반도 평화체제를 구축한다는 것은 공허한 구호에 불과하다.

우선 남북이 1991년 '남북기본합의서'에서 합의한 초보적인 군사적 신뢰조치를 이행하는 것만으로도 한반도 평화는 커다란 진전을 이룰 수 있다. 특히 우리는 서해상의 평화정착을 위해 NLL 갈등을 해결하고 군사이동의 통보, DMZ의 평화적 이용 그리고 공격적 무기의 단계적 감축 등을 논의하기 위한 남북군사공동위원회 설치에 합의하기를 기대한다. 남북이 군사적 신뢰 구축과 나아가 군비통제에 나서게 된다면 그것은 한반도 주민들의 삶의 질 향상으로 이어질 수 있을 뿐만 아니라 남과 북이 대외적 자율성을 획득하여 한반도 평화체제를 공고히 하는데 크게 기여할 것이다.

셋째, 이번 정상회담은 북한의 경제개발을 지원하는 한편 그것이 지속가능한 한반도 경제공동체를 지향함을 분명히 해야 한다. 북한과의 경협은 그 폭과 속도가 대폭 확대되어야 하며, 경제개발을 위한 기본토대로서 에너지와 인프라가 시급히 제공되어야 한다. 북미관계 개선 움직임 속에서 필요하다면 국제금융 지원이 가능하도록 하는데도 힘써야 한다. 이는 한반도의 균형 있는 발전과 공동번영을 위해 필수적인 일이며 한반도 평화체제를 공고히 하기 위해서도 반드시 필요하다.

그러나 그 방식이 북한의 자연환경과 생태계를 파괴하는 것이어서는 결코 안 된다. 우리가 일찍이 경험했듯이 무분별한 개발과 환경파괴는 그 자체로 자연재해로 이어질 수 있으며, 복구비용도 한반도 주민 모두가 떠안아야 할 부담이라는 점은 자명하다. 따라서 이번 정상회담은 남북 상호 간의 지속가능한 경제협력의 확대와 이를 위한 상설 협력기구의 신설 등에 대해 논의하여야 한다. 또한 확대되는 남북 협력이 한반도 자연생태에 끼칠 수 있는 위해성을 사전에 예방하기 위한 환경협력의 원칙과 방향을 정상회담 의제에 포함하여야 한다. 최근 논의되는 남북 협력사업(한강하구 준설 등)에서도 남북 간 국토환경보전 및 공동 연구에 대한 논의를 선행적으로 진행하여, 한반도 생태계의 건강성을 보전하면서 동시에 북한 경제개발을 추진하는 원칙과 기준을 세부적으로 마련해야 한다.

마지막으로 우리는 이번 정상회담이 국민적 토론과 의견 수렴 하에 투명하게 추진되어야 한다는 점을 다시 강조하고자 한다. 정상회담 의제설정뿐만 아니라 후속조치에 대해 정부는 시민사회의 이해를 구하는 한편 초당적 협력과 합의를 모으는 절차를 밟아야 한다. 이는 남북 정상회담이 한반도 주민의 안위와 미래를 가늠하는 중차대한 의미를 갖는다는 점에서 지극히 당연한 일이다. 정상회담 자체가 불필요한 정치적 논쟁거리로 전락하지 않기 위해서라도 필요하다.

따라서 정부는 정상회담의 결실 못지않게 국민적 동의기반을 구하고 투명성을 확보하는 데 최선을 다해야 한다. 또한 정상회담 이후 정상회담 내용의 구체적 실천을 위한 장단기 세부적 계획이 함께 제출되어 정상회담의 성과가 현실화되도록 노력해야 할 것이다.

(사)광주교원환경협의회/(사)맥지청소년사회교육원/(사)함께사는세상/가톨릭농민회청주

교구본부/강릉경제정의실천시민연합/강릉기윤실/강릉생명의숲/강릉소비자고발센터/강릉여성의전화/강릉종합자원봉사센터/강릉한살림생활협동조합/강릉YMCA/강원민주언론운동시민연합/강원연대회의/강진사랑시민회의/건강사회를위한치과의사회전북지부/경남연대회의/경제정의실천불교시민연합/관현장학재단/광산지역사회연구소/광산지역환경연구소/광양참여연대/광양YMCA/광양YWCA/광주경제정의실천시민연합/광주시민협/광주여성민우회/광주여성의전화/광주장애인총연합회/광주전남개혁연대/광주전남녹색연합/광주전남문화연대/광주전남우리민족서로돕기운동/광주전남한국노인의전화/광주환경운동연합/광주홍사단 광주YMCA/광주YWCA/괴산을사랑하는사람들/구례참여자치연대/군산YMCA/굿네이버스광주지부/기독교협의회인권위원회/나주사랑시민회/녹색교통운동/녹색미래/녹색연합/누리문화재단/대구참여연대/우리복지시민연합/대구민예총/민주화를위한변호사회대구지부/동해환경사랑회/마창진참여자치시민연대/목포문화연대/목포지방자치시민연합/목포YMCA/목포YWCA/무등산보호단체협의회/미래를여는공동체/민예총목포지부/민예총태백지부/민족예술인총연합충북지회/민주언론시민연합/민주화교수협의회전북지회/백두대간보전본부/볼런티어21/빛고을미래사회연구원/생태교육연구소터/생태지평/세상을바꾸는시민행동21/소비자고발센터/소비자시민모임태백지부/속초경제정의실천시민연합/속초고성양양환경운동연합/속초YMCA/순천경실련/순천YMCA/순천YWCA/시민생활환경회의/신안포럼/여성정치세력민주연대/여수시민협(사)/여수YMCA/여수YWCA/열린사회희망연대/영광사회운동협의회/영월동강보존본부/외국인노동자인권복지회/우리농촌살리기천주교광주대교구본부/우리밀살리기운동광주전남본부/울산시민연대/울산여성의전화/울산환경연합/원불교청년회/원주21세기정책연구소/원주시민연대/원주여성민우회/원주환경운동연합/원주YMCA/원주YWCA/월드비전광주전남지부/익산참여자치연대/인권실천시민행동/인천연대회의/일하는공동체실업극복연대/에코붓다/장애우권익문제연구소/장애우권익문제연구소광주지소/전교조전남지부/전남동부지역사회연구소/전남연대회의/전북교육개혁교육자치를위한시민연대/전북기독교사회복지연구소/전북기독교사회선교협의회/전북민족미술인협의회/전북민주언론운동시민연합/전북시민운동연합/전북여성단체연합/전북연대회의/전북환경연합/전주경실련/전주시민회/전주YMCA/전주YWCA/전철협/증평시민회/참교육을위한전국학부모회광주지부/참교육학부모회울산지부/참여불교재가연대/참여연대/참여연대완도시민회의/참여와자치를위한진도사랑연대회의/참여와자치를위한춘천시민연대/참여자치고흥군민연대/참여자치군산시민연대/참여자치전북시민연대/참여자치횡성군민연대/천주교정의구현목포연합/

청주여성의전화/청주충북환경운동연합/청주CCC/청주KYC/청주YMCA/청주YWCA/춘천경제정의실천시민연합/춘천나눔의집/춘천노동복지센터/춘천생활협동조합/춘천여성민우회/춘천환경운동연합/춘천YMCA/춘천YWCA/충북경실련/충북민교협/충북민주언론시민연합/충북여성민우회/충북여성장애인연대/충북여성정치세력민주연대/충북연대회의/충북외국인노동자지원센터/충북이주여성인권센터/충북참여자치시민연대/태백가정법률상담소/태백생명의숲/평택참여자치시민연대/평화의친구들/평화를만드는여성회/함께하는시민행동/한국민족예술인총연합강원지회/한국민족예술인총연합광주시지회/한국생협연합회/한국소비자연맹강원춘천지회/한국여성단체연합/한국여성민우회/한국여성의전화연합/한국CLC/한국YMCA전국연맹/해남YMCA/행동하는복지연합/환경운동연합/환경정의/횡성21세기정책연구소/횡성환경운동연합/홍사단/홍사단전주지부/희망연대/희망해남21/KYC (189개 단체)

부록 2. 시민사회의 주요 입장문 (15)

정보공개 거부에 자료조작 그리고 거짓말까지 하는 합참
― "자이툰, 쿠르드 민병대 훈련 사실 없다"는 합참 주장에 대한 참여연대 반박

(2007. 10. 26. 참여연대 평화군축센터)

합동참모본부(이하 합참)가 파병관련 정보공개 자료를 조작한 것도 모자라 자이툰 부대 활동에 대해서도 거짓주장을 하고 나섰다. 자이툰 부대가 쿠르드 민병대를 훈련시키는 활동을 했다는 참여연대의 주장에 대해 합참이 "지금까지 쿠르드 민병대에 교육지원을 한 사실이 없다"며 "이라크군과 경찰에 대해서는 교육을 지원했다"고 반박 아닌 거짓 주장을 한 것이다. 합참의 이러한 주장은 비단 자이툰 부대 활동뿐만 아니라 적어도 이라크파병에 관한 한 군의 주장을 결코 신뢰할 수 없다는 것을 확인시켜 주고 있다.

그동안 쿠르드 지방정부의 치안은 페슈메르가라는 민병대가 맡아왔으며, 이라크군 2사단, 3사단이 바로 이들 페슈메르가라는 것은 익히 알려진 사실이다. 자이툰 부대가 이들 민병대를 훈련시켰다는 사실을 보여주는 자료도 곳곳에 있다. 자이툰 사단장이던 황의돈 단장이 미 육군이 발행하는 《밀리터리 리뷰》 2005년 11-12월호에 기고한 글에 따르면 한국군은 "페슈메르가 민병대 대원들을 훈련시켜, 민간분야에로 취업시키든가 아니면 이라크군에 편입시키는 역할을 했다"고 전하고 있다. 자이툰이 쿠르드 민병대를 훈련시킨 사실이 없다는 합참의 주장이 진실이라면 전 자이툰 사단장이 거짓 진술을 한 셈이다. 그러나 합참의 주장이 거짓이라는 근거는 최근 미 육군협회가 발행하는 《육군》 9월호만 보더라도 알 수 있다. 이 기사는 한국군의 이라크군 지원 프로그램으로 현지 쿠르드 페슈메르가 민병대원의 훈련을 다루고 있기 때문이다.

뿐만 아니라 자이툰이 쿠르드 민주당의 사설병력인 제르바니 민병대를 훈련시키고 지원해왔다는 것도 이미 알려진 사실이다. 지난해 9월 파병반대 의원모임의 이라크 실태조사 방문에서 쿠르드 정부의 신자리 장관은 "자이툰 부대가 제르바니 등 쿠르드 민병대와

경찰에게 사격술과 전술훈련, 범죄수사 기법 교육은 물론 지문감식기구, 컴퓨터, 차량, 검문과 방호시설 구축도 지원했다"고 말한 바 있고, 실제 국방부가 제출한 2006년 국정감사 자료에 따르면 자이툰 부대가 제르바니 민병대에 차량과 의약품, 군화 등을 지원했다고 밝히고 있다. 이라크 상황을 모니터해 온 이들이라면 상식적으로 알고 있는 사실을 합참이 무모하게 그런 사실이 없다고 발뺌하고 있는 것이다.

자이툰 부대가 페슈메르가나 제르바니 등 민병대들을 훈련, 지원한 것이 정부가 침이 마르도록 자랑하는 평화재건 활동과는 무슨 관계가 있는지도 따져볼 문제이다. 민병대에 대한 훈련은 미국의 이라크군 양성의 일환이다. 이라크 저항세력의 색출의 역할을 이들 민병대에게 부여하고자 하는 것이다. 그러나 일부 민병대들이 이라크군으로 전환되었으나 이들은 이라크 군복만 걸쳤지 종족적, 정파적 성격을 유지하고 있어 현재 이라크의 종파 간 갈등과 분열의 중심에 있다. 실제 이라크군으로 전환된 쿠르드 민병대원들은 이라크 군복을 입으면서도 이라크기가 아닌 쿠르디스탄기를 달고 있고 이라크가 아닌 쿠르드 독립을 위해 복무한다고 말하고 있는 것에서 알 수 있다. 사실상 한국군이 쿠르드 독립군 양성을 지원한 셈이다. 또한 쿠르드 군벌 바르자니의 사설병력을 지원한 것도 평화재건 활동에 포함되는지 알 수 없는 노릇이다.

참여연대가 자이툰 부대의 쿠르드 민병대 훈련에 대해 문제 삼는 것은 단순히 합참의 거짓주장을 반박하는 데만 있지 않다. 이라크파병에 관한 군의 자료와 주장을 도무지 신뢰할 수 없음을 지적하는 것이다. 특히 군이 입버릇처럼 강조하고 있는 자이툰 재건지원 활동에 관한 자료나 주장은 그 자체로 매우 불투명할 뿐만 아니라 허구적이기 때문이다.

일례로 군이 성공적이라고 자평하는 자이툰 부대의 평화재건 지원활동의 내막도 그러하다. 2006년 예결산만 보더라도 총 주둔비용이 1,246억 원인 것에 비해 재건지원비용은 93.52억 원이고 그나마 치안유지나 친화활동에 소요된 비용을 제외하고 순수하게 인도적 지원에 소요된 비용은 9억 원에도 채 못 미치고 있다. 그것도 굳이 군부대가 아니라 민간봉사단들이 하면 더 잘할 수 있는 활동들이다. 그리고 주둔 자체에 드는 엄청난 비용을 심각한 인도적 위기에 처한 이라크인들을 구호하는 데 사용했다면 훨씬 의미 있었을 것이다. 그런데도 군은 자이툰 부대 파병이유가 마치 재건지원을 위한 것처럼 국민들을 오도하고 있다.

합참은 자이툰 부대의 활동을 과대 포장할 것이 아니라 국민들이 자이툰의 활동을 냉정하게 평가할 수 있도록 관련 정보와 자료를 공개해야 마땅하다. 특히 쿠르드와 터키 사이의 무력갈등이 고조되고 있는 것과 관련하여 관련 정세를 국민들에게 제대로 설명해야 한다. 그리고 재정능력이 부족하고 주변국과 긴장관계에 있는 쿠르드가 한국의 지원을 마다할 이유가 없음에도 불구하고 쿠르드의 환대와 주둔요청을 자이툰 활동의 평가기준으로 삼아 국민들을 오도하는 것을 그만두어야 한다.

무엇보다 합참은 국민들이 알아야 할 정보도 공개하기를 거부하면서 명백한 자료조작에 이어 거짓말까지 한 합참의 행태가 파병에 관한 군의 주장을 결코 신뢰할 수 없게 하고 있다는 것을 반드시 인식하길 바란다. 도무지 군의 주장을 신뢰할 수 없는데 어떻게 파병에 관한 군의 평가와 결정을 믿을 수 있겠는가. 또한 무슨 근거로 파병연장에 동의할 수 있겠는가.

부록 2. 시민사회의 주요 입장문 (16)

미국만 의식해 파병연장 결정한다면 국회동의권은 왜 있나
― 신당, 국민들의 냉소와 민심이반 이유 제대로 인식해야

(2007. 12. 28. 참여연대 평화군축센터)

끝내 어제 국방위에서 이라크파병연장동의안이 통과되었다. 신당에 대한 국민들의 냉소와 민심이반의 이유를 설명해주는 순간이었다. 그럴듯한 파병연장의 논리가 있었던 것도 아니다. 내세울만한 파병의 성과가 없다는 것도, 부메랑이 되어온 파병의 후과(後果)도 전혀 문제시 되지 않았다. 부시 대통령의 요청이 있었기 때문에 그리고 미국 민주당도 한국군 철군을 원치 않을 것이기 때문에 파병을 연장해야 한다고 한다. 그러나 헌법에서 국군의 해외파병에 대해 국회에 동의권을 부여한 것은 미국의 입장만을 고려해서 결정하라고 준 것이 아니다.

오늘 본회의에서 신당은 파병연장동의안에 대한 표결을 통해 국방위 의원들의 엇나간 '소신'이 단순한 이탈이었는지, 아니면 지난 대선과정에서 파병연장 반대 입장을 표방했던 것이 다분히 대선용이었는지를 확인시켜 줄 것이다. 만일 신당 의원들이 대국민 공약이었던 파병연장 반대 당론을 져버린다면, 그것은 국민들이 왜 그토록 신당을 철저히 외면했는지를 아직도 깨닫지 못하고 있음을 방증하는 것이다. 국민을 또다시 기만할 경우 신당은 더 이상 되돌릴 수 없는 불신과 조소의 대상이 될 것이 자명하다. 스스로 평화세력이라 자임하면서 평화에 대한 아무런 정체성도 없고, 게다가 반성도 성찰도 하지 않는 정당이라면 그들에 대한 국민들의 외면은 당연한 귀결이다.

거듭 강조하지만 파병을 중단해야 할 이유는 차고도 넘친다. 한 나라의 국회가 '국제평화 유지와 침략적 전쟁 부인'이라는 자국의 헌법조항조차 무시하고, 국회 본연의 정책검증의 임무와 책임도 방기한 채 미국의 입장만을 고려하여 파병연장에 동의한다면, 그것은 분명 국제사회의 비웃음거리가 될 일이다. 이런 식이라면 국회가 군이 국군의 해외파병에 대한

동의 여부권을 가질 이유도 없다. 다시 촉구하건대 국회가 최소한의 책임의식이 있다면 정부의 파병연장안을 반드시 부결시켜야 한다. 그것이 정부 파병정책에 대한 검증을 뒷전으로 미뤄두었던 국회가 그나마 할 수 있는 마지막 소임이다. 국민을 좌절시키는 파병은 여기서 끝내야 한다.

부록 3
주요일지

주요 정세 연대기

	2006년
	1. 1.
	1. 3.
한·미 외무장관, 주한미군의 전략적 유연성 합의 공동성명 발표	1. 19.
	1. 23.
방코델타아시아 은행(BDA), 대북거래 중단 선언	2. 16.
제3차 남북장성급회담 개최(-3. 3.)	3. 2.
	3. 19.
연합전시증원(RSOI) 연습 훈련 실시(-3. 31)	3. 25.
	3. 30.
	3. 31.
	4. 18.
제18차 남북장관급회담 개최(-4. 24.)	4. 21.
	4. 27.
	5. 3.
정부 군경용역 1만 5천명 동원, 대추초교 철거 및 강제진압	5. 4.
	5. 5.
미, 북한 선박제재 발동	5. 8.
	5. 10.
제4차 남북장성급회담 개최(-5.18.)	
	5. 17.
	5. 22.
북, 경의선, 동해선 열차시험운행 취소 통보	5. 24.
제 8차 안보정책구상(SPI) 회의, 반환예정 주한미군기지 환경문제 논의	5. 25.
평택 팽성대책위 김지태 위원장 구속	6. 7.
	6. 16.
북한 미사일 발사, 정부 쌀과 비료 지원 포함한 남북관계 재검토 입장 발표	7. 5.
이스라엘 레바논 침공	7. 12.
주한미군, 캠프 라과디아를 비롯한 15곳의 기지 반환	7. 15.
	7. 16.
	8. 3.
	8. 10.
	8. 3.
	8. 24.
	9. 16.
	9. 21.
	9. 29.

평화활동 연대기

13개 시민사회단체, 한·미 전략적 유연성 합의 규탄 기자회견 개최
참여연대, 용산기지이전협상 및 LPP 협상 관련 감사원에 정책감사청구
GPPAC 동북아 지역회의 금강산에서 개최(-3. 4.)
파병반대국민행동, 이라크 침공 3년 국제공동반전행동 개최

평통사 등, 만리포 상륙전 훈련(RSOI) 규탄 기자회견 개최
13개 평화, 환경단체, 일본 로카쇼무라 핵재처리 공장 가동 규탄 기자회견 개최
참여연대, 〈국방개혁 2020 및 국방개혁기본법 제정에 대한 2차 의견서〉 발표

참여연대, 〈주한미군 기지의 평택이전에 관한 정부의 주장 vs 진실 10가지〉 발표
평화여성회 등 9개 시민사회단체, 일본 평화헌법 시행 59주년에 즈음한 공동성명 발표
평택범대위 등 대추분교 집결, 미군기지 확장이전 저항활동 전개, 524명 연행, 수백 명 부상
평택범대위, 평택 강제침탈 규탄 1차 범국민대회 개최

시민사회 각계인사, 평택 미군기지 확장을 둘러싼 갈등에 대한 입장과 제언 발표

참여연대, 〈주한미군 기지의 평택이전에 관한 정부의 주장 vs 진실 II〉 발표
참여연대-한겨레 21, 주한미군 현안에 대한 국민여론조사 보고서 발표
평화박물관, '평화공간 SPACE*PEACE' 개관, 참여연대 '북측의 일방적인 열차시험운행 취소 유감' 발표

민변, 참여연대 공동주최 토론회 〈주한미군 기지이전 협정에 대한 재협상의 필요성과 가능성〉 개최
문정현 신부 단식 11일째, 김지태위원장 석방 촉구 기자회견 개최

93개 시민사회단체, 이스라엘의 팔레스타인 레바논 침공 규탄 집회 개최
녹색연합 등, "반환미군기지 환경정화 재협상 촉구를 위한 긴급행동" 선포 기자회견 개최
아시아평화와역사교육연대, 제5회 한·중·일 청소년 역사체험 캠프 개최(-8. 10.)
평통사, 환경운동연합 등 32개 시민사회단체, 용산개발조장하는 용산특별법 제정반대 기자회견 개최
좋은 벗들, '북한소식' 온라인 뉴스레터 발행
각계인사 371인, 반환 미군기지 환경 협상에 대한 공익감사청구
경계를 넘어, 참여연대 공동주최, 토론회 〈이스라엘의 레바논 침공과 미국의 새로운 중동정책〉 개최

주요 정세 연대기

2006년

북한 지하핵실험 실시	10. 9.
제38차 한·미 안보협의회의(SCM) 개최	10. 13.
반기문 유엔사무총장 당선	10. 14.
유엔 안보리, 유엔헌장 7장 41조에 따른 대북제재 조치를 담은 결의 1718호 채택	10. 15.
우리정부 실무 시찰단 레바논 파견(-10. 19.)	10. 16.
	11.2.
	11. 7.
	11. 9.
유엔총회 '북한인권결의안' 채택, 한국 정부 찬성 표결	11. 20.
	11. 22.
국방개혁기본법안 국회 본회의 통과	12. 1.
한·미 방위비 분담금 협상 타결	12. 6.
	12. 11.
국방부, 평택 미군기지 이전 4-5년 지연 발표	12. 13.
	12. 18.
〈국군부대의 유엔 레바논 평화유지군(UNIFIL) 파견 동의안〉, 〈국군부대의 대테러전쟁 파견연장 동의안〉, 〈국군부대의 이라크 파견연장 및 감축계획 동의안〉 국회 본회의 통과	12. 22.

2007년

김계관, 크리스토퍼 힐 베를린 양자회담(-1. 18.)	1. 16.
북핵 9.19 공동성명 이행을 위한 2.13 합의 채택, 평택 주민-정부 '이주 합의'	2. 13
한·미 전시작전통제권 환수 일정 합의	2. 24.
	2. 25.
제20차 남북 장관급 회담(-3. 2.), 아프간 다산부대 윤장호 병장 사망	2. 27.
국회, 방위비분담협정 비준동의안 심사보고서에 최초 부대의견 첨부	3. 2.
	3. 5.
	3.13.
	3. 17.
국방부, 미군기지이전 시설종합계획(Master Plan) 발표	3. 20.
연합전시증원(RSOI) 연습 훈련 실시(-3.29.)	3. 26
14개 주한미군기지 반환절차 종료	4. 13.
국가보안법 위반 등 혐의로 이시우 작가 구속	4. 22.
	4. 26.
	4. 28.
김태환 제주도지사, 제주해군기지 여론조사 결과 발표, 강정마을 기지예정지 결정	5. 14
남북열차 시험 운행	5. 17.
자이툰 부대 오중위 사망	5. 19.

평화활동 연대기

참여연대, '한반도 주민 안전을 볼모로 한 북한의 핵실험을 강력히 규탄한다' 성명 발표

아시아평화와역사교육연대, 제5회 역사인식과 동아시아평화포럼 교토대회 개최(-11. 6.)
참여연대, 〈북한 핵실험과 평화운동의 과제〉 원탁토론회 개최
팔레스타인평화연대 등, 고립장벽 건설반대 국제공동행동 개최
미 평화활동가 신디시핸 등 미주대책위 방한, 평화연대활동(-11. 24.)
파병반대국민행동, 2006년 모니터 보고서 '이라크 안팎의 정세변화와 자이툰부대 철군' 발표
2006 한국 평화활동가 워크숍 개최, 제주 해군기지 건설을 반대하는 전국 평화활동가 성명 발표

평통사 등 69개 단체, 주한미군 방위비 분담금 7차 협정안 국무회의 의결 반대 기자회견 개최

파병반대국민행동, 자이툰 파병 연장 및 레바논 파병 본회의 통과 반대 기자회견 개최

63개 시민사회단체, 필리핀 활동가 정치 살해 규탄 및 중단 대책을 요구하는 기자회견 개최
우리민족서로돕기 등 5개 단체, '남북관계 재인식과 성찰' 주제로 5차례 집중토론회 개시
평화활동가들, 고(故) 윤장호 하사 추모및 한국군 즉각 철군을 위한 '죽음의 저글링을 멈춰라' 피스몹 진행
파병반대국민행동, 고(故) 윤장호 하사 추모 촛불 문화제 개최
평화재단, 2.13합의와 한반도 평화체제 전문가포럼 개최
이라크 침공 4년 국제공동반전행동 개최
제4차 유엔인권이사회 북 인권보고서 발표에 즈음한 평화인권단체 공동입장 발표
평택 대추리 주민들의 '935번째' 마지막 촛불집회

민가협, 이시우 석방 및 국가보안법 폐지를 요구하는 제661회 목요집회 개최
강화미술회관에서 이시우사진전 개막(-4. 30.)
제주 각계단체, 해군기지 건설 동의 무효화 및 김태환 도지사 퇴진 촉구 성명 발표

주요 정세 연대기

2007년

5. 23.	
6. 5.	
6. 14.	
6. 25.	
6. 29.	국회, 주한미군 반환기지 환경치유에 관한 청문회 개최
6. 3.	
6. 4.	
6. 10.	
6. 12.	
7. 18.	레바논 동명 부대 파병
7. 19.	아프간, 탈레반 한국인 23인 납치
7. 20.	정부, 탈레반 한국인 납치 사태 공식 확인
7. 21	
7. 22	
7. 25.	탈레반, 인질 중 배형규씨 살해
7. 27.	백종천 청와대 안보실장, 대통령 특사로 아프간 파견
7. 31.	탈레반, 인질 중 심성민 씨 추가 살해
8. 7	
8. 8.	
8. 23.	정부, 생필품과 의약품 등 북한긴급구호물자 육로 통해 전달(-8. 25.)
8. 24.	
8. 29.	정부 협상 대표단, 탈레반과 피랍자 전원 석방 합의
8. 30.	
9. 1.(-9. 2.)	북미 관계정상화 실무그룹 제2차 회의. 핵시설 연내 불능화·전면신고 합의
9. 10.	
9. 18	국방부, 대체복무제 도입 발표
9. 19.	
9. 20.	
9. 25.	
9. 28.	
10. 2.	제2차 남북정상회담 개최(-10.4.)
10. 3.	'9.19 공동성명 이행 제2단계 조치' 합의, 자이툰 부대 성과 평가단 이라크 방문
10. 17.	
10. 23.	노무현 대통령 자이툰 파병연장 담화문 발표
11. 1.	미 북핵 불능화팀 방북, 불능화 조치 착수(-11. 5.)
11. 7.	제39차 한·미 안보협의회의(SCM)개최

평화활동 연대기

GPPAC 동북아 지역회의 몽골 개최(-5. 26.)
반환 미군기지 환경정화 재협상 촉구를 위한 긴급행동, '국회 청문회에서 밝혀야 할 7가지' 발표
'6.15 민족통일대축전' 개막(-6. 17.)
제주 강정마을 주민 및 시민사회단체, 국방부 앞 제주해군기지건설 철회 촉구 기자회견 개최
참여연대, 토론회 〈대안적 동북아 평화구상과 '평화국가'만들기〉 개최
제주, '제주군사기지저지와 평화의 섬 실현 범대위' 발족
시민사회단체, 7월 평화의 달 선포 및 평화의 달 네트워크 구성
평화재단, 워크숍 〈북한인권운동, 더 나아가기〉 개최
평화활동가, 이스라엘 레바논 침공 1주년 레바논 파병반대 평화행동 피스몹 진행

파병반대국민행동, 아프간 피랍자 무사귀환 및 즉각철군 촉구 기자회견 개최
7월 평화의 달 네트워크, 임진각역까지 평화열차 운행
파병반대국민행동, 아프간 피랍자 무사귀환, 한국군 즉각 철군 요구 국제연대 호소문 발표
7.27 정전협정 54주년을 맞는 한국 시민사회 평화선언 발표

78개 시민단체, 아프간 피랍자들의 무사귀환을 위한 노란리본달기 캠페인 전개
평화박물관 등, 2007 어린이 평화책 순회 전시회 "우리 얘길 들려줄게"(-10. 31.)

우리민족서로돕기운동, 북한 수재피해 복구물자 6차례 전달

천주교 제주교구, 〈국내해군기지지역시찰보고서〉 발표

참여연대, 아프간 이라크파병정책 비공개 관련 행정심판 청구

병역거부연대회의, 사회복무제 도입에 관한 입장 발표
12개 평화단체, '아프간피랍사태 이후 다시 만나는 이슬람과 평화 "한잘라를 만나다"' 행사 개최
56개 시민사회단체, 버마군사정권의 민주화시위 무력진압 규탄 기자회견 개최
189개 시민사회단체, 2007년 남북정상회담 즈음한 시민사회단체 선언문 발표
비미민주화운동된압규탄긴급행동(134개 단체), 버마민중 학살중단과 군부퇴신 촉구 기자회견 개최

병역거부연대회의, 병역거부 사회복무제 도입 정부발표에 대한 공청회 개최
파병반대국민행동, 대통령 담화문 규탄 및 파병연장 반대 기자회견 개최

주요 정세 연대기

2007년

11. 8.	
11. 12.	경의선 남북화물열차 운행
11. 13.	평택 미군기지 기공식
11. 14.	
11. 16.	제1차 남북총리회담 종결회의 및 합의서 채택
11. 24.	한·미 간 방위비분담 제도변경 2차 협의 진행(-11. 25.)
11. 27.	제2차 남북국방장관회담(-11. 29.)
11. 29.	유엔총회 '북한인권결의안' 채택(한국 정부 기권)
12. 1.	
12. 5.	동의, 다산부대 아프간 철군
12. 6.	10. 4 남북 정상회담과 총리회담 이행 위한 제1차 남북경제협력공동위원회 개최
12. 12.	제7차 남북장성급군사회담(-12. 14.)
12. 19.	제17대 대통령 선거
12. 28.	국군부대의 이라크 파견연장 및 임무종결계획 동의안 본회의 통과

평화활동 연대기

자구촌동포청년연대(KIN), 일본 우토로와 오사카에서 제4회 재외동포 비정부기구(NGO)대회 개최

참여연대, 아프간 이라크파병정책 비공개 관련 행정소송 제기

평통사 등 4개 시민사회단체, 방위비분담금 증액과 불법전용 규탄하는 기자회견 개최

2007 한국 평화활동가 워크숍 개최(-12. 1.)
병역거부연대회의, 2007 평화수감자의 날 행사 개최

파병반대국민행동, 이라크 자이툰부대 파병연장안 국회 부결 촉구 기자회견 개최

참여연대 평화군축센터

참여연대 평화군축센터는 통일외교안보 정책을 감시하고 시민적 정책대안을 제시하고자 2003년에 발족하였습니다. 평화적 방법에 의한 평화를 추구하는 공동체로서 '평화국가'를 제시하고 있는 평화군축센터는 남북관계와 한미동맹, 국방정책 등 통일외교안보 정책 관련 현안에 대한 모니터링과 정책대안 제시 활동, 다양한 반전평화 시민행동을 전개하고 있습니다.

2008평화백서
—시민, '안보'를 말하다

1판 1쇄 펴냄 2008년 4월 29일

엮은이 참여연대 평화군축센터
펴낸이 이형진
펴낸곳 도서출판 아르케
출판등록 1999. 2. 25. 제2-2759호
서울특별시 마포구 연남동 509-28번지 2층
대표전화 336-4784~5 팩시밀리 336-4786
E-Mail arche21@arche.co.kr / Homepage www.arche.co.kr

값 35,000원

ⓒ 참여연대 평화군축센터, 2008

ISBN 978-89-5803-077-5 93390

이 책은 프리드리히에버트재단 지원으로 제작되었습니다.

누가 이분들 좀 말려줘요

고소영
고려대—소망교회—영남

강부자
강남 땅부자

명계남
이명박 계열만
살아남은 공천

한반도 대운하
재벌Friendly
오렌지 아니죠,
어륀지 맞습니다
백골단 부활

브레이크 없는 불도우저는 위험합니다
건강한 견제가 작동해야 나라도 건강해집니다
참여연대는 지난 14년간 그래왔듯 오늘도 시민의 눈으로 권력을 감시합니다
주변의 지인들에게 참여연대 회원가입을 자신있게 권해주세요

참여연대
내가 참여하는 만큼 바뀌는 세상
회원가입 02-723-4251
www.peoplepower21.org